O caso Evandro

O caso Evandro

Sete acusados, duas polícias, o corpo e uma trama diabólica

Ivan Mizanzuk

Harper Collins
Rio de Janeiro, 2021

Diretora editorial: *Raquel Cozer*

Coordenadora editorial: *Malu Poleti*

Editora: *Diana Szylit*

Pesquisa e apoio ao texto: *Rosiane Correia de Freitas*

Preparação: *Lucas Bandeira e Laura Folgueira*

Revisão: *Kátia Regina, Mel Ribeiro e Bonie Santos*

Revisão jurídica: *Aline Hack e Elisa Costa Cruz*

Capa: *Giovanna Cianelli*

Projeto gráfico: *Lucas Blat*

Diagramação: *Abreu's System*

Dados Internacionais de Catalogação na Publicação
(CIP)Angélica Ilacqua CRB-8/7057

M681c
Mizanzuk, Ivan
O caso Evandro: sete acusados, duas polícias, o corpo e uma trama diabólica / Ivan Mizanzuk. — Rio de Janeiro : HarperCollins, 2021.
448 p.

ISBN 978-85-9508-697-5

1. Crimes — Guaratuba (PR) 2. Crianças — Crimes contra — Paraná 3. Satanismo I. Título.

21-0841 CDD: 345.81025
CDU 343.622

Os pontos de vista desta obra são de responsabilidade de seu autor, não refletindo necessariamente a posição da HarperCollins Brasil, da HarperCollins Publishers ou de sua equipe editorial.

HarperCollins Brasil é uma marca licenciada à Casa dos Livros Editora LTDA.

Rua da Quitanda, 86, sala 218 — Centro
Rio de Janeiro, RJ — CEP 20091-005
Tel.: (21) 3175-1030
www.harpercollins.com.br

NOTA

Este livro descreve cenas fortes e não é recomendado para pessoas sensíveis.

Todas as pessoas aqui citadas tiveram seus nomes retirados de documentos públicos, autos de processos e matérias que saíram na imprensa, respeitando as vontades daqueles que se recusaram a conceder entrevistas quando os contatamos.

As imagens no caderno de fotos, que se encontra no meio do livro, podem conter **spoilers**. Elas são de acervos pessoais ou foram retiradas de fitas anexadas aos autos do processo público. Todos os esforços foram feitos para contatar e creditar devidamente os detentores dos direitos das imagens. Eventuais omissões de crédito não são intencionais e serão devidamente solucionadas nas próximas edições, bastando que seus proprietários contatem a editora.

Caso algum dos citados sinta-se desconfortável e deseje um direito de resposta, favor enviar uma mensagem para: editorialnacional@harpercollins.com.br. Eventuais correções podem ser feitas nas próximas edições deste livro.

Por se tratar de uma história com vários fatos ocorrendo simultaneamente, a estrutura deste livro tem vaivéns cronológicos. Para facilitar a leitura, incluímos ao final uma linha do tempo.

Sumário

Prólogo

Quando eu tinha 8 anos, achava que a lua estava caindo.

Toda noite, na cama, antes de dormir, eu a olhava pela minha janela do 11º andar e a via rolando em minha direção. "Quanto tempo vai demorar para ela chegar até aqui? Qual vai ser o tamanho do estrago? Será que é o suficiente para destruir o mundo? Mesmo que não seja tão grande, deve ser suficiente para destruir Curitiba."

Em algum momento, o sono vencia as preocupações. Na manhã seguinte, a lua já não estava mais lá.

Eu vestia meu uniforme do colégio, tomava café e descia para o térreo. Ficava esperando a carona da minha tia na frente de um mercadinho no qual todos os moradores do condomínio compravam. Colado na parede, havia um cartaz: "Procura-se: Guilherme Caramês Tiburtius, 8 anos. Desaparecido em 17 de junho de 1991. Usava camiseta branca com listras laterais azuis, bermuda amarela e chinelo de dedos".

Guilherme tornou-se um símbolo das crianças que desapareceram na década de 1990 no Paraná. Nós tínhamos a mesma idade, e ele sumiu quatro dias depois do meu aniversário. Esses detalhes sempre me assombraram, assim como a lembrança dos conselhos do meu pai: não fale com estranhos; se você se perder de mim no mercado, vá até um funcionário de uniforme e peça para me procurarem; qual o telefone de casa?; qual o telefone do seu avô?; qual o endereço da nossa casa?

Quando eu tinha 8 anos, imaginava a lua quase destruindo minha cidade. Naquela época, várias crianças desapareceram no estado do Paraná – e comecei a acreditar que bruxas existissem.

Como as de tantas crianças curitibanas de classe média nas décadas de 1980 e 1990, minhas férias de verão se resumiam a ir para a praia. Minha família ia para a de Matinhos, cidade a cerca de uma hora de

Curitiba onde minha avó materna tinha uma casa. Como aquela não era uma das praias mais agitadas, ir para o litoral, para mim, sempre era sinônimo de ficar perto do mar com silêncio e tranquilidade.

Outra opção era Guaratuba, onde minha avó paterna tinha casa, mas que ficava meia hora mais longe. Há dois acessos para a cidade: por balsa,[1] o que representava um custo a mais na viagem, além de uma fila considerável na alta temporada, ou por Garuva, cidade na fronteira com Santa Catarina, por uma estrada de faixa única – ou seja, mais perigosa e lenta. Eu preferia a balsa, pois podia comer uma barquilha (como chamamos beiju no Paraná) vendida por ambulantes e curtir a paisagem sentindo o vento do mar no rosto.

Mas, para mim, Guaratuba era uma cidade complicada, que ia contra tudo o que eu tinha aprendido que praia deveria ser. Se Matinhos era um lugar silencioso, em que nada acontecia, Guaratuba era agitada. Tinha comércio, gente na rua o tempo inteiro, trânsito, barulho. Meu pai dizia: "Guaratuba é nossa Santos".

Bem mais tarde, em julho de 2002, no alto dos meus 19 anos, fui para Guaratuba com alguns amigos e fiquei na casa de um deles. Aquela viagem era diferente de todas as que eu fizera com minha família: eu ia experimentar, com toda a minha juventude, a vida agitada de Guaratuba. Em pleno inverno, curtimos a tradicional Festa do Divino, onde provei pela primeira vez uma caipirinha de vinho e comprei um CD pirata do Robert Plant. À noite, assistíamos a filmes em fitas VHS alugadas numa locadora perto da casa. Foi uma semana mágica.

Um dia, voltando da locadora ou da Festa do Divino a pé, passamos em frente a uma casa. Uma amiga me disse: "Era aqui que moravam as bruxas. Elas matavam as crianças e enterravam no quintal da casa, lá nos fundos".

E então me vieram os flashes. As bruxas de Guaratuba. Eu já ouvira aquela história antes. Será que tinha algo a ver com as crianças que desapareceram no Paraná no início da década de 1990? Será que tinha a ver com o caso do menino Guilherme? Lembrei a sensação de terror que eu sentia quando era criança. Quando aquela amiga citou a casa, foi como se meus medos infantis tivessem algum fundamento.

1 Em Guaratuba, assim como em outras cidades do Brasil, o termo utilizado para esse veículo de travessia é "ferryboat", em inglês. Para facilitar a compreensão da maior parte dos leitores, optamos aqui por utilizar o termo "balsa".

Todas as vezes que visitei Guaratuba nos anos seguintes, num processo que me fez ter cada vez mais carinho pela cidade, as palavras da minha amiga ecoaram em minha mente. Mas eu não conhecia a história toda. Talvez ninguém conheça. O máximo que podemos fazer, hoje, é tentar entender alguns fatos.

Foi o que comecei a fazer em 2015. Logo descobri que "as bruxas de Guaratuba" se referia não exatamente ao caso do menino Guilherme Caramês Tiburtius, que foi o mais marcante nas mentes das crianças paranaenses da minha geração por causa de uma campanha nacional iniciada pela sua mãe, mas sim ao de Evandro Ramos Caetano, um menino de 6 anos que desapareceu na manhã de 6 de abril de 1992, dando início a uma série de investigações e reviravoltas judiciais que se estenderam por mais de duas décadas. Por isso, na contramão do imaginário paranaense, preferi chamar os eventos ligados às tais "bruxas" de "O caso Evandro".

Enquanto começo a escrever esta história, em novembro de 2019, ainda não tenho todas as respostas sobre o que aconteceu em Guaratuba em 1992. Provavelmente, nunca terei. Mas continuo fazendo perguntas, que às vezes esclarecem muito mais – especialmente quando são as perguntas corretas.

1. O Caso Evandro

6 de abril de 1992

Na manhã do dia 6 de abril de 1992, uma segunda-feira, caía uma chuva fina em Guaratuba. Na casa da família Caetano já estavam quase todos de pé. Após o café, Ademir Batista Caetano, de 43 anos, preparou-se para ir ao trabalho na prefeitura, a um quilômetro e meio dali. O destino de sua esposa, Maria Ramos Caetano, de 39 anos, era a Escola Municipal Professora Olga Silveira, onde era funcionária, a 250 metros de distância. O casal tomou café com os filhos Márcio e Júnior, que estudavam de manhã, e, antes de sair, Maria foi ao quarto do caçula, Evandro, de 6 anos e quase 7 meses, para ver se ele já estava acordado. O menino, loiro e de olhos azuis, estudava na mesma escola onde sua mãe era funcionária, mas no turno da tarde. Costumava acompanhá-la durante as manhãs enquanto ela trabalhava, mas, em dias frios como aquele, a mãe o deixava dormir mais um pouco para que a encontrasse depois. Maria lhe deu um beijo e saiu.

Evandro encontrou sua mãe na escola por volta das 9h. Chegando lá, porém, lembrou-se do *minigame* que ganhara dias antes e pediu permissão para ir buscá-lo. Maria autorizou. O menino deveria retornar em seguida, mas isso não aconteceu. Entretida com seus afazeres, Maria só se deu conta da ausência do filho mais de duas horas depois, quando já era hora de voltar para preparar o almoço.

Maria chegou em casa às 11h30 e observou que as portas estavam fechadas. Chamou por Evandro, sem resposta. Entrou e pôde confirmar que o filho não estava lá. Ela, então, correu em busca de notícias com os vizinhos, mas ninguém sabia dele. Quando Ademir chegou para o almoço, Maria voltou com ele à escola para checar se Evandro tinha aparecido. Nenhum sinal. Àquela altura, os dois filhos mais velhos tinham retornado e se juntaram à mãe e aos vizinhos nas buscas. O pai chegou a voltar ao serviço, mas pediu dispensa quando, às 15h, ligou para casa e soube que o caçula ainda não havia sido encontrado. No decorrer do dia, as buscas ganharam o reforço de voluntários e outras pessoas próximas à família.

O prefeito Aldo Abagge, de 66 anos, e sua esposa, Celina Cordeiro Abagge, de 53 anos, chegaram de um bate e volta a Curitiba às 18h30. Em casa, foram recebidos por policiais que contaram sobre o sumiço de Evandro – embora Maria e Ademir não fossem próximos dos Abagge, eles trabalhavam na prefeitura, tinham um parente que fora prefeito da cidade anos antes, e a família era conhecida na região.

Logo após o jantar, o prefeito foi informado de que as buscas não estavam sendo bem-sucedidas. Foi quando ele e a esposa se ofereceram para ajudar, gesto compreensível para um político numa cidade pequena como Guaratuba. Celina tinha uma perua Ford Belina, na qual, acompanhada de outras pessoas, passou a circular em busca do menino desaparecido. O trabalho prosseguiu até as 23h, quando a matriarca voltou para casa para dormir. Beatriz Cordeiro Abagge, de 29 anos, filha do casal, chegou em casa um pouco depois.

A casa da família Caetano havia se enchido de pessoas dispostas a ajudar, mas o dia terminou sem notícias do garoto. O *minigame* se encontrava no mesmo lugar em que Evandro o havia deixado na noite anterior. Ele nunca retornou para casa. Nos 250 metros de distância entre a escola e sua residência, alguém devia tê-lo sequestrado.

7 de abril de 1992

No dia seguinte, o assessor de imprensa da prefeitura, Paulo Brasil, sugeriu ao prefeito que entrasse em contato com o delegado-geral da Polícia Civil, José Maria de Paula Correia, para pedir reforços. Ele levantou a possibilidade de auxílio do Grupo TIGRE (Tático Integrado de Grupos de Repressão Especial), que respondia ao delegado-geral e havia cuidado da segurança do prefeito no passado, durante um período em que ele recebera ameaças. O Grupo TIGRE era considerado a elite da Polícia Civil paranaense – inspirado na SWAT (Special Weapons and Tactics) estadunidense, fora fundado pouco mais de um ano antes em resposta à onda de sequestros que varria o Brasil – e era especializado em missões de recuperação e resgate de reféns. Aldo Abagge gostou da sugestão e entrou em contato com José Maria, que prontamente o atendeu.

Àquela altura, já tinham se passado mais de trinta horas desde o desaparecimento de Evandro e a cidade de Guaratuba estava tomada de grupos fazendo buscas, que não foram interrompidas nem durante a madrugada. Desde o caso do desaparecimento do menino Guilherme Caramês Tiburtius, em junho de 1991, em Curitiba, havia se instalado na opinião pública a sensação de um surto de crianças sendo sequestradas no Paraná. Entre Guilherme e Evandro, outras três crianças tinham desaparecido no estado. Uma delas – Leandro Bossi, de 7 anos, loiro e de olhos claros como Evandro – também em Guaratuba, menos de dois meses antes, em 15 de fevereiro.

Em condições normais, esses fatos já seriam o suficiente para deixar a cidade em polvorosa. Mas, para tornar tudo mais complexo, as eleições municipais seriam dali a poucos meses, e o casal Abagge tinha a intenção de eleger um sucessor. Com duas crianças sequestradas em uma cidade de pouco mais de 17 mil habitantes, as cobranças por mais segurança sem dúvida cresceriam, o que talvez explicasse por que as buscas por Evandro estavam sendo mais intensas do que as que tinham sido feitas por Leandro. Ou talvez houvesse outras forças em jogo.

Na noite do dia 7 de abril, o dia seguinte ao desaparecimento de Evandro, chegaram a Guaratuba três policiais do Grupo TIGRE: Blaqueney Murilo Iglesias, Rogério Podolak Pencai e Gerson Ricardo Rocha. O grupo era comandado por dois delegados: Leila Bertolini, que se juntaria ao time no dia seguinte e ficaria entre Guaratuba e Curitiba no decorrer das investigações, e seu então marido, Adauto Abreu, fundador do TIGRE, que acompanharia o caso mais de longe, descendo para o litoral com menos frequência.

O assessor Paulo Brasil recebeu os policiais e os levou à casa do prefeito. Informados pela empregada de que Aldo e Celina estavam fora, numa festa de aniversário, os policiais e o assessor decidiram ir à casa da família Caetano, onde pediram aos pais de Evandro mais detalhes sobre o ocorrido. Quando o tinham visto pela última vez, que roupas trajava, descrição física etc. O protocolo todo. No retorno à casa da família Abagge, foram recebidos por Beatriz e Sheila, filhas do casal, que chegou em seguida. O prefeito se disse preocupado com o sumiço do menino e ofereceu aos policiais as melhores condições para que desempenhassem seus trabalhos: a gasolina das viaturas ficaria por conta da prefeitura, assim como a hospedagem no melhor hotel da cidade, o VillaReal.

Já perto da meia-noite, ouviu-se um barulho no portão da casa da família Abagge. Era Diógenes Caetano dos Santos Filho.

Ex-investigador

Diógenes, de 36 anos, era primo de Evandro, mas era frequentemente chamado de tio por conta da diferença de idade entre os dois. Ex-investigador, havia tentado a carreira do policial militar quando jovem, mas não progredira. Acabou na Polícia Civil do Paraná, onde trabalhou por dez anos. Seus dias como investigador ficaram para trás quando se formou em engenharia civil em Curitiba e decidiu retornar a Guaratuba.

Naquela noite, diante da casa do prefeito, Diógenes reclamava da postura de Paulo Brasil em relação ao caso. Segundo o engenheiro, quando jornalistas quiseram falar com os pais de Evandro, o assessor de imprensa tentou impedi-los, o que para ele não fazia sentido: se as pessoas fossem informadas, se vissem o rosto de Evandro, poderiam evitar que ele embarcasse numa rodoviária, por exemplo.

Um pouco antes, perto das 22h, Diógenes havia levado os repórteres Valter Viapiana e Fernando Cruz, da Rádio Clube, à casa da família Caetano, diante da qual tinha se juntado uma pequena multidão. Até que, de acordo com Diógenes, Paulo Brasil chegou de carro e tentou dispersar as pessoas, mas foi ignorado inclusive pelos jornalistas, que gravaram suas reportagens e voltaram para Curitiba. No entanto, dizendo suspeitar de que o prefeito buscaria impedir a veiculação da notícia, Diógenes resolveu ir até a casa dele.

No relato de Diógenes, ao chegar lá, ele deparou com Celina vestida de branco, sentada na entrada, e pediu a ela que chamasse o marido, o que ela fez apenas após alguma relutância. Ainda segundo o engenheiro, quando o prefeito apareceu na porta acompanhado de

Paulo Brasil, Diógenes os questionou sobre a tentativa do assessor de impedir o trabalho dos jornalistas. O assessor atribuiu a decisão a uma ordem de Aldo, que, por sua vez, informou que a polícia pedira discrição sobre o caso, pois o sequestrador poderia se apavorar e tomar alguma atitude drástica. A discussão teria culminado com uma tentativa do prefeito de bater em Diógenes, que disse só não ter sido atingido por causa da mureta que os separava.

Segundo outras versões da mesma discussão, Diógenes ameaçou os Abagge. Enquanto ele ia embora, disse: "Se esse menino aparecer sem os órgãos daqui a alguns dias, vocês serão os responsáveis". À Justiça, Diógenes argumentaria anos depois que, por conta das notícias que via nos jornais da época, acreditava que o sumiço de Evandro poderia estar ligado ao tráfico de órgãos.

No dia seguinte, 8 de abril, o Grupo TIGRE assumiria a investigação que fora iniciada em Guaratuba pelo delegado Gilberto Pereira da Silva. Nesses dois primeiros dias, a cidade se mobilizou para procurar Evandro. A imprensa da capital chegou à cidade atraída pela notícia do desaparecimento de mais uma criança. A repórter Mônica Santanna, à época no jornal *Folha de Londrina*, lembra ter recebido a informação pelo bipe da polícia (um sistema usado na época pelos jornais para acompanhar as ocorrências policiais) provavelmente na quarta-feira, dia 8. Assim que ouviu a notícia, Mônica percorreu os pouco mais de cem quilômetros entre Curitiba e Guaratuba para conversar com a família. "Lembro da casa, uma casa humilde, amarelinha." O imóvel existe até hoje; fica a uma quadra da escola para onde o menino deveria ter voltado.

O corpo

Cinco dias depois do desaparecimento de Evandro, em 11 de abril de 1992, um sábado, os lenhadores Daniel Miranda e Lázaro Marchetti, que estavam fazendo um serviço de aterro numa região pouco habitada de Guaratuba, avistaram corvos e urubus sobre um matagal nas imediações da rua Engenheiro Beltrão. Eram pouco mais de 10h da manhã.

Lázaro estava com o pé machucado, então Daniel entrou sozinho no mato para averiguar. No caminho, encontrou uma chave bem à vista e, um pouco mais adiante, descobriu o que atraía as aves – o corpo de uma criança, em avançado estado de putrefação, vestindo apenas uma bermuda.

Daniel correu para contar a Lázaro. Perto dali, os dois encontraram um dos poucos moradores da região, o também lenhador Euclídio Soares dos Reis, que se juntou a eles para comunicar a ocorrência à polícia. A notícia se espalhou com rapidez. Não demorou muito e não só policiais, mas também moradores e jornalistas que cobriam o caso, entraram no mato para ver pessoalmente o cadáver ainda largado lá no meio.

O corpo foi encontrado de costas para o chão. O couro cabeludo tinha sido completamente removido, assim como as orelhas. O cadáver também estava sem as mãos e sem os dedos dos pés. Havia um corte profundo no tórax, causado por algum instrumento manuseado com força suficiente para fazer um talho contínuo e regular, deixando o ventre todo aberto. Os órgãos internos tinham sido retirados, e não havia sangue nem qualquer víscera no chão.

Cinco etapas de verificação foram usadas para reconhecer o corpo como o de Evandro, embora a quinta, o exame de DNA, tenha ocorrido apenas meses depois. A primeira etapa foi o reconhecimento da bermuda que o cadáver vestia e da chave encontrada perto do corpo. Chamou a atenção da delegada Leila Bertolini o fato de a chave estar no único local em que seria facilmente avistada, como se tivesse sido colocada ali para facilitar a identificação de Evandro. A bermuda, reconhecida como a que o menino usava quando desapareceu, estava manchada de sangue seco, mas a estampa ainda era visível na parte de trás.

A segunda etapa de verificação se deu ao final da tarde daquele mesmo 11 de abril, quando o corpo foi retirado do matagal e levado ao IML (Instituto Médico Legal) de Paranaguá, a cerca de quarenta minutos de Guaratuba. Lá, foi identificado por Ademir Caetano, que disse não ter dúvidas ao reconhecer uma marquinha que o filho tinha nas costas, visível apesar do grau avançado de putrefação. Ainda de forma a auxiliar a identificação no IML, a dentista de Evandro, Adaira Kessin Elias, relatou ter notado na boca do cadáver uma restauração feita em um dente de leite, numa parte chamada de “mesial” – que, por ficar colada ao dente seguinte, costuma ser de difícil acesso. Embora não tivesse consigo as fichas de atendimento de Evandro, que ficavam no hoje extinto INAMPS (Instituto Nacional de Assistência Médica da Previdência Social), por onde o menino era atendido, ela se lembrava de ter tratado uma cárie bem ali, aproveitando que o dente vizinho, também de leite, havia caído. Adaira dizia conhecer bem Evandro porque seus filhos eram amigos dele e eles brincavam juntos.

À noite, o cadáver foi transportado de Paranaguá para Curitiba. Na manhã do dia seguinte, 12 de abril, teve início a terceira etapa de verificação: o exame feito por médicos-legistas. O laudo de necropsia, assinado por Carlos Roberto Ballin e Francisco Moraes Silva, apontava que as características do corpo eram condizentes com as de um menino de idade entre 6 e 7 anos. De acordo com o documento, o corpo apresentava as costelas serradas por um instrumento cortocontundente (como serrote, facão, machado ou similar), mas em locais que dificultavam o acesso aos órgãos, um provável indício de amadorismo por parte do assassino. Os pulmões – bem como outros órgãos – estavam ausentes, mas a má qualidade do corte e da abertura resultaram na permanência de fragmentos do órgão dentro da caixa torácica. Segundo o laudo, parte das lesões no cadáver resultava da ação de animais necrófagos, especialmente roedores, mas a permanência de membranas serosas, que revestem os órgãos, indicava que a retirada fora feita por ação humana, não por animais.

O laudo também indicava a existência de uma região com putrefação mais avançada no pescoço, além da presença de um fenômeno chamado “dentes rosados”, identificado por Beatriz Sottile França, a odontolegista responsável pelo exame de arcada dentária – a quarta etapa de verificação. Trata-se de uma coloração mais escura nos dentes de leite do que nos demais, o que poderia ser indicativo de um estado mais avançado de putrefação (seriam necessários de sete a quinze dias para atingir a coloração dos dentes do cadáver, tempo superior aos cinco dias desde o desaparecimento do menino), mas também de morte por asfixia mecânica (com um estrangulamento, os vasos dos dentes de leite se rompem e eles ficam rosados mais rapidamente). Em seu laudo, França apontou que o escurecimento desses dentes era consequência “da congestão e hemorragia pulpar observadas em casos de mortes violentas". Nos dentes permanentes, por sua vez, a mudança na coloração seria observada no vigésimo dia após a morte, e a odontolegista observou que, no caso de Evandro, esses dentes se apresentavam com coloração normal.

Ainda no dia 12, para auxiliar França na análise da arcada dentária - fundamental para a identificação da vítima, considerado o avançado estado de putrefação do corpo -, a dentista Adaira foi chamada novamente, agora ao IML de Curitiba, onde mais uma vez teve que se basear na memória que tinha da arcada dentária de Evandro e se lembrar de procedimentos realizados no menino. Na conversa com França, Adaira relatou que Evandro estava perdendo seus dentes de leite, que os permanentes já estavam nascendo e que, nessa transição, ele tivera uma cárie em um dente permanente recém-nascido. Adaira também relatou a França outras restaurações e extrações de dentes de leite.

O laudo concluiu que "os arcos dentários periciados correspondem aos do menor Evandro Ramos Caetano, com idade aproximada entre 6 e 7 anos e que teve morte violenta com características de asfixia mecânica". Além disso, indicou que as lesões observadas no corpo teriam sido feitas após a morte do garoto. A opinião dos peritos do IML após os procedimentos era definitiva: o corpo era de Evandro. Com isso, o Grupo TIGRE passou a investigar outro crime: em vez de um caso de sequestro, tinha em mãos um homicídio.

O luto

A região onde o corpo foi encontrado fica no sul de Guaratuba, num lugar afastado da orla e quase no limite do perímetro urbano da cidade, dentro da Área de Proteção Ambiental de Guaratuba, criada naquele mesmo ano como medida para preservar a Mata Atlântica. Na época, a região passava por um processo de abertura de ruas e de loteamento, então não era (e ainda não é) populosa. As ruas eram de areia e terra, havia escassa iluminação pública e poucas casas. Mas o local atraía gente interessada na extração de madeira ou na caça, e foram esses alguns dos primeiros convocados pelo Grupo TIGRE a prestar depoimentos. Um deles foi Euclídio Soares dos Reis, o lenhador que morava perto do local onde o corpo foi encontrado e que fora à polícia no dia 11, com Lázaro e Daniel, relatar a descoberta do cadáver.

Euclídio, que prestaria alguns depoimentos para a polícia, aparecendo nos autos também como "Euclides" ou "Barba", afirmou ter visto um Opala preto passar pela rua Engenheiro Beltrão pelo menos três vezes naquela semana, inclusive na noite de quinta-feira, dia 9 de abril, por volta das 19h30, indo vagarosamente em direção ao local onde o corpo foi encontrado. O carro teria retornado em alta velocidade e ido embora pouco depois. Essa tornou-se uma das principais pistas do Grupo TIGRE. Quem seria o dono do Opala preto?

Enquanto a pergunta não era respondida, a família Caetano e amigos viviam o luto da morte do menino. Em 14 de abril, três dias depois de ter sido encontrado no matagal, o corpo foi enterrado. Naquele dia de manhã, estudantes de escolas locais tinham feito uma passeata por mais segurança em Guaratuba. Uma reportagem da *Folha de Londrina* no dia seguinte, assinada por Mônica Santanna, citava a presença de centenas de moradores no enterro e mencionava a interferência da primeira-dama na passeata:

> Professores e alunos da Escola Municipal Olga Silveira, onde a mãe de Evandro é secretária, também programaram uma passeata para ontem [dia 14], mas foram impedidos por Celina Abagge, mulher do prefeito de Guaratuba.
>
> Levi Geraldino de Almeida, o responsável pela organização dos protestos, disse que a mulher do prefeito ameaçou de demissão os professores e funcionários que participassem de qualquer manifestação ou comparecessem ao enterro de Evandro. "Foi um constrangimento. Ela não tem esse direito", reclamou Levi de Almeida. Anteontem [dia 13], quando os alunos da Escola Olga Silveira protestaram em frente à prefeitura, a mulher do prefeito acionou a PM para dispersar os manifestantes, sob a alegação de que "não pegava bem" para o município uma repercussão do caso.

Quando me concedeu uma entrevista, em 2017, Santanna relatou que, na ocasião, questionou Celina Abagge sobre a proibição dos protestos e que Celina não só se ofendeu com a pergunta, como enviou funcionários da prefeitura para garantir que a jornalista deixasse Guaratuba. "Ela morria de medo de que o nome de Guaratuba se sujasse", disse Santanna. Celina nega que tal fato tenha ocorrido.

A versão de Santanna faz sentido. Diversas fontes me relataram que, durante a gestão de Aldo Abagge, Celina era a verdadeira governante. Ela estava por trás de toda a articulação para a implementação do diretório local do Partido Social Trabalhista (PST), então partido do governador Alvaro Dias, e buscava lançar uma candidata sua naquele pleito de 1992. Assim, não me soa estranho que ela tentasse controlar o que saía na imprensa, ainda mais algo negativo como a morte de um garoto de 6 anos. Sem dúvida, a imagem da gestão Abagge poderia ficar prejudicada com a repercussão do caso, mesmo com o policiamento sendo de competência do governo do estado.

As investigações continuaram sem grandes novidades até que, no dia 24 de abril - isto é, dezoito dias após o desaparecimento e treze após a localização do cadáver -, os chinelos que Evandro usava foram localizados na mesma região onde o corpo fora encontrado, à beira de um riacho. Em um relatório reservado do Grupo TIGRE, assinado pelo policial Rogério Podolak Pencai para a delegada Leila Bertolini, lemos o seguinte:

> Em data de hoje, estivemos percorrendo o matagal existente do outro lado do riacho, local onde foi achado o corpo do menor Evandro, desaparecido no dia 06/04/92. Após exaustivas buscas logramos êxito em encontrar dois chinelos, de cor azul, chinelos de dedo. Cada um dos chinelos estava colocado em lugares diferentes. Sem nada em cima, limpos e em local próximo à margem do riacho. Na primeira impressão nossa, achamos que os mesmos foram colocados depois do crime. Os mesmos foram acondicionados em sacos plásticos, apenas que um dos chinelos, quando transportados para o outro lado do rio, caiu na água, ficando portanto inutilizável para a perícia. O outro chinelo continua intacto. Após a localização, levamos o chinelo para reconhecimento da mãe do garoto porque, conforme a descrição fornecida pelos pais, o garoto, no momento do desaparecimento, estaria calçando um chinelo preto, marca Raider [sic]. A mãe [reconheceu] o chinelo como sendo o do seu filho.

Causava estranheza aos policiais o fato de os chinelos encontrados diferirem dos descritos pelo casal Caetano: não só não tinham marca, como não eram totalmente pretos. No entanto, assim que Maria os viu, afirmou que eram, sim, aqueles que Evandro usava. Anos depois, a delegada Leila Bertolini afirmou, em depoimentos diante do tribunal do júri, que achava curioso o fato de os chinelos não terem sido vistos logo que o corpo foi encontrado, durante a busca minuciosa feita no matagal. Assim como os policiais que os encontraram, perguntava-se se teriam sido plantados naquele local. Disse ainda que lhe causava estranhamento o fato de os chinelos parecerem limpos e novos demais.

Teria a mãe de Evandro se confundido quando os reconheceu?

No mesmo depoimento, em 1998, a delegada explicou por que um dos pés do chinelo tinha caído na água. Os policiais haviam discutido com o delegado Adauto Abreu se os chinelos poderiam ter sido jogados do outro lado do rio. Adauto acreditava que isso seria impossível e, para provar, decidiu arremessar um dos pés em direção ao outro lado. Dito e feito: o chinelo caiu no rio, tornando-se inutilizável para a perícia.

Durante três meses, diversas linhas de investigação foram abertas, mas nada de chegarem a um suspeito. Até que, em julho de 1992, tudo mudou.

A reviravolta

No fim da tarde de 2 de julho de 1992, uma quinta-feira, perto de cem pessoas, incluindo jornalistas, se concentravam ao redor do Fórum de Guaratuba. Lá dentro, sob a acusação de terem assassinado Evandro Ramos Caetano, estavam detidas Celina e Beatriz Abagge – a primeira-dama da cidade e sua filha.

Na entrada do fórum estava o então secretário de Segurança Pública do Estado do Paraná, Moacir Favetti. Em entrevista veiculada no popular programa *Aqui Agora*, do SBT, ele informava que Evandro tinha sido morto num ritual de magia negra a mando das duas mulheres, com o envolvimento de outras três pessoas que até então também não haviam sido apontadas na imprensa como suspeitas.

> FAVETTI: Temos a confissão e principalmente de uma forma hedionda, uma coisa que é revoltante, em que se sacrifica [sic] crianças em busca de alguma coisa que acham que seja sobrenatural. Uma coisa que é revoltante e que, para nós, será ponto de honra delimitarmos integralmente esses fatos, buscarmos todas as pessoas que estejam envolvidas e trancafiá-las na cadeia.

REPÓRTER: O crime estaria ligado a rituais satânicos, secretário?
FAVETTI: Com certeza. E é um absurdo que no liminar do ano 2000 nós tenhamos isso ainda no Brasil e uma coisa hedionda, besta, que não se admite.
REPÓRTER: Além dessas cinco pessoas, o senhor acredita que existam mais pessoas envolvidas?
FAVETTI: Por enquanto estas. Nós vamos buscar mais.
REPÓRTER: E o envolvimento da esposa do prefeito e filha, secretário?
FAVETTI: Nós estamos investigando com fortes indícios ainda.
REPÓRTER: O senhor faz algumas ligações com os outros desaparecimentos ocorridos aqui em Guaratuba?
FAVETTI: Nada para a polícia deve-se descartar. Nós estamos investigando e delimitando. Se há outros casos, serão punidos também por esses crimes hediondos.

Dado o risco de linchamento, mãe e filha foram retiradas do fórum às pressas e levadas para Matinhos, município vizinho, nos carros dos policiais que as acompanhavam. Em imagens de TV da época, é possível ver o momento em que várias pessoas avançam sobre um dos carros na tentativa de atacar Celina. O veículo sai cantando pneus, com a multidão aos berros de "assassinas" ao fundo.

Por questão de segurança, foi designada uma balsa exclusiva para as Abagge. O destino era o quartel da Polícia Militar de Matinhos. Lá, já estavam detidos três homens que teriam participado do ritual: o pai de santo Osvaldo Marcineiro, seu amigo e auxiliar Vicente de Paula Ferreira e outro amigo, Davi dos Santos Soares.

Durante aquela noite e a madrugada do dia 3 de julho, os cinco presos prestaram seus depoimentos oficiais perante um delegado e promotores de Justiça da cidade de Paranaguá então designados para o caso. Na manhã daquela sexta-feira, todos foram transferidos para Curitiba, e a família Abagge conseguiu, às pressas, contratar um renomado advogado criminalista do Paraná, Dálio Zippin Filho. A pedido dele, as mulheres foram submetidas a exames de lesões corporais no IML da capital. Em seguida, mesmo sem advogados, os três homens passaram pelos mesmos exames. À tarde, Favetti convocou uma entrevista coletiva na Secretaria de Segurança Pública na qual apresentaria os presos. Por liminar decretada a pedido de Zippin, as Abagge foram dispensadas do evento.

Quando os três homens se sentaram à mesa para dar suas declarações, havia um mar de microfones. Jornalistas do Brasil inteiro queriam ouvir as declarações dos "bruxos". Estavam presentes também pais e mães de crianças desaparecidas no Paraná, entre os quais, João Bossi (pai de Leandro, o outro menino de Guaratuba que tinha sumido no início de 1992) e Arlete Caramês Tiburtius (mãe de Guilherme, do caso que tinha se tornado o mais emblemático até então).

Na entrevista coletiva, Osvaldo, De Paula e Davi explicaram que o menino Evandro fora morto num ritual para Exu encomendado por Celina Abagge com o objetivo de abrir caminhos financeiros e políticos. Para tanto, Osvaldo e De Paula teriam recebido cerca de 7 milhões de cruzeiros (o equivalente a 32 mil reais em 2021). O crime teria ocorrido na noite do dia 7 de abril, terça-feira, às 7h da noite, na serraria Abagge, empresa que era da família havia décadas e que ajudara a construir a carreira e a reputação de Aldo como empresário. Eles também relatavam a participação de dois outros homens: Airton Bardelli dos Santos, gerente da serraria, e Francisco Sérgio Cristofolini, vizinho de Osvaldo.

Como não há uma cópia da coletiva de imprensa completa, reproduzo a seguir trechos que passaram em diferentes canais de TV:

> DAVI: Eu não sei se eles sabia. Como eu tô dizendo, eu não posso afirmar, eu simplesmente fiquei com medo de falar pra eles o que tinha acontecido. Aí eu pensei melhor e achei melhor pra mim que uma hora ou outra ia vir à tona isso com certeza. Aí como eu, no meu entender, acho que eu não... eu nem coloquei o dedo nesse garoto. Eu nem mexi com ele no lugar, eu não fiz nada. Eu simplesmente assisti.
>
> REPÓRTER: Então quem que matou esse menino, se não foi nenhum de vocês três?
>
> DAVI: Eu, como fui uma pessoa que fiquei observando, do lado de fora, que eu não entendia do negócio, começou assim... Esse garoto já tava asfixiado, acho que ele já tava a bem dizer morto, talvez, porque não dava pra ver se tinha alguma... assim, da onde eu tava não dava pra ver. Não sei se eles [Osvaldo e De Paula] perto dava pra ver se fazia barulho. Mas eu tava à distância de dois ou três metros, porque o lugar era pequeno, também não dava pra entrar. Aí começou-se, o De Paula, ele foi cortar o garoto no lado direito...
>
> OSVALDO: Deixa eu fazer uma declaração. A Beatriz comentou pra mim, tá... eu só não sei dizer se foi antes ou depois, o número exato... que o Paulo Brasil levou o dr. Aldo Abagge em um centro que tem de candomblé

no bairro Nereidas. Não sei dizer exatamente, no bairro Nereidas. Em Guaratuba. Tiveram nesse bairro Nereidas lá, que é um lugar que não tem luz, no meio do mato, amplo, é cheio de casinhas, e tem uma que é preto e vermelha. Lá é feito rituais a Exu. E lá, essa dona do terreiro tava incorporada a um Exu. E esse Exu deu pra Beatriz beber um... ela na hora não sabia dizer se era vinho, o que que era... que vinho não tem condição de ser porque o Exu não bebe vinho. Vinho é coisa de Preto Velho. Deu pra ela beber, depois ela comentando pra gente que ela mesma achou que podia ser sangue que ela tinha tomado lá.

REPÓRTER: Isso ela tinha ido com o prefeito?

OSVALDO: Foi, o prefeito teve junto. Eu não sei dizer a data.

REPÓRTER: Osvaldo, era você quem definia quais eram os passos do ritual?

OSVALDO: Não, não tinha essa definição exata. A dona Celina queria o coração. Ela pegou o coração na mão, levantou e pediu... que o coração era pra representar o coração da firma dela e a vitória do partido do marido dela. Que ele ia lançar um novo candidato, não sei o que que era diretamente. Eu sei que dessa ela vai escapar porque é a primeira dama do município, pelo marido ser prefeito, pela amizade política... Ela dessa vai escapar. Mas já que eu vou pagar, tô sendo sincero, vou falar abertamente o que aconteceu...

DE PAULA: A criança foi colhida pela dona Celina e a Beatriz um dia antes. Um dia antes. Mas eles ficaram em poder da criança até no outro dia, no dia em que foi feito o trabalho.

REPÓRTERES: Quem matou?

DE PAULA: Veja bem... a criança quando estava inerte, e como era luz de vela, eu não posso dizer se estava... já estava morta ou não [...] sido asfixiada parece que pelo Bardelli, por quê? Porque ela estava fazendo barulho.

OSVALDO: [...] criança não entendeu nada, e quando ela falou que não achou o bode, o Bardelli falou que não achou o bode, "vamo fazer o trabalho na criança", e num desespero nosso, eu num sei o porquê o... acabamos fazendo essa loucura. Aí acabamos saindo eu e a...

REPÓRTER: Vocês beberam o sangue da criança?

OSVALDO: [...] eu e a Beatriz saímos, fomos buscar uma peça, quando eu voltei a criança tava morta, mas pelo...

REPÓRTER: Quem matou a criança?

OSVALDO: Quem matou a criança, ao que tudo indica, ou foi o Sérgio [Cristofolini] ou o Airton...

REPÓRTER: Bardelli.

OSVALDO: Bardelli.

REPÓRTER: E o De Paula?

OSVALDO: De Paula teve a participação que ele começou a abrir depois da criança já morta. Quando eu cheguei, tava a criança morta. A participação dele foi que ele começou a querer abrir um lado do peito da criança...
REPÓRTER: E a sua participação?
OSVALDO: ... do peito da criança... Eu já explico a minha participação. Do peito da criança, aí a dona Celina, ela disse que daquele lado não era, que não tava o coração, e com ajuda do Bardelli começou a abrir o outro lado até tirar o coração da criança.
REPÓRTER: Serra elétrica?
OSVALDO: Foi uma serra, não, não era elétrica a serra. E ela abriu e tirou com as próprias mãos o coração.
REPÓRTER: Ela e quem?
OSVALDO: Ela e o Bardelli.
REPÓRTER: Celina?
OSVALDO: É.
OSVALDO: Ela parecia saber com convicção daonde que era, como que era, tirou, tirou com a própria mão dela, onde foi depositado numa tigela de barro, ia pedindo proteção, força para abrir os caminhos porque esse tipo de trabalho como ela mesmo relatou foi que ia ser feito com as próprias mãos pra conseguir...
REPÓRTER: O que que é abrir caminho?
OSVALDO: Abrir os caminhos financeiros da firma do seu Aldo Abagge e da...
REPÓRTER: Pra quem vocês pediram a proteção? Demônio?
OSVALDO: Ao Exu.

A essa altura, com a prisão de Airton Bardelli e Sérgio Cristofolini em Guaratuba, eram sete os presos envolvidos com o caso. Já no final da coletiva, o secretário Favetti deu a seguinte declaração ao SBT:

REPÓRTER: O senhor acha que tem mais gente envolvida nessa história?
FAVETTI: Eu acho que nesse caso o circuito está fechado. Que o 7 é um número cabalístico que deve ter sido feito para executar esse ritual.

Quatro dias depois, na capa do jornal *Tribuna do Paraná*, lia-se a seguinte manchete:

RETRATOS FALADOS LEMBRAM OS BRUXOS
Os retratos falados dos homens que raptaram Guilherme Tiburtius [desaparecido em 17 de junho de 1991] e Éverton Gonçalves [desaparecido em 23 de dezembro de 1988] correspondem com as características de Osvaldo Marcineiro e Davi Soares, líderes do grupo que matou Evandro.

Estampadas junto da reportagem, estavam as fotos de Osvaldo Marcineiro e Davi dos Santos Soares. Ao lado de cada um, os retratos falados dos suspeitos dos casos mencionados, feitos a partir dos relatos de testemunhas. A narrativa que se desenhava era clara: havia uma seita em Guaratuba, e ela podia estar por trás do desaparecimento de outras crianças. Seriam eles os responsáveis pelo surto de sequestros de menores no início da década de 1990?

No mesmo dia da reportagem, Favetti deu uma declaração ao programa de TV do jornalista Carlos Simões. Depois de relatar os esforços da defesa das Abagge para conseguir um *habeas corpus*, o secretário de Segurança Pública afirmou que, caso os acusados fossem libertados pela Justiça, ele os soltaria em praça pública, não podendo se responsabilizar pela integridade física deles.

No dia seguinte, 8 de julho, cidadãos se reuniram para uma passeata em Guaratuba exigindo justiça no caso do menor Evandro. Jogaram pedras no prédio da prefeitura e invadiram e depredaram a casa da família Abagge, logo em frente – Aldo e sua filha Sheila haviam deixado Guaratuba no dia das prisões. Um boneco de pano que representava Celina foi linchado. A população exigia a renúncia do prefeito – que, por não estar em Guaratuba, enfrentava o risco de ter o mandato cassado –, e os vereadores, baseando-se em relatos de que a serraria Abagge enfrentava dificuldades financeiras, abriram um processo de investigação para descobrir se o dinheiro pago para o ritual teria vindo de fundos da prefeitura. A revolta foi noticiada pelo jornal *Diário Popular*, que trazia ainda a íntegra do interrogatório de Osvaldo Marcineiro feito por promotores e um delegado no quartel da Polícia Militar de Matinhos, na madrugada entre os dias 2 e 3 de julho.

Vamos tratar desse interrogatório mais adiante. Por ora, fiquemos com outro ainda mais impactante, do dia 9 de julho, quando Favetti convocou repórteres de vários veículos para mostrar uma fita de áudio do interrogatório de Beatriz e Celina Abagge pelos policiais que as haviam prendido. Na fita, elas confessavam o assassinato de Evandro. Trechos dessa fita rodaram em todos os canais de TV da época. A transcrição a seguir é de uma matéria originalmente veiculada na Rede Globo nesse mesmo dia, e não segue necessariamente a ordem do áudio original.

BEATRIZ: Nós pegamos a criança, eu e a minha mãe... pegamos a criança e levamos a criança para um quartinho na fábrica... demos uma bala pra ele e ele entrou no carro...
CELINA: Daí nós matamos o menino.
POLICIAL: Quem matou? Quem estava junto?
CELINA: O Osvaldo, o De Paula... eu e minha filha.
BEATRIZ: Daí começaram os trabalhos. Cada uma de nós segurou em uma mão da criança e o Osvaldo segurou embaixo as pernas... e daí o De Paula fez... cortou... estrangulou...
POLICIAL: Por que que foi feito isso? Por que que foi sacrificada a criança?
BEATRIZ: É pra vir mais fortuna, justiça...
POLICIAL: Pra quem?
BEATRIZ: Pra minha família...

No dia 10 de julho, o jornal paranaense *Diário Popular* trazia a transcrição completa da fita, estampando em sua primeira página:

> SACRIFÍCIO SATÂNICO
> Esposa e filha do prefeito de Guaratuba relatam como participaram da morte do garoto Evandro.
> *Secretário Favetti liberou os interrogatórios de mãe e filha.*
> *Beatriz contou tudo. Exigiu que a mãe também falasse.*
> *Celina chegou a dizer que a filha estava mentindo.*

No dia seguinte, a manchete do mesmo jornal dizia: “Seita do Demônio: Um caderninho de notas mostra o nome do prefeito de Guaratuba, Aldo Abagge, envolvido com o pai de santo que sacrificou Evandro”. Na matéria, lia-se que os cadernos tinham sido encontrados na casa de Andrea Pereira Barros, companheira de Osvaldo, e traziam nomes de mais de quinhentos clientes – entre eles, três dos suspeitos, Bardelli, Cristofolini e Davi. Dizia ainda:

> O prefeito Aldo Abagge, sua esposa Celina Cordeiro Abagge e suas filhas, Beatriz e Sheila, estiveram com o Bruxo. Aldo esteve no dia 29 de janeiro, quando foram jogados búzios. Na ocasião, o prefeito foi informado de que suas terras, seus negócios, como madeira e outros, estavam atrapalhados e bloqueados. Foi orientado de que deveria mandar executar um trabalho para que os caminhos fossem abertos.
>
> Na mesma data, Celina também consultou e foi informada da situação. [...] Mais adiante é mencionada a presença, no mesmo dia, de Beatriz. Ela foi informada de possuir mediunidade e que precisava desenvolver-se [...].

> Sheila Cordeiro Abagge, acompanhando seus pais, também consultou o chamado pai de santo [...]. Foi informada também sobre mediunidade.

Andrea anotava nos cadernos os trabalhos e consultas realizados pelo pai de santo. Sobre esse achado, o delegado Noronha deu uma declaração para uma reportagem da extinta rede OM, atual CNT: "O dia do desaparecimento das crianças é o único em que não consta nenhuma consulta marcada. Ou seja, ele não se encontrava na tenda onde regularmente faria as consultas".

Após inúmeras diligências e interrogatórios, a participação do prefeito na suposta seita satânica foi rejeitada e toda a acusação concentrou-se nas sete pessoas presas originalmente. Ainda assim, não havia mais clima para que Aldo Abagge se mantivesse prefeito, o que ficou evidente na noite de 5 de agosto, quando, numa tentativa de retorno à prefeitura após um mês fora da cidade, ele quase foi linchado. Foi necessário que a PM fizesse um cordão de isolamento para protegê-lo. Quando saiu de uma das viaturas, jogaram-lhe pedras. No dia seguinte, a Câmara de Vereadores votou pelo seu impeachment, usando como pretexto, de acordo com o jornal *Tribuna da Bahia*, um decreto assinado por Abagge em maio daquele ano pelo qual dividia em duas uma área destinada à construção do estádio municipal. O decreto estabelecia que metade do terreno abrigaria um Centro Integrado de Apoio à Criança (CIAC):

> Segundo o presidente da Câmara, Emílio Mattos de Souza (PMDB), o prefeito cometeu irregularidades ao não propor a alteração da lei ou revogá-la. Souza admitiu ontem que o decreto foi um mero pretexto para atender ao "clamor" da população, que vinha pedindo a renúncia de Aldo Abagge desde que sua mulher, Celina Cordeiro Abagge, e uma de suas filhas, Beatriz, foram presas.

Durante semanas, toda nova informação passada pela polícia estampava as primeiras páginas dos principais jornais do estado, e algumas matérias televisivas sobre o caso apareciam na grade dos telejornais de cobertura nacional. A jornalista Mônica Santanna me contou que, logo após as prisões, entrou em contato com Leila Bertolini, a delegada do Grupo TIGRE, e lhe perguntou como a polícia tinha chegado a elas. A resposta de Bertolini foi: "Eu não sei".

* * *

O Grupo TIGRE, que investigava o caso Evandro desde 8 de abril, nada tinha a ver com as prisões. Elas tinham sido realizadas pelo ÁGUIA (Ação de Grupo Unido de Inteligência e Ataque), um grupo especial do setor de inteligência da Polícia Militar, a chamada P2, que àquela altura tinha como objetivo principal combater o crime organizado. Essa investigação paralela teria sido feita com auxílio da Polícia Federal e sem a ciência do Grupo TIGRE, que fazia parte da Polícia Civil. A falta de comunicação fora proposital: segundo Favetti, havia indícios de que o TIGRE estava sendo ludibriado pela família Abagge, que manipularia as investigações de forma a impedir a resolução do crime. Prova disso seria o fato de os policiais estarem hospedados no melhor hotel da cidade às custas da prefeitura, frequentarem regularmente a casa do prefeito e usarem os carros particulares da família Abagge para alguns trabalhos.

O relatório da Polícia Militar foi batizado de Operação Magia Negra. Ele é datado de 7 de julho de 1992 e assinado pelo então capitão do Grupo ÁGUIA Valdir Copetti Neves. O texto informa que o ponto de partida da operação foi um depoimento prestado ao Ministério Público do Estado do Paraná. O depoente era Diógenes Caetano dos Santos Filho.

2. Operação Magia Negra

Os primeiros personagens

Em diversas entrevistas e depoimentos concedidos desde 1992, Diógenes Caetano repete que, a princípio, não tinha motivos para desconfiar dos Abagge, mas, sendo ex-policial, decidiu iniciar uma investigação por conta própria. Diz ter notado dois comportamentos que considerava estranhos: o primeiro na noite de 7 de abril, quando Paulo Brasil teria tentado impedir a imprensa de falar com a família Caetano; o segundo nos dias 13 e 14 de abril, quando, segundo o noticiário da época, Celina proibiu funcionários da prefeitura e alunos de realizarem manifestações em memória de Evandro.

Ao ser informado de que o Grupo TIGRE seria o responsável pelas investigações, Diógenes buscou contato com a delegada Leila Bertolini para passar informações. Uma figura em especial aparecia em seus relatos: um homem que havia chegado a Guaratuba apenas alguns meses antes e virado a sensação da cidade, o pai de santo e leitor de búzios Osvaldo Marcineiro.

Era comum, durante a temporada de verão, repleta de turistas, Guaratuba receber ambulantes, artesãos e todo tipo de gente disposta a aproveitar as férias escolares para faturar com o turismo. Foi numa dessas ondas migratórias que, em janeiro de 1992, Osvaldo Marcineiro apareceu por lá. Paulistano, Osvaldo tinha 31 anos e era um tipo comum, magro e de cabelos pretos e lisos. Ele se mudara de São Paulo acompanhado da namorada, Andrea Pereira Barros, para o andar de cima de um sobrado alugado na região central de Guaratuba. Na parte de baixo do imóvel morava Francisco Sérgio Cristofolini, de 33 anos, com a esposa e o único filho. Cristofolini era católico e trabalhava no bar do sogro; às vezes, tomava um café na casa do inquilino.

Osvaldo e Andrea se estabeleceram na feira de artesanato da cidade, onde ele passou a ler búzios. Após a temporada de verão, começou a oferecer serviços espirituais em sua casa, que recebeu o nome de Centro Espírita Filantrópico Abbassa Doece. Ao longo das investigações, diversas vezes Osvaldo disse que sua casa não teria condições de ser um centro espírita de fato.[2] Ele passou boa parte do seu tempo em Guaratuba tentando uma articulação com outros pais e mães de santo, além de políticos locais, para formar um centro próprio para atividades como as suas. Enquanto isso não acontecia, sua casa acabava servindo como local de encontros e leituras. Com ou sem um centro apropriado, durante a temporada de verão, a leitura de búzios de Osvaldo virou uma febre na cidade, inclusive para Beatriz, filha do prefeito, que sempre fora interessada em assuntos de natureza mística.

Aos 29 anos, Beatriz era terapeuta ocupacional e diretora do Centro de Especialidade Municipal. Tinha adotado duas crianças gêmeas, um menino e uma menina, que moravam com ela na casa dos seus pais. Ela era mãe solteira, e o processo de adoção fora facilitado graças ao trabalho da juíza da comarca, Anésia Edith Kowalski, amiga de longa data da família Abagge.

Uma noite, durante uma festa na casa de Aldo Abagge, o pai de santo foi chamado para ler a sorte dos convidados, entre eles a primeira-dama. Mãe de cinco filhos (Carmela, Beatriz, Aldo Júnior, Sheila e Maurício, este adotado), além de dois que ela não chegou a adotar, mas sempre considerou como filhos (Laertes e Silvia), Celina tinha 53 anos, treze a menos que o marido, e chamava a atenção por sua beleza. Era conhecida por ser católica fervorosa, tendo como companhia frequente o pároco da cidade, Adriano Franzoi. Como primeira-dama, ela não apenas exercia o papel de matriarca, ajudando a cuidar dos netos e da casa enquanto Aldo chefiava a cidade e a serraria da família, como também comandava o Programa do Voluntariado Paranaense (PROVOPAR), o órgão de assistência social da prefeitura, além de, como já

2 Dentre as várias vertentes da umbanda, Osvaldo seguia a chamada "Linha de Angola". Já De Paula dizia-se praticante do candomblé. Em vários de seus depoimentos, ambos referem-se às suas práticas como "espíritas", usando muitas vezes os termos "centro espírita" e "terreiro" como sinônimos. Optamos aqui por adotar os termos que são utilizados pelos envolvidos, reconhecendo a ampla diversidade das religiões afro-brasileiras, que podem ou não ser espíritas e podem ou não praticar sacrifícios de animais.

mencionado, se empenhar na busca de um sucessor para o marido e na articulação para criar o diretório local do PST. Por causa desses esforços, boa parte das atividades políticas de Celina em 1992 envolvia angariar potenciais filiados e lideranças locais.

Segundo um depoimento de Marta Aparecida Bonardi, amiga e colega de trabalho de Celina numa das creches da cidade, a primeira-dama se incomodava com o crescente interesse de Beatriz pelo misticismo, pela umbanda e pelo espiritismo. Ela confrontava a filha, que ia ao centro espírita com amigas ou a empregada da família, e chegou a consultar o padre Franzoi a respeito. No relato de Bonardi, Beatriz dissera a Celina que o pai de santo promovia limpezas e sacrifícios para entidades e que, no centro, as pessoas cantavam e dançavam em homenagem aos orixás. A jovem teria chegado a assumir, por um período, o papel de tesoureira no projeto de Osvaldo de formar um novo terreiro, iniciativa que já estava bem articulada na cidade, mesmo entre a alta sociedade guaratubense.

Bonardi também conta que, na noite em que Osvaldo leu os búzios para a família Abagge, ele teria recomendado um "trabalho de limpeza" na serraria Abagge. Por insistência de Beatriz, Aldo consentiu. O trabalho incluiria colocar oferendas (ovos, farinha e pipoca) nos cantos do terreno e construir uma pequena casa para receber uma vela. Foram essas as informações que Andrea Barros registrou nos cadernos de Osvaldo e que, meses mais tarde, seriam citadas em reportagem do *Diário Popular* e usadas como prova do vínculo entre os Abagge e o pai de santo.

Entre os frequentadores da casa de Osvaldo estava o amigo e também pai de santo Vicente de Paula Ferreira, de 42 anos, que morava em Curitiba, mas ia com frequência ao litoral. De Paula trabalhava como pintor letrista, era alto e magro e tinha os dentes estragados. Casado, tinha três filhos e era quase analfabeto, apesar de ter concluído o ensino fundamental. Era De Paula quem costumava sacrificar as aves usadas em rituais do terreiro, passando uma faca na garganta dos animais. Os sacrifícios, segundo ele, tinham função purificadora e serviam para abrir caminhos.

Outro amigo de Osvaldo era o artesão Davi dos Santos Soares, de 30 anos. Baixinho e obeso, Davi se declarava católico, mas participava de algumas sessões no terreiro. Durante a semana, vendia produtos artesanais para sustentar a mulher e os quatro filhos. Davi era também vice-presidente da Associação de Artesãos de Guaratuba e, como tal, pode ter sido fundamental para que Osvaldo permanecesse na cidade.

Suspeitas na feira

Quando tive a oportunidade de conversar com Diógenes Caetano, no final de 2016, tentei conseguir detalhes sobre sua investigação particular. Contudo, nas diversas vezes em que perguntei a origem de suas informações, recebi respostas como: "As pessoas têm medo de falar sobre isso, prefiro não envolvê-las mais". Apesar desse empecilho – compreensível, se pensarmos em termos de proteção de fontes –, pude entender melhor o raciocínio de Diógenes vendo os autos do processo. Em especial, um depoimento que ele prestou à juíza Anésia Edith Kowalski – a amiga da família Abagge – em 13 de agosto de 1992. É desse depoimento que extraio boa parte das informações deste capítulo.

Ao que tudo indica, após a postura de Celina contra a passeata dos estudantes, Diógenes passou a dar especial atenção à proximidade de Beatriz com Osvaldo. E foi aí que começou a relacionar alguns eventos que ocorreram antes mesmo de Evandro desaparecer.

De acordo com Diógenes, em janeiro daquele ano ele fora procurado por um homem chamado Rubens Serafim, então secretário da Associação de Artesãos. Rubens teria pedido a Diógenes que publicasse um panfleto denunciando uma irregularidade: alguém estava usando o espaço da feira para uma atividade que não estava relacionada com o comércio de produtos artesanais. Essa pessoa era Osvaldo Marcineiro, que exercia a atividade de leitor de búzios. Rubens teria falado sobre o ocorrido com Denise Rangel, secretária de Turismo e Esportes da prefeitura, recebendo como resposta a informação de que Osvaldo permaneceria na feira por ordem de Celina e que, se os outros artesãos não aceitassem, seriam todos retirados do local.

Em depoimento prestado em 4 de dezembro de 1992, Denise deu outra versão. Ela relatou não recordar quem lhe apresentara Osvaldo, embora se lembrasse de ter sido procurada pela namorada dele, que queria um espaço na feira de artesanato para a leitura de búzios. Ela disse que chegou a consultar os artesãos e que a maioria achou que seria uma boa atração para a feira, mas alguns não concordaram. Antes de tomar qualquer decisão, Denise procurou o prefeito, que lhe pediu que consultasse a Associação de Artesãos. A Associação teria concordado com a presença de Osvaldo, que por sua vez montou a barraca ao lado da de sua namorada, num local no fundo da feira, próximo ao lixo.

Na época, a Associação de Artesãos estava mudando de gestão – segundo Denise, com algumas desavenças. A presidente na ocasião da instalação da barraca de Osvaldo era Maria Helena Moro Martins, esposa de Paulo Brasil, o assessor de imprensa da prefeitura. O vice-presidente era Davi Soares.

Em 21 de abril de 1992, Maria Helena e Paulo Brasil se separaram, e tudo indica que o rompimento não foi dos mais tranquilos. O assessor da prefeitura saiu de casa e passou a viver no Hotel VillaReal, o mesmo onde o Grupo TIGRE, já na investigação do caso Evandro, estava hospedado às custas da prefeitura. Maria Helena, em depoimento, fez acusações sérias contra Paulo Brasil, dizendo que ele se mostrava excessivamente nervoso após o assassinato do garoto e que acreditava que ele sabia desde o princípio quem eram os culpados. Apesar dessas declarações, Paulo Brasil, assim como Aldo Abagge, nunca chegou a ser formalmente acusado de fazer parte do grupo que teria sacrificado Evandro no ritual de magia negra.

Independentemente de qual fosse a versão mais precisa sobre os conflitos na feira, o fato é que, nos meses seguintes ao desaparecimento de Evandro, Denise Rangel foi apontada como candidata à prefeitura pelo PST de Celina Abagge.

Para formar o diretório local do partido, Celina precisava de gente. E quanto mais influentes essas pessoas fossem, melhor. Com o poder de articulação da Associação de Artesãos e a popularidade que Osvaldo já conquistara na cidade, não demorou para que ela buscasse o apoio dele e de Davi. A este último, conforme depoimento dele em 2004, Celina ofertou a possibilidade de concorrer como vereador. Osvaldo, por sua vez, não só articulava com outros terreiros uma possível unificação em local a ser comandado por ele, como também tentava emplacar na prefeitura a ideia de promover uma festa para Iemanjá em Guaratuba. E Beatriz Abagge, que fazia parte do grupo que o ajudava na formação de um novo terreiro, era o principal elo de boa parte de seus planos.

As profecias

Em diversos depoimentos, Diógenes citou outros dois acontecimentos que diz terem chamado sua atenção durante suas investigações. O primeiro, em meados de janeiro de 1992, quando Maria Caetano, mãe de Evandro, teria se consultado com uma vidente de nome Stier. Nesse encontro, após olhar no fundo de um copo d'água, Stier teria alertado Maria de que ela perderia uma joia muito preciosa, levando a mãe de Evandro a responder que era pobre, que não possuía nenhum objeto de grande valor. Após o sumiço de Evandro e o aparecimento do corpo, a vidente teria se encontrado novamente com Maria e lhe dito: "Eu não podia te falar na hora, mas essa era a joia que você ia perder". Stier era sogra de Davi Soares.

Maria, que assim como o marido Ademir nunca depôs em júri e há muitos anos não fala com a imprensa, não chegou a confirmar essa história oficialmente, até onde sei. Também nunca tive a oportunidade de conversar com eles para tirar esse tipo de dúvida.

O segundo evento, vinte dias antes do desaparecimento de Evandro, seria uma profecia feita por Osvaldo Marcineiro diante de umas sete ou oito pessoas, dando conta de que uma grande tragédia se abateria sobre a cidade. Diógenes não estava presente, mas disse ter escutado a história de duas testemunhas que também nunca foram ouvidas oficialmente. Diógenes afirmou achar suspeito que, após o sumiço de Evandro, Osvaldo tivesse aumentado em quatrocentos por cento o valor de suas consultas, como se antecipasse um aumento na procura por seus serviços após a premonição. A tentativa de reajuste citada por Diógenes, sobre a qual não temos confirmação, teria acabado frustrada, rejeitada pelos fiéis. Ele complementou que nunca acreditou em poderes premonitórios e que, portanto, tanto Stier (que nunca chegou a ser indiciada) quanto Osvaldo deviam saber o que estava acontecendo.

Diógenes buscava encaminhar para a delegada Leila e seus policiais do Grupo TIGRE todo tipo de informações acerca de atividades suspeitas de Osvaldo e de seu envolvimento com a família Abagge. Mas, ao notar que suas denúncias não surtiam efeito, disse ter sido tomado de um novo receio: a proximidade da família do prefeito com o Grupo TIGRE.

No dia 29 de maio de 1992, Diógenes dirigiu-se à Procuradoria--Geral do Estado do Paraná, em Curitiba, e prestou um longo depoimento ao então procurador Celso Carneiro Amaral, no qual narrou uma série de acontecimentos que lhe chamavam a atenção: da estranha presença de Osvaldo na feira, sob a proteção de Celina, passando pelas profecias do pai de santo e de Stier, até relatos de que, em rituais, Osvaldo sacrificava animais que terminavam em estado semelhante àquele no qual o corpo de Evandro havia sido encontrado.

Em certos pontos do depoimento, Diógenes refere-se ao empresário Antonio Costa, alegando que, em meados de fevereiro, quando do desaparecimento de Leandro Bossi, o "pessoal do búzios" era frequentemente visto em companhia dele e do genro de Stier (Diógenes não sabia o nome de Davi). Diógenes também chamou atenção para o fato de Costa ter se desfiliado do Partido Democrata Cristão (PDC) para se associar ao PST de Celina Abagge. Em troca, disse, Celina pagaria as dívidas de Costa e conseguiria o arquivamento de um suposto processo administrativo de um ex-empregador contra ele.[3]

Diógenes buscava convencer o procurador Amaral de que estaria ocorrendo uma mobilização política atípica em Guaratuba, que incluía Celina como força motriz e contava com a estranha participação do pai de santo recém-chegado Osvaldo Marcineiro. Afinal, que interesse teria Celina em proteger Osvaldo na feira? Diógenes também mencionou que Osvaldo estava para "abrir um centro de umbanda em sociedade com Beatriz, filha do prefeito". Mais adiante, para reforçar o perfil aparentemente sinistro da família Abagge, ele citou um evento que envolvia a irmã de Beatriz, Sheila, dizendo que ela mandava suas alunas se vestirem com capuz e guarda-pós brancos e saírem à noite com velas nas mãos.[4] Afirmou, inclusive, ter presenciado aquilo e que a "líder" das garotas tinha um esqueleto estampado na túnica.

No mesmo depoimento, Diógenes contou que, no dia seguinte ao desaparecimento de Evandro, depois da discussão entre ele e o prefeito, algo suspeito aconteceu na casa dos Caetano. Quem lhe narrou

3 Quando tratei desse tema no podcast *Projeto Humanos, O caso Evandro*, a família de Antonio Costa entrou em contato comigo dizendo que nunca houve processo administrativo contra ele. Chegou a me enviar uma declaração da Copel, a empresa de luz e energia do Paraná, onde Costa trabalhara, afirmando que ele nunca teve problemas do tipo na companhia.

4 Sheila confirma que isso acontecia. Ela era professora de psicologia e, segundo diz, realizava essas atividades como forma de experimentos sociais.

o fato foi Davina Correia Ramos Pikcius, tia de Evandro por parte de mãe. Dada a importância do seu relato, a própria Davina foi prestar declaração ao Ministério Público do Paraná no dia 19 de junho de 1992, perante o promotor de Paranaguá Alcides Bittencourt Neto.

A busca na madrugada

O relato a seguir é baseado na primeira declaração dada por Davina.

Na noite do dia 7 de abril, cerca de trinta e seis horas após o desaparecimento de Evandro, Davina estava na casa da irmã, Maria Caetano, quando, por volta das 23h, apareceram oito pessoas querendo ajudar – o relato não menciona a presença de Maria, Ademir e os irmãos de Evandro na casa naquele momento, mas por aqueles dias a casa dos Caetano estava sempre cheia de gente. Os visitantes eram o empresário Antonio Costa; sua esposa, Malgarete; Beatriz Abagge; Carmelita Cristofolini, mãe de Sérgio; Osvaldo Marcineiro, acompanhado de "uma tradutora" cujo nome Davina não sabia (era Andrea Barros); "um tal de 'Chero', genro de Stier" (o genro de Stier era Davi Soares, mas seu apelido não era "Chero" – esse foi um equívoco do relato de Davina que Diógenes também repercutiria em seus depoimentos); e Vicente de Paula Ferreira.

Dentro da casa, Osvaldo pediu um quartinho para fazer uma oração. Lá entraram Davina, seu marido, Mario, e as oito pessoas. Enquanto oravam, uma entidade se manifestou em Osvaldo, comunicando-se de maneira incompreensível aos demais, mas traduzida por Andrea. Em certo momento, Davina perguntou à entidade se Evandro estava vivo. Ela respondeu que sim. Questionada sobre a localização do menino, a entidade respondeu que não podia dizer com exatidão. Ela precisaria fazer uma busca, e isso tomaria um tempo. Eles deveriam voltar a contatá-la uma hora mais tarde. Durante esse tempo, ela daria uma volta pela cidade em busca do menino.

Finda a oração, as oito pessoas seguiram para a casa de Antonio Costa para jantar. Cerca de uma hora depois, interessados no que a entidade podia informar, Davina e o marido foram encontrá-los. A pedido de Osvaldo, levaram duas cervejas, um maço de velas, uma foto, uma camiseta e um calção de Evandro. Quando chegaram, depois da meia-noite, Beatriz Abagge e Carmelita Cristofolini já haviam ido embora, mas os demais ainda estavam jantando. Em seguida, Davina e o marido, acompanhados por Andrea, Davi, De Paula e Osvaldo, seguiram para a casa do pai de santo, onde foram levados a uma sala dedicada a sessões espíritas para tentar contatar novamente a entidade.

Após uma tentativa, no entanto, Osvaldo informou que não estava conseguindo incorporar a mesma entidade, o que significava que ela ainda não tinha a solução para o caso. Davina perguntou o que deveria fazer. Andrea interveio, dizendo que Osvaldo iria embora, mas que deixava um recado: Davina deveria fazer sete oferendas a Cosme e Damião, cada uma delas em um belo jardim ou praça, e cada uma delas composta por sete tipos de doce e uma vela acesa. A cada oferenda, ela deveria chamar o nome de Evandro três vezes.

Osvaldo, incorporado por outra entidade, perguntou a Davina e seu marido em que lugares eles acreditavam que Evandro poderia estar. O casal citou uma série de regiões de Guaratuba: Mirim, Carvoeiro, rua das Palmeiras, Vila Esperança e Figueira. Osvaldo (ou a entidade) ficou muito interessado na rua das Palmeiras e começou a fazer perguntas sobre o local, e Davina e Mario explicaram que era uma rua próxima à casa de Evandro e da escola.

A entidade incorporada no pai de santo pediu para acompanhá-los durante a realização das oferendas, pois assim poderia avisar caso sentisse alguma aproximação do garoto. Em seguida, Davina e Mario entraram em seu carro, um Ford Escort, acompanhados de Osvaldo e Davi, e seguiram em direção ao Carvoeiro, onde fariam a primeira entrega. Já eram 3h da manhã. Lá também foi feita mais uma oferenda. A seguir, deslocaram-se em direção a Vila Esperança. No momento em que passavam diante da Escola Municipal Professora Olga Silveira, Davina pediu que parassem para fazer uma oferenda, com que Osvaldo, incorporado, concordou.

Oferenda feita, ela retornou ao carro e Osvaldo perguntou: "A rua das Palmeiras não fica aqui perto?". Mario respondeu que sim, e continuaram em direção a ela. Osvaldo dizia repetidamente que havia algo muito forte ali. Foram até o final da rua e pararam diante de uma construção, num local conhecido como Campo do Tubarão, onde pela primeira vez Osvaldo e Davi desceram do carro. Enquanto Davina fazia uma nova oferenda, os dois vasculhavam o local com o auxílio de lanternas. Depois, voltaram para o carro e retomaram a viagem, até que, ao passarem por uma rua bem estreita, ainda próxima à construção, Osvaldo disse: "Pare o carro e volte! E essa rua, onde vai dar?". Decidiram averiguar. Como não dava para passar de carro pela rua, Mario deixou o veículo imbicado, com o farol aceso, e seguiu a pé atrás de Osvaldo e Davi. A princípio, Davina permaneceu no carro, mas, como ficou com medo, desceu e andou até um pedaço da rua. O local era feio e abandonado, e ela chamou pelo marido. Ao ouvi-la, os três homens acabaram por retornar ao carro.

A busca foi até o dia clarear, sem sucesso. A entidade de Osvaldo não demonstrou interesse por nenhum outro lugar além daquele matagal escuro. No dia seguinte, a pedido de Davina, Andrea lhe devolveu a foto de Evandro que ficara com o pai de santo. Depois disso, nem ela nem Mario tiveram mais contato com Osvaldo ou com as outras pessoas do grupo.

Três dias depois, o corpo de Evandro foi encontrado a seiscentos metros do local onde haviam estado na rua das Palmeiras.

Nas suas confissões, Osvaldo e De Paula afirmaram que o ritual de sacrifício de Evandro ocorreu no início da noite de terça-feira, dia 7, e que logo depois seu corpo foi jogado no matagal, onde só veio a ser encontrado no sábado, dia 11. Pelo relato de Davina, a busca pelo garoto foi feita na madrugada entre os dias 7 e 8.

A versão que Diógenes defendia era a seguinte: Osvaldo queria ganhar dinheiro como pai de santo, por isso primeiro fez uma "profecia" pública de que uma grande tragédia cairia sob Guaratuba. Em seguida, tentou conduzir os tios de Evandro ao local onde estava o cadáver. Se o corpo de Evandro tivesse sido achado graças aos poderes espirituais de Osvaldo, isso poderia ajudar a consolidar sua reputação de pai de santo. Mas a descoberta, dizia Diógenes, não vinha de poder espiritual nenhum. Seria apenas uma profecia autorrealizável, fruto de um crime premeditado.

As prisões

O relatório da Operação Magia Negra, que culminou com as prisões dos sete acusados nos dias 1º, 2 e 3 de julho de 1992, contém sete páginas. O então capitão Valdir Copetti Neves relata que, no dia

12 de junho, o Grupo ÁGUIA foi contatado pela Procuradoria-Geral do Estado para investigar o caso – ou seja, cerca de duas semanas após a denúncia de Diógenes ao procurador Amaral no Ministério Público, no dia 29 de maio, e uma semana antes do depoimento de Davina, no dia 19 de junho. Em seguida, o relatório diz que o grupo realizou uma análise do Termo de Declaração de Diógenes Caetano – aquele com as informações que, segundo Diógenes, estavam sendo ignoradas pelo Grupo TIGRE.

Após um contato com Alcides Bittencourt Neto, promotor do Ministério Público designado para o caso, o Grupo ÁGUIA iniciou uma investigação paralela com base em três hipóteses: magia negra, venda de órgãos e tráfico de órgãos. O relatório deixa claro que o depoimento de Davina teve fundamental relevância para a conclusão das investigações. O texto afirma ainda que, após a prisão de Osvaldo e Davi, em 1º de julho, ambos confessaram por escrito, no Fórum da Comarca de Guaratuba, perante um promotor público, a autoria do crime, delatando também a participação de Celina, Beatriz e De Paula. No entanto, ao contrário do que diz o relatório, a única confissão por escrito anterior à prisão das Abagge é uma assinada por Osvaldo. A primeira confissão por escrito de Davi aparece apenas depois que elas foram presas, como veremos em detalhes mais à frente.

Em seguida, Celina, Beatriz e De Paula também teriam tido suas prisões temporárias decretadas pela juíza de Guaratuba. As Abagge foram presas na manhã de 2 de julho, em Guaratuba, enquanto De Paula foi preso em Curitiba e levado a Guaratuba durante o dia. Nesse dia, as confissões de Osvaldo, Beatriz e Celina foram gravadas em vídeo e fita cassete, e as de Davi, só em VHS. De Paula não teve nenhuma confissão gravada no dia 2, de acordo com os autos. Na noite do dia 2, no quartel do município vizinho de Matinhos, os cinco prestaram depoimentos formais perante um delegado e promotores. Foi nessa oportunidade que, ainda segundo o relatório da Operação Magia Negra, De Paula delatou a participação de Airton Bardelli dos Santos e Francisco Sérgio Cristofolini, presos no dia 3 – o mesmo dia em que, pela manhã, os cinco primeiros presos foram encaminhados ao IML de Curitiba para o exame de lesões corporais e, à tarde, houve a entrevista coletiva com Osvaldo, Davi e De Paula.

Esse relatório, único registro oficial das investigações do Grupo ÁGUIA, foi a pedra fundamental para que o Ministério Público montasse sua denúncia contra os sete acusados. Ele aponta qual teria sido o papel de cada um dos envolvidos no assassinato de Evandro:

1. CELINA ABAGGE: esposa do prefeito Aldo Abagge, foi quem encomendou os "trabalhos espirituais" ao pai de santo, pagando o valor de Cr$ 7.000.000,00 (sete milhões de cruzeiros), bem como escolheu a vítima, planejou e participou do sequestro, auxiliou no esquartejamento e retirou o coração do corpo do menino, bem como cedeu o local para o ritual, culminado com a ocultação do cadáver.
2. BEATRIZ CORDEIRO ABAGGE: participou, juntamente com sua mãe, Celina Abagge, do sequestro do garoto, dirigindo seu veículo Escort de cor cinza, placa CH2993 - Curitiba-PR, o qual encontra-se retido por determinação judicial, e posteriormente, auxiliou na imobilização do menino EVANDRO, por ocasião de seu assassinato. Também ajudou a ocultar o cadáver.
3. OSVALDO MARCINEIRO: pai de santo, sendo este contratado por BEATRIZ e CELINA, para realização dos "trabalhos"; participou ativamente do esquartejamento da vítima, conduzindo todo o ritual macabro.
4. VICENTE DE PAULA FERREIRA: contratado por Osvaldo Marcineiro para auxiliar nos "trabalhos", o qual sabendo que o menino estava sendo mantido em cárcere privado, deslocou-se até Curitiba para a compra dos materiais necessários ao ritual satânico, sendo que também participou do esquartejamento da criança, iniciando o ritual.
5. DAVI DOS SANTOS SOARES: participou ativamente do ritual macabro que foi imposto à vítima, EVANDRO RAMOS CAETANO.
6. AIRTON BARDELLI DOS SANTOS: funcionário da Prefeitura Municipal de Guaratuba, foi quem, segundo declarações, escondeu, após os trabalhos, as partes do corpo de EVANDRO, decepadas e retiradas durante o ritual, bem como recebeu ordem da primeira-dama para efetuar o pagamento e adulteração das provas materiais, no local do crime. Participou ainda da ocultação do corpo da criança.
7. SÉRGIO CRISTOFOLINI: participou como auxiliar no referido ritual macabro, quando a vítima estava sendo esquartejada viva; é considerado pelos demais como o pistoleiro do grupo, a serviço da família Abagge.

O relatório não especifica muitos elementos, como os métodos e procedimentos do sequestro e da morte. Nunca é explicado como os policiais do Grupo ÁGUIA chegaram às conclusões sobre os papéis dos acusados no assassinato. Na terceira seção, em que são citadas as testemunhas, não aparecem depoimentos formais, então só podemos supor que tais informações tenham sido obtidas na fase de investigações do ÁGUIA, de 12 de junho a 1º de julho, e também após as prisões, entre os dias 1º e 7 de julho. Seis testemunhas são citadas. A primeira delas era, sem dúvida, a de maior peso na época:

1. IRINEU WENCESLAU DE OLIVEIRA: guardião da serraria Abagge. Teria sido dispensado na noite do dia 7 de abril de 1992, data do ritual. Ainda assim, de acordo com o relatório, viu Celina, Beatriz, Bardelli, Osvaldo "e outras pessoas que não conhece" na serraria.
2. ARNALDO BATISTA: funcionário da serraria Abagge, relatava ter recebido ordens de Airton Bardelli em 28 de junho para que fosse realizada uma reforma no escritório. De acordo com o relatório, a intenção era ocultar provas materiais do crime que permaneciam lá.
3. SIGMAR BATISTA: um dos pintores que trabalharam na reforma do escritório.
4. Mário Luiz da Silva: outro pintor da reforma.
5. ORTENCIA MARGARIDA FLORA: dona de um centro espírita em Guaratuba que a família Abagge frequentava havia dezenove anos.
6. ANITA ALVES DE GUITA: esposa do acusado Davi dos Santos Soares. Ela relata que, após o crime, ele passou a sofrer de insônia e pesadelos, pedindo por socorro enquanto dormia.

Com exceção de Irineu, as outras testemunhas não pareciam poder contribuir com informações mais detalhadas sobre o caso, especialmente Hortência e Anita.

Do material produzido pelos investigadores, destaca-se uma fita de vídeo gravada pelo Grupo ÁGUIA no dia 2 de julho – o dia seguinte à prisão de Osvaldo e Davi e o dia da prisão das Abagge e de De Paula.

A fita VHS

Com cerca de 44 minutos de duração, a fita VHS gravada no dia 2 de julho, em Guaratuba, começa enquadrando o rosto de Osvaldo Marcineiro. Claramente abatido, com uma parede branca ao fundo, ele responde às perguntas do policial por trás da câmera. Diz nome, idade, profissão e o nome dos pais e passa a relatar como foi o ritual de sacrifício de Evandro. Afirma que foi Celina quem encomendou o trabalho, do qual participaram ela, De Paula e Beatriz, e dá detalhes de como Evandro foi morto, assim como o motivo para a realização do trabalho.

Aos 14 minutos, há um corte. Osvaldo não está mais lá. Em seu lugar, provavelmente em frente à mesma parede branca, vemos Davi dos Santos Soares. Também abatido, com a boca claramente seca e algodão nos ouvidos, ele relata que andava com o grupo de Osvaldo e apenas assistiu ao ritual, mas não participou ativamente. Diz que pensou em avisar a polícia, mas sentiu medo de que Celina fosse atrás dele ou de sua família.

Por volta dos 24 minutos, há um novo corte. Na tela, vemos a placa do Ford Escort de Beatriz. Ele está numa garagem espaçosa, com grandes portas de madeira. Duas pessoas estão de pé conversando atrás do carro, mas não é possível ver seus rostos. Esse trecho não dura mais de um minuto.

Em seguida, o mesmo policial que fazia as perguntas para Osvaldo agora segura a câmera dentro de um carro em movimento. Seu rosto nunca aparece, mas sua voz guia a narrativa e vemos tudo sempre do seu ponto de vista. O veículo parece seguir um Gol branco ou cinza com placa de Curitiba. É uma das viaturas descaracterizadas do Grupo ÁGUIA. O policial narra: "Diligências no sentido de localizar as vísceras, mãos de Evandro. Policiais civis e policiais militares trabalhando em conjunto".

Depois de um novo corte, vemos o Gol parar e ouvimos: "... serralheria [sic] a qual, segundo Osvaldo, teria sido o local onde haveria escondido as vísceras e partes do corpo de Evandro". É então que percebemos que os policiais acabaram de chegar à serraria Abagge e que estão levando Osvaldo Marcineiro. Ainda é dia, e os funcionários trabalham normalmente até perceberem a presença dos policiais e do pai de santo algemado.

Osvaldo veste uma balaclava e tenta esconder as algemas com seu pulôver bege, sem muito sucesso. Acompanhado dos policiais, ele vai até uma casinha para oferendas ao lado do portão, da altura de uma casinha de cachorro, fechada com um cadeado. Um homem tenta quebrar o cadeado com uma pedra, enquanto o policial que segura a câmera diz: "Local em que foram escondidas as vísceras...". Alguém complementa: "Prováveis!". Ele aceita: "... prováveis vísceras".

Há um corte. Quando a gravação volta, entendemos que eles não conseguiram quebrar o cadeado, então tentam arrebentar a trava da porta com um pé de cabra. Alguém pergunta ao fundo: "Tá aí dentro as coisas?". Osvaldo murmura algo incompreensível.

O uso do pé de cabra não é bem-sucedido. Então, tentam com um martelo, que enfim consegue soltar a tranca. Pouco antes de abrirem a porta da casinha, um policial pede que os demais esperem um pouco e diz: "Duas testemunhas".

Outro corte. Agora, o policial que segura a câmera pergunta a dois homens, aparentemente funcionários: "A quem pertence a serralheria [sic]?". O homem mais alto responde: "Do prefeito, o Aldo Abagge". "Seu nome, qual que é?" O homem fica apreensivo. Após alguns segundos, responde: "Mário". "Mário do quê?" Ele olha para os lados, de braços cruzados: "Mário Luiz da Silva". É a testemunha número quatro do relatório que foi produzido dias depois dessa gravação. Nesse momento, vários funcionários curiosos já estão em torno da casinha. "Seu nome?", pergunta o policial para o outro homem, mais baixo. "Sigmar Batista." É a testemunha número três do relatório.

Há um novo corte na gravação. Quando volta, a porta já está aberta. Como a casinha é baixa, os dois policiais em torno dela têm que se agachar para ver lá dentro. Deve ter em torno de um metro quadrado, talvez menos. Quando a câmera se aproxima do seu interior, enquadra uma vela de sete dias já queimada, ainda com o plástico preservado, e dois fios que parecem ser de cobre.

Após um novo corte, ouvimos a voz de Osvaldo e vemos sua mão apontando para o chão de cimento. "Foi posto em cima, aqui", diz. "Nesta casinha?" "Sim." "Ali onde tá aquela vela ali?" "Sim." Um policial começa a mexer no plástico que sobrou da vela, para tentar ver melhor o que tem lá dentro. "Já estava essa casinha quando você trouxe os...?" "Sim."

Novo corte no vídeo. Um policial, agachado na frente da casinha, pergunta: "Essa casinha em si faz dois, três meses que foi feita ou já tava aqui antes?". "Não, foi feita [faz] dois ou três meses mais ou menos", responde Mário, que ainda está lá perto com outros funcionários. Nesse momento, a câmera foca um homem ruivo, de bigode, camisa aberta até o peito e colete de lã. É o capitão Valdir Copetti Neves.

Mais um corte. Agora é Osvaldo quem está agachado na frente da casinha. Seu rosto não aparece, apenas suas mãos. Ele tenta esconder as algemas: a da esquerda está debaixo do pulôver, a da direita está tapada pela mão esquerda.

"Colocaram aqui dentro?", pergunta uma voz. "Foi." "Você veio colocar?" "Não, foi o outro rapaz que colocou." Nenhum rosto aparece. Outra voz pergunta: "Faz quanto tempo isso?" "Foi feito logo quando aconteceu..." "Quanto tempo faz que aconteceu isso?" "Dois, três meses." Um policial aponta para o chão de cimento da casinha: "Já tinha embaixo esse piso?". Outro pergunta: "Esse piso aqui, de cimento, tinha ou era de areia aqui?". "Olha, eu... acho que era chão [terra] ainda... não tenho certeza."

Outro corte. Osvaldo, que vemos bem de perto, agora está dentro de um escritório com a balaclava levantada na altura da testa. Ouvimos a voz daquele mesmo policial do início da fita: "Foi aqui nesse quarto que foi feito o...?". "Foi." "Nesse... nesse... nesse recinto aqui?" "Exatamente."

De novo, corte. "Essa mesa não tinha, não era pintado isso aí... aqui mais ou menos", diz Osvaldo. "Nessa mesma... nesse mesmo compartimento aqui?" "Sim. Vocês daqui passaram para algum outro compartimento desse local ou não?" "Não." "Só ficaram aqui?" "Só aqui."

Depois de outro corte, a câmera mostra o chão, pintado de tinta vermelha, sujo, com manchas de tinta branca. "Onde?", pergunta o policial, "Onde tá a mesa? Onde tá a mesa?" "É, aqui, mais ou menos nesse meio da sala aqui." "Se abaixa ali e mostra pra mim." Osvaldo aponta com o dedo o local onde o ritual teria acontecido. Dois homens passam no fundo – se são policiais ou funcionários, não é possível dizer. "Olha pra mim aqui, Osvaldo." Osvaldo olha. "Você confirma que [Evandro] foi sacrificado nesse recinto, próximo à mesa aqui que está aqui presente?" "Sim."

Novo corte. O interrogatório continua: "Aqui que foi...?". "Foi aqui." Outro policial diz: "Fale mais alto". "Foi aqui, sim, senhor." "Conte com mais detalhes então: como que foi?" "Foi aqui que foi deitado... a criança... foi cortado ela." "E aonde que vocês asfixiaram ela, vocês enforcaram ela? Nesse mesmo local aqui, no chão?" "Sim." "Não foi em cima da mesa?" "Não."

Há dois cortes rápidos seguidos. Entre eles, Osvaldo estava começando a explicar como De Paula teria estrangulado a criança. Quando a imagem volta, Sigmar Batista aparece novamente, e o policial explica que ele auxiliará na reconstituição do crime.

Corte. Agora, Sigmar está deitado no chão enquanto Osvaldo faz uma espécie de reconstituição do ritual. Diz: "Eu segurei os pés. Celina e Beatriz cada uma segurou um braço, e o De Paula apertou o pescoço da criança". Mais adiante, com um pequeno pedaço de madeira simulando um instrumento cortante, Osvaldo demonstra como teriam sido feitos os talhos para cortar o peito, as mãos, os dedos dos pés, as orelhas e o couro cabeludo. Um policial pergunta: "Com que roupa que o piá tava?". "Eu não recordo bem a roupa dele. Eu tava nervoso..." "Você recorda." "Não recordo." "Qual a cor? A cor você sabe." "Amigo, eu já disse [inaudível], não recordo..." "Mas ele tava de calção, de calça, de camiseta...? Isso você recorda, porque você tava segurando a perna dele! Como é que você não vai saber se tava de calça ou de calção? Se você segurou na perna dele, você sabe." "Eu acho que ele tava com uma calça meio de [inaudível]..."

Novo corte.

Aos 33 minutos da fita, a câmera enquadra duas mulheres sentadas num sofá. Atrás delas, uma cortina branca rendada, fechada, através da qual é possível ver um pouco da luz do sol. São Beatriz e Celina Abagge. Saberemos mais tarde que se trata da sala de audiências do Fórum de Guaratuba.

De mãos dadas e olhando para o nada, as duas parecem abatidas. É possível ouvir os flashes de uma câmera fotográfica ao fundo, mas elas não reagem à luz. Depois de um corte, vemos Celina com o braço direito ao redor do ombro de Beatriz, que segura a mão da mãe. Há outro corte, e então um homem aparece sentado no sofá ao lado de Beatriz. Ele segura um papel, assim como Beatriz, que está lendo. Celina puxa os óculos que estão pendurados em sua camiseta e estica o braço para pegar o papel da mão do homem.

Beatriz vira o papel para ler o verso. Ela segura uma caneta com a mão direita. Alguém ainda está batendo fotos. Dirigindo-se ao homem, Beatriz fala algo que não conseguimos ouvir direito, com exceção do final: "... pode assinar?". "Não, não", responde ele, "isso aí você pode assinar sem preocupar com advogado. Pode assinar que isso aqui é o mandado de prisão." Beatriz assina no local indicado pelo homem e, em seguida, oferece a caneta para Celina, que ainda lê o documento. Então ela pega a caneta, lê mais um pouco, e o vídeo corta novamente.

Quando volta, elas não estão mais com os mandados de prisão nas mãos e há outro homem sentado ao lado de Beatriz, conversando com ela. Celina olha para o chão.

Mais um corte. Agora, Celina está com a cabeça encostada no sofá. Beatriz parece catatônica. Alguém pergunta: "Como é que você dormiu a primeira noite? Tranquilo?". Nenhuma das duas reage. "Psiu." "Hein?" "Beatriz." Ela olha para cima, em direção a alguém que não vemos. "Qual o teu estado emocional após o ritual?" Ela fecha os olhos e responde, engolindo a voz: "Normal". "Hã?" "Normal." "Normal? Não teve nenhum mal-estar?" Ela não responde. "Dona Celina..." Celina olha para os lados, sem direção. "Qual foi a situação da senhora após o ritual?" Há um silêncio antes que ela responda: "Normal". "Normal?" De novo, silêncio. "Não houve nenhum mal-estar?" Celina fecha os olhos, como se estivesse exausta. "Não." "Não? Quem planejou o ritual?" Beatriz olha para baixo, fecha os olhos.

Ouve-se alguém chegando na sala. Os olhos das Abagge se abrem. Elas olham para a esquerda. Alguém diz: "Vamos lá, vamos lá", e de novo há um corte.

Quando a gravação volta, a câmera está bem fechada em Beatriz, que está no banco de trás de um carro, com a mão cobrindo o rosto. Mais tarde, saberemos que estão na balsa a caminho do quartel de Matinhos. O homem que segura a câmera começa a fazer perguntas.

"Você é a Beatriz, né?" Ela não responde. Ele tenta afastar a mão do rosto dela. "Beatriz, olha pra mim só um pouquinho, Beatriz." "Eu não tô me sentido bem", ela diz, de olhos fechados. "Eu sei que você não tá [se] sentindo bem, Beatriz. Mas, Beatriz, o que deu na tua cabeça de vocês fazerem isso? Conta pra mim." "Eu não sei..." "Hã?" "Eu não sei..." "É a vontade de ser uma pessoa bem de vida assim? De ter uma vida melhor? Que deu na cabeça de vocês pegarem essa criança? Quem que teve a ideia?" "O De Paula..." [...] "O De Paula, né? Ele que teve a ideia ou você que foi procurar ele?" Ela balança a cabeça, negando, ainda de olhos fechados. "Não..." "Hein, Beatriz?" "... ele..." "Ele que teve a ideia? Ele teve a ideia de pegar essa criança? Ele que deu a ideia de pegar a criança? Aí ele deu a ideia e vocês colocaram em prática o plano? Foi isso, Beatriz?" Ela não responde. "É isso, Beatriz?" Ela coloca novamente a mão no rosto. "Beatriz..." Ela respira fundo. "Beatriz, o fato já aconteceu, Beatriz." Silêncio. "Tá [se] sentindo mal, Beatriz?" Ela treme a cabeça, indicando que sim, com o rosto tampado, e começa a chorar. "Chora, que você desabafa." Ele tenta pegar a mão direita dela, enquanto ela usa a esquerda para cobrir o rosto. Logo, as mãos dadas dos dois saem de cena. "Tá tendo um pouquinho de arrependimento agora, Beatriz?" O choro aumenta. "Arrependimento toda pessoa pode ter, Beatriz... hein, Beatriz..." O choro parece de desespero. Ela puxa o ar várias vezes seguidas. "Beatriz, você é um ser humano. Ser humano..."

A frase final do homem é incompreensível, encoberta pela tosse de Beatriz, que agora se apoia com o braço esquerdo no banco da frente, escondendo o rosto enquanto chora. O homem solta o braço direito de Beatriz, que o junta ao outro para se debruçar no banco da frente. Ele passa a mão no cabelo dela. "Beatriz, eu sei que você não tá querendo responder, mas quem foi..." "Eu não posso falar nada... sem a presença do meu advogado..." "Beatriz, quem foi que segurou a criança? Você ou tua mãe?" "Eu já confessei..." "Mas quem...?" "Eu só posso responder na presença dos advogados agora... policiais mesmos que falaram..." "Não, você pode..." "Eu já confessei..." "Eu sou um policial também. Eu sou um policial." "Eu sei, mas [incompreensível]. Eu só quero falar na presença do meu advogado, por favor..." Ela chora. "Então me responde só uma pergunta, deixo você sossegada. Quem que segurou a criança? Foi você ou foi tua mãe?" "Não tenho condições de responder, por favor." O choro continua. "Não, mas só essa pergunta, eu paro... [...] eu deixo você em paz... responde só isso pra mim. Quem foi que segurou? Você ou tua mãe?" "Fui eu..." "Hã?" "Fui eu..." "Você que segurou? Tá, obrigado, viu, Beatriz." Ela continua com a cabeça apoiada nos braços por mais alguns segundos. Endireita-se, chorando menos, e pergunta se não teriam um calmante. "Calmante? Eu vou arrumar pra você." "Pede pro... [choro]... dr. Acemar... Ele deve estar por aí... por favor... eu não tô me sentindo bem..." Ela deita novamente, apoiada no banco da frente. "Posso pegar na sua mão?" "... um fraquinho, pede..."

Corte.

* * *

Agora, vemos o exterior da balsa. Há várias pessoas ao redor, mas poucos carros, pois era exclusiva para as Abagge e os policiais. Dentro de um carro está Celina, sozinha no banco de trás. A porta do veículo está aberta, e ela se vira para alguém que está fora. Esse homem entra para ouvir o que ela quer falar, mas não os escutamos. Vemos vários policiais militares fardados, outros do Grupo ÁGUIA com roupas civis, promotores e outros homens que supomos serem policiais federais que auxiliaram na operação. Há alguns cortes entre cenas das Abagge dentro dos carros, separadas.

Aos 44 minutos e 46 segundos, o vídeo se encerra.

Até onde pude levantar, essa fita VHS foi menos utilizada pela imprensa na época do que a fita cassete contendo a confissão das Abagge. A única matéria que encontrei que a cita claramente foi veiculada em 12 de julho de 1992 pelo antigo Canal 12, atual Rede Paranaense de Comunicação (RPC), afiliada da Globo no Paraná. Nela, a repórter Dulcinéia Novaes diz: "Num vídeo amador, foi gravada uma reconstituição do crime com o pai de santo Osvaldo Marcineiro, que liderou o ritual". Nas imagens publicadas pela matéria, viam-se recortes de Osvaldo dentro do escritório da serraria.

Após as prisões, o caso voltou à Polícia Civil. Mas, dada a desconfiança que agora pairava sobre delegados do Grupo TIGRE que originalmente comandavam as investigações, um novo delegado foi designado: João Ricardo Kepes Noronha. Ele recebeu a missão no dia 3 de julho de 1992 e tinha dez dias para encerrar o inquérito e encaminhar suas conclusões para o Ministério Público, de forma que os promotores pudessem montar a denúncia contra os sete presos. Por isso, como primeira medida, buscou juntar todos os materiais que o Grupo ÁGUIA havia produzido, que consistiam no relatório Operação Magia Negra e em seus anexos.

Os anexos eram os seguintes: fita cassete com as confissões de Celina e Beatriz; termo de declaração de Diógenes Caetano ao Ministério Público (MP) do Paraná; cópia do termo de declaração de Davina Pikcius; cópia de resolução de 14 de abril do MP do Paraná, designando o promotor Bittencourt como responsável pelo caso; cópia dos mandados de prisão temporária de Osvaldo, Davi, De Paula, Celina e Beatriz; cópia da ficha de cadastro de artesão de Davi; cópia do formulário de inscrição em curso de umbanda e candomblé na Federação

Paranaense de Umbanda (o nome está ilegível, mas supõe-se que seja de Osvaldo); cópia do retrato falado atribuído a Osvaldo (falaremos mais à frente sobre a origem desse documento); panfleto com foto de Evandro noticiando seu desaparecimento no dia 6 de abril; recortes de jornais noticiando fatos referentes ao caso.

De posse desses materiais, Noronha agora precisava fazer suas próprias investigações. Isso envolvia realizar buscas e apreensões nas residências dos acusados para coletar possíveis provas, assim como interrogar outras pessoas.

As três testemunhas

De todas as pessoas que prestaram depoimentos formais no caso Evandro, três foram essenciais para a fundamentação da acusação. A primeira já havia sido mencionada no relatório Operação Magia Negra: o guardião da serraria Abagge, Irineu Wenceslau de Oliveira, de 66 anos, que morava na frente da serraria e vigiava o local durante a noite.

Logo após as prisões, Irineu prestou três depoimentos. O primeiro, datado de 3 de julho de 1992, foi dado a José Carlos de Oliveira, delegado da Polícia Civil de Guaratuba. Na ocasião, Irineu relatou ter visto um ritual na Sexta-Feira Santa daquele ano em que estariam presentes Airton Bardelli, as irmãs Beatriz e Sheila Abagge e um homem que ele não conhecia. Essas pessoas teriam feito um trabalho no interior do barracão onde ficavam os maquinários e acendido uma vela dentro da casinha. Como a Sexta-Feira Santa de 1992 caiu em 17 de abril, seis dias após o corpo de Evandro ter sido encontrado, e o número de pessoas e suas identidades não condiziam com a narrativa que o Grupo ÁGUIA tinha colhido com os presos, Irineu foi chamado para um novo depoimento para esclarecer se havia alguma confusão ali.

Foi apenas no segundo depoimento, em 21 de julho – agora para Noronha, o novo delegado responsável pelas investigações do TIGRE –, que Irineu citou um outro ritual no início de abril, anterior àquele da Sexta-Feira Santa, com "aproximadamente sete pessoas". Vale apontar que, a essa altura, Noronha já havia concluído o inquérito feito a partir das informações do Grupo ÁGUIA, enviado ao Ministério Público no dia 14 de julho, mas continuava realizando diligências. Nesse depoimento, Irineu dava mais detalhes sobre o ritual ocorrido na Sexta-Feira Santa: Bardelli e Beatriz teriam chegado por volta das 22h "em companhia de uma mulher gorda e de dois homens, os quais espalharam farofa nos quatro cantos da serraria e jogaram pipocas na cabeça do depoente e dos demais que se encontravam na serraria", segundo relato escrito por Noronha.

Por fim, no dia 13 de agosto de 1992, Irineu depôs para a juíza de Guaratuba, Anésia Edith Kowalski, dando mais detalhes sobre os dois trabalhos que teria presenciado, especialmente o ocorrido no início de abril, que teria envolvido Evandro. Dessa vez, ele confirmou o que dissera no depoimento anterior, citou nominalmente todos os envolvidos, disse não ter ouvido nenhum choro de criança e relatou que Davi estava vestido de branco.

Com esses depoimentos, a acusação tinha em mãos o relato de alguém que punha os sete presos no local perto do horário em que confessaram ter matado Evandro.

A segunda testemunha de relevância para as investigações foi Andrea Barros, a companheira de Osvaldo Marcineiro, uma das primeiras a prestar depoimento ao delegado Noronha, no dia 10 de julho. Ela contou como o casal chegara a Guaratuba, que tipo de trabalhos faziam na cidade (artesanato, leitura de búzios e trabalhos espirituais), quais suas relações com outros réus, e descreveu alguns trabalhos em que havia sacrifícios de animais. Também explicou que De Paula morava em Curitiba, mas ia com frequência a Guaratuba e, nessas ocasiões, dormia na casa do casal. Em certo momento, ela afirmou que Osvaldo recebia uma entidade de nome Zé Pelintra que lhe falava que o pai de santo gostava muito dela e que, se ela o abandonasse, o homem sofreria pelo resto de sua vida. Contou também que Osvaldo às vezes a agredia fisicamente por ciúme, motivo pelo qual ela tinha medo de deixá-lo.

No dia 21 de agosto, Andrea voltou a depor e basicamente repetiu as informações que já tinha dado, mas agora com mais detalhes. Sobre o dia em que teria ocorrido o ritual que culminou na morte de Evandro, disse que, lá pelas 18h ou 19h, Beatriz e outras pessoas, todas vestidas de branco, estavam em sua casa. Em certo momento, conforme o relato, Beatriz saiu com seu Escort, e Osvaldo e De Paula foram pouco depois dela. Andrea não os acompanhou: teria ido dormir cedo e não viu a que horas os dois homens retornaram. Nos depoimentos, Andrea também explicou que os trabalhos encomendados eram geralmente feitos às terças-feiras e que o uso de roupa branca era comum nessas ocasiões – o que casava com os relatos de Irineu. Apesar de os relatos dela desenharem um Osvaldo violento e abusivo, Andrea também foi enfática ao dizer que nunca presenciara nem tampouco ouvira falar de sacrifícios de crianças.

A terceira testemunha importante deu seu depoimento apenas no dia 13 de agosto de 1992, perante a juíza Anésia. É a única pessoa que nunca foi ouvida na fase de inquérito de Noronha, embora provavelmente seja o mais importante de todos os depoentes da acusação.

Seu nome era Edésio da Silva, um marceneiro naval de 31 anos cujo nome Diógenes Caetano já havia indicado a um promotor e a policiais envolvidos na investigação. Edésio, que fora vizinho da família Caetano anos antes, disse que, na manhã de 6 de abril, entre 9h30 e 10h, andava de bicicleta na rua da casa de Evandro, a caminho de uma loja de materiais de construção, quando reconheceu o menino dentro de um carro que vinha na sua direção. O marceneiro naval disse que no banco da frente do veículo estavam duas mulheres que ele conhecia bem: Beatriz e Celina. No banco de trás, com Evandro, Edésio informou ter visto um homem cujo rosto não conseguiu enxergar.

Ele relatou que, na hora, não pensou que algo ilícito pudesse estar em andamento, pois jamais lhe passaria pela cabeça desconfiar da primeira-dama e de sua filha. Era conhecido o trabalho social que Celina fazia com as crianças na cidade. O homem disse que começou a suspeitar de algo errado alguns dias depois e que imaginou que os investigadores iriam atrás de conversar com quem tinha passado por aquela rua no dia 6, mas que nunca foi contatado. Edésio disse também que temia por sua vida. Afinal, pouco tempo depois de o corpo de Evandro ter sido encontrado, um amigo seu, Juarez José da Silva, foi preso pelo Grupo TIGRE como suspeito pela morte do garoto.

De fato, Juarez – que, assim como Edésio, atendia pelo apelido de "Chero" – foi preso e levado para Curitiba ainda em abril para prestar depoimento sobre o caso. Isso aconteceu depois que dois garotos, os irmãos Cleyton e Fernando França, de 10 e 11 anos, afirmaram ter sido perseguidos por um homem barbudo cujo retrato falado batia com a aparência de Juarez – esse mesmo retrato falado, meses depois, acabou anexado ao relatório do Grupo ÁGUIA, mas identificando na figura desenhada Osvaldo Marcineiro. Em depoimento também em 13 de agosto à juíza Anésia, Diógenes contou que havia informado aos delegados do Grupo TIGRE, com base no que havia descoberto em suas investigações particulares, que um tal de "Chero" – no caso, Edésio – poderia ter informações sobre o desaparecimento de Evandro, e que achou estranho quando Juarez foi preso. A prisão de Juarez, no entanto, não tinha acontecido em decorrência da informação passada por Diógenes, e sim pelo testemunho dos irmãos França. De todo modo, embora os autos não esclareçam o que aconteceu, Juarez logo foi liberado.

Diógenes considerava que a delegada Leila Bertolini não fazia seu trabalho direito, enquanto ela dizia que Diógenes atrapalhava as investigações do Grupo TIGRE com informações desencontradas. Por isso, logo após as prisões promovidas pelo Grupo ÁGUIA, Diógenes encaminhou à casa de Edésio um dos promotores designados para o caso, assim como policiais militares, e então o homem tomou a decisão de falar. Em conjunto com os depoimentos de Andrea e Irineu, o relato do marceneiro naval fechava o quadro acusatório. Enquanto os dois primeiros davam conta do ritual em si, Edésio colocava Celina e Beatriz no local e no horário do sequestro de Evandro.

Os objetos apreendidos

Em busca de provas materiais que confirmassem a autoria do crime, para além dos relatos das confissões, o delegado Noronha comandou a apreensão de uma série de objetos nas casas dos suspeitos. No dia 3 de julho, foi realizada uma primeira busca na casa de Osvaldo. Na ocasião, encontraram um punhal com vinte centímetros de comprimento, um facão com setenta centímetros de comprimento e, por fim, um alguidar (tigela de barro utilizada em trabalhos de sacrifício de animais em religiões de matriz africana) com uma mancha avermelhada no fundo. Os policiais acreditavam que pudesse ser indício de sangue. Na sequência, a serraria e a casa dos Abagge foram periciadas, nos dias 3 e 6, sem que objetos de destaque fossem encontrados. Todo o material foi enviado ao Laboratório de Química Legal do IML de Curitiba, onde passou por testes de detecção de sangue. Em 8 de julho, o laboratório emitia o resultado da sua análise, que reconhecia a presença de sangue nos objetos, mas não confirmava se seria humano ou animal.

> Considerando a pouca quantidade de material presente nos facões e no batedor de carne, e a necessidade de preservação [...] estes procedimentos foram aplicados somente em amostras retiradas do alguidar. *Os resultados destas provas não revelaram a presença de proteína humana.* No entanto, estes resultados não são conclusivos, uma vez que a proteína humana pode ter sido degradada por ação de agentes químicos e físicos, como lavagem e aquecimento. Nestas condições e, dependendo do grau de degradação dos materiais em análise, *a efetiva determinação da natureza humana do sangue e posterior confronto com o material da vítima só poderá ser feita mediante a aplicação de testes específicos das provas de "DNA" (ácido desoxirribonucleico), com a utilização de equipamentos sofisticados e técnicas avançadas, não disponíveis neste Instituto Médico Legal.*

Como em 1992 poucos laboratórios no Brasil tinham condições de fazer testes desse tipo, a dúvida permaneceu naquele momento. No mesmo dia, Noronha pediu a realização de uma nova busca e apreensão, dessa vez com a presença de peritos científicos, nos três endereços. Tais operações ocorreram nos dias 9 e 10 de julho. Na casa das Abagge foram apreendidos alguns objetos, a maioria sem importância. Dois foram bem divulgados na época: um par de radiotransmissores do tipo HF, usados para comunicação, que estavam sintonizados na frequência da polícia. Daquela forma, afirmavam os investigadores, a família tinha como acompanhar todos os passos do Grupo TIGRE. Nas novas buscas na casa de Osvaldo, foram apreendidas fitas VHS, incluindo filmes de terror. A imprensa noticiou o achado como indício das preferências do pai de santo por "assuntos macabros". Também foram recolhidos livros, cadernos e um recorte de jornal sobre a morte de Evandro. Na serraria Abagge foram recolhidos facões e serras que foram enviados para análise, mas nada de conclusivo foi encontrado.

A cada nova pista encontrada, mostrava-se mais evidente a necessidade de exames de DNA, tão difíceis naquela época. Se houvesse compatibilidade, por exemplo, entre a amostra encontrada no alguidar da casa de Osvaldo e o perfil de Evandro, o Ministério Público teria um caso ainda mais sólido contra os sete presos.

A denúncia do Ministério Público

Concluída a primeira fase do inquérito policial sob a tutela de Noronha, no dia 14 de julho o MP passou a elaborar a denúncia contra os sete presos. O responsável foi o promotor Antonio Cesar Cioffi de Moura, que assumira o caso após as prisões e agora dava andamento a ele sem o auxílio dos promotores Alcides Bittencourt Neto e Samir Barouk, de Paranaguá, responsáveis por diligências realizadas no início de julho. O documento foi concluído e entregue em 21 de julho à juíza Anésia, que aceitou as denúncias contra todos. Dada sua importância para entender como a acusação montou o quadro acusatório, reproduzo a denúncia do Ministério Público:

1. DOS ANTECEDENTES

Consta dos Autos de Inquérito Policial incluso que, no mês de janeiro do ano corrente (1992), o denunciado OSVALDO chegou a esta cidade de Guaratuba, aqui passando a residir, em caráter permanente, em companhia de sua amásia ANDREA BARROS. Na cidade, OSVALDO instalou uma "tenda de jogo de búzios" na feira de artesanato local (antigo Mercado Municipal) e passou a oferecer seus "serviços" à comunidade. Após algum tempo, já no início do mês de fevereiro deste ano (1992), o denunciado OSVALDO montou, na própria casa em que morava (Rua Monsenhor Lamartine nº 62), um "terreiro de umbanda", pois afirmava ser "pai de santo". Em razão destas atividades, OSVALDO travou conhecimento e amizade com as denunciadas CELINA e BEATRIZ, que passaram a frequentar seu "terreiro", onde "jogavam búzios" e participavam de "oferendas" aos seus "guias espirituais", objetivando com tais ações a melhoria de suas situações econômica e familiar.

Neste "terreiro" também passaram a frequentar os "trabalhos" realizados por OSVALDO os denunciados DAVI (artesão local e amigo de OSVALDO); VICENTE DE PAULA (oriundo da capital do estado e também "pai de santo", amigo pessoal de Osvaldo); CRISTOFOLINI (filho dos proprietários do imóvel locado por Osvaldo) e AIRTON BARDELLI (gerente e administrador de uma serraria de propriedade da família das denunciadas Celina e Beatriz), os quais firmaram relações de amizade mútua.

Em consequência destas atividades, objetivando sempre o sucesso pessoal e a melhoria financeira da família, no início do mês de abril deste ano (1992), as denunciadas CELINA e BEATRIZ "encomendaram" aos denunciados OSVALDO e "DE PAULA", a realização de um "trabalho espiritual forte", para reerguer a situação financeira da serraria de propriedade de ALDO ABAGGE (esposo e pai das denunciadas), localizada nesta cidade de Guaratuba/PR. Pelo "trabalho", Beatriz e Celina ofertaram cerca de Cr$ 7.000.000,00 (sete milhões de cruzeiros) aos denunciados Osvaldo e De Paula, o que foi aceito por ambos.

Para tanto, os mesmos (Osvaldo e De Paula) afirmaram que tal "trabalho" deveria ser feito no interior da própria serraria daquela família, localizada nesta cidade, bem como se constituiria num "*ritual de oferenda a EXU*", onde deveriam "*sacrificar uma criança*".

Aceitas as condições estabelecidas para a realização de tal "ritual" pelas denunciadas CELINA e BEATRIZ, estes passaram, de comum acordo e com identidade [de] propósitos, a realizar os preparativos para a "cerimônia".

Assim, por determinação da denunciada Beatriz, o denunciado BARDELLI, administrador da serraria referida, inteirado dos fatos e agindo com adesão ao plano entabulado, ordenou a construção de "uma pequena casinha" no interior daquela serraria, que serviria para abrigar as "oferendas" segundo orientações dos denunciados Osvaldo e "De Paula", o que foi feito, conforme comprova o Laudo acostado às fls. 161 "usque" 164 dos autos.

Concomitantemente, os denunciados Osvaldo e De Paula travaram contato com os denunciados DAVI e CRISTOFOLINI, como dissemos, amigos e frequentadores do "terreiro de umbanda" referido, buscando a participação destes na realização do "ritual de sacrifício", aos quais prometeram o pagamento de certa importância (quantia não esclarecida nos autos), tendo estes (Davi e Cristofolini) aderido ao plano e consequentemente às condutas dos demais denunciados.

2. DOS FATOS

Na manhã de 6 de abril de 1992, por volta das 9h, os denunciados OSVALDO, DE PAULA, CELINA e BEATRIZ, no interior do veículo desta última (um Ford Escort), passaram a trafegar pelas ruas desta cidade com o objetivo de encontrar "uma criança" para servir a seus propósitos quando, nas proximidades da ESCOLA OLGA SILVEIRA, no conjunto denominado COHAPAR, nesta cidade, avistaram o menor EVANDRO RAMOS CAETANO que por ali caminhava e deste se aproximaram, logrando fazer com que entrasse no interior daquele veículo, após o que deixaram o local, *sequestrando* o garoto, que foi levado para local ignorado, onde permaneceu *preso* e *amordaçado*, privado portanto de sua liberdade, sob "os cuidados" do denunciado AIRTON BARDELLI, até o dia seguinte (07/04/1992), quando seria então, "sacrificado".

No início da noite de 7 de abril de 1992, por volta das 19h30, os denunciados OSVALDO, DE PAULA, CELINA, BEATRIZ, DAVI e CRISTOFOLINI chegaram às dependências da serraria da família Abagge, situada na localidade de Mirim, nesta comarca, local adredemente determinado e preparado para a realização do "*ritual de sacrifício*", onde já se encontrava o denunciado AIRTON BARDELLI, que mantinha em "cativeiro" o menor EVANDRO, amarrado e amordaçado no interior de uma sala, usada como "escritório" daquela firma.

Naquele local, presentes todos os denunciados e agindo com identidade de propósitos, em regime de colaboração mútua, uns aderindo às condutas dos outros, aproveitando-se do fato do menor EVANDRO estar amarrado, recurso este que impossibilitou qualquer defesa por parte da vítima, utilizando-se de meio cruel (asfixia mecânica), estes mataram o menor EVANDRO, que contava com apenas 6 anos de idade ao tempo que iniciaram o "*ritual*" anteriormente ajustado, cortando-lhe o pescoço, amputando-lhe as orelhas e ambas as mãos, retirando deste o couro cabeludo, bem como amputando-lhe os dedos de ambos os pés, utilizando-se para tanto de *uma faca e uma pequena serra*, instrumentos com os quais, dando prosseguimento às suas ações, abriram o tórax do citado menor, serrando-lhe parte de suas costelas, retirando de seu interior todos os seus órgãos e vísceras, causando neste os múltiplos ferimentos descritos e positivados no Laudo de Exame Cadavérico de fls. 207 "usque" 222 dos autos, depositando os denunciados, em seguida, todos estes órgãos e vísceras retirados do menor, em tigelas de barro, conhecidas por "*alguidar*", para as "*oferendas*" determinadas.

Após o "sacrifício do menor", com sua morte, os denunciados, mediante acordo mútuo, com identidade de propósitos, em regime de colaboração recíproca, tencionando ocultarem o fato criminoso ali perpetrado (acima descrito), retiraram o corpo mutilado daquele local, transportando-o para um matagal existente nas proximidades da rua Engenheiro Beltrão, nesta cidade, onde foi depositado e *ocultado* de maneira a não ser facilmente descoberto, conforme demonstra o Laudo de Levantamento de Local acostado às fls. 67 "usque" 86 dos autos.

Ao final da denúncia, o promotor Cioffi elencava oito testemunhas que julgava serem fundamentais para o processo: Sigmar Batista e Irineu Wenceslau de Oliveira (funcionários da serraria que já haviam sido listados como testemunhas no relatório do Grupo ÁGUIA); Bruno Stuelp (contador da serraria); Davina Pikcius (irmã de Maria Caetano); Diógenes Caetano; Edésio da Silva; Lidia Kirilov Folmann (dona de uma loja de artigos religiosos frequentada por Osvaldo e seu grupo); e Andrea Barros.

Três coisas chamam a atenção nessa lista. A primeira é a presença de Edésio. Nessa etapa do processo, ele não havia prestado nenhum depoimento formal a qualquer policial ou promotor. Seu primeiro testemunho, já citado aqui, seria dado apenas um mês depois, no dia 13 de agosto, durante as audiências das testemunhas de acusação com a juíza Anésia. Logo, é de se supor que Edésio tenha sido convencido por Diógenes a depor entre os dias 3 e 21 de julho.

A segunda é que, contrariando o procedimento-padrão em processos desse tipo, nenhum dos policiais militares do Grupo ÁGUIA foi convocado a depor. Afinal, por mais que as investigações sejam documentadas, é sempre conveniente que ao menos um dos responsáveis pelas prisões narre como foi o trabalho. E isso fica ainda mais curioso quando se analisa todo o histórico do processo: somente em um dos seis júris que ocorreram entre 1998 e 2011, um dos membros do ÁGUIA depôs. Foi o capitão Neves, convocado pela defesa em 2005, quando foram julgados Bardelli e Cristofolini.

Isso nos leva ao terceiro elemento digno de atenção: das oito testemunhas relacionadas pela acusação em 1992, apenas quatro viriam a depor nos júris futuros.

O que teria acontecido?

As confissões

De acordo com o relatório da Operação Magia Negra, foram as confissões de Osvaldo e Davi que permitiram que a investigação avançasse: com elas, a polícia chegou a Celina, Beatriz e De Paula, que, por sua vez, levou a Bardelli e Cristofolini – fechando assim os sete acusados.

Osvaldo, Davi e De Paula tiveram participação ativa em seis confissões, extensamente usadas nos julgamentos. Todas se deram entre os dias 2 e 3 de julho, sendo três ao Grupo ÁGUIA; uma a promotores e um delegado da Polícia Civil; e uma durante a entrevista coletiva na Secretaria de Segurança Pública do Paraná. Celina e Beatriz estavam presentes em duas das confissões ao Grupo ÁGUIA – as gravadas no dia 2 em fita VHS e em fita cassete – e na declaração perante promotores e delegado na noite de 2 de julho. Os depoimentos formais de Bardelli e Cristofolini foram tomados na noite de 3 de julho no quartel de Matinhos, horas depois da coletiva. Na ocasião, apenas Bardelli estava com advogado. Tanto ele quanto Cristofolini negaram qualquer participação.

Apesar da riqueza de detalhes nas declarações de Osvaldo, Davi e De Paula – ou talvez justamente por isso –, não demorou para que

Noronha percebesse partes conflitantes nos depoimentos dos sete presos. Em depoimento gravado no dia 2, por exemplo, Osvaldo citava como participantes do ritual apenas ele mesmo, De Paula, Beatriz e Celina. Bardelli e Cristofolini só seriam citados pelo pai de santo no dia seguinte, enquanto Davi, envolvido no caso graças ao depoimento de Davina Pikcius, não foi mencionado por Osvaldo nenhuma vez.

Mais complicados, porém, foram os depoimentos formais de Beatriz e Celina. O único momento em que elas confessaram o crime em detalhes foi na fita cassete produzida pelo Grupo ÁGUIA no dia 2. Mesmo na fita VHS da manhã daquele dia, gravada no Fórum de Guaratuba e na balsa também pelo Grupo ÁGUIA, seus relatos não são dos mais descritivos.

Ainda no dia 2, à noite, no quartel de Matinhos, foram registrados pela primeira vez os depoimentos oficiais perante autoridades. Ao contrário de Osvaldo, Davi e De Paula, mãe e filha estavam acompanhadas de advogados: Silvio Bonone, advogado da prefeitura; Roberto Machado, advogado de Curitiba que prestava serviços para a prefeitura de Guaratuba e que, por coincidência, estava na cidade naquele dia; e Luiz Cláudio Cordeiro Biscaia, primo de Beatriz. O prefeito Aldo Abagge, que também era advogado, acompanhava as duas, mas não as representou. Segundo os autos, Beatriz foi a primeira a depor, às 19h40, seguida por Celina, às 22h. Depois depuseram De Paula, à 1h da madrugada, Osvaldo, às 2h50, e Davi, às 4h40. Sem advogados, estes confessaram o ritual em detalhes ainda mais minuciosos do que aqueles registrados nas gravações do Grupo ÁGUIA.

No início de seu depoimento, Beatriz diz que nunca deu carona a Evandro e tampouco teve envolvimento com sua morte. Celina diz o mesmo. Termina assim o registro do relato de Beatriz:

> Que no dia de hoje, a declarante foi detida por policiais que a levaram a um local por ela desconhecido; que, em chegando, um dos policiais travou uma conversa em tom coloquial e calmo sobre os fatos que levaram a sua prisão; que a declarante informa que foi [...] encapuzada, porém tratada com educação e respeito por todos os policiais envolvidos; que após, já no interior da referida residência, a declarante [ficou] temerosa por sua segurança, uma vez que em vários filmes tem visto a polícia praticar atos de tortura; que a declarante informa que sempre ouviu falar que quando uma confissão não sai de um jeito, sai de outro; que, do local onde estava,

podia ouvir o choro alto de sua mãe; acrescenta ainda que foi torturada, ficando sem roupas e inclusive levando choques para confessar um crime que admite não ter cometido.

Abaixo, constam as assinaturas do delegado, do escrivão, de Beatriz e de seus advogados. Estes, por sua vez, escreveram, ao lado de suas assinaturas, "sob protesto", alegando posteriormente que o escrivão responsável não foi fiel aos detalhes do relato de Beatriz. Fizeram o mesmo no depoimento prestado por Celina. Por conta disso, uma pergunta assombra o caso Evandro até hoje: onde e como foram gravadas as confissões?

Na manhã do dia seguinte, 3 de julho, assim que chegaram a Curitiba, Aldo Abagge correu para conseguir um advogado para Beatriz e Celina, pois nenhum dos três que as tinham representado na noite anterior em Matinhos era advogado criminal. Foi então contatado Dálio Zippin Filho, conhecido defensor no estado do Paraná, que passou a representá-las pouco antes de serem encaminhadas para o exame de lesões corporais no IML. Enquanto isso, os policiais gravavam uma nova fita de vídeo com confissões de Osvaldo, Davi e De Paula.

O laudo do exame registrou algumas lesões, mas descartou que fossem fruto de tortura, algo que abordaremos com mais detalhes nos próximos capítulos. De todo modo, a imprensa, naquele momento, noticiou as alegações das Abagge de que tinham sido violentadas. Em várias entrevistas que concederam na época, tanto o promotor Cioffi quanto o secretário Favetti foram enfáticos: elas teriam sido orientadas pelos seus advogados a afirmar que tinham sido torturadas.

Com o laudo, a questão da tortura se deu por encerrada – ao menos naquele momento – e as investigações continuaram. A pergunta que agora tomava a imprensa era: teria o grupo algum envolvimento com o aparente surto de sumiço de crianças noticiado pelos jornais da época? Todos se lembravam de que, dois meses antes de Evandro desaparecer, um menino muito parecido com ele também tinha sumido – e ainda não havia sido encontrado. Assim, voltava à pauta o caso Leandro Bossi.

3. O caso Leandro Bossi (I)

O desaparecimento

No dia 15 de fevereiro de 1992, um sábado, o cantor baiano Moraes Moreira se apresentou na praia central da cidade de Guaratuba, num dos tradicionais eventos da temporada de verão no litoral paranaense. Naquele mesmo dia, Leandro Bossi, um menino loiro e de olhos verdes, de 7 anos, foi visto pela última vez.

João e Paulina Bossi, os pais de Leandro, estavam separados havia dois anos naquela época. O pai era pescador e passava dias no mar, trabalhando. Já a mãe era funcionária do elegante Hotel Villa-Real, em Guaratuba, onde também trabalhava o irmão de Leandro, Ademir, de 15 anos. Quando Leandro desapareceu, seu pai estava em alto-mar. O garoto costumava passar o dia no hotel, perto da mãe e do irmão, mas justamente no dia 15 de fevereiro o gerente do hotel disse a Paulina que o menino estava atrapalhando os hóspedes e, por isso, não autorizou que ele ficasse no local. Ao terminar seu expediente, Paulina voltou para casa e estranhou a ausência de Leandro, mas deduziu que ele estava com o irmão mais velho. Ela só foi perceber a gravidade da situação quando, já na madrugada do dia 16, Ademir chegou em casa sozinho, sem notícias de Leandro. A partir daí, começaram as buscas.

Ademir Bossi registrou o ocorrido na noite daquele dia 16, um domingo. Até julho de 1992, o caso Leandro Bossi ficou principalmente sob a tutela de Gilberto Pereira da Silva, delegado titular de Guaratuba na época. Nas poucas diligências de que se tem registro, também aparecem os nomes de outro delegado de Guaratuba, Paulo Roberto da Silveira, e do escrivão Osmiro Nunes.

De acordo com as testemunhas, entre elas alguns amigos de Leandro, o menino estava no evento do dia 15, onde brincou de se esconder em caixas que estavam pelo local. Em certo momento, por estar desacompanhado, foi chamado ao palco por palhaços que faziam parte das atrações para que algum adulto pudesse reconhecê-lo e se responsabilizar por ele.

No dia 23, oito dias após o desaparecimento, Paulina Bossi, acompanhada do escrivão Osmiro Nunes, deslocou-se para Matinhos para verificar as dependências do Circo Aurea, que havia se apresentado no evento do dia 15. Conversaram com o dono do circo, que informou que não havia nenhuma criança com as características de Leandro naquele local.

Todas as atividades dos delegados de Guaratuba deviam ser reportadas ao delegado-chefe em Curitiba, que, por coincidência, na época era o mesmo delegado Noronha que, meses depois, ficaria responsável pelo caso Evandro. No dia 26 de fevereiro, o delegado Silveira enviou a Noronha um ofício pedindo diligências para ajudar nas investigações sobre o desaparecimento de Leandro. O ofício citava o nome de um morador de Curitiba, Lafayette Queirolo, responsável pela equipe de palhaços que levara Leandro ao palco. Se houve algum esforço para localizar Queirolo ou qualquer outra companhia de palhaços que tenha se apresentado naquela noite em Guaratuba, não sabemos. Nada disso consta no inquérito de Leandro Bossi.

O inquérito contém, no entanto, um relato de 31 de janeiro de 1991, pouco mais de um ano antes de o menino desaparecer. Naquela data, João Bossi levara seu filho à delegacia para relatar que havia sido abusado sexualmente por outros meninos.

> Na presença de seu genitor, sr. João Bossi, disse que há aproximadamente 01 (um) mês encontrava-se na praia próximo de sua casa e três meninos seus vizinhos, de nomes Júlio de tal,[5] neto da dona Olinda, Alexandre de tal e outro que não lembra o nome, tiraram a calça do informante [Leandro] e praticaram atos libidinosos, tendo o informante solicitado socorro, porém foi segurado pelos meninos; que até a presente data não comunicou seus pais [...]; que os meninos que praticaram o ato moram ainda nas

5 "De tal" era usado em registros de ocorrência quando os depoentes não sabiam dizer os sobrenomes dos citados.

proximidades da casa do informante; que após haver ocorrido esse fato não foi mais perturbado pelos meninos citados.

OBS.: o informante afirma ter sido há três meses o ocorrido.

Ao que tudo indica, nenhuma dessas informações (denúncia de abuso, palhaços no palco, relatos de amigos) gerou resultados. Existe um último registro, de 30 de março de 1992, que menciona diligências na cidade vizinha de Matinhos, sem êxito. Com apenas 36 palavras, sem citar exatamente os esforços realizados no mês e meio desde a queixa de desaparecimento e sem conter sequer o nome de quem redigiu o texto, esse documento praticamente encerra a investigação inicial. Essa foi toda a atenção que o filho de uma camareira e de um pescador recebeu em Guaratuba. Ao contrário do caso Evandro, o sumiço de Leandro não contou com repercussão midiática, tampouco com o auxílio do Grupo TIGRE, naqueles meses iniciais.

Em junho de 1992, dois meses depois de o caso Evandro virar a cidade de cabeça para baixo, um novo delegado de Curitiba foi designado em caráter especial para Guaratuba. Seu nome era Luiz Carlos de Oliveira, tinha 37 anos e era natural de São Paulo. Segundo contou diversas vezes ao longo dos anos, sua transferência para a cidade à época se deveu a um convite da juíza Anésia. Após as prisões dos sete suspeitos, em julho de 1992, Oliveira assumiu também o caso Leandro Bossi.

Dez dias após as prisões, o caso Evandro encontrava-se num impasse. Noronha, sabendo que tinha pouco tempo para concluir a primeira fase do inquérito policial, precisava cotejar as versões dos sete presos a fim de chegar a uma versão mais coesa dos fatos. Afinal, após terem confessado o crime em gravação feita pelo Grupo ÁGUIA, as Abagge passaram a alegar terem sido torturadas – justificativa logo descartada pela imprensa, dada a declaração do IML de Curitiba de que os relatos de tortura não condiziam com as marcas que tinham no corpo. Os promotores alegavam que essa era uma tática comum de presos após falarem com seus advogados. Mas Bardelli e Cristofolini, os dois últimos a serem presos, também negavam envolvimento. Esses elementos dificultavam a elucidação dos fatos e o estabelecimento de uma versão definitiva do que ocorrera.

Para complicar, ganhava força a hipótese de o grupo estar envolvido no desaparecimento de Leandro. Na capa do jornal *Tribuna do*

Paraná de 8 de julho de 1992, lia-se: "Bruxo confessa que assassinou o outro menino! O pai de santo Osvaldo Marcineiro detalhou tudo à polícia. Depois da confissão, voltou atrás e passou a negar a morte de Leandro Bossi". Nem no inquérito de Leandro nem nos autos do processo referentes ao caso Evandro há informações sobre essa confissão de Osvaldo acerca do assassinato do filho de João e Paulina. Até onde se sabia, Leandro estava apenas desaparecido. A matéria parecia ter sido feita com base em boatos ou conversas de bastidores, sem ressonância nos documentos oficiais.

Ainda assim, eram inegáveis as similaridades entre os casos Leandro e Evandro, para além do fato de ambos terem características físicas parecidas e terem desaparecido em datas próximas na mesma cidade. Quando sumiu, Evandro estava prestes a completar 7 anos, a idade de Leandro. Para o Ministério Público, essa era uma pista importante. De acordo com a denúncia que o MP montou, o ritual de sacrifício teria ocorrido na noite do dia 7 de abril, perto das 7h da noite, com a participação de 7 pessoas. A imprensa da época ia além: notava-se que Evandro era um nome de 7 letras, assim como Leandro, e que as duas crianças tinham perto de 7 anos de idade. Logo, poderia haver um padrão simbólico em torno do número 7. Por isso, os acusados da morte de Evandro tornaram-se os principais suspeitos no caso de Leandro.

As acareações do caso Evandro

Dadas as contradições entre os depoimentos dos suspeitos no caso Evandro, com Bardelli e Cristofolini negando participação no crime, em 11 de julho de 1992, dez dias após as primeiras prisões, foram realizadas acareações entre eles e os outros três presos, Osvaldo, De Paula e Davi, à época todos detidos no Presídio do Ahú, em Curitiba. Eles eram postos, um por vez, em frente a outro: um contava sua versão dos fatos e, em seguida, o outro falava a sua. Mesmo depois das prisões, ainda na fase de inquérito, surgiu um novo elemento nas acareações. O trecho a seguir é do jornal *Diário Popular* de 12 de julho de 1992:

> O delegado Ricardo Kepes Noronha, encarregado das investigações sobre o crime do qual foi vítima Evandro Caetano, informou ontem que as acareações foram feitas no sábado à tarde entre Airton Bardelli dos Santos,

> Sérgio Cristofolini, Osvaldo Marcineiro, Vicente de Paula Ferreira e Davi Soares. Bardelli e Sérgio mantiveram a posição de negativa.
>
> Os outros três confirmaram. Celina e Beatriz serão acareadas com os três que estão confessando o crime. O fato novo, que está sendo objeto de apurações, é *com relação a terem participado do rapto de Leandro, mediante pagamento. Teriam recebido dois mil dólares, ofertados por Celina Abagge. Estes elementos de convicção estão sendo colhidos pelo Departamento da Polícia Civil.*

Pelos novos relatos, os fatos seriam esses: em fevereiro, Celina encomendara a Osvaldo Marcineiro o sequestro de uma criança, que seria vendida para uma mulher, segundo o pai de santo, "loira, gorda, com sotaque de gringa". Para isso, teria pagado 2 mil dólares, a serem divididos entre Osvaldo, De Paula, Bardelli e Cristofolini. O sequestro teria ocorrido na noite do dia 15 de fevereiro, na praia central de Guaratuba, durante o show de Moraes Moreira. Após o rapto, o menino fora levado para a casa de Celina e, posteriormente, para o pequeno aeroporto de Guaratuba (destinado a voos de pequeno porte) por Osvaldo e Celina, que o teriam entregado a uma estrangeira.

Enquanto Bardelli e Cristofolini negavam a participação nos dois crimes, os depoimentos de Davi, Osvaldo e De Paula diziam basicamente a mesma coisa, mas com detalhes contraditórios. Davi afirmou que não participara do primeiro sequestro, mas que ouvira Osvaldo e De Paula conversarem sobre isso. Osvaldo confirmou que tinha sido procurado por Celina para raptar Leandro e que Davi fora convidado para a ação, mas recusara e recomendara Cristofolini em seu lugar, o que ocorrera. Dos 2 mil dólares, Osvaldo disse ter recebido 650. Contudo, Osvaldo afirmava que não tinha levado o garoto para o aeroporto de Guaratuba, como alegara Davi, e que fora Bardelli o responsável por levar a criança para a casa de Celina e, depois, para o aeroporto.

De Paula, por sua vez, disse que Cristofolini utilizara uma motocicleta branca para raptar Leandro, e Bardelli acompanhara a ação com um veículo Caravan cinza escuro. O depoente afirmou que estava na casa dos Abagge esperando seu pagamento e que presenciou Bardelli chegando com Celina "já de posse de uma criança", sem Cristofolini. Leandro estaria no banco de trás e Celina, no da frente, conversando com ele. Ela, então, teria levado o menino para os fundos da casa, em direção à garagem.

Por conta dessas novas revelações, em 12 de julho, dia seguinte às acareações, o delegado Luiz Carlos de Oliveira, que assumira o caso, foi ao Presídio do Ahú para interrogar Osvaldo Marcineiro. Trataremos desse encontro mais tarde. Por ora, vejamos o relato tardio de uma suposta testemunha do sequestro de Leandro: mais uma vez, Diógenes Caetano entra em cena.

Diógenes e o caso Leandro

Em 2005, treze anos após os acontecimentos de 1992 em Guaratuba, ocorreu o julgamento de Bardelli e Cristofolini na Segunda Vara do Tribunal do Júri de Curitiba. Uma das testemunhas de acusação era Diógenes Caetano. Esse era o segundo júri do caso no qual ele depunha. Um ano antes, ele também fora testemunha no julgamento de Osvaldo, De Paula e Davi. Até então, o julgamento das Abagge, em 1998, havia sido o único em que ele não prestara depoimento.

Desde o início dos anos 2000, a Segunda Vara do Tribunal do Júri de Curitiba havia adotado o hábito de gravar em vídeo os testemunhos dos depoentes. Juiz, promotores e advogados de defesa ficavam atrás da câmera, voltada para a testemunha ou o informante. No vídeo do julgamento de Bardelli e Cristofolini, Diógenes veste camisa e gravata azuis. O cabelo, arrumado, agora está grisalho, marcando a passagem do tempo desde que o engenheiro realizara todos os esforços para solucionar o assassinato do primo. Mas duas características se mantêm: seu olhar e seu discurso decidido. Não há hesitação em suas palavras. Seus ombros imóveis e sua postura ereta reforçam cada uma de suas afirmações.

Nos primeiros dezoito minutos, Diógenes apenas responde a perguntas feitas pelo juiz Rogério Etzel. Depois, ele relata momentos de sua investigação particular, como a profecia da sogra de Davi para a mãe de Evandro e a suspeita de que o Grupo TIGRE estava sendo enganado por Celina Abagge, que buscara impedir a divulgação do caso na imprensa. Em certo momento, quando já está encerrando as perguntas iniciais, pouco antes de passar a palavra aos promotores (Paulo Sérgio Markowicz de Lima e Lúcia Inez Giacomitti Andrich), o juiz pergunta a Diógenes se ele tem algo mais a relatar a respeito de Bardelli e Cristofolini.

DIÓGENES: Agora, um fato importante, importantíssimo, que aconteceu e que envolve o Bardelli, o Sérgio Cristofolini, o Osvaldo e o Vicente, ocorreu na noite de 15 de fevereiro no show do Moraes Moreira, que se realizou lá em Guaratuba. Esse show estava marcado para começar às nove da noite e atrasou. Eu estava lá com a minha esposa e três filhos – uma menina com 8 pra 9 anos, o outro menino com 5 anos e o mais novo com 2 anos. Chegamos antes das nove, eu e a minha esposa revezávamos os dois pequenos. O de 2 anos, ela segurava no colo e o de 5, eu colocava no meu ombro. E a menina de 9 ficava entre nós dois.

O show atrasou. Começou depois das dez. E nós estávamos cansados ali, porque imagina ficar segurando aquelas crianças... então, quando minha mulher cansava ali, eu tirava o meu do ombro, ela ficava segurando, e eu pegava o dela e segurava no braço. Mas aquilo cansou nós, o atraso do show foi... nós estávamos já pensando em ir embora.

Nisso, chega o Sérgio Cristofolini, uma hora de atraso do início do show, que não tinha começado ainda, e para com a moto dele naquele muro, naquela contençãozinha que tem do passeio na praia central. Tem dois degraus de 30 centímetros que impedem o avanço da areia do mar. Ele subiu no passeio com uma moto que ele tinha e começou a acelerar a moto, com a luz alta, e virava o guidão assim pros lados. E havia uma multidão onde nós estávamos, nós estávamos bem na frente, e a 10 metros havia o palco onde o Moraes Moreira ia se apresentar.

Logo onde nós estávamos havia duas torres de canhão laser que projetavam imagens na parede do edifício Sobre as Ondas, e havia ali cerca de uma dúzia de crianças brincando de pegar, de rolar na areia, e pegavam punhados de areia e jogavam pra cima. Quando aquela areia passava no feixe de luz laser, a imagem que tinha que se projetar na parede do edifício se projetava no ar, fora de foco, mas em três dimensões. Aquele espetáculo ali foi o que nos manteve ali esperando durante uma hora, apesar do cansaço.

Só que nessa hora, o Sérgio Cristofolini chega e acelera aquela moto. E devido à altura, a luz batia bem na vista. E foi a gota d'água. Nós decidimos naquela hora ir embora em função daquele problema que ele tava criando ali, de acelerar, dava alta rotação, virava o guidão... Aquela luz cegava a gente.

Aí, enquanto nós deliberávamos de ir embora, percebemos dali a um minuto e meio, dois minutos que a luz desapareceu. Nessa hora nós olhamos: ele estava saindo com um menino loirinho na garupa da moto. E ele tinha chegado sozinho. Nós não sabíamos que esse menino – lógico, não conhecíamos – era o Leandro Bossi, o outro menino sequestrado antes do Evandro.

E quando ele sai em direção norte, à praia das Caieiras, [...] o Bardelli estava com a Caravan grafite dele estacionada também direção norte, e era conhecidíssimo, né, nós nos criamos junto na cidade, então, já vimos que era ele. Só que do lado dele, e no banco de trás do passageiro, estavam o Vicente de Paula e o Osvaldo Marcineiro junto com o Bardelli. E o Cristofolini saindo de moto com o menino que mais tarde soubemos ser o Leandro Bossi.

E, assim que o Cristofolini saiu, o Bardelli saiu com a Caravan atrás.

O juiz, então, faz perguntas sobre Leandro: quantos anos tinha e onde estavam seus pais. Apesar de não conseguirmos vê-lo na câmera, é possível perceber que o juiz estranha o relato. O caso que estava sendo debatido naquele júri era o de Evandro. A sensação que tenho toda vez que vejo esse vídeo é de que Etzel sequer sabia quem era Leandro Bossi.

JUIZ: [Leandro] estava sozinho lá?

DIÓGENES: Ele estava com uns amigos, brincando ali naquela areia, naquele intervalo entre o palco e onde estava a multidão.

JUIZ: A mãe não estava próxima?

DIÓGENES: A mãe não estava. Ele estava sozinho.

JUIZ: E o... Cristofolini... qual é a ligação dele com a família, com a mãe ou com o menino?

DIÓGENES: Não, não tem ligação nenhuma.

JUIZ: E como é que o menino saiu com ele, então?

DIÓGENES: Saiu porque o guri, ele era um guri assim de família pobre, pais separados, e ele inclusive vendia empadinha, era um guri que, assim, quase... não era um guri de rua, mas era um guri assim bem solto, bem esperto, né. E bom, até aí a gente não tinha a menor suspeita que aquilo ali fosse uma coisa assim... era simplesmente um guri saindo na garupa de uma moto de um cara que chegou sem ele ali. Mas o repórter Gladimir Nascimento, depois da prisão dos sete, faz uma série de reportagens investigativas, e ele entrevista um menino que estava brincando com o Leandro Bossi lá naquele show. Essa matéria foi pro ar, o Brasil todo viu através da CNT. E esse menino diz que a última vez que ele viu o Leandro Bossi, estavam brincando juntos, no show do Moraes Moreira, e tava jogando areia pro alto numa luz colorida. Bem aquela cena que nós estávamos vendo. E que dessa hora daí o menino desapareceu. Ele inclusive fala que ele conhecia o Sérgio Cristofolini, que o Sérgio Cristofolini chama ele pra dar uma passeada de moto. E aí ele sai e nunca mais é visto. Então aí, só depois disso é que nós ligamos as coisas. *Nós tínhamos presenciado o sequestro do Leandro Bossi*, que é um caso que ainda está sem ser esclarecido. Mas o repórter Gladimir Nascimento, entre todas as reportagens investigativas que ele faz, ele consegue ainda mais uma. *É uma fita, também de confissão do Osvaldo Marcineiro, dizendo que eles realmente seques-*

traram o Leandro Bossi, no show do Moraes Moreira, que ele teria sido pego pelo Sérgio Cristofolini e que eles levaram para a praia das Caieiras, sentido norte, bem na direção que nós vimos ele indo, e que lá ele teria o pescoço cortado, tirado dois litros de sangue para fazer um trabalho, né, foi colhido num alguidar, é o termo que ele usa, e que depois disso o Sérgio Cristofolini colocou ele num saco, entre as pernas, prendeu entre os braços e as pernas, e levou esse menino até um trecho da baía compreendido entre o Mercado Municipal e o ferryboat. Ali ele colocou pedras dentro, amarrou e jogou num local lá da baía que deve estar lá até hoje. Isso tudo foi divulgado pro Brasil todo.

JUIZ: Foi pedido resgate pra família do Leandro Bossi?

DIÓGENES: Não, não, resgate não, nunca foi pedido...

JUIZ: Então como é que o senhor afirma que é um sequestro?

DIÓGENES: Não, sequestro porque nós assistimos a esse menino saindo na garupa da moto.

JUIZ: Isso não quer dizer muita coisa. Isso é afirmação sua, *suposição sua, né, sr. Diógenes?*

Depois de Diógenes vacilar com a pressão do juiz e a intervenção do advogado de defesa de Cristofolini, Haroldo César Nater – que chegou a dizer que Diógenes afirmava coisas malucas e precisava de um psiquiatra –, ouve-se ao fundo o promotor Markowicz protestando, e o juiz pede que Nater tenha respeito. Volta, então, a perguntar sobre a cena do show na praia, e Diógenes volta a falar do que teria testemunhado, das reportagens de Gladimir Nascimento e da suposta confissão. O juiz pergunta se o depoente teve problemas com algum dos acusados, além da inimizade com a família Abagge – o que havia feito com que o testemunho de Diógenes fosse "contraditado", isto é, contestado formalmente, sem obrigação de compromisso legal com a verdade. Diógenes nega problemas com os acusados, acrescentando que até fez um negócio com Aldo intermediado por Bardelli: a troca de um terreno por dois e mais um valor em espécie. Com isso, o juiz dá a palavra aos promotores.

MARKOWICZ: Excelência, salvo engano, esse fato em relação ao Leandro, o senhor não relatou no júri anterior [2004, quando foram julgados Osvaldo, Davi e De Paula]. Foi-lhe perguntado isso? E por que veio agora esse fato?

DIÓGENES: Porque naquela época não estavam sendo julgados o Sérgio Cristofolini e o Bardelli. E como não foi perguntado, não achei que tivesse importância, mas agora eu não poderia deixar de falar.

MARKOWICZ: No inquérito do Leandro Bossi, o senhor foi ouvido e deu essa declaração nesses termos?

DIÓGENES: Esse é outro problema. Quem presidiu o inquérito do Leandro Bossi foi o delegado Luiz Carlos de Oliveira. E esse delegado nunca interrogou ninguém a respeito do assunto, mesmo sabendo que existiam informações que podiam esclarecer. Estava saindo na imprensa e ele nunca tomou depoimento nenhum. A única coisa que ele fez foi levar o Ademir [Caetano] e a Maria à meia-noite na delegacia e querer obrigar o Ademir a assinar um termo dizendo que aquele corpo não era do Evandro, que o Ademir não reconhecia como filho. O Ademir ficou indignado. Primeiro, por ser levado pra delegacia à meia-noite, isso não se faz. E segundo, querer obrigar ele a dizer que não era o filho dele, um delegado de polícia fazendo isso? Então foi uma coisa estranha também. Por que o delegado ao invés de seguir o que ele teria que fazer, que era investigar o desaparecimento do Leandro Bossi, estava se imiscuindo no caso Evandro, que não era ele que presidia? Quem presidia era o delegado Noronha.

[...]

MARKOWICZ: O senhor, quando foi lá na casa do prefeito, que o senhor mencionou, Aldo Abagge. O senhor suspeitava de qual crime teria sido praticado contra Evandro, se o Evandro estava vivo, se o senhor suspeitava de alguma coisa? Ou o senhor não suspeitava?

DIÓGENES: Não, nós não suspeitávamos. Nós tínhamos... se comentava muito, porque sumiram várias crianças naqueles anos, que poderia estar havendo sequestro para venda de órgãos. Poderia então haver a morte, né. E a não divulgação do sequestro nos preocupava. Então, quando eu fui na casa do prefeito, eu fui justamente por causa disso. Porque se... na época ninguém pensava em magia negra... se tivesse sendo um sequestro para retirada de órgãos, era importantíssimo que a imprensa divulgasse o mais rápido possível o rosto dele, para que ele não fosse embarcado em nenhuma rodoviária, para que quem visse pudesse dar alguma resposta. E essa era a nossa preocupação. Mas, naquela época, a linha de investigação era essa porque o Ricardo Chab, o Algaci Túlio, todos os repórteres policiais insistiam nessa tecla, que as crianças que desapareciam no Paraná eram para a retirada de órgãos. E nós, como não tínhamos ainda outros elementos, também estávamos nessa direção. Até que as outras coisas vão surgindo e daí a gente acaba indo pro outro lado.

Markowicz então pergunta o que fez Diógenes supor que o Grupo TIGRE estivesse sendo ludibriado e, como resposta, ele cita os exemplos da confusão na identificação de "Chero" (quando investigaram Juarez em vez de interrogar Edésio; segundo Diógenes, quem apontou o "Chero" errado para os investigadores foi Paulo Brasil, o assessor de imprensa da prefeitura), da hospedagem dos investigadores no Hotel VillaReal às custas da prefeitura, do conserto providenciado por Celina do para-brisa de um dos carros do grupo e do fato de ela ter colocado os carros da família à disposição dos policiais. Ele continua:

DIÓGENES: Porque inclusive intimidava as pessoas. As pessoas que podiam dar alguma informação, vendo a polícia andando com o carro da sequestradora... elas acabam não contando nada, e foi que aconteceu com o "Chero". Porque mais tarde [...] ele conta pro Grupo ÁGUIA que ele não procurou o Grupo TIGRE porque o Grupo TIGRE estava andando com o carro da Celina, ele ficou com medo de ir lá e falar alguma coisa e acharem que ele estava inventando e ele sofrer as consequências.

MARKOWICZ: O Edésio?

DIÓGENES: O Edésio. O Edésio que é o "Chero", mas não aquele que [sic] o Paulo Brasil levou o Grupo TIGRE. O Grupo TIGRE foi ludibriado pelo Paulo Brasil, porque estavam sempre juntos.

MARKOWICZ: E o senhor soube a notícia dessa questão do Edésio, que Edésio saberia alguma coisa, através de outras pessoas também?

DIÓGENES: É, as informações chegavam na casa do Ademir. E ali, então, os irmãos, eram vários irmãos: "Ó, falaram isso, falaram aquilo. Quem que falou? Ah, foi o Fulano". Davam apelido, um nome. E a gente sempre anotando tudo. E indo ver, né?

MARKOWICZ: Mas você interferia na investigação do Grupo ÁGUIA? Conduzia eles para fazer investigação?

DIÓGENES: Do ÁGUIA não. [...] Na do Grupo TIGRE, no início nós trabalhamos bem juntos. Passávamos todas as informações. Eu tinha o telefone do dr. Adauto, da dra. Leila, do Hotel VillaReal, da casa deles em Caiobá e da casa de Curitiba. Nós estávamos em contato permanente. Até que eles receberam ordem do delegado diretor da Polícia Civil, o dr. José Maria, de não dar crédito para nada do que eu falasse. Inclusive fazer com que eu saísse das investigações. Eles chegaram e pediram inclusive um dia para o Mario Pikcius e pra Davina que dessem um jeito de me afastar das investigações, porque senão o crime não ia ser descoberto [...].

MARKOWICZ: Sr. Diógenes, [...] o senhor sabe explicar por que o senhor tem tanta lembrança desses fatos? [...]

DIÓGENES: Bom, isso aí é uma coisa que marcou até as pessoas de fora, o que dirá nós parentes. Eu tendo crianças da mesma idade do Evandro, né? Então tudo o que aconteceu marcou demais, né? E tem coisas que obviamente não dá para esquecer. Nós nunca vamos esquecer. Por exemplo, aquela cena do Sérgio Cristofolini saindo com aquele menino... o Bardelli com o Osvaldo e o... eu fecho o olho até hoje e enxergo como se estivesse vendo agora, lá no show do Moraes Moreira, ele saindo. Porque marcou. Apesar que naquela hora a gente não desconfiou. [...] E muitas coisas que eu estou citando aqui é porque a gente se envolveu demais, né. Como parente, procurando como detetive também, que eu trabalhei dez anos na Polícia Civil. A gente foi a fundo.

MARKOWICZ: O senhor mencionou [...] que foi afastado das investigações. Mas o senhor participava das investigações ou o senhor fazia...

DIÓGENES: Não, as investigações eram particulares, eram da família. [...] E as coisas só começaram a funcionar depois que o Evandro foi encontrado morto, foi enterrado, quando aquela multidão começou a não frequentar mais a casa do Evandro, então daí se reunia só a família. Aí nós conversávamos: "Mas e essa história, e aquela, quem deu, como é que foi?". E aí as histórias começaram a se ligar mais. Então é um assunto que foi discutido várias vezes. E por isso a gente tem algumas recordações.

Quando a promotoria encerrou as perguntas, o juiz passou a palavra para os advogados de defesa de Bardelli e Cristofolini. Quem começou foi Nater. Em certo momento, com as tensões cada vez mais altas, o advogado perguntou:

NATER: O senhor já foi internado alguma vez pra verificação da sua sanidade mental?

DIÓGENES: Eu quando entrei na escola de oficiais da Polícia Militar e na Polícia Civil fiz dois exames de eletroencefalograma, que é obrigatório todo mundo fazer, e todos eles deram que eu sou normal.

NATER: Por que o senhor saiu da polícia?

DIÓGENES: Eu saí da Polícia Civil porque me formei engenheiro civil e entendi, lógico, que como engenheiro podia oferecer melhores condições para minha família. Por isso que eu saí.

NATER: Seu pai foi prefeito lá em Guaratuba?

DIÓGENES: Foi.

NATER: O senhor tem um terreno ao lado do terreno onde existe a serraria do dr. Aldo Abagge, do ex-prefeito, falecido já, Aldo Abagge?

DIÓGENES: Não, eu não tenho ainda...

NATER: Sim ou não?

DIÓGENES: Foi o terreno que o Bardelli me pagou. Eu vendi pra ele.

NATER: Era seu terreno aquele?

DIÓGENES: Era antigamente.

NATER: Excelência... não tenho nem mais ânimo...

JUIZ: Muito bem. Dr. Matheus? Tem mais alguma pergunta?

Na sequência, Matheus Gabriel Rodrigues de Almeida, advogado de Bardelli, tomou a palavra para questionar Diógenes, entre outras coisas, sobre sua relação com a família Abagge – que esmiuçaremos no próximo capítulo.

ALMEIDA: O senhor tem conhecimento de uma nota oficial da Polícia Civil que [o] relata [...] "como um indivíduo de péssima reputação pessoal. De várias vezes processado criminalmente. Que promove manifestações populares, mesmo que inexpressivas, difamando a Polícia Civil e as autoridades que a dirigem. Cuja atitude é digna de repúdio de toda a sociedade pela exploração político-eleitoral". O senhor tem conhecimento dessa manifestação, dessa nota oficial da Polícia Civil?
DIÓGENES: Tenho.
ALMEIDA: [...] A que o senhor atribui essa situação?
DIÓGENES: *Porque o grupo de elite da Polícia Civil foi para Guaratuba, era a inteligência suprema, superior da Polícia Civil, e foi ludibriado por uma simples analfabeta, semianalfabeta, esposa do prefeito. Quando a Polícia Militar, a rival da Polícia Civil, vai lá e descobre o crime, isso pegou mal para a Polícia Civil. Então a Polícia Civil tentou desfazer e tenta até hoje, tanto que existe um desfile de delegados de polícia defendendo eles, tenta até hoje dizer que aquilo não aconteceu. E um dos meios era denegrir a minha imagem. Me imputar fatos que nunca aconteceram. Eu trabalhei dez anos na Polícia Civil, nunca respondi uma sindicância, metade do efetivo da Polícia Civil com menos tempo do que eu já respondeu duas ou três sindicâncias. Então foi tudo mentira. Eu sou uma pessoa que trabalhou dez anos, nunca me envolvi em problema nenhum. Mas para limpar o nome, o conceito da Polícia Civil, ela precisou me atacar.*

O vídeo termina com os promotores revoltados com Diógenes, que mais uma vez ataca a Polícia Civil dizendo que era possível até que tivesse destruído o depoimento que ele prestara ao Serviço de Investigações de Crianças Desaparecidas (SICRIDE). "Da Polícia Civil eu espero tudo hoje", diz o engenheiro e ex-policial civil. O depoimento de Diógenes afirmando que Leandro Bossi foi sacrificado e atirado na baía de Guaratuba consta do inquérito do garoto. Ele é datado de 29 de setembro de 1999, ou seja, sete anos após as prisões em Guaratuba.

Os sete presos pelo caso Evandro nunca foram acusados formalmente pelo desaparecimento de Leandro. O que talvez chame mais a atenção no relato de Diógenes seja a contradição entre sua versão e a de Osvaldo, Davi e De Paula, segundo a qual Leandro foi vendido para uma mulher estrangeira a mando de Celina Abagge, e não sacrificado e jogado na baía.

Alguém estaria falando a verdade? Seria possível que Diógenes tivesse solucionado dois crimes antes da polícia? Para tentar responder essas perguntas, é importante começar por outra mais simples: de onde vinha tanta hostilidade dos promotores e advogados em relação a Diógenes?

4. A história política de Guaratuba

As alianças

Nascido em 1926, Aldo Abagge entrou para a política ainda jovem, conquistando o cargo de vereador pelo Partido Republicano aos 25 anos, nas eleições de 1951. Desde então, nunca mais se afastou da política, ainda que às vezes atuasse nos bastidores – e uma dessas ações de bastidores chama a atenção no contexto do caso Evandro. Foi em 1973, quando trabalhou na campanha do candidato a prefeito vencedor: Diógenes Caetano, o pai de Diógenes Caetano dos Santos Filho.

No fim da década de 1980 e no início da de 1990, a família Abagge era considerada uma das maiores forças políticas do Paraná. E isso vinha de longa data: para muitos, José Nicolau Abagge, pai de Aldo, fora um dos responsáveis pela construção da cidade. Como homenagem, uma das principais ruas de Guaratuba leva seu nome, e a casa onde a família Abagge residia em 1992, construída pelo próprio José Nicolau, era considerada, até ser derrubada, um dos marcos arquitetônicos locais. Quando, em 1988, Aldo venceu as eleições para prefeito pelo Partido Liberal (PL), depois de duas derrotas, consolidou o poder dos Abagge em Guaratuba. Para se eleger, contou com um importante aliado, o então presidente da Câmara dos Deputados do Paraná Aníbal Khury.

Khury, que morreria em 1999, era o principal representante de um grupo de ascendência libanesa com participação importante na política do Paraná – grupo do qual os Abagge faziam parte. Em trinta e dois anos de mandato na Assembleia, foi catorze vezes primeiro-secretário (cargo responsável pela gestão do Legislativo) e cinco vezes presidente da casa. Ele estava presente no imaginário político paranaense como alguém com influência nos três poderes: Legislativo, Executivo e Judiciário.

Apesar da sua conhecida influência, nunca se provou que Khury tenha, em algum momento, interferido na investigação e no julgamento de Beatriz e Celina. Há muita especulação, mas nenhuma prova. Lembro-me de uma conversa que tive certa vez com um cidadão de Guaratuba. Ao perguntar sua opinião sobre as Abagge, ele me respondeu: "Elas tinham muitos aliados poderosos e mesmo assim foram presas. Então eu acho que elas são culpadas"

Veja que ele diz "aliados poderosos". Khury não era o único.

Diógenes e a família Abagge

No julgamento de Osvaldo, Davi e De Paula em 2004, na Segunda Vara do Tribunal do Júri de Curitiba, Diógenes falou sobre sua relação com os Abagge, na condição de testemunha da acusação, para o advogado de defesa Haroldo César Nater. Questionado abertamente por Nater a respeito, Diógenes confirmou que Celina teria sido amante de seu pai ("A cidade toda sabe que sim", disse), o que, segundo ele, levara ao fim o casamento de sua mãe. Mas garantiu que, apesar disso, havia simpatia entre ele próprio e Celina, que inclusive frequentaria a casa da mãe de Diógenes.

Nas décadas em que durou o caso Evandro, tanto nos autos oficiais quanto na imprensa paranaense foram constantes as menções à suposta relação extraconjugal de Celina e Diógenes pai, o tipo de fofoca comum em uma cidade pequena como Guaratuba. Celina afirmava que nunca houvera nada entre os dois. Diógenes pai nunca fez questão de desmentir, talvez porque, como ouvi certa vez de uma fonte, "seria sinal de status ter um caso com Celina, esposa do poderoso Aldo Abagge". De qualquer forma, sempre que o assunto vinha à tona, os advogados dos acusados tentavam sugerir que esse seria um motivo para Diógenes Filho querer se vingar da família Abagge. Diógenes Filho, por sua vez, sempre argumentava que o fato não o afetara de nenhuma forma, embora sua antipatia por Celina fosse evidente, como mostra a denúncia que fez ao Ministério Público em 29 de maio de 1992:

> Conta o declarante, que CELINA ABAGGE, esposa do prefeito, é uma mulher de personalidade muito estranha, já tentou suicídio três vezes, e pouco tempo atrás, na Creche Pingo de Gente, após fazer uma demonstração para as serventes, de como é que se limpa uma privada, passou a mão num copo e bebeu água do vaso sanitário.

Até onde pude apurar, não há qualquer registro dessas supostas tentativas de suicídio de Celina. Já sobre a água da privada, ouvi que se tratava de uma força de expressão. Como responsável pela manutenção das creches da cidade, Celina teria dito a algumas faxineiras que as privadas teriam que estar tão limpas "a ponto de que se possa beber água delas". Diante dessa disputa entre versões, todo cuidado é pouco, e ater-se aos fatos é fundamental.

Durante o julgamento das Abagge, em 1998, Leila Bertolini, delegada do Grupo TIGRE à época do desaparecimento de Evandro, disse em depoimento que, assim que sua equipe chegou a Guaratuba, foi procurada por Diógenes, e que, ao chegar ao escritório do engenheiro, notou uma série de panfletos escritos por ele contra a administração Abagge.

Esses panfletos eram conhecidos na vida política guaratubense. De acordo com Diógenes, suas tentativas de expor problemas da administração do prefeito eram sempre boicotadas. Ele era impedido de falar na Câmara de Vereadores, cuja maioria apoiava Aldo. Também não conseguia ter suas críticas publicadas no principal jornal da cidade, a *Folha de Guaratuba*, cujo dono também era aliado do prefeito. Por isso, Diógenes dizia que os panfletos eram a maneira de ter sua voz ouvida. Entre 1990 e 1992, foram ao menos oito panfletos diferentes, copiados e distribuídos aos milhares. Foi um desses panfletos que Almeida, advogado de Bardelli, mencionou no julgamento de 2005. Dizia respeito ao cerne das rusgas de Diógenes com o prefeito: o Conselho de Desenvolvimento Territorial do Litoral Paranaense (COLIT). Como engenheiro civil, Diógenes dizia ter especial interesse no desenvolvimento imobiliário da cidade.

> ALMEIDA: No depoimento prestado perante a dra. Anésia Edith Kowalski [em 13 de agosto de 1992], o informante assim relata: "Que realmente desconfiou da família Abagge, pensando que poderia ser um ato de vingança pelos seus panfletos". Qual o teor desses panfletos, excelência?

JUIZ: O senhor lembra?
DIÓGENES: Lembro o teor? Alguma coisa. O foco era sempre aquele ato de retirar Guaratuba do conselho do litoral e o peso das obras que ficaram inacabadas cair sobre a população.
ALMEIDA: Alguma questão de corrupção?
DIÓGENES: Corrupção? Corrupção era o interesse do governo de Guaratuba legislar por conta própria, sem ingerência do governo do estado, né? Havia o estímulo das construtoras e imobiliárias que queriam ganhar dinheiro, e eles decidiram retirar Guaratuba. E isso nos prejudicava, porque imagina um prédio fazendo sombra na praia às duas horas da tarde, é um balneário condenado à morte, né? Daí alguns anos ninguém mais vai para lá.
[...]
ALMEIDA: Então o problema do senhor com a família Abagge, como o senhor disse agora, é somente com relação a administração, supostas irregularidades na prefeitura. Nada de ordem pessoal, nada de ordem pessoal com dona Celina Abagge?
DIÓGENES: Nenhuma [sic].
ALMEIDA: Nenhuma?
DIÓGENES: Nenhuma. Tanto que o Aldo Abagge até me indicou pro Conselho Municipal de Urbanismo. Eu fiz parte nos primeiros seis meses do mandato dele por indicação dele. Nosso relacionamento era muito bom, era amistoso. Nós nos dávamos BEM, eu com o Aldo Abagge.

Guaratuba versus conselho do litoral

Em 1965, foi criado o Instituto de Pesquisa e Planejamento Urbano de Curitiba (IPPUC), responsável pela elaboração de políticas urbanas de longo prazo. Foi nesse contexto que Curitiba se firmou, nos anos 1970, como a cidade das vias exclusivas de ônibus e do planejamento urbano organizado. O IPPUC inaugurou na capital uma tradição que, na década seguinte, deu força à ideia de planejar a ocupação de terra em outras regiões do Paraná. Nesse cenário, em 1984, o governador José Richa (1983-1986) criou o Conselho de Desenvolvimento Territorial do Litoral Paranaense, o COLIT. Em 1989, ao fim de seu mandato na prefeitura de Curitiba, Roberto Requião foi convidado pelo então governador Alvaro Dias (1987-1991) a assumir a Secretaria do Desenvolvimento Urbano, responsável pelo COLIT, cargo em que ficou até 1990, quando lançou sua própria candidatura a governador.

À frente do COLIT, Requião implantou, já em 1989, uma série de regras de zoneamento do litoral. A intenção era disciplinar a ocupação da zona à beira-mar, limitando o número de pavimentos das construções para evitar prédios muito altos, que fizessem sombra na praia à tarde, e estabelecendo critérios para projetos imobiliários em zonas definidas como Áreas Especiais de Interesse Turístico. O acordo não foi bem recebido por alguns prefeitos, para os quais a medida trazia perda de autonomia.

Era o caso de Aldo Abagge, que, após meses de conflitos, resolveu retirar Guaratuba do COLIT, deixando de receber recursos do estado. Em matéria do *Jornal do Estado* intitulada "Prefeitura de Guaratuba diz por que deixou o Conselho", de 27 de agosto de 1989, o consultor jurídico da prefeitura informava que, com o aval do prefeito, entraria "com um processo-crime contra o secretário do desenvolvimento Roberto Requião, por este ter feito declaração em jornais da capital do estado chamando a nós ambos de especuladores imobiliários ao invés de cuidarmos da administração do município". Em outra reportagem, "Abagge também faz críticas a Roberto Requião", dessa vez de *O Estado do Paraná*, Aldo acusa o secretário de usar o COLIT como trampolim para se eleger governador.

Os prejuízos derivados da briga da gestão Abagge com o estado eram o ponto central dos panfletos de Diógenes. Como exemplo de benefício das boas relações com o governo estadual, ele citava o sistema de esgoto em parte da cidade, uma obra cara e importante que só foi possível graças ao dinheiro destinado pelo COLIT. Se Guaratuba se retirasse do conselho, essa obra teria que ser financiada pelos próprios cidadãos de Guaratuba. O revés para Aldo Abagge veio quando o então secretário Requião concorreu às eleições estaduais de 1990, enfrentando os candidatos José Richa, prestigiado ex-governador que disputava pelo recém-fundado Partido da Social Democracia Brasileira (PSDB), com o apoio de Aníbal Khury, e o empresário da comunicação José Carlos Martinez, candidato preferido em todas as pesquisas de intenções de voto realizadas em 1990.

Requião era rival político de Khury ("Ele não vai encontrar um adversário dócil na minha pessoa", disse o presidente da Assembleia Legislativa em entrevista à afiliada da Globo no Paraná durante as eleições), e sua campanha foi vitoriosa também graças a uma eficiente estratégia de marketing que culminou, na última semana de campanha, com a peça de propaganda mais icônica da história da política paranaense: o caso Ferreirinha. No vídeo, um homem de boné e óculos escuros que se intitulava "Ferreirinha" se assumia como um matador de agricultores a mando da família de Martinez. Rapidamente, a veiculação do vídeo foi proibida, por um motivo simples: Ferreirinha não existia. Mas o estrago já estava feito, com Requião virando a eleição e sagrando-se vencedor.

Em uma das entrevistas que me concedeu, Celina contou que, quando soube da vitória de Requião, virou-se para Aldo: "Agora você vai tá fuzilado. O Requião ganhou, agora ele vai se vingar de você". Ao que Aldo teria respondido: "De mim, não, do município. Por que ele vai se vingar de mim? Ele vai segurar tudo que é verba. É só isso que ele vai fazer. Por que de mim, o que ele tem pra fazer comigo? Só se ele quiser me matar". A verdade era que, com o apoio de Khury – o verdadeiro dono do poder no estado –, Aldo parecia ter como manter seu grupo político em Guaratuba. Além disso, tinha a força econômica da serraria da família.

Criada em outubro de 1967, a Indústria de Madeiras Abagge fornecia madeira para a fábrica de lápis Johann Faber e era uma importante opção de emprego para a população da cidade. No entanto, sofrera um duro golpe em 1990, quando o então vice-presidente Itamar Franco, como Presidente da República em exercício, proibiu a exploração da vegetação nativa da Mata Atlântica com o objetivo de proteger algumas espécies vegetais da extinção.

Em abril de 1992, portanto, Roberto Requião era o governador do Paraná e Aldo enfrentava uma crise no negócio da família, que precisava mudar de ramo ou arriscar trabalhar fora da lei. Aldo tinha o desafio de fazer um sucessor na prefeitura – desafio que Celina tomara para si, empenhando-se na construção do diretório do PST em Guaratuba. A disputa com o governo do estado dava força a adversários políticos e tornava mais difícil a eleição.

Esse cenário era completado por um importante detalhe: na mesma época, Diógenes Caetano dos Santos Filho era sondado para concorrer a algum cargo político.

Em certo ponto do seu depoimento no júri de 2005, Diógenes foi questionado pelo advogado de defesa Matheus Gabriel Rodrigues de Almeida sobre suas pretensões políticas:

> ALMEIDA: O senhor tentou alguma vez ser candidato a prefeito de Guaratuba?
>
> DIÓGENES: Nunca.
>
> ALMEIDA: E nem mesmo para vereador? Nunca disputou?
>
> DIÓGENES: Eu ia acabar saindo... saí candidato a vereador. Mas abandonei a campanha antes das eleições por causa do desaparecimento do Evandro. [...] Nos primeiros quatro panfletos, eu não tinha pretensão política nenhuma. Mas devido àqueles processos e à situação, o corpo que a situação tomou, eu acabei saindo candidato a vereador [...]. Então deixei meu nome à disposição. Se houvesse interesse, né? Se os afiliados ao partido quisessem, [eu] estava ali para lutar.

Essa é uma tese que advogados de defesa sempre tentaram fortalecer: mais do que interesse em solucionar o crime, Diógenes tinha interesses políticos e via os Abagge como rivais. Ele, por sua vez, repetidas vezes negou essa suposição. De fato, Diógenes concorreu a vereador em 1992, mas não conseguiu se eleger. Na época, estava filiado ao Partido Democrata Cristão (PDC), que lançou como candidato à prefeitura José Carlos de Miranda, terceiro colocado no pleito. O vitorioso foi José Ananias dos Santos, do PSC, apoiado pelo PDT de Paulo Chaves – vice de Aldo Abagge e quem, após seu afastamento, assumiu o cargo de prefeito no segundo semestre de 1992.

Apesar das afirmações constantes de Diógenes de que não tinha interesse na prefeitura, em 2010 ele publicou um livro que nos faz questionar ao menos parte dessa afirmação. A obra é intitulada *A verdadeira história do caso Evandro*, e nela o autor dá sua versão do crime e dos acontecimentos em Guaratuba na época. Em certo momento, ele conta que, em 5 de maio de 1998, enviou uma carta ao promotor do caso Evandro (pela época, provavelmente Celso Ribas) com informações que dizia julgar importantes. Acima de tudo, ele queria alertar o promotor acerca de estratégias que os advogados de defesa pareciam querer usar. Eis trechos do conteúdo da carta extraída do livro:

Para atrair seu apoio [de Requião], caso viesse a disputar para prefeito, coloquei em um de meus panfletos: "Se for eleito, oferecerei a prefeitura para o sr. Roberto Requião, e juntos administraremos". A repercussão foi bombástica, a população entendeu o quanto seria promissor para nós se isto acontecesse. Votar em mim seria colocar o governador dentro da prefeitura.

Era uma estratégia que poderia dar certo, com esse panfleto o quadro começava a delinear-se para as eleições municipais. De um lado o filho de um ex-prefeito muito bem votado, com maciço apoio popular, e aliado do governo estadual, de outro lado a situação desmoralizada e saindo de uma péssima administração. Estava difícil até para lançar candidato. [...]

Havia um partido, o PDC (Partido Democrata Cristão), que estava sob controle de um ex-vereador, o qual perdera o cargo porque arriscou para prefeito, e acabou não conseguindo.

Conversei com ele sobre a minha entrada. Ele gostou muito, mas queria que eu concorresse a prefeito. [...]

Decidi então fazer um panfleto, convidando toda a população para filiar-se. [...]

Se nada de extraordinário acontecesse, ganharíamos as eleições.

Mas aconteceu.

Dias antes da convenção, Evandro Ramos Caetano desapareceu. Meus panfletos eram assinados por Diógenes Caetano dos Santos Filho. Poucas pessoas acharam ser apenas coincidência, e antes mesmo do corpo de Evandro aparecer com tantos sinais de violência, alguns já pediam suas fichas partidárias e se desligavam do partido. Quando Evandro foi encontrado daquele jeito, o pavor instalou-se, aumentando ainda mais a evasão do partido, pois como havia um clima de confronto, muitos, receando que algo parecido pudesse acontecer em suas famílias, desistiram da luta. [...]

Ao fazer a pergunta, a quem interessava o desaparecimento de Evandro?, excluí muita gente. Ao tomar conhecimento da reportagem apressada da Gazeta do Povo, aquela que dizia ter Evandro ido cortar frutas no mato e que fora picado por cobra, senti que o responsável era poderoso e podia manipular o referido jornal.

Passei minhas desconfianças ao dr. Adauto [Abreu, do Grupo TIGRE], porém ele não deu crédito. Disse que estava investigando todos os que tiveram passagem na delegacia nos últimos vinte anos, por estupro e uso de drogas.

Seu insucesso reforçava a minha teoria. Eu estava intrigado com o comportamento de Osvaldo Marceneiro [sic], pois já sabia que ele havia levado tios do Evandro próximo ao local onde o corpo foi encontrado. Sabia que era um impostor e que sacrificou bodes pretos, os quais no final ficavam do jeito como Evandro estava quando foi localizado. Além do mais, inquietava-me sua previsão, anunciada de graça para toda a cidade, de que uma tragédia ia acontecer, a qual apavoraria todo mundo, viraria a cidade de pernas para cima e mudaria o rumo dos acontecimentos. [...]

O fato é que realmente abandonei a política.

Devido à insistência dos que ficaram no partido, consenti deixar meu nome como candidato a vereador. Entretanto, nunca pedi votos, não subi em palanques, não visitei ninguém. [...]

Tem sido difícil para mim imaginar que Celina Abagge escolheu Evandro como forma de nos intimidar. [...]

A verdade é que, quando iniciou suas investigações, que culminaram na prisão dos sete acusados, Diógenes já estava havia meses atuando ativamente como opositor do governo de Aldo. Seria possível que a militância política estivesse interferindo em suas habilidades de investigador?

Para tornar as coisas ainda mais sensíveis, após uma eleição recheada de polêmicas que quase lhe custaram o cargo de governador antes mesmo de assumir, Requião viu-se, já em 1991, envolvido em uma das crises de segurança pública mais graves da história do Paraná: o desaparecimento em série de crianças. De acordo com o SICRIDE, além de Leandro, quatro crianças das que desapareceram naquela época no estado ainda não tiveram seus casos solucionados: Guilherme Caramês Tiburtius, desaparecido em 17 de junho de 1991, aos 8 anos, em Curitiba; José Carlos dos Santos, desaparecido em 3 de março de 1992, aos 11 anos, em Maringá; Edson Rodrigo Batista da Silva, desaparecido em 5 de abril de 1992, aos 6 anos, em Londrina; e Lucinéia Silvária da Silva, desaparecida em 20 de abril de 1992 (catorze dias depois de Evandro) em Araucária, aos 4 anos. Portanto, se Diógenes tinha urgência em resolver o caso de sua família por questões pessoais, o governo Requião, sob pressão popular, precisava solucionar ao menos algum dos desaparecimentos. E a cobrança em relação a essa solução recaía sobre uma pessoa em especial: o secretário de segurança pública Moacir Favetti.

Nesse contexto, as confissões dos presos se tornavam a peça de propaganda ideal para a gestão Requião. Elas foram veiculadas nos principais jornais da TV e impressos, assim como as constantes declarações de Favetti parabenizando o trabalho do Grupo ÁGUIA, da Polícia Militar. Não há muita margem para dúvidas de que as prisões dos sete de Guaratuba tenham sido capitalizadas politicamente.

5. O dossiê

Um resumo do caso

Desde as prisões do início de julho de 1992, muito se especulou na imprensa sobre a possibilidade de os sete acusados serem responsáveis também pelo sumiço de outras crianças. Após as acareações entre os cinco homens no dia 11 daquele mês, quando Osvaldo, Davi e De Paula confessaram ter raptado Leandro Bossi, as suspeitas pareciam ter fundamento. No dia 12, no entanto, o delegado Luiz Carlos de Oliveira, responsável pelo caso Bossi, voltou a interrogar Osvaldo no Presídio do Ahú, agora de maneira reservada. Esse interrogatório não forneceu nenhuma nova pista sobre o desaparecimento das crianças – e, ainda assim, mudou o rumo das investigações.

Segundo diversos relatos de Oliveira ao longo dos anos, Osvaldo pedira para falar a sós com ele. Quando estavam sozinhos, o pai de santo mostrou suas costas, repletas de hematomas, ao que o delegado perguntou se ele havia cometido o crime. Osvaldo respondeu que não, e que aquela era a primeira vez que lhe perguntavam isso.

O delegado, então, chamou o promotor Cioffi para ver os hematomas e voltou a fazer uma acareação entre os acusados. No dia seguinte, nas acareações entre os três homens e as Abagge, tanto De Paula quanto Davi mantiveram as versões iniciais para o sequestro de Leandro e o assassinato de Evandro. Mas, dessa vez, Osvaldo – assim como Celina e Beatriz desde os primeiros depoimentos após a confissão gravada no dia 2 daquele mês – afirmou que confessara sob tortura e que era inocente.

Quinze dias depois, em 28 de julho, chegou o momento de os sete presos prestarem os primeiros depoimentos formais à juíza Anésia. Pela primeira vez, todos estavam representados por advogados de defesa. A partir desse dia, todos passaram a relatar que haviam sido torturados.

Para ajudar o leitor a acompanhar os próximos acontecimentos, talvez seja útil um resumo do caso até aqui. De acordo com o relatório Operação Magia Negra, foram essas as etapas da investigação:

29 de maio: denúncia de Diógenes Caetano ao Ministério Público do Paraná, na qual ele cita atividades que julga estranhas envolvendo Celina e Osvaldo e menciona uma busca comandada por Osvaldo e Davi perto do local onde o corpo de Evandro seria encontrado, episódio que lhe fora relatado por Davina, tia de Evandro.
19 de junho: depoimento de Davina corroborando o relato de Diógenes sobre a busca.
1º de julho: prisão de Osvaldo e Davi.
2 de julho: prisão das Abagge e De Paula.
3 de julho: prisão de Cristofolini e Bardelli.

Foi também em 3 de julho que Osvaldo, Davi e De Paula participaram da entrevista coletiva confessando o crime. Por intervenção do advogado Zippin, as Abagge não precisaram participar. Nos telejornais daquela noite, assim como nos jornais impressos do dia seguinte, Zippin já declarava que suas clientes tinham confessado sob tortura, mas o IML de Curitiba afirmava que não havia lesões em seus corpos que indicassem isso. No entanto, a convicção do Ministério Público se consolidava após os depoimentos de Irineu (3 e 21 de julho e 13 de agosto), guardião que alegara ter visto rituais na serraria; Andrea (10 de julho e 21 de agosto), namorada de Osvaldo, confirmando um ritual em 7 de abril; e Edésio (13 de agosto), que informou ter visto as Abagge num carro com Evandro em 6 de abril.

Aqui é importante retomar também a quantidade e o modo como se deram as confissões dos acusados em 1992:

1º e 2 de julho (noite e madrugada): depoimento de Osvaldo, com assinatura de promotor, confessando o crime e apontando a participação de Beatriz, Celina, De Paula, Davi, Bardelli e Cristofolini.
2 de julho: confissões de Osvaldo, Davi, Beatriz e Celina, gravadas em fita VHS, ao Grupo ÁGUIA.
2 de julho: confissões de Osvaldo, Beatriz e Celina, agora em fita cassete, ao Grupo ÁGUIA.
2 e 3 de julho (noite e madrugada): primeiros depoimentos oficiais de Beatriz, Celina, Osvaldo, Davi e De Paula. As Abagge, com advogados, passam a negar envolvimento, alegando que foram levadas a um local desco-

nhecido e forçadas a confessar. Os três homens, sem advogados, mantêm as confissões.

3 de julho (manhã): confissões de Osvaldo, Davi e De Paula gravadas em VHS pelo Grupo ÁGUIA no IML de Curitiba e registradas nos laudos de lesões corporais.

3 de julho (tarde): confissão de Osvaldo, Davi e De Paula na coletiva de imprensa em Curitiba. Prisão de Bardelli e Cristofolini, que nunca confessaram.

11 de julho: acareações entre os cinco homens. Osvaldo, Davi e De Paula mantêm as confissões e revelam envolvimento no desaparecimento de Leandro Bossi.

12 de julho: em conversa com o delegado Oliveira, Osvaldo diz ter sido torturado para confessar crimes.

13 de julho: acareações entre Beatriz, Celina, Osvaldo, Davi e De Paula. Osvaldo volta a negar envolvimento nos crimes, alegando tortura. Davi e De Paula mantêm as confissões.

28 de julho: depoimento formal dos sete presos para a juíza Anésia. Pela primeira vez, todos negam envolvimento no caso Evandro e alegam tortura (a exceção é Cristofolini, que, embora negasse envolvimento desde o começo, só viria a alegar tortura mais tarde).

Cerca de um mês depois dos depoimentos a Anésia, os advogados Moacyr Corrêa Filho e Ronaldo Albizú Drummond de Carvalho, que agora formavam a defesa das Abagge (o advogado Zippin fora dispensado no final de julho), enviaram à juíza um pedido de abertura de investigação de abuso de autoridade sob alegação de tortura contra suas clientes. O inquérito seria aberto apenas meses depois, em 8 de novembro, com investigações sob responsabilidade do delegado Valmir Soccio, na época em Paranaguá. Uma outra personagem, no entanto, seria a responsável por dar corpo a essas alegações – e só mais de uma década depois ela seria ouvida no tribunal.

A nova testemunha

No julgamento de Osvaldo, Davi e De Paula ocorrido em 2004, os advogados de defesa Haroldo César Nater e Álvaro Borges Jr. convocaram uma testemunha que ainda não havia deposto nenhuma vez no caso Evandro. Tratava-se da advogada Isabel Kugler Mendes.

Em 1992, Isabel estava à frente do Conselho Municipal da Condição Feminina (CMCF), um órgão criado para promover ações voltadas à defesa dos direitos das mulheres em Guaratuba. A equipe dela havia montado, naquele ano, um dossiê que seria central para a defesa dos sete acusados. Assim começava o "Relatório – Caso Evandro de Guaratuba", de 23 de novembro de 1992:

> No dia 9 de setembro de 1992, o Conselho Municipal da Condição Feminina foi procurado por familiares de Celina C. Abagge e Beatriz C. Abagge, apresentando diversas denúncias de violações dos direitos humanos e cerceamento do direito de defesa. [...]
>
> Examinado o processo por uma equipe formada por advogadas, psicólogas, terapeuta e assistente social do CMCF, chegou-se à estarrecedora conclusão de que houve torturas diversas para que três acusados (réus: Osvaldo, Vicente [De Paula] e Davi) "confessassem" um crime que, de tão bárbaro, não se acredita possa alguém cometê-lo, e para que ao mesmo tempo acusassem os demais pseudo-implicados, tudo em completo desrespeito à Constituição Federal.

Nas suas doze páginas, o dossiê faz um apanhado geral do caso e menciona irregularidades que a equipe de Isabel teria encontrado no processo como um todo. Um trecho questiona o papel de Diógenes: "Por que se acreditou nas alucinantes e fantasmagóricas acusações de Diógenes Caetano incriminando inimigas pessoais deste sem outras provas quaisquer?".

Nos meses seguintes à conclusão desse primeiro relatório, focado nos autos do processo, Isabel e sua equipe deram início a uma segunda etapa de trabalho: conversar com os acusados, que permaneciam presos. Sem poder usar um gravador de voz, Isabel recorreu a seu conhecimento em taquigrafia para anotar todos os relatos. Essa série de entrevistas compõe o segundo relatório, intitulado dossiê "Tortura Nunca Mais?". Nas suas cerca de duzentas páginas, há depoimentos dos sete presos, matérias de jornais, documentos da investigação de tortura e dos autos do caso Evandro, além de declarações de outras testemunhas que confirmavam os relatos de tortura dos acusados. As entrevistas com os presos foram realizadas de fevereiro a junho de 1993, e o dossiê, finalizado em 13 de julho, um ano após as prisões.

Segundo Isabel relatou no depoimento de 2004, depois de identificar sinais de tortura no corpo das Abagge, ela enfrentou obstáculos para falar com Osvaldo, De Paula e Davi. Só depois de quase dois meses, quando Isabel foi designada assistente da defesa pela advogada de Davi, Stela Maris Doubek Motta, ela pôde encontrá-los na ala de segurança máxima da penitenciária onde estavam encarcerados. “Foi a cena mais impressionante a que eu já assisti [...]. Eles tinham o cabelo... [...] Caíam aqueles fios pretos até mais pra baixo da cintura...”, relatou. Eles “não tinham direito também de cortar as unhas. As unhas eram garras [...]. Eram figuras grotescas”.

Além da falta de higiene, Isabel disse ter notado queimaduras nos dedos dos três, que estavam pálidos por falta de sol:

> Eles tinham tomado sol uma única vez. [...] Eu lembro do Davi, ele tinha uma marca que saía da axila que vinha até quase a cintura. Aí eu me lembro também do Vicente. [...] Ele tinha duas ou três costelas que tinham sido quebradas e na junção elas apontavam na pele. [...] E o Marcineiro também. Eu lembro que ele me disse: “Doutora, eu quero que a senhora... com todo o respeito... eu posso lhe mostrar o meu pênis? Ele tá todo mutilado...”. Então ele tinha pênis mutilado, doutor... do pau de arara.

É a partir de trechos dos relatos registrados no dossiê “Tortura Nunca Mais?” e de depoimentos realizados nos júris que apresento, neste capítulo, as narrativas dos acusados sobre suas prisões, no início de julho de 1992. Não é simples colocar em ordem toda a sequência de acontecimentos a partir desses registros, mas tentaremos aqui seguir a cronologia, com alguns apartes para explicações específicas sobre fatos relacionados.

1º de julho (fim da tarde): casa de Cristofolini

Era quarta-feira, por volta das 17h30. Beatriz Abagge e Osvaldo Marcineiro estavam na casa de Sérgio Cristofolini participando da festa de aniversário do filho dele. Cristofolini ainda não havia chegado, apesar de a festa já ter começado. Em dado momento, Silvia, irmã de Beatriz, entrou na casa avisando que fiscais da prefeitura queriam falar com Osvaldo.

Ao sair, Osvaldo deparou com alguns homens que diziam querer que ele jogasse búzios, mas, por causa do horário, ele negou o pedido. O grupo insistiu e fez Osvaldo se afastar da casa para então colocá-lo dentro de um carro e encapuzá-lo. Andrea entrou na casa desesperada, avisando que ele fora preso e que tinha algo a ver com impostos a pagar. Beatriz disse que aquilo não fazia sentido e pouco depois disso, conforme seu relato, saiu da festa levando a irmã e os filhos.

Cristofolini chegou na sequência e tratou de tentar descobrir o que acontecera com Osvaldo. Recebeu a informação de que ele poderia estar no quartel da Polícia Militar de Matinhos, a quase uma hora dali. Foi até lá, mas não o encontrou. Então, o empresário Antonio Costa, amigo de Osvaldo, ligou para a juíza Anésia perguntando se ela sabia do paradeiro do pai de santo. Ouviu em resposta que era uma averiguação e que outras pessoas seriam presas em breve.

Mais tarde, Osvaldo relataria que três pessoas o algemaram, jogaram no carro e encapuzaram. Segundo ele, ainda no carro, encostaram um revólver em sua cabeça e, diante de suas queixas de que não conseguia respirar, responderam: "Você veio aqui para morrer... vai morrer mesmo". O carro seguiu por uma rua de asfalto por uns vinte minutos, entrando em seguida numa rua de terra onde trafegou por menos de dez minutos até chegar a um local que aparentava ser uma chácara. Diz Osvaldo:

> Me tiraram do carro. Subi dois degraus. Lá já tinha mais pessoas. Depois chegaram outras. Me davam pancadas nas costas. Quando eu perguntava o que fiz, diziam: "Cala a boca senão morre". Me puseram num quarto. Começaram a falar: "Abra o jogo. A casa caiu. Somos policiais matadores. Ou você confessa, ou vamos te matar". Eu não sabia o que estava acontecendo.

Lá, ainda de acordo com o relato, fizeram-lhe perguntas agressivas sobre seu trabalho como pai de santo e sobre Celina e Beatriz, de quem, diziam, Osvaldo era amante. Então perguntaram: "Qual é o terreiro delas?". "Não conheço nenhum...", respondeu Osvaldo. "Ele não quer confessar por bem... tirem a roupa dele", continuaram. Conta Osvaldo:

> Daí amarraram minhas mãos para trás... puseram fios enrolados e começaram a dar choques, perguntando: "O que você sabe de Celina e Beatriz Abagge? Conte... não adianta... a casa já caiu... as duas confessaram tudo... já assinaram uma declaração".
>
> Daí acenderam a luz e levantaram o capuz e mandaram ler... só consegui ler "Declaro que eu, Celina Abagge e Beatriz Abagge participamos de um ritual...".

Enquanto Osvaldo lia isso, Beatriz estava em casa com os filhos, segundo ela contaria. Celina, por sua vez, retornava de uma viagem que fizera com Denise Rangel, a secretária de Turismo e Esportes da prefeitura, que era sua candidata à prefeitura na eleição daquele ano. Os homens ainda teriam dito que elas haviam entregado Osvaldo "e os outros" antes de perguntar detalhes sobre o sacrifício de galinhas feito pelo pai de santo. Segundo Osvaldo, disseram:

> "Então, como é mesmo o sacrifício da galinha... como é que vocês pegavam... nas pernas... cortavam o pescoço... sangue no alguidar..."
>
> Eu contava e dizia: "As asas...". Eles diziam: "'Asa' não, as mãos... vamos dizer que a galinha tinha mãos... fala mão e não asa". Tinha um... acho que mais, vários gravadores que ligavam e desligavam... e continuavam dando choques e telefones... comecei a escutar gritos...

Os gritos que ele teria ouvido nessa noite do dia 1º de julho naquela chácara desconhecida seriam os de Davi dos Santos Soares.

1º de julho (noite): casa de Davi

Davi chegou em casa por volta das 18h, segundo seu relato. Tomou banho, jantou e então ouviu de seu sogro que uns homens – que depois viria a saber serem policiais militares – queriam conversar com ele sobre a Associação de Artesãos. Lá pelas 21h, os homens voltaram, e um deles perguntou: "Você que é o 'Chero'?". Davi respondeu que não, o que era verdade. Mesmo assim, os homens o seguraram. Davi perguntou o que estava acontecendo e ouviu como resposta: "Você já vai saber". Então, relata Davi:

> Saíram meu sogro e meu cunhado, José Luiz Tavares Pacheco, o "Chero".[6] E queriam saber o que estava acontecendo, e os homens disseram: "Não se metam, que o negócio é com ele e não com vocês. Fiquem quietos e não se metam".
>
> Daí disseram que iam me levar para Matinhos.

6 Além dos já citados Juarez e Edésio, o cunhado de Davi seria uma terceira pessoa em Guaratuba com o apelido "Chero", que acabou equivocadamente atribuído ao próprio Davi por Davina Pikcius em seu depoimento ao Ministério Público. A recorrência desse apelido na cidade é algo que não sei explicar, mas não há como contar essa história sem se referir a ele.

> Eu queria saber por que, o que eu tinha feito para ser preso? Eles não apresentaram nenhum papel. Nem uma ordem de prisão.

Os homens então o teriam algemado, dado socos em seu rosto e o colocado dentro de um carro, onde havia outros dois homens. Aos seus gritos e questionamentos, teriam respondido apenas: "Fique quieto que é melhor para você. Você tem só que reconhecer uma pessoa". Então teriam encapuzado Davi e dito: "Fique quieto porque senão você não volta a ver os teus filhos".

> Falavam no rádio coisas que eu não entendia. Daí fui levado para um lugar, eu acho, que [era] distante uns vinte minutos de asfalto de Guaratuba. Eu estava deitado no fundo do carro. Comecei a me sentir mal, porque eu estava com o estômago cheio. Quando eu dizia que não estava aguentando, que ia vomitar, eles diziam: "[Se vomitar,] vai ter que comer tudo".
>
> Daí saímos do asfalto e mais ou menos por uns oito minutos ou mais andaram por uma rua de terra. Era uma chácara. Porque era tudo silêncio de mato. Era uma casa de madeira. Os policiais falavam que era uma chácara. Daí passou por uma pontezinha. Eles diziam: "Olha aí o buraco". Daí levaram num quarto e fui jogado no chão. Comecei a passar a mão. Senti que o assoalho era de madeira e as paredes eram de sarrafo.
>
> Existia uma cama.
>
> Comecei a escutar vozes.
>
> Estavam conversando com uma pessoa. Perguntavam o que ele fazia.
>
> Depois soube que era o Osvaldo.
>
> Daí comecei a escutar gritos, berros.
>
> Era horrível.

1º a 2 de julho (madrugada): chácara

Osvaldo contou que foi torturado e interrogado noite adentro. Em certo momento, os homens teriam lhe dito que Davi confessara tudo e afirmado: "Estávamos falando de galinhas, agora vamos falar daquelas crianças que vocês mataram... Nós fomos contratados pela família da criança para matar vocês". Osvaldo continuou a negar, mas os homens não se convenceram:

> Me tiraram da casa, puseram no porta-malas... levaram pro mato... me jogaram no chão, encostaram o revólver na cabeça... "Você está mentindo,

não quer mostrar o lugar onde mataram o menino..." Começaram a fazer "roleta-russa"...

Me levaram para um córrego... pisavam em minha cabeça dentro da água...

Voltaram pra casa... a chácara... pedi água e me levaram pro banheiro, enfiaram a minha cabeça no vaso sanitário e puxavam a descarga: "Tome a água que você quer... merece...".

Queriam que eu falasse que tinha feito o trabalho na fábrica do prefeito com a Celina e Beatriz Abagge... Queriam que eu declarasse que eu e a Celina realizamos um sacrifício com uma criança... Disse que não, que não fizemos nada, que eu quase nem conhecia Celina. [...] Enfiaram uma mangueira na boca e abriram a torneira... não tinha quase água... com um pano enrolado nas mãos, ensopado, batiam... no estômago [...]. Me diziam: "Diga: quem foi buscar a criança foi o De Paula e o Davi...".

Davi contou ter ouvido os gritos de Osvaldo e dos homens que o torturavam por mais ou menos uma hora, até que o silêncio veio e algumas pessoas entraram em seu quarto. "Agora, vamos conversar", disseram.

Daí, ainda algemado, enrolaram fios nos meus dedos. Daí levantaram o capuz um pouco e puseram uma venda, mas eu via por debaixo os fios enrolados na mão.

Eram descascados.

No começo tinha tipo de uma colcha cor de abóbora. Enfiavam nos pés como umas botas molhadas.

Começaram a dar choques.

Eu não aguentava. Mas não falava nada. Eles só diziam: "Queremos ver se você é forte mesmo". Eu gritava, dizia: "Pelo amor de Deus, não façam isso, por que vocês estão fazendo isso comigo? O que foi que eu fiz?".

Até que um disse: "O que é que você sabe sobre a morte do garoto Evandro Ramos?". "Sei o que todo mundo sabe, que desapareceu e encontraram um corpo."

"Não. Você sabe mais. Fale."

A tortura não teria parado por aí. Segundo Davi, ele teve seus braços e pernas amarrados, ficando imobilizado, e foi amordaçado com uma toalha molhada:

Eu não podia nem respirar. Não aguentava mais a dor.

Só esperava a morte mesmo.

Eles diziam várias vezes: "Somos matadores profissionais". Tomavam cerveja enquanto torturavam. Escutei um deles dizer: "Encha o meu copo". Daí me urinei. Um deles dizia: "Não deixe ele gritar muito, porque pode acordar o sr. Pedro, que está dormindo".

Não lembro quanto tempo fiquei ali. Daí começaram a perguntar: "A casa caiu? Já contaram tudo?". Eu dizia: "Eu não sei nada".

Perguntavam: "Qual o teu envolvimento com a morte da criança? Você foi procurar ela?".

"Fui procurar, sim, porque cheguei em Guaratuba e me convidaram, dona Davina e o marido dela, que organizaram um grupo de busca. Fui com o De Paula, o Osvaldo e outros."

Eu tentava explicar, eles diziam: "Isso já sabemos, queremos que você conte a tua participação na morte do menino". Eu não sabia de nada, não tinha nada que contar.

Depois eles o teriam torturado com uma mangueira, como fizeram com Osvaldo:

Enrolaram um pano na mangueira e enfiaram na boca. A água saiu pouco e eles diziam: "Você está com sorte. Não tem pressão". Daí chutavam os rins, as costelas. Apertavam minha cabeça no chão. Embaixo tinha uma espuma. Doía o nariz, testa, costela. Doía tudo, tudo.

Daí eu comecei a implorar pra me dizer o que eles queriam que eu falasse, que eu dizia tudo que eles mandassem, eu não aguentava mais.

Daí disseram que queriam que eu dissesse que eu havia matado a criança.

Eu disse que não sabia de nada, então eles disseram que já sabiam que a dona Celina Abagge, a Beatriz Abagge, o Osvaldo e o De Paula estavam envolvidos no caso da morte da criança. Disseram: "Sabemos que você é laranjão. Mas vamos gravar aqui, você vai falar que viu a Beatriz conversando com o Osvaldo para fazer o crime".

"Eu não ouvi."

"Você já está pisando na bola. Você disse que ia colaborar. Vamos lá, senão vai ser pior. Vamos recomeçar com mais uma sessão."

Continuei a dizer que não ia dizer aquilo. Não matei ninguém. Daí disseram: "Arreiem a calça dele". Daí me viraram de lado, pegaram o meu pênis, enrolaram um fio no pênis e outro na mão. E davam choques que pareciam que iam arrancar o pênis fora.

Não aguentei mais.

Nunca pensei que podia existir uma dor tão grande.

Pelo relato de Isabel, Davi chorou ao contar isso, alegando que ainda sentia as dores daquela madrugada. Foram as dores, segundo Davi, que o levaram à falsa confissão pela manhã:

> Daí disse que fazia tudo que eles quisessem. Daí pararam. Mandaram eu descansar um pouco.
>
> Fui respondendo como eles mandavam, dizendo os nomes do Osvaldo, De Paula, Beatriz, dona Celina. Disse sim a todas as perguntas. Eles ligavam o gravador. Diziam: "Isso, assim".
>
> Daí me jogaram no fundo do carro. Disseram que iam me levar no fórum. Eu não conseguia decifrar onde estava. Sabia que não era delegacia. Eu continuava encapuzado.
>
> Depois me jogaram num quarto e disseram: "Os outros vêm vindo".

Isabel relata ter visto cicatrizes nos dedos de Davi, que ela atribuiu a queimaduras resultantes dos choques que ele recebera, além de uma mancha escura na região das costelas, entre a axila direita e a cintura. Davi contou a ela que, no IML, um médico o teria olhado, sem examinar, e dito que as feridas tinham pouca importância e algumas teriam sido feitas pelo próprio Davi.

De acordo com o dossiê, após terem sido torturados por horas na chácara, Osvaldo e Davi foram levados separadamente para um segundo lugar desconhecido. Em outros depoimentos, esse segundo lugar é chamado por Osvaldo e Davi de "fortaleza" – embora não saibamos de onde eles tiraram esse nome, supõe-se que fosse por se tratar de uma mansão. É difícil precisar os horários, mas eles devem ter chegado lá na manhã do dia 2 de julho.

2 de julho (manhã): fortaleza

Na fortaleza, Osvaldo conta que o homem que comandava as torturas ditava um texto que alguém batia à máquina, talvez a mesma mulher que ele ouvia perguntar: "Aqui, o que é...?". Como estava encapuzado, ele não enxergava nada. A certa altura, levantaram uma parte do capuz e o mandaram assinar um papel, mas, como não conseguia ler tudo o que dizia o texto, ele se negou. Foi levado para um quarto novamente e, conforme seu relato, as torturas recomeçaram:

> [Me] deram um chá com gosto de caqui verde... começou a latejar a cabeça e dar sono... Havia vozes de duas mulheres. Uma disse: "Não vou mais ficar aqui. Não aguento mais"...

Osvaldo também disse que não aguentava mais e acabou assinando o papel sem poder ler. Com Davi, de acordo com seu relato, não foi muito diferente: depois de tirarem o capuz e os algodões de seus ouvidos – que, supõe ele, estavam ali para que não ouvisse os gritos de outras pessoas –, ligaram uma filmadora.

> Os PMs, uns três, chegaram e disseram: "Você já sabe o que vai dizer. Você vai repetir tudo o que disse lá na chácara. Você vai dizer tudo direitinho. Porque senão vai voltar para a chácara".

Foi o que ele fez. A partir daí, segundo seu relato, ele pôde ficar sem capuz, mas não porque havia confessado. Os policiais teriam dito: "Agora não precisa mais. Eles já foram".

Em dado momento, quando, a seu pedido, o levaram para usar o banheiro, ele viu um policial que chamavam de capitão Neves, cuja descrição (magro, alto, cabelo avermelhado) corresponde à de Valdir Copetti Neves. Em seguida, viu um homem sentado numa cadeira que recebia chutes e puxões de cabelo de todos que passavam por ele. "Como foi que você cortou, foi assim?", perguntavam ao homem. "Mostre aqui. Diga: 'Foi assim'." Davi ficou um tempo no banheiro, pensando no que poderia fazer para se proteger, "deixar uma marca", algo que permitisse a alguém em algum momento saber que ele estava ou estivera lá. Enfiou no ralo da banheira seu colar de contas e uma linha de náilon. Logo depois, a porta se abriu e os homens entraram com Osvaldo, ainda encapuzado, e disseram: "Está aí o banheiro. Pode usar".

De lá, Davi foi levado para uma sala onde lhe mostraram fotos numeradas do corpo de Evandro e o laudo médico. Os homens lhe perguntavam sobre os cortes visíveis nas fotos, e um homem que chamavam de "Sargento", mas que não usava farda, fez perguntas sobre o ritual. Davi negou a participação, apesar de estar sob efeito do mesmo chá que Osvaldo tomara, um chá "fino" e "amargo" que deixava a boca dormente. Os policiais que lhe deram o chá na chácara e na fortaleza teriam dito que era para acalmá-lo, mas ele se sentiu "meio bobo, meio paralisado, sem saber o que fazia". Depois Davi comentaria:

> Hoje eu me pergunto, por que não deixei que me matassem? Não sei explicar. Mas aquela coisa, aquele chá, me deixou meio retardado.

> Eles faziam também uma outra tortura, com revólver, que encostavam na cabeça e faziam roleta-russa. Diziam que iam me matar. Rolavam o tambor do revólver, uma coisa que não dá nem pra lembrar.

Apesar de dopado, ele guardou a lembrança de um PM que chamavam de "Silvestre" e outro com sotaque espanhol, que depois descobriria ser o caseiro.

Após o interrogatório, Davi voltou ao banheiro e Osvaldo, mancando e encapuzado, foi para a sala. Os dois não podiam se falar.

2 de julho (manhã): casa dos Abagge

Enquanto Davi e Osvaldo estavam na fortaleza, por volta das 7h30 ou 8h, um grupo de policiais sem fardas e com metralhadoras entrou na casa da família Abagge pelas portas da frente e dos fundos perguntando por Celina e sua filha Sheila, segundo a primeira-dama. Conta Celina:

> Me identifiquei e disseram que [eu] estava presa. Fiquei em desespero. Chamei a Sheila, que ainda estava deitada. A Beatriz estava cuidando das duas crianças. Os policiais perguntavam: "Quem é a psicóloga?". A Sheila, já na sala, disse: "Sou eu".
>
> Em seguida, ela entrou no banheiro e quando saiu, disseram: "Quem é amante do Osvaldo? Você está presa".
>
> Ninguém sabia o que estava acontecendo, era um desespero total. Meu marido perguntou: "Como vocês invadem minha casa? Onde está o mandado de prisão?". Eles respondiam: "Está aqui", mas não mostravam nada.
>
> Daí o Bardelli e o Bruno [Stuelp] – gerentes da serraria, que tinham chegado no mesmo momento que os policiais – tentaram ajudar. O Aldo pediu que chamassem o dr. Silvio Bonone – advogado da prefeitura. Um deles foi chamá-lo.

O relato de Bardelli sobre esse momento, no dossiê de Isabel, não é muito detalhado, mas no depoimento em seu próprio julgamento, em 2005, ele comentaria a ausência de mandado de prisão e o desespero que tomou conta dos Abagge, incluindo os filhos gêmeos de Beatriz, com 2 anos de idade na época. Contou ainda que, a pedido dos policiais, tirou as crianças de lá e as levou à casa de sua irmã.

Segundo Celina, os policiais começaram a empurrar seu marido, que perguntava sobre mandado de prisão. Temendo que ocorresse algo pior, ofereceu-se para ir com as filhas – os policiais pareciam não saber se estavam atrás de Sheila ou Beatriz –, o advogado Silvio Bonone e um policial até o fórum.

2 de julho (manhã): Fórum de Guaratuba

Celina contou que estava mais tranquila quando ela e as filhas chegaram ao fórum vazio, por volta das 9h, sabendo que a audiência seria feita pela juíza Anésia, conhecida da família. De repente, porém, ela e Beatriz foram puxadas por um policial – na visão de Celina, parecia que Beatriz tinha sido a escolhida apenas por estar mais próxima da porta –, e outro policial impediu a saída do advogado Bonone e de Sheila. Três policiais as empurraram para fora e puseram mãe e filha em um Gol.

Foi assim que Celina e Beatriz narraram o que aconteceu:

CELINA: Eu perguntei: "Aonde vamos? Aonde vocês querem nos levar?". Responderam: "Vocês vão ser reconhecidas". Quando o carro arrancou, eu vi, parado na esquina, dando gargalhadas e com as mãos no bolso, o Diógenes Caetano.

Saindo dali, pegamos a estrada de Garuva. Eu perguntava, em desespero, para onde estavam nos levando. Não respondiam. Na estrada de Garuva, pararam. Chegou outro carro e mandaram eu passar para o carro de trás.

BEATRIZ: Parou no meio do caminho e minha mãe foi obrigada a passar para outro carro. Fiquei abaixada no fundo do carro. Eu estava com o rosto coberto. Havia armas no banco do carro. Eu estava desesperada, não sabia o que estava acontecendo e por que estavam me levando e a minha mãe.

CELINA: Quando entrei no carro, tinha uma arma no banco de trás. Eu disse: "Por favor, moço, tire esta arma daqui, eu tenho medo de arma". O policial disse: "Deite aí e fique quieta". Eu pedi novamente que tirasse a arma e ele disse: "Você pode querer me matar, e daí eu tenho que te metralhar". Eu fiquei deitada no banco de trás ao lado da arma. Não podia enxergar nada porque amarraram minha blusa em cima da cabeça.

Eles iam dizendo: "Nós somos sacerdotes da inquisição, temos que queimar as bruxas".

BEATRIZ: Notei que os policiais se perderam no caminho, porque a certa altura pararam e pediram informações sobre o posto fiscal e depois seguiram novamente. Rodaram acredito que por uns quarenta quilômetros em estradas de terra. No carro diziam que iam queimar a bruxa, que eram sacerdotes da inquisição.

Conversavam entre eles e falavam no rádio, diziam que tinham encontrado, que já estavam chegando.

2 de julho (manhã): chácara

Celina disse ter ouvido o barulho de um rio e o carro passando por uma ponte de madeira. Uns quarenta ou quarenta e cinco minutos depois, os carros pararam e os policiais disseram: “Eles estão lá esperando”. Beatriz, segundo seu relato, escutou algo que parecia um cadeado sendo quebrado. “Onde estou? Eu estou com medo, vocês vão me matar”, perguntou ela, e um policial respondeu: “Ninguém vai te matar”. Sem enxergar nada, com uma jaqueta de couro amarrada na cabeça, ela entrou na casa, que tinha na entrada um degrau bem alto. Mas Celina conseguiu ver onde estava. A seguir, citamos um trecho mais longo dos depoimentos:

CELINA: Me tiraram do carro. Daí caiu minha blusa e pude ver a casa. Tinha uns pilares de cimento armado que sustentavam os arames da casa. Uma casa e ao lado um galpão, acho que dois. Quando os policiais viram que caiu a blusa, puxaram de novo sobre minha cabeça e começaram a me dar pontapés e diziam: “Vamos lá, sua vagabunda”.

[Celina começa a chorar.]

Eu tive que erguer os pés bem alto para subir num degrau. Entrei numa cozinha, do lado tinha um fogão. Daí entramos numa porta e num corredor. No meio tinha um banheiro pequeno com uma pia, ao lado deste, um quarto aonde me levaram e ao lado deste, outro, onde puseram a Beatriz. Isso eu vi e logo comecei a escutar os gritos de minha filha.

BEATRIZ: Entrei e me puseram num quarto à esquerda de um corredor. Um policial me fez sentar em uma cama. Outro sentou na minha frente. Veio um outro, afastou a jaqueta do meu rosto e colocou uma venda. Ele disse: “Vamos lá, sua puta, sua vagabunda. Você vai falar. Teu amante já confessou. O Osvaldo já confessou, fale”.

“Confessar o quê? Não fizemos nada.”

“Se você não confessar por bem, vai confessar por mal.”

Tinham amarrado os cordões da minha bota, um pé com [o] outro. Daí entraram um monte de policiais. Eram muitos. E disseram: "Essa puta, essa vagabunda não vai falar? Vamos ver se ela não fala".

Começaram a arrancar a minha roupa. Um dos policiais disse que 16 policiais iriam me estuprar. Comecei a gritar, gritar: "Não, por favor, não façam isso".

Lembro que quando escutei gritos da minha mãe – eu tinha dito para não fazer nada com ela, porque ela tinha problema cardíaco. Daí eles saíram correndo e gritando. Eles vinham sempre em grupos, aos montes. Eles gritavam muito, não sei se para disfarçar. Daí arrancaram toda a minha roupa.

CELINA: De vez em quando eu conseguia enxergar porque a blusa caía. Daí amarraram tênis com tênis. Me jogaram em cima da cama e começaram a me bater no rosto. Tentavam me afogar [sic] com a minha própria blusa. O desespero era total. Não sabia o que fazer e nem o que estava acontecendo, porque eles não diziam nada, não explicavam por que estávamos ali. Eu escutava a Beatriz gritar: "Não, não, não, não façam isso, pelo amor de Deus".

Eles me batiam no rosto. Não me deixavam falar. Fiquei toda marcada no pescoço com as tentativas de me afogarem [sic], mas o médico do IML disse [que] eram pequenas escoriações e o promotor debochou quando contei. Disse para o escrivão: "Ponha isso aí, ele puxou a blusa e arranhou o pescoço dela. Ponha isso no processo que é interessante".

Eu escutava os gritos da Beatriz: "Mãe, socorro".

Eu pedia para os policiais: "Pelo amor de Deus. Não matem a minha filha".

Eu escutava eles dizerem: "Tirem a roupa dela".

Ela gritava: "Não, não, não".

Ela gritava desesperada e daí parava.

Eu pensava que eles tinham matado a minha filha. Mas dali a pouco os gritos recomeçavam. Eu escutava gritos, gritos e eu gritava também. Daí eles vinham e davam com as duas mãos nas minhas orelhas. Acho que eu desmaiei várias vezes. Eles vinham e me sacudiam, faziam eu voltar. E os gritos da Beatriz continuavam, eu dizia: "Pelo amor de Deus, não façam nada com a minha filha. Podem me matar. Ela não". Eu gritava, gritava.

BEATRIZ: Passaram a mão em todo o meu corpo. Tentei reagir e levei um soco no rosto. Quando arrancaram minha camiseta, a venda caiu. Eu acho que estava meio desmaiada, mas vi bem o rosto do homem que estava em cima de mim. Eu reconheço esse homem no meio de quem ele estiver. Eu nunca vou esquecer desse monstro.

Daí recolocaram a venda. Eu desmaiei, desmaiei diversas vezes.

Não sei quantas vezes fui estuprada e nem por quantos. Na primeira vez eu senti que colocaram uma coisa dura na minha vagina. Não sei o que era. Só sei que era uma coisa terrível. Eu gritava e desmaiava. Não sei quanto tempo passou.

Dois ou três policiais me seguravam pelos braços e pernas. Eu não tinha como reagir. Um deles dizia: "Será que a bruxa é virgenzinha?". Foi o primeiro que falou – o que eu conheço em qualquer lugar. Os outros me chamavam: "Putinha, puta, vagabunda". Eu gritava, gritava desesperada. Daí puseram um pano na minha boca e eu não vi mais nada.

Quando acordei, estava em outra cama. Estava toda suja de sangue e fezes. Eu acordei em outra cama, mas no mesmo quarto, onde tinha uma cama de casal e duas de solteiro. Eu estava sem calcinha e só com uma camiseta. Eu não conseguia nem me mexer. Parecia que eu estava inteirinha arrebentada por dentro e por fora.

Daí um policial entrou e colocou minha roupa. A calça de fusô e a meia.

Em algum momento, Celina escutou o barulho de um ônibus e a voz de uma mulher dentro da casa. Havia um rádio ligado bem alto para abafar os gritos dela e de Beatriz. Mas ela conseguia ouvir dizerem: "Afogamento, afogamento", "levem pro banheiro". Então levaram um homem, que ela achava que era Osvaldo.

Segundo o dossiê, Osvaldo havia sido levado de volta para a chácara. Pediu água e enfiaram sua cabeça no vaso da privada, puxando a descarga muitas vezes. Ficou muito tempo preso na parede, de braços levantados. Depois que amanheceu, tiraram seu capuz e o levaram a outro quarto, onde havia uma mulher com uma camiseta amarrada na cabeça. Baixaram a camiseta e ele reconheceu Celina. Falaram: "Confirme: é... Celina Abagge... diga: 'Foi Celina'...".

CELINA: Ele disse: "Pelo amor de Deus, dona Celina, fale tudo o que eles quiserem, senão eles vão matar todos nós. Por favor, fale o que eles mandarem". Eu disse: "Não te conheço. Eu não fiz nada. Falar o quê?". [...] Depois que tiraram o homem dali, começaram a me bater de novo. No rosto, nos ouvidos [sic]. Mas não diziam nada.

Osvaldo então foi levado a outro quarto, onde estava Beatriz. Em seu depoimento para a equipe de Isabel, ele contou que ela "estava nua e tinha fios, saindo de uma maquininha, amarrados nas pontas dos seios", e que um guarda disse: "Ela se mijou toda".

OSVALDO: Disseram: "Isto foi tudo uma brincadeira, agora vocês vão embora, mas você vai dizer antes: 'A casa caiu, Beatriz...'". Eu disse tudo o que eles queriam.

Beatriz lembrou que puseram um homem ajoelhado na frente dela e perguntaram: "Vê se você reconhece teu amante".

> BEATRIZ: Me mandaram pegar na mão dele. Eu disse: "Não sei quem é". Disseram: "Pegue no rosto dele, na barba de teu amante e veja se reconhece". Daí ele disse: "Beatriz, fale tudo o que eles querem, porque eles vão me matar. Já fui torturado. Me fizeram afogamento. Eu não aguento mais. Diga que você sequestrou o menino".
>
> Eu reconheci pela voz que era o Osvaldo Marcineiro. Comecei a gritar: "Isso não é verdade, você é um mentiroso. Eu não sequestrei ninguém". Eu xinguei ele, porque era tudo mentira o que estava dizendo.

Nesse momento, de acordo com o relato de Beatriz e Osvaldo, foi gravada a primeira parte da fita cassete da confissão. A fita tem cerca de 22 minutos, e Osvaldo aparece brevemente, apenas no início. Sua última fala ocorre aos 2 minutos.

Osvaldo foi deixado em um cômodo separado, de onde escutava os gritos de mãe e filha. Depois os policiais amarraram um pano molhado em sua cabeça, que abafava os gritos. Quando voltaram, disseram: "Elas já contaram tudo. Vocês mataram as crianças". Osvaldo, segundo seu relato, continuou levando choques, pancadas e golpes nos ouvidos, e os policiais ligavam e desligavam o gravador para arrancar uma confissão. Aos 2 minutos da fita cassete com a confissão, depois da última participação de Osvaldo, há um corte – um de vários. Quando a gravação volta, apenas Beatriz responde às perguntas do interrogador, até 10 minutos e 47 segundos. No depoimento a Isabel, a filha de Celina contou o que não aparece na fita:

> BEATRIZ: Eles colocavam um pano molhado com sabão em meu rosto. Apertavam, pressionavam o pano sobre o nariz e a boca. Eu não conseguia respirar. O sabão entrava pela boca e pelo nariz. Eles diziam: "Você vai falar ou não vai, que foi você que mandou matar o menino?".
>
> Eu dizia que não com a cabeça. Ali no afogamento eu também desmaiei várias vezes. Quando eu fazia que sim com a cabeça, eles tiravam o pano e pediam para que eu falasse. Eu nem sabia o que falar. Eles não explicavam o que queriam realmente.
>
> Daí recomeçavam os afogamentos. Não sei quantos afogamentos fizeram.
>
> Aí, depois disso, apareceu um policial e disse: "Você vai falar ou não?".

Eu disse que não tinha nada para falar. Então ele disse: "Sinto, mas não posso fazer mais nada". Daí entrou um monte de policiais e disseram: "Agora vamos usar um detector de mentiras". Pensei: "Agora eles vão saber que sou inocente".

Eu ia esquecendo, doutora. Quando estavam fazendo afogamento, a venda caiu por um momento e vi a calça verde e sapato marrom de um policial que me torturava e gritava: "Vamos tirar o exu que está dentro de você" e me afogava com um pano molhado e ensaboado. Depois, no quartel, em Matinhos, eu vi o sapato marrom e a calça verde novamente. Eram do policial ruivo, alto, de bigode, e chamavam ele de capitão Neves. Tinha também, no afogamento, um que dizia que era primo do Evandro. Ele me afogava dizendo: "Foi assim que você matou Evandro. Foi assim? Conte, conte" e me afogava.

Daí eles trouxeram a máquina da mentira. Disseram: "Me dá tua mão". Enrolaram um fio nos meus dedos e começaram a dar choques. Enquanto davam choques, dois ou três policiais conversavam e iam dizendo o que eu devia falar sobre a história do crime. Enrolaram um fio nos meus dedos e começaram a dar choques. Diziam que eu repetisse o que eles falavam. Eu nem sei o que eu disse. Se eu não repetia o que eles falavam eu levava choques.

Acho que essa tortura durou horas. Eu levava choques e ia contando o que eles mandavam. Eles treinavam e treinavam. Depois mandaram eu contar tudo de uma vez. Eu não aguentava mais. Eu fiz cocô nas calças. Fiz xixi. Quando terminaram essas torturas, me tiraram a venda dos olhos para eu colocar a bota. Puseram a venda de volta e me levaram para o banheiro, onde um policial me bateu no rosto.

Ali, eu escutava os gritos da mãe, ainda mais.

Me mandaram tomar banho. Eu não tomei porque não conseguia nem me mexer, porque não tinha forças. Daí só tirei minha calcinha. Ela estava toda suja de sangue e fezes e joguei numa cestinha de lixo.

Toda hora eu escutava os gritos da mãe.

Eles disseram, então, que iam fazer com ela o que tinham feito comigo. Daí eu pedi que me levassem até ela. Me levaram até o quarto onde estava a mãe.

Eu pedi para ela, pelo amor de Deus, falar tudo o que eles mandassem, que eu não aguentava mais, que eu estava morrendo. Eu disse que não aguentava mais nem um choque. Que eu não aguentava mais nem uma violência comigo. Eu achava que ia morrer.

A mãe, então, começou a falar e repetir o que eles mandavam.

Por volta dos 11 minutos da fita cassete, há um novo corte. Beatriz, que agora não está sozinha, "confessa" ao lado de sua mãe. A fita é o único registro de algo próximo a uma confissão detalhada das mulheres. Celina descreveu assim para Isabel:

CELINA: De repente trouxeram a Beatriz. Eu estava com a blusa presa na cabeça e não conseguia ver ela, mas sentia o estado em que ela estava. Ela chorava e dizia: "Mãe, pelo amor de Deus, diga o que eles quiserem, porque eu não aguento mais. Diga que nós matamos o menininho".

Eu disse: "Minha filha, não fizemos isso. É mentira".

Eles ameaçavam continuar fazendo o que tinham praticado contra ela. Daí eu tive que dizer o que eles queriam. Eles fala [va] m uma frase e diziam: "Repita, fale isso".

Eu falava errado e eles me batiam no ouvido. Me pisaram em cima do estômago. Eu estava deitada na cama. Perguntavam: "Com o que você matou?".

Eu dizia: "Com um facão".

Daí diziam: "Com uma serra".

Daí tiraram a Beatriz dali.

Depois que eu repeti tudo o que eles queriam, que nós tínhamos participado de um ritual de magia negra em que teria sido sacrificado o menino Evandro, eles diziam: "Agora fale o que eu vou dizendo".

Tinha muito barulho, parecia uma festa. Eles gritavam alto. A gente sentia um cheiro de comida sendo feita. Parece que queriam que pensassem que estavam fazendo uma festa.

Enquanto me torturavam, eu me evacuei, me sujei inteira, urinei. Não sei quanto tempo fiquei naquela casa. Foi tudo tão terrível. Parecia que nunca ia acabar aquele sofrimento.

BEATRIZ: Ali eles me deram para beber um copo com um líquido. Tinha um gosto meio amargo. Parecia alguma coisa misturada com champagne. Eu não queria beber, eles me obrigaram. Depois voltamos para o fórum.

2 de julho (tarde): Fórum de Guaratuba

Ao chegar ao fórum, Celina tinha esperança de que Anésia notasse que ela e a filha estavam sujas e haviam sido torturadas. Mas a juíza não estava lá. Na sala de audiências, Celina encontrou Beatriz, que havia ido em outro carro, em estado deplorável. Então, conforme seu relato, apresentaram a elas um papel e as obrigaram a assinar. Esse seria o momento, que aparece na fita VHS do Grupo ÁGUIA, no qual Celina e Beatriz leem e assinam seus mandados de prisão. De acordo com oficiais do grupo, isso ocorreu na manhã do dia 2 de julho – ou seja, logo após elas terem sido levadas de casa para lá. Mas, no relato delas, já era tarde quando isso aconteceu. Ou seja, os mandados que Aldo Abagge havia exigido na casa da família pela manhã teriam sido apresentados apenas à tarde, horas depois de elas terem sido presas, sequestradas e torturadas.

O que se sabe é que as Abagge foram levadas para o fórum de manhã na companhia do advogado Silvio Bonone, e que por volta das 9h foram retiradas de lá sem ele. De acordo com oficiais do Grupo ÁGUIA, em depoimentos prestados durante o inquérito que investigou a suspeita de tortura, eles as levaram porque uma multidão estava começando a se juntar em torno do fórum e havia risco de linchamento. Teriam, então, passado horas circulando pela cidade, até voltarem para o fórum por volta das 13h, e não entre 15h e 16h, como as Abagge afirmam.

Fora os policiais que participaram da prisão das mulheres, não consegui encontrar outras pessoas que confirmassem que havia risco de linchamento no Fórum de Guaratuba naquela manhã. No final da tarde, no entanto, enquanto as Abagge ainda estavam no fórum, jornalistas já haviam sido informados da prisão e começavam a se concentrar no local, junto a moradores. São desse momento, por volta das 17h, as imagens de matérias televisivas mostrando as Abagge quase sendo linchadas.

A cena das Abagge no fórum está no final da fita VHS do Grupo ÁGUIA. Antes disso, há os depoimentos de Osvaldo e Davi, em local desconhecido - provavelmente o lugar chamado por eles de fortaleza. Davi teria ficado o dia 2 inteiro lá, após passar a madrugada na chácara com Osvaldo.

É difícil entender exatamente qual foi o trajeto de Osvaldo a partir do relato do dossiê "Tortura Nunca Mais?". Ele vai e vem várias vezes, mistura os acontecimentos. Por isso, não conseguimos estabelecer exatamente em que horário os relatos de Davi e Osvaldo foram gravados pelo Grupo ÁGUIA. Mas os relatos dos policiais envolvidos na operação são ainda mais estranhos, então vamos interromper brevemente a cronologia dos fatos para tratar desses depoimentos.

Os depoimentos dos policiais

Os depoimentos dos policiais do Grupo ÁGUIA que participaram da Operação Magia Negra encontram-se no inquérito de investigação de torturas, comandado pelo delegado de Paranaguá, Valmir Soccio.

Há aqui um elemento que chama a atenção: no relatório escrito pelo capitão Neves, que comandou a operação, não é citado o nome de nenhum dos seus subordinados. Por esse documento – o único registro de toda aquela investigação, datado de 7 de julho de 1992 –, não é possível sequer saber quantos foram os oficiais que realizaram as prisões.

Os advogados das Abagge fizeram o pedido de abertura do inquérito para investigar as torturas em 27 de agosto de 1992, cerca de um mês depois da audiência com a juíza Anésia, quando os presos alegaram tortura. No dia 6 de novembro, quatro meses após as prisões, o inquérito foi aberto, e só em 6 de maio de 1993, quase um ano após a operação, surgiu um ofício do capitão Neves com os nomes dos policiais que participaram da operação. Além dele próprio, estavam presentes o segundo sargento Francisco Kapfenberger Filho, o terceiro sargento Alfredo Marcel Fonseca Tavares dos Santos e os soldados Silvio Martins, Dirceu Silvestre Matias e José Romálio Machado.

Alguns dos presos, porém, haviam relatado a participação de policiais federais na operação. As Abagge, por exemplo, afirmaram ter visto homens com coletes da Polícia Federal. Quem seriam eles? Por que não foram citados no relatório de Neves? E por que teriam participado de uma operação do Grupo ÁGUIA? Havia algum registro oficial dessa cooperação entre as duas polícias?

A advogada Isabel Kugler chegou a registrar essa inquietação em seu primeiro dossiê, de 23 de novembro de 1992. Segundo o relatório, os policiais que invadiram a casa da família Abagge usavam coletes da Polícia Federal. Quando Silvio Bonone perguntou aos policiais sobre o mandado de prisão, teria sido ameaçado com uma metralhadora. O dossiê continua:

> Pequena aglomeração inicia-se na frente da residência. O advogado telefona para a casa da juíza e um homem informa que esta os atenderá no fórum.
>
> Celina e as duas filhas seguem no automóvel do advogado escoltadas por duas viaturas policiais. No fórum, apenas alguns funcionários (o expediente ainda não havia iniciado). Todos ficam aguardando a juíza na sala de audiências.
>
> Um policial aparece na porta e chama por Celina e Beatriz. Todos se levantam e as acompanham. Outro policial se põe à frente do advogado. O advogado protesta, o policial tenta explicar as razões para tal procedimento, o advogado insiste, porém não consegue passar pelo policial.

> Celina e Beatriz são conduzidas a um automóvel que sai do local às pressas, "guinchando pneus". Ao ouvir o barulho, o policial afirma: "Meu serviço está terminado, pode procurar suas clientes – elas foram levadas para prestar depoimento na Delegacia da Polícia Federal em Paranaguá".
>
> O advogado e a outra filha do prefeito de nome Sheila resolvem ir até Paranaguá a procura das presas. Passam em casa, pegam dinheiro, param no posto, colocam combustível e partem. Em Paranaguá, são informados que a prisão foi efetuada por policiais da "P2 – Serviço de Inteligência da Polícia Militar do Paraná". E que não foram levadas para aquela delegacia. Ambos retornam a Guaratuba e efetuam buscas em todos os locais. Tentam inclusive conversar com a juíza, sendo que são atendidos por um policial armado com metralhadora que informa que esta não está.

O relatório faz então duas perguntas importantes: por que os policiais do "Serviço de Inteligência" usavam coletes da Polícia Federal e onde estava a juíza da comarca?

Na época, o delegado da Polícia Federal de Paranaguá era José Augusto Mello Chueire. Em depoimento no julgamento das Abagge em 1998, ele informou que

> houve uma oferta de auxílio espontâneo ao grupo especial da Polícia Militar, que o comandante da equipe da PM em Guaratuba na época dos fatos era do capitão Neves e que foi o depoente que, por telefone, determinou a prisão das rés, que foram conduzidas ao fórum de Guaratuba.

No inquérito de investigação de torturas, há um ofício de 4 de dezembro de 1992, assinado pelo delegado Soccio, pedindo que três policiais federais prestassem depoimento. Não fica claro como Soccio teria chegado aos nomes desses agentes, mas todos confirmaram, em relatos posteriores, que participaram da operação de prisão das Abagge em auxílio aos oficiais do Grupo ÁGUIA. Os policiais federais eram Antônio Carlos Teixeira Coelho, Sidney Bueno Silva e Benjamin Custódio da Silva. Coelho e Benjamin foram os primeiros a prestar depoimento, no dia 11 de dezembro de 1992. Na ocasião, Sidney estava de férias, por isso depôs apenas no ano seguinte, no dia 26 de março.

Os policiais federais afirmaram ter recebido, na manhã do dia 2 de julho, ordens do delegado Chueire para se deslocarem a Guaratuba. Chegaram lá antes da prisão das Abagge e se dividiram em dois grupos. Coelho foi designado para acompanhar dois policiais militares que trajavam roupas civis, de cujos nomes ele não recordava, comandados pelo capitão Neves. Somente ao encontrar esses PMs Coelho foi informado de que a operação tinha relação com o caso Evandro. Ele não participou da prisão das Abagge, segundo conta. Ele e os dois PMs teriam circulado por Guaratuba por cerca de duas horas, até receberem ordens para se dirigir à serraria Abagge para realizar buscas. Ao chegar lá, no entanto, já havia muitos policiais e, em cerca de quinze minutos, os três deixaram o local. Circularam pela cidade por mais um tempo até receberem a orientação de seguir para o fórum. Lá, "tomou conhecimento que a esposa e a filha do prefeito tinham sido presas e inclusive as viu na sala de audiência". Ao que tudo indica, isso seria à tarde.

A questão do horário foi debatida em todos os julgamentos do caso: Beatriz e Celina dizem que voltaram ao fórum entre 15h e 16h. Coelho não dá o horário exato em que ele e os dois PMs teriam chegado lá, mas outras testemunhas da acusação (promotores e policiais) afirmam que as acusadas teriam chegado mais cedo, por volta das 13h. Para a defesa, era importante convencer os jurados de que elas chegaram ao fórum quase no final da tarde, pois isso daria pelo menos quatro horas ininterruptas de tortura. Para a acusação, colocar Beatriz e Celina no fórum às 13h diminuía consideravelmente a janela de tempo, enfraquecendo a tese da tortura.

Os policiais federais Benjamin e Sidney, por sua vez, ficaram juntos na maior parte do dia 2 de julho, e ambos participaram das prisões das Abagge, dando apoio à operação comandada pela PM. Eles teriam sido recebidos na casa pelo advogado Bonone e, em seguida, ido ao fórum. Ficaram lá por cerca de trinta minutos, até receberem a orientação de seguir para a casa da juíza Anésia para fazer guarda. Quem os acompanhava era outro policial federal designado apenas para isso, um homem conhecido apenas como "Kotelaque", que, até onde se sabe, nunca depôs no processo.

De acordo com o testemunho de Benjamin, por volta das 13h ou 14h ele retornou ao fórum, onde já estavam Beatriz e Celina, além de três promotores: Carlos Roberto Dal'Col, Alcides Bittencourt Neto e um terceiro de cujo nome o policial não se recordava. Pelo que sabemos do caso, devia ser Samir Barouk. Sidney descreve a mesma sequência de eventos que os colegas, apenas com alguns horários diferentes. Por exemplo, ele diz que chegaram à casa das Abagge por volta das 10h, contrariando testemunhas tanto de defesa quanto de acusação. Provavelmente, pelo tempo que se passou, alguns detalhes ficaram nebulosos. Como investigadores costumam afirmar, em casos assim a sequência de eventos é mais importante do que os horários precisos.

Em diversos depoimentos, as Abagge afirmaram que queriam ir ao fórum pela manhã para falar com a juíza, mas ela não estava lá – nem de manhã, nem à tarde. Os depoimentos dos policiais federais dão a entender que a juíza estaria em casa, mas também não há certeza disso. A pergunta que ficou sempre no ar é: onde estava a juíza Anésia Edith Kowalski no dia 2 de julho de 1992?

Os seis policiais do Grupo ÁGUIA citados como participantes da Operação Magia Negra deram seus depoimentos no inquérito de investigação de torturas mais de um ano após as prisões, em 19 de agosto de 1993. A demora com certeza afetou a qualidade dos relatos. Toda a investigação foi acompanhada pelo promotor Cioffi, o responsável pela denúncia contra os acusados.

O primeiro a depor foi o capitão Neves. Ele não detalha em nenhum momento o que fez na operação, restringindo-se a dizer que "foi designado para comandar as investigações". Afirma, porém, que a operação começou após o depoimento da tia de Evandro, Davina, em 19 de junho, e que ele fez o pedido de prisão temporária de Osvaldo e Davi, tendo sido dois os policiais responsáveis pelas prisões: o sargento Francisco Kapfenberger Filho e o soldado Dirceu Silvestre Matias.

Conforme o relato de Neves, ainda na madrugada do dia 1º para o dia 2 de julho, Osvaldo e Davi foram levados para prestar depoimento perante os promotores Bittencourt e Barouk, que ainda estavam responsáveis pelo caso. Esse relato de Neves não bate com outras versões das prisões. No mesmo inquérito de investigação de torturas, o promotor Bittencourt prestou um depoimento, em 16 de dezembro de 1992, em que afirmava ter chegado a Guaratuba para interrogar os presos apenas no dia 2 de julho, e não durante a madrugada.

Nos apensos dos autos do processo do caso Evandro, há de fato um depoimento inicial bem sintético de Osvaldo, assim como um pedido de prisão temporária. Esses documentos são assinados apenas pelo promotor Barouk. Porém, algo chama a atenção: o depoimento cita uma escrivã presente, mas ela não é nomeada nem assina o documento. Não há qualquer testemunha presente. Em um papel simples, não timbrado, o depoimento supostamente prestado naquela madrugada foi o seguinte:

> TERMO DE DECLARAÇÕES
> Aos dois dias do mês de julho do ano de mil novecentos e noventa e dois, nesta cidade e Comarca de Guaratuba, Estado do Paraná, na sala do gabinete da Promotoria, no fórum local, presente o Dr. SAMIR BAROUKI, Promotor Substituto, comigo escrivã abaixo assinado, compareceu OSVALDO MARCINEIRO, natural de São Paulo-SP, nascido aos 19.03.61, solteiro, filho de Eduardo Marcineiro e de Leopoldina Martins Marcineiro, residente à Monsenhor Lamartine nº 62, Guaratuba-PR, que declarou o seguinte: que o declarante foi procurado por Beatriz para que fizesse um trabalho para que abrisse os caminhos da empresa família da mesma; que então contatou com Vicente [de Paula], sendo que este que vivia cotidianamente com o declarante, dias após sugeriu que se fizesse um trabalho envolvendo o sacrifício de uma criança; que, a partir daí, De Paula fez contato com dona Celina combinando o trabalho com o sacrifício de uma criança; que, combinado o crime e, digo, De Paula e Celina convidaram Beatriz, Sérgio [Cristofolini], Bardelli e Davi para participar o que foi aceito; que, no dia dos fatos, uma criança foi escolhida e levada a serraria pertencente a dona Celina onde então De Paula auxiliado pelos demais inclusive o declarante seguraram a vítima, já desfalecida [,] tendo De Paula retalhado a vítima e retirado os órgãos, bem como cortado a mão e os dedos dos pés. Que todos os fatos ali praticados eram do conhecimento de todos os sete já nominados. Nada mais. Para constar lavrei o presente que lido e achado conforme vai devidamente assinado. Eu ____, Escrivã que datilografei e subscrevi.
> [Assinatura de Samir Barouk]
> Dr. Promotor de Justiça
> Declarante: [Assinatura de Osvaldo]

Em 2005, durante o julgamento de Bardelli e Cristofolini, o advogado deste, Haroldo César Nater, pôs em dúvida a legitimidade dessa declaração inicial de Osvaldo Marcineiro. Ao interrogar o promotor Carlos Roberto Dal'Col, que acompanhou Bittencourt na viagem a Guaratuba no dia 2 de julho, Nater levantou dois problemas: a ausência de um segundo promotor para tomar a declaração do preso e o fato de constar no documento apenas "Dr. Promotor de Justiça", em vez do nome do promotor. Segundo Nater, esses eram indícios de que Barouk teria apenas assinado um documento redigido por alguém que não sabia de antemão qual promotor assinaria a declaração.

Há outras questões estranhas no apenso que embasa o pedido das prisões temporárias de Osvaldo e Davi. O requerimento foi feito por Bittencourt em 20 de junho de 1992, usando como argumento as

> investigações policiais levadas a efeito e que culminaram com a obtenção das declarações anexas, que trazem fortes indícios de que os indivíduos conhecidos como Osvaldo Marceneiro [sic] "Chero", este genro da senhora de nome Estier [sic], estejam diretamente envolvidos naquele fato.

É apresentado um único material para justificar o pedido: o depoimento de Davina narrando a busca na madrugada com Osvaldo e Davi, redigido em papel não timbrado. (Isso levou a defesa a questionar sua legitimidade, mas Davina repetiria o relato em outros momentos, diminuindo as suspeitas de testemunho forjado.) Não há nenhum outro relatório citando investigações ou depoimentos que confirmassem o relato de Davina. Também não há provas de que os suspeitos estivessem "intimidando testigos[7] [...] como já vem ocorrendo", como argumenta o promotor.

Nada disso parece ter sido problemático para a juíza de Guaratuba. No dia 30 de junho de 1992, dez dias após o pedido do Ministério Público, ela autorizou as prisões de Osvaldo e Davi. Anésia argumentava que as investigações estavam sendo realizadas havia mais de sessenta dias, com dificuldades advindas de intimidação de testemunhas. Os dois mandados de prisão foram expedidos no mesmo dia. No fim do dia seguinte, ambos foram presos. Na madrugada do dia 2, Osvaldo teria dado aquele depoimento bastante conciso perante o promotor Barouk e uma escrivã que não assina, no Fórum de Guaratuba, já citando o crime em linhas gerais e a participação dos sete acusados. Segundo o MP, esse depoimento fundamentou os pedidos de prisão das Abagge e de De Paula. Em ofício à juíza no dia 2, provavelmente de madrugada, o promotor Barouk requisitava as prisões.

A defesa alegava que tudo fora forjado, e há indícios para acreditar nisso. Primeiro, assim como a declaração de Davina e a confissão de Osvaldo, esse último pedido do MP não foi feito em papel timbrado. Os três documentos parecem até ter sido compostos na mesma máquina de escrever. Segundo, o pedido de prisão das Abagge e de De Paula

---

7 Testemunhas.

não traz o nome do promotor, apenas sua assinatura. Terceiro, por que Davi, preso com Osvaldo, não deu nenhuma declaração? O que aconteceu com ele após ser preso? Pelos autos, é como se tivesse sumido, reaparecendo mais de 24 horas depois, ao prestar depoimento no quartel de Matinhos na madrugada de 2 para 3 de julho. Quarto, no VHS do dia 2, Osvaldo citava a participação de quatro pessoas: ele, De Paula, Beatriz e Celina. Na mesma gravação, Davi também citava essas quatro pessoas. Isso em si já é curioso: Davi e Osvaldo foram presos pelo mesmo motivo, confessando o mesmo crime, mas, naquela fita, Osvaldo nunca cita Davi.

Há ainda uma contradição relativa aos nomes citados no suposto depoimento de Osvaldo ao promotor Barouk na madrugada do dia 1º para o dia 2. Nele, já aparecem os nomes de Bardelli e Cristofolini. Por que, então, o MP não pediu a prisão dos dois naquele momento? Nas confissões, é Beatriz quem menciona Bardelli pela primeira vez, em gravação do dia 2, dizendo que ele acertara o pagamento pelo ritual. Cristofolini só seria citado depois, à noite, no depoimento de De Paula. E foram esses depoimentos que fundamentaram a prisão de Bardelli e Cristofolini. Com base nisso, parece fazer sentido a tese de que o suposto depoimento inicial de Osvaldo foi produzido posteriormente.

Os acusados também afirmam ter sido presos sem mandados de prisão, que teriam sido feitos depois, no decorrer do dia 2, provavelmente durante as sessões de tortura. Mas, na sequência, a juíza assinaria a decisão favorável aos mandados de prisão. No dia 3, acataria também os pedidos de prisão de Bardelli e Cristofolini. Nas suas alegações finais, já em novembro de 1993, os novos advogados das Abagge, Moacyr Corrêa Filho e Ronaldo Albizú Drummond de Carvalho, produziriam um documento de 274 páginas pondo em dúvida a legitimidade do suposto primeiro depoimento de Osvaldo e refutando a alegação de que os suspeitos estariam criando "dificuldades em razão da intimidação de eventuais testemunhas".

Ainda de acordo com o capitão Neves, o pedido de prisão temporária de Celina e Beatriz foi feito após as confissões de Osvaldo e Davi, e os mandados já estavam com os policiais na manhã de 2 de julho, quando eles as levaram ao fórum. Enquanto aguardavam os promotores, disse Neves, pessoas começaram a se juntar em torno do prédio, e por isso o soldado Silvestre e um agente da Polícia Federal foram encarregados de tirá-las de lá e circular por Guaratuba até as coisas se acalmarem. Essa versão não foi confirmada por nenhum dos policiais federais que prestaram depoimento.

Por volta das 13h do dia 2 de julho, os promotores Bittencourt e Dal'Col teriam finalmente chegado ao fórum, e então Neves teria ordenado via rádio que os policiais trouxessem as Abagge de volta. Também teria chegado um reforço de PMS vindos de Matinhos, mas, com a aglomeração no local, não havia mais como garantir a segurança de Celina e Beatriz. Por isso, decidiram levá-las ao quartel da PM em Matinhos. Durante seu depoimento, Neves afirmou diversas vezes que as Abagge nunca sofreram nenhum tipo de agressão dos policiais, tampouco foram levadas para uma chácara.

Ainda no inquérito que apurou as suspeitas de tortura, o depoimento dos dois policiais que realizaram as duas prisões do dia 1º, o sargento Kapfenberger e o soldado Silvestre, chama a atenção pelo trajeto que eles relatam ter feito com Osvaldo e Davi. Eles confirmam a versão de Neves: os presos foram levados direto para o quartel de Matinhos e, à noite, transferidos para o Fórum de Guaratuba, onde prestaram depoimento a um promotor. Em seguida, teriam sido novamente levados a Matinhos. Kapfenberger afirma, inclusive, que ele ficou com Osvaldo durante todo o dia 2 no quartel, até a chegada, no início da noite, de Beatriz e Celina.

Essa sequência não faz sentido quando contrastada com um dos principais materiais produzidos pelo Grupo ÁGUIA: a fita VHS do dia 2 de julho, que começa com as confissões de Osvaldo e Davi num local desconhecido. Poderíamos imaginar que aqueles depoimentos tivessem sido gravados no quartel de Matinhos, apesar de nenhuma informação levar a acreditar nisso. Mas depois há a visita à serraria Abagge, no meio do expediente de trabalho, quando a "casinha de oferendas" é arrombada e Osvaldo faz uma espécie de reconstituição do ritual, acompanhado pelo funcionário Sigmar Batista. Para completar, o capitão Neves aparece na fita, como ele próprio confirmaria em depoimento prestado no júri de 2005. Nessa ocasião, ele se limitaria a dizer, quando questionado a respeito: "Não lembro, já faz muitos anos". De fato, em 2005, já haviam se passado treze anos. Em 1993, quando os oficiais do Grupo ÁGUIA prestaram seus depoimentos, a distância temporal não era tão grande, e os lapsos de memória dos policiais não deixam de causar estranhamento.

Havia também inconsistências nos relatos da prisão das Abagge. Kapfenberger afirmou não ter participado dela nem conversado com as duas. Já Silvestre, que acompanhara Kapfenberger nas prisões de Osvaldo e Davi, participou da prisão das mulheres na manhã do dia 2. Após levá-las ao fórum, teria sido designado por Neves para retirá-las de lá, junto ao colega José Romálio Machado. Romálio confirmaria essa versão. Segundo ele, as Abagge foram retiradas do fórum por uma janela nos fundos, mas ele joga esse evento para bem mais tarde: não às 9h, mas por volta das 11h. Ele e Silvestre teriam sido encarregados de circular com elas de carro por cerca de noventa minutos, até voltarem ao fórum por volta das 13h.

Nos depoimentos de Silvestre e Romálio, temos pistas sobre a gravação da fita cassete. Ambos afirmam que a fita foi gravada na presença deles, na segunda vez em que as Abagge foram retiradas do fórum, à tarde, no caminho para Matinhos. Silvestre descreve o trajeto que foi feito numa balsa exclusiva para elas. Segundo Romálio, foi ele quem tirou o gravador e começou a registrar a conversa enquanto esperavam dentro do carro pela balsa, que demorou cerca de uma hora. A gravação teria continuado na balsa.

Acontece que os relatos não encontram ressonância na fita que eles mesmos dizem ter gravado. Os motivos são vários, mas há quatro em especial. Primeiro, a gravação não soa como se tivesse sido feita dentro de um carro. Segundo, temos a impressão de que há pelo menos três vozes diferentes de interrogadores na fita. Terceiro, vídeos de jornais da época mostram Celina sendo retirada às pressas do fórum num carro só com policiais. Beatriz teria sido retirada antes, em outro veículo. A fita VHS do Grupo ÁGUIA também mostra claramente Celina num carro diferente do de Beatriz. O quarto é o motivo mais evidente de que algo está errado: Kapfenberger disse ter passado o dia 2 inteiro no quartel de Matinhos com Osvaldo. Já Silvestre e Romálio passaram o dia em Guaratuba e afirmaram que a fita com as Abagge começou a ser gravada no caminho para Matinhos, no fim da tarde. Mas a voz de Osvaldo aparece no início da fita cassete. Como isso seria possível?

Kapfenberger e Silvestre confirmariam, ainda, o relato de Neves sobre a confissão de Osvaldo e Davi ter sido tomada por um promotor já na madrugada do dia 1º para o dia 2, o que teria servido de base para o pedido de prisão de Celina, Beatriz e De Paula. No inquérito, deporiam ainda o soldado Silvio Martins, que participara das prisões das Abagge e, em Curitiba, da prisão de De Paula, e o policial Alfredo Marcel Fonseca Tavares dos Santos, que participara apenas da prisão de De Paula. Como era de se esperar, todos os policiais do Grupo ÁGUIA negaram que as Abagge tenham sido seviciadas. Não há relatos, no inquérito, das prisões de Bardelli e Cristofolini.

Tendo em vista as incongruências entre os relatos dos policiais e os materiais produzidos por eles mesmos, restam-nos as versões dos acusados, registradas no dossiê "Tortura Nunca Mais?", para tentarmos entender o que aconteceu no dia 2. Segundo essas versões, após os depoimentos de Osvaldo e das Abagge serem gravados em fita cassete na chácara, Osvaldo voltou a ser levado à fortaleza. Retomemos, então, a cronologia dos primeiros dias de julho, segundo os relatos dos acusados.

2 de julho (horário incerto): fortaleza

Segundo o dossiê, Osvaldo foi colocado no porta-malas de um carro e levado para uma casa. O carro entrou direto na garagem. Dentro da casa, tiraram o capuz de Osvaldo, que se viu diante de um homem de cabelos avermelhados. Pela voz, reconheceu ser o mesmo que comandava as torturas.

Os homens na sala eram chamados de "Peixe", "Tubarão" e "Coelho", mas em dado momento alguém falou "capitão Neves". O capitão mostrou-lhe várias fotografias do corpo mutilado e, apontando para o peito do menino, dizia: "Aqui foi feito um corte assim. Repita e mostre no teu corpo". Com a negativa de Osvaldo, levaram-no a um quarto onde havia camas em pé encostadas nas paredes e recomeçaram as torturas. Enquanto era torturado, ele ouvia o barulho do mar.

Ao ser levado de volta à sala, segundo conta, ele viu entrar uma pessoa "bem gordinha e de jaqueta preta" que chamavam de "Silvestre". Osvaldo foi obrigado a mostrar no seu corpo como teriam sido feitos os cortes, enquanto tiravam fotos. Achava que também haviam filmado. O relato é confuso em relação a horários, mas é provável que essa seja a cena gravada na fita VHS do dia 2. Osvaldo contou ainda que os policiais espalharam as pedras azuis de um colar de umbanda em dois locais da casa e que ele percebeu que o responsável pela casa era um gringo que "falava enrolado".

Davi, por sua vez, acreditava ter, mesmo vendado, conseguido identificar algumas das pessoas que entravam e saíam da fortaleza, entre elas "Dioginho", Diógenes Caetano dos Santos Filho, que ele afirma ter reconhecido pelos pés. Segundo o relato, Davi "via os pés e sentia que era ele". Em vários momentos, as defesas levantaram a possibilidade de Diógenes estar acompanhando as torturas. Sempre que questionado sobre isso, Diógenes respondeu que nunca presenciara nada do tipo e tampouco acompanhara as prisões. Nega também que estivesse na saída do fórum na manhã do dia 2 "dando risada" ao ver as Abagge sendo presas, conforme Celina relatara. Ele admitiu apenas ter ajudado o Grupo ÁGUIA a ir a certos lugares e falar com algumas pessoas, entre elas Edésio da Silva, a testemunha que afirmava ter visto Celina e Beatriz sequestrando Evandro na manhã de 6 de abril.

Mais importante era a identidade das mulheres que Davi afirmava ter reconhecido:

> DAVI: Daí eu fiquei sozinho ali [na fortaleza] o resto da noite [ele diz "noite", mas em outros depoimentos diz que ainda era 2 de julho], dentro do banheiro.
>
> Eu ouvi então que mandaram fechar a porta que as mulheres iriam chegar. Acho que as mulheres eram dona Celina e Beatriz e também a dra. Anésia.
>
> Eu sentia que era a juíza porque eu via bem os pés das pessoas. Via os sapatos vermelhos e meias vermelhas dela e também reconheci depois uns óculos que estava[m] em cima da mesa da sala, onde fui levado depois. Esses óculos depois aqui na audiência na penitenciária [no dia 28 de julho] eu reconheci. A dra. Anésia usava óculos iguais àqueles que estavam em cima da mesa na casa onde fomos torturados.

Celina e Beatriz nunca afirmaram que estiveram na chamada fortaleza, mas Osvaldo disse também ter escutado duas mulheres conversando. Conforme esse relato de Davi, uma delas seria a juíza de Guaratuba. Então: o motivo para ela não ter comparecido ao fórum naquele dia seria ela ter presenciado a tortura de Osvaldo e Davi na companhia de outra mulher, talvez uma das escrivãs, que teria datilografado os documentos. Os advogados de defesa nunca dizem claramente o que seriam esses papéis, mas há ao menos duas insinuações: elas estariam produzindo, naquele momento (manhã ou tarde do dia 2), os mandados de prisão de Beatriz, Celina e De Paula ou forjando o depoimento de Osvaldo, que os policiais do Grupo ÁGUIA afirmavam ter ocorrido na madrugada anterior.

A tese dos documentos forjados

Há dois relatos que reforçam a tese de depoimentos forjados: o da delegada Leila Bertolini e o do policial Blaqueney Murilo Iglesias, ambos do Grupo TIGRE da Polícia Civil. Eles depuseram, respectivamente, nos dias 8 e 9 de março de 1993.

Os depoimentos de ambos davam conta de que eles estavam em Curitiba quando as prisões de julho aconteceram. Leila tomara conhecimento da prisão de Osvaldo na noite de 1º de julho, uma quarta-feira, em telefonema do prefeito Aldo Abagge, que perguntava se ela sabia o que estava acontecendo. No dia seguinte, ele voltou a ligar, informando que sua casa havia sido cercada por "policiais federais". Depois do almoço naquela quinta-feira, Leila e Blaqueney se dirigiram para Guaratuba. Chegaram lá à tarde e notaram uma multidão em frente ao fórum.

Leila e Blaqueney não informam os horários exatos, mas, ao que tudo indica, chegaram ao fórum após a remoção das Abagge para Matinhos, no fim da tarde. Uma pista disso é um trecho do relato de Blaqueney no qual ele afirma que encontraram Aldo "quando deixavam o ferryboat, já do lado de Caiobá [balneário de Matinhos]". O prefeito estava a caminho de Matinhos, para onde as Abagge já tinham sido transferidas. Quando chegaram ao fórum, Leila e Blaqueney tentaram falar com a juíza, que finalmente tinha aparecido. Segundo Leila, quando ela e Blaqueney foram recebidos por Anésia, dois policiais federais estavam presentes. Ela não falou seus nomes, mas podemos supor que fossem Sidney e Benjamin, que afirmaram ter feito a guarda da juíza naquele dia.

Na ocasião, Anésia teria mostrado a Leila e Blaqueney um depoimento assinado por Osvaldo. Leila lembrava que o documento tinha três laudas e que "havia um espaço em branco destinado à assinatura do promotor", que não era nomeado, e ela não conseguia lembrar qual autoridade teria tomado o depoimento. Blaqueney recordava a menção a um "capitão", mas achava que o documento tinha apenas uma página. Contudo, afirmou que não chegou a ler o depoimento e que a delegada comentara que "se tratava de uma confissão". A delegada disse, então, ter pedido uma cópia do depoimento, sendo informada pela juíza de que a máquina de fotocópia estava quebrada.

Chamou a atenção de Leila a "limpeza do texto". Na época em que depoimentos eram registrados em máquinas de escrever, era comum o escrivão cometer erros de datilografia ou o depoente pedir correções. É bastante comum encontrar a expressão "digo" quando há correções de erros de datilografia, como "ele estava andannd, digo, andando na rua". Além da ausência da expressão "digo", a delegada estranhou a cadência do texto. Parecia um texto montado. O mais estranho, porém, era o conteúdo da confissão. A delegada lembrava que o "interrogatório lido no fórum [...] continha a afirmação de ter[em] Leandro e Evandro sido mortos porque seus nomes contêm sete letras, visto o sete ser número do Exu".

Esse depoimento que Leila e Blaqueney teriam visto não existe nos autos. Se existiu, seria um indício de que os depoimentos de Osvaldo foram forjados, pois a descrição do teor do texto em nada condiz com o primeiro depoimento de Osvaldo que consta nos autos, aquele com a assinatura do "Dr. Promotor de Justiça". É possível que Leila tenha se confundido ou que tenha visto dois documentos, um mais longo e o outro mencionado por Blaqueney, de apenas uma página. Se de fato houve um depoimento maior, não temos como saber.

Tudo isso já poria em questão as prisões. Mas havia ainda um novo pedaço desse confuso quebra-cabeças a vir à tona.

Na sequência das alegações finais das Abagge, em novembro de 1993, os advogados Corrêa Filho e Drummond de Carvalho citam uma conversa com a escrivã Leila Maria Ferreira Bello, gravada em fita microcassete, em que ela relatava que a juíza determinara que a outra escrivã do fórum, Áurea Célia Burcoski, fosse acordada na madrugada do dia 1º para o dia 2. Segundo os advogados, a escrivã Leila dizia na fita que sua colega Áurea deveria ir "à residência do conhecido o temido ditador Generalíssimo Stroessner para ilegalmente 'tomar por termo' uma imaginária 'confissão espontânea' de acusado".

Em ofício datado de 3 de setembro de 1992, os advogados de Davi requisitavam que as duas escrivãs depusessem no processo - algo incomum, pois elas deveriam ser isentas. Na época, Davi era representado por Stela Maris Doubek Motta e Paulo dc Tarso Waldrigues. Por problemas formais - Stela Maris não havia assinado o documento -, o pedido teve de ser refeito em 11 de setembro. Finalmente, em 10 de novembro, a advogada requisitou que fosse anexada aos autos a degravação de uma fita cassete contendo uma conversa sua com a escrivã Leila. A fita nunca foi anexada aos autos, mas logo a transcrição apareceu na imprensa. Uma matéria de Mônica Santanna na *Folha de Londrina* de 12 de novembro dava uma noção da bomba que estava por vir.

> ADVOGADOS PEDEM AFASTAMENTO DE JUÍZA
> Uma fita cassete informa detalhes da prisão e confissão dos acusados
>
> Os advogados de Celina e Beatriz Abagge, Moacyr Corrêa Filho e Ronaldo Albizú, pediram ontem ao Tribunal de Justiça o afastamento da juíza Anésia Edith Kowalski, de Guaratuba, do processo sobre a morte do garoto Evandro Ramos Caetano. Eles acusam a juíza de ser parcial e como prova apresentam a transcrição de uma fita cassete na qual uma escrivã de justiça informa detalhes da prisão e confissão dos sete acusados na morte de Evandro.
>
> O laudo de degravação da fita foi elaborado pela perita documentoscópia Ruth de Souza Corrêa, de Santa Catarina, no último dia 5 de outubro. O documento revela uma conversa entre a escrivã Leila Maria Bello, cedida ao Fórum de Guaratuba, e Stela Maris Motta, advogada do pai de santo Osvaldo Marcineiro e Davi dos Santos Soares, dois dos sete acusados. As

duas teriam se encontrado no Shopping Mueller, em Curitiba, mas Leila não saberia que a conversa estava sendo gravada.

Leila revela, entre outras informações, que Marcineiro foi interrogado pelo capitão da Polícia Militar Valdir Copetti Neves na casa do ex-ditador paraguaio general Alfredo Stroessner, que fica no balneário de Brejatuba, a cinco quilômetros do fórum. "Veja como a doutora Anésia é falsa. Por isso que eu te digo, nem o capitão Sérgio (Sérgio Antonio de Souza, do Batalhão da PM em Matinhos) sabe das falcatruas dela. Do Osvaldo ter ido pra casa do Stroessner", afirma a escrivã.

Segundo Leila Bello, o depoimento de Marcineiro foi presenciado pela auxiliar de escrivã, chamada Áurea. Essa mesma auxiliar teria datilografado o pedido de prisão de Celina e Beatriz Abagge na casa de Stroessner, por volta das 2h30min da madrugada do último dia 1º de julho, um dia antes de serem presas. "A Áurea chorava copiosamente", diz a escrivã. A auxiliar Áurea continua trabalhando no fórum e a escrivã Leila Bello está em férias.

Para os advogados, esse laudo mostra a "perda da imparcialidade" da juíza. "O laudo de gravação da fita caracteriza por si só a suspeição de Vossa Excelência", diz o documento, acrescentando que Celina e Beatriz foram presas sem "ordem legal de prisão". "Daí a juíza procurou 'arrumar' uma 'forma' de legalizar o ato ilegal."

Além de um possível envolvimento com a prisão de Celina e Beatriz, os advogados relacionaram fatos anteriores à morte de Evandro para mostrar a "inimizade" entre a juíza e a família Abagge. Citam um processo aberto por Anésia Kowalski por crime eleitoral contra o ex-prefeito Aldo Abagge, em 1988, quando ele era candidato à Prefeitura de Guaratuba.

"A juíza é falsa"

Veja a seguir alguns trechos da conversa gravada entre a advogada Stela Maris Motta, dos acusados Davi Soares e Osvaldo Marcineiro, e a escrivã Leila Maria Bello.

Leila – Veja como a doutora Anésia é falsa. Por isso que eu te digo que nem o capitão Sérgio [da PM] sabe das falcatruas dela.
Stela – Sabe...
Leila – Dessa do Osvaldo, não sabe.
Stela – Do quê?
Leila – Do Osvaldo ter ido pra casa do Stroessner e a Áurea ter ido bater...
Stela – Mas ela tava junto? O Neves tava, tava junto?
Leila – O Neves sabe mais. O Sérgio não sabe. O capitão Sérgio é aquele moreno... da Polícia Militar.
[...]
Stela – Tinha promotor lá [na casa do Stroessner]? Naquele dia? Ou não?

Leila - Não tinha, não tinha.

Stela - Nenhum era, só um?

Leila - Era um agente que tava passando por promotor.

[...]

Stella - Mas então, o [depoimento] da Celina foi batido aonde?

Leila - O quê? O interrogatório dela? Em Matinhos, mas o pedido da prisão temporária, que a Áurea bateu...

Stela - Ela bateu naquela casa do Stroessner?

Leila - Esse pedido, ela diz que sim, bateu lá.

[...]

Leila - O Osvaldo foi...

Stela - ... interrogado lá naquela casa?

Leila - Foi interrogado lá, foi seviciado lá naquela casa.

[...]

Leila - Ai, Stela, você tá querendo me afundar [sobre a possiblidade de a conversa ser usada no processo]. Me poupe disso. Ai, Stela, você tá querendo me afundar, mulher.

Stela - Por quê?

Leila - Você vai me afundar, Stela.

Stela - É?

Leila - Porque daí ela [a juíza Anésia Edith Kowalski] vai ligar pro Tribunal [de Justiça], aí ela vai ligar pro Tribunal e o Tribunal me recolhe [transfere] na hora, Stela.

Stela - Só que daí a Áurea vai ser obrigada a "cantar o galo".

Leila - Isso ela não canta. [...] Porque, se existe alguém que a dra. Anésia vai em cima, vai ser ela. Stela, vocês podem saber, a Áurea vai ser história em escrito.

Anésia: fita foi montada

A juíza Anésia Kowalski, de Guaratuba, disse ontem à *Folha* que a fita cassete, apresentada pelos advogados de defesa, é um "baita engenho" montado pelos advogados. "Foi uma fita montada", disse a juíza, com voz trêmula. Ela também afirmou que não vai pedir seu afastamento do processo. "Não saio enquanto não houver uma determinação do Tribunal de Justiça", declarou.

A juíza diz que recebeu uma cópia da fita - entregue anonimamente - no último dia 28 de outubro. "No dia seguinte, me reuni com os corregedores em Curitiba e informei a todos da conspiração que estava sendo armada", informou. Ontem pela manhã, ela esteve em Curitiba para protocolar um ofício com a transcrição completa da fita para denunciar a "montagem".

Segundo ela, o laudo da defesa só traz 26 páginas e o que ela protocolou tem 33.

"Eles omitiram a parte em que Leila combina com a advogada como será o depoimento dela e da Áurea", afirma a juíza. O laudo, anexado pelos advogados, traz essas informações na folha 8. "Você me arrolou antes ou ela?", pergunta Leila à advogada Stela Maris Motta.

A *Folha* tentou ouvir a auxiliar de escrivã Áurea, mas ela não quis atender. Também procurou pela escrivã Leila Bello, já que ela está em férias em Curitiba, mas não foi localizada.

No dia seguinte a essa matéria, a *Folha de Londrina* publicou uma nota afirmando que a juíza, no mesmo dia em que protocolou o ofício com a transcrição da fita, manteve um encontro "reservado" com o governador Roberto Requião no Palácio Iguaçu. O encontro teria durado vinte minutos e a juíza teria atribuído a "armação" à Polícia Civil. Enquanto a juíza tentava se defender, os advogados das Abagge usavam a fita para reforçar o pedido de afastamento dela, que já corria desde 6 de agosto. Até ali, o pedido dos defensores baseava-se em alguns eventos passados que demonstrariam a inimizade de Anésia com a família Abagge. Desses, dois se destacavam.

O primeiro fora em 1988, durante as eleições municipais. Anésia teria requisitado a prisão de dois autônomos que faziam uma pintura para a campanha de Aldo Abagge e Paulo Chaves num muro particular. Alegava que seria propaganda eleitoral irregular, mas o processo não avançou. O segundo foi durante a gestão de Aldo. Em 1991, o prefeito teria planejado um novo aterro sanitário numa região afastada da cidade, sem nenhum morador por perto – com exceção da chácara da juíza, que ficava a cerca de 300 metros do terreno. Anésia apresentou reclamação formal como proprietária e declarou-se impedida de julgar a questão, pois estava diretamente envolvida. O juiz substituto afirmou que o aterro estava em conformidade com as normas ambientais e que não havia necessidade de ser deslocado. A juíza tentou levantar suspeição do colega, mas o pedido foi indeferido.

Em algumas ocasiões desde o momento em que foi levada ao fórum, no dia 2 de julho, Celina Abagge disse que se sentia tranquilizada pela ideia de que o caso iria parar nas mãos da juíza Anésia, que era próxima da família. Não sabemos se àquela altura ela não tinha dimensão da extensão das ressalvas que a juíza poderia ter em relação aos Abagge ou se alegar esse histórico de inimizade foi só uma estratégia posterior da defesa. O que sabemos é que desde o começo aconteceu o contrário do que Celina dizia esperar – primeiro, a juíza se manteve inacessível em momentos cruciais, e depois, várias de suas decisões foram contrárias aos interesses das Abagge. De qualquer forma, é impossível dizer com certeza se essas atitudes da juíza foram motivadas por conflitos entre ela e a família, pressão política ou um senso moral de como acreditava que seu trabalho deveria ser conduzido.

Após a revelação da conversa da escrivã Leila com a advogada Stela Maris, o processo de suspeição que fora aberto contra Anésia engordou consideravelmente. Em certo momento, os advogados apresentaram uma lista de testemunhas que gostariam de convocar. Nessa lista constava o nome de Aníbal Khury. É difícil entender como ele poderia contribuir no processo, mas não há dúvidas de que era um nome que intimidaria quem o lesse. Nesse ponto, o desenho de forças era evidente: de um lado, os advogados buscavam o afastamento da juíza, alegando que ela não seria imparcial; do outro, a juíza, motivada pela fita da escrivã com a advogada, alegava que estariam tramando contra ela.

É difícil dizer o que houve nos bastidores, mas Anésia não foi afastada. O inquérito de afastamento nem chegou a ser aberto, pois a corregedoria não encontrou elementos suficientes para isso. O desfecho da escrivã Leila não foi o mesmo. Seu processo de ação disciplinar é sigiloso, mas partes dele foram reproduzidas nos autos do processo. Constam neles os depoimentos de três pessoas: a própria escrivã, a advogada Stela Maris e a perita que fez a degravação, Ruth de Souza Corrêa. A perita relatou que a fita fora entregue a ela por um homem chamado Mauro, que dissera que o material era de interesse privado. Ela contou que não ficara com o material e que Mauro não aparecera mais após o término do trabalho. Stela Maris afirmou que as fitas pertenciam aos advogados das Abagge e que ela nem tinha condições financeiras de contratar a perita. Contudo, defendeu que gravara a conversa para chegar à "verdade real dos fatos". Por fim, a escrivã Leila afirmou jamais ter conversado com Stela Maris em outro ambiente que não o Fórum da Comarca de Guaratuba, e sempre por motivos profissionais. E disse que jamais planejara depor contra a juíza de Guaratuba.

Anésia via a situação de outra forma. Para ela, havia trechos da conversa que provavam o conluio contra ela, suspeita reforçada pelo fato de a escrivã ter entrado em férias poucos dias antes da degravação vir à tona. Até onde sabemos, Leila foi afastada temporariamente de seus ofícios como escrivã, sendo mais tarde deslocada para outras varas e comarcas. Em Guaratuba, a escrivã Áurea assumiu suas funções e nunca foi ouvida oficialmente no processo.

Quando eventos não são elucidados, sobram especulações. Teria a escrivã Leila sido enganada pela advogada Stela Maris? Teria ficado com medo de perder seu emprego? Haveria de fato uma maquinação política para soltar as Abagge? Afinal, foi apenas após esse episódio, noticiado em novembro de 1992, que Osvaldo passou a dizer que havia duas mulheres na fortaleza e que Davi começou a afirmar ter visto, na casa onde teria sido torturado, os sapatos, os óculos e o cigarro da juíza por baixo da venda.

A casa de Stroessner

Em seu depoimento, Davi relatou os últimos momentos na fortaleza:

> DAVI: O Silvestre foi que ficou me cuidando. Acho que umas sete horas. Eu estava sem capuz. Tinha sido tirado quando fui pra sala, onde foram feitas as filmagens. Nessa hora, alguém disse: "Está tudo pronto aí. Porque nós vamos levar para a casa da juíza". Pensei então que ia para a casa da juíza. Fui levado para o carro com mais PMs. Estava algemado, mas sem capuz.
>
> Foi daí que reconheci que era mesmo a casa do Stroessner. Eu conhecia bem ela. Há oito anos estava morando em Guaratuba. Lembrava bem, porque fui ver esta casa algumas vezes, quando o Stroessner ficou lá.

O Stroessner a que Davi se refere é Alfredo Stroessner, ditador do Paraguai entre 1954 e 1989, quando foi deposto. Durante seu período no poder, como tantos outros paraguaios, costumava passar férias no litoral paranaense, dada a proximidade com o país. Em Guaratuba, Stroessner tinha uma mansão conhecida, até hoje propriedade da família. Quando foi deposto, ele se exilou no Brasil e chegou a passar um breve período em Guaratuba, mas logo mudou-se para Brasília, onde viveu até falecer, em 2006. Na cidade litorânea, há uma praça que leva seu nome e uma placa em sua homenagem na Praia Brava, mais conhecida como "Praia dos Paraguaios".

Os policiais do Grupo ÁGUIA sempre negaram que a fortaleza fosse a casa de Stroessner, mas havia indícios fortes encontrados na fita VHS produzida pelos PMS. Nela, logo após os depoimentos de Osvaldo e Davi, aparece o Ford Escort de Beatriz – cuja presença ali, por sinal, nunca foi explicada – estacionado numa garagem com grandes portões de madeira. Aqueles portões são iguais aos que estão na casa de Stroessner em Guaratuba até hoje.

Mas por que os acusados estariam na mansão? Encontramos uma possível resposta no depoimento do delegado federal de Paranaguá, José Augusto de Mello Chueire, prestado em júri em 1999, quando Osvaldo, Davi e De Paula foram julgados pela primeira vez. Em certo momento do relato, Chueire afirmou que "a Polícia Federal e a P2 da Polícia Militar [setor do qual o Grupo ÁGUIA fazia parte] usavam a mesma casa como base em Guaratuba". Era a casa de Stroessner.

Com isso, voltamos à cronologia do que aconteceu naqueles dias, de acordo com os depoimentos para o dossiê "Tortura Nunca Mais?".

2 de julho (horário incerto): serraria

Em algum momento do dia 2, Osvaldo foi levado para a serraria Abagge, como conta em seu relato:

> OSVALDO: Na serraria, perguntaram se conhecia a casinha e diziam: "Mostre onde puseram os pedaços da criança". Como nada falasse ou confirmasse, levaram-me para uma casinha, tipo meia-água, e as torturas recomeçaram, socos no estômago, órgãos genitais... e diziam: "Vocês mataram a criança...".
>
> Na serraria tinha pessoas filmando e me obrigaram a falar. Perguntavam: "Foi aqui que vocês colocaram os pedaços da criança...". Aberta a casinha, só encontraram uma vela branca e uns fios de cobre. Ficaram muito brabos e, entregando uma picareta, me faziam cavar em frente da casinha. Diziam: "Então não tem na casinha, vocês enterraram embaixo. Estão embaixo".
>
> Chamaram um menino da fábrica e me obrigaram a mostrar no menino como é que cortava o menino. Diziam: "Sabemos que você não fez,

apenas mostre como está na fotografia". Tinha de mostrar no corpo do rapazinho da serraria.

Daí fui levado de volta pra chácara.

"Você não vai cooperar. Vamos te matar."

Puseram revólver na cabeça e depois recomeçaram os choques. Só queriam que eu falasse os nomes da Celina e da Beatriz. "A Celina pagou o jogo de búzios?"

Respondia que sim, que pagou cinco mil.

"Cinco não, diga sete."

Sim, ela pagou sete.

"Quer dizer que a Celina te pagou pelo trabalho. Ela te pagou sete."

Não, ela pagou cinco.

"Diga: 'Pagou sim, sete'."

Ouvi alguém dizendo: "Tem de ser sete, trabalho de macumba é sete".

Chegou uma hora que não aguentei mais e disse: "Não aguento mais: matei a criança... Fiz tudo isso que vocês disseram...".

Eu não aguentava mais as torturas... Enfiavam agulha debaixo da unha... Veja, doutora, está aqui a cicatriz... Veja aqui as marcas... Estas são dos choques... Estava sem comer, sem dormir... doía tudo... não aguentava mais... disse tudo o que eles mandavam.

2 de julho (tarde): Curitiba

Enquanto Osvaldo, Davi, Celina e Beatriz eram interrogados em Guaratuba, Vicente de Paula Ferreira era preso em Curitiba, mais ou menos às 15h. Em seu depoimento no dossiê, ele conta que foi abordado quando chegava à oficina de pintura em que trabalhava como letrista, em frente ao quartel do Exército. Estava acompanhado de um homem chamado Fernando, filho do dono da boate em que trabalhava como garçom. Catorze policiais armados e à paisana, em três carros, participaram da operação. Eles estavam com Nilza, uma mulher que trabalhava na boate. Assim que o algemaram, teriam começado a desferir cotoveladas e murros.

De Paula foi levado para o quartel da Polícia Militar, onde um oficial identificado como capitão Xavier disse que era do Grupo ÁGUIA e começou a interrogá-lo sobre o crime. Os policiais disseram que Celina, Beatriz, Davi e Osvaldo tinham sido presos e haviam confessado, mas De Paula negou ter participado do assassinato de Evandro. Dali, os policiais o levaram à Polícia Florestal, onde abasteceram os carros e desceram para a praia.

DE PAULA: Até a altura do Guatupê foi tudo normal, mas ali me jogaram no fundo do carro e começaram a me dar pontapés e punham os pés por cima de mim. A Nilza estava em outro carro.

Perto do Guatupê me puseram um capuz na cabeça.

Dali eles pararam no viaduto dos Padres. Estacionaram por trás, numa ruazinha secundária onde tem um riozinho e uma cachoeira.

Me fizeram tirar a roupa. Amarraram meus braços para trás com uma corda, nos pulsos e também os tornozelos. E aí começaram a dar afogamento. Enfiavam e tiravam a cabeça no riozinho.

Daí começaram a dar choques. Eles amarraram uns fios nos dedos, nas orelhas e no pênis. Era uma maquininha ligada no alternador do carro e daí eles davam partida nele e eram os choques. É, eu estava dentro da água. Era uma coisa horrível. Diziam que eu, a Beatriz, dona Celina, o Davi, o Osvaldo, o Sérgio, o Bardelli, o Antonio Costa e o Antonio Maia [amigo do grupo de Osvaldo e parente de Antonio Costa] tínhamos participado da morte da criança. Eles diziam que queriam só que eu confirmasse o que os outros já tinham falado.

Eu dizia que nós não fizemos isso. Os choques e os afogamentos continuavam. Acho que foi uns quinze ou vinte. Um chegou e disse que não dava pra continuar porque não tinha alavanca. Daí me desamarraram e mandaram me vestir e daí me amarraram de novo e atravessaram o asfalto.

Me levaram pro parapeito do viaduto. Me colocaram de pé em cima do parapeito e disseram que se eu não falasse eles iam me jogar lá embaixo.

Acho que tinha uns 200 metros.

Daí seguraram na minha roupa. Dois deles. O capitão Xavier dizia: "Não precisa soltar ele porque [ele] vai colaborar com a gente".

Só o capitão, de todos eles, é que estava fardado.

Vi quando passou um caminhão e ele fez sinal pra passar rápido. Daí me pegaram, uns pelas pernas, outros pelo corpo e outro pela blusa e ameaçavam me lançar em voo. Eu ficava suspenso. Fiquei apavorado. Com medo que a roupa, era bem velha, de serviço, que ela rasgasse.

Depois eles o teriam levado até uma estrada de terra, onde esperaram por quinze minutos antes que outro carro aparecesse. Surgiu então um papel, que o capitão afirmou ser o depoimento de Beatriz, que mencionava os nomes de Celina, Beatriz, Osvaldo, Davi, Sérgio, Bardelli e Antonio Costa. De Paula diz no depoimento que então o mandaram falar que havia colocado a criança "no amassado do gelo", em referência à fábrica de gelo de Antonio Maia, que era chamado de "Aniz".

Os policiais, então, conforme seu depoimento, voltaram a colocá-lo no carro e andaram por dez minutos até um rio raso, cheio de pedras, onde recomeçaram os choques, que duraram cerca de uma hora. E aqui reaparece um personagem conhecido:

DE PAULA: Quem falava mais ali era um magro, meio alto, moreno. Pelo que os outros têm contado eu acho que era o Dioginho [Diógenes Caetano]. Foi o que chegou no último carro. Porque ele que falava tudo, que dava informações pro capitão... Era ele que dizia como é que era a criança. Como é que a criança tinha sido morta. Como é que estava o corpo.

Não, eu não conheço o Dioginho. Mas conheço se vir aquele que falava enquanto me torturaram naquele lugar.

Ali foi horrível. Se eu visse eles todos, conheceria a maioria. Eles não se chamavam pelos nomes, só apelidos: "Pato Donald", "Águia", "Borracha". Tinha um japonês que chamavam de "Tenente" e um outro de "Sargento".

Ali eles passaram a colocar entre as [minhas] pernas um cano. Amarravam as mãos em volta das pernas, com o cano de ferro no meio delas. Daí eles levantavam o corpo pelo cano. Punham uma ponta em galhos de árvore e a outra ponta eles seguravam. Daí eles tinham uma tábua, de mais ou menos 50 centímetros por uns 6 de largura e um dedo de grossura. Com ela, eles batiam na sola dos pés e na bunda. Eu não podia gritar porque tinham posto um pano dentro da [minha] boca. Com um regador eles jogavam água que pegavam direto na boca e no nariz. A água saía com um gosto de gasolina, acho que o regador era pra gasolina.

Teve uma hora que pegaram o cano e me levaram com ele pra dentro da água e enfiavam minha cabeça na água. A gente se torcia todo. Não aguentava mais, mas não tinha jeito. Eles tinham dito que quando quisesse que parasse [...] era pra bater palmas.

Unir as mãos que estavam amarradas.

Eles não queriam que eu falasse nada. Só que concordasse com aquilo que eles leram.

Eles leram que a Beatriz tinha falado que eu é que tinha mandado ela escolher a criança. Que eu tinha dito pra ela que a criança tinha de ser de olhos azuis.

Eu conhecia bem a Beatriz porque eu frequentava a casa do Osvaldo. Dona Celina eu não conhecia. Só vi ela duas vezes: uma vez quando fui preencher ficha do partido e outra pra pedir pra expor na feira as coisas do Osvaldo.

> Dizia no papel que eu tinha cortado a criança. O pescoço dela. Eles disseram que não adiantava negar, que estava tudo confessado, eu não podia responder.

2 de julho (fim da tarde): Fórum de Guaratuba

No dia 3 de março de 1993, Acemar Silva, médico do posto de saúde do Guaratuba na época das prisões, prestou um depoimento no inquérito de investigação de torturas. No seu relato, dizia que estava na prefeitura na tarde de 2 de julho de 1992, quando foi chamado ao fórum por um dos promotores para atender as Abagge, que estariam passando mal. De acordo com ele, Celina estava abalada psicologicamente, com pressão alta e o abdome distendido "por causa desconhecida". Além disso, ela estava molhada entre as pernas, e ele deduziu que ela tinha urinado nas calças. Beatriz também estava abalada. Tinha um pequeno machucado no olho direito e manchas escuras nas pontas dos dedos. Em seu depoimento, o médico não soube precisar em quantos dedos nem de quais mãos ou o que teria causado aquelas lesões.

Apesar disso, Acemar disse que as examinou apenas superficialmente e que "não observou em Celina nenhuma lesão corporal". Segundo Celina, ele lhe deu um comprimido para colocar embaixo da língua e ela comentou:

> Dr. Acemar, veja em que estado estou. Nós fomos torturadas. Eles tiraram a roupa da Bea. Praticaram violências contra ela. Me afogaram, deram choques na Bea e me bateram muito. Por favor, nos ajude. Me acuda, por favor. Nós estamos nas mãos de bandidos.

Acemar encerrou seu depoimento dizendo que em nenhum momento Celina ou Beatriz disseram ter sido torturadas, mas que ele não teve oportunidade de conversar com as Abagge de forma reservada. Mas "recorda-se que Celina disse a um dos promotores: 'Eles me bateram'".

No depoimento para o dossiê, Beatriz também afirmou ter sido medicada por Acemar:

> BEATRIZ: No ferryboat, o dr. Acemar me deu uma injeção de Valium. Eu estava muito nervosa, porque eles filmavam e me faziam um monte de

perguntas. Eu me sentia zonza, nem sei o que respondia. Mandavam que eu fizesse que sim com a cabeça. Daí comecei a gritar e eles trouxeram o dr. Acemar. Ele viu o meu estado.

No fim da tarde do dia 2, Davi teria sido levado à rua da juíza Anésia por dois PMs. Um deles entrou e o outro, segurando uma espingarda, ficou com Davi. O PM que entrou saiu depois de uns quinze minutos e disse: "Você vai confirmar para a juíza tudo o que disse para nós". Davi resistia, segundo seu relato.

DAVI: Eu disse que não ia mais falar. Que tinha falado porque não aguentava mais de tanto apanhar. Mas na frente da juíza eu não vou falar o que eu não fiz. Daí disseram: "Você está fazendo nós de palhaço. Assim não vai dar. Vamos ter que recomeçar tudo de novo". Eu dizia: "Eu tenho prova de onde eu estava no dia que a criança... Eu não estava em Guaratuba".

Imaginava que aí eles iam investigar. Mas eles só queriam que dissesse o que eles mandavam. Daí não levaram na juíza, disseram que não adiantava, porque eu não iria falar.

Daí deram muitas voltas dentro de Guaratuba. Diziam que não adiantava mais levar para a chácara, porque lá não tinha mais ninguém. Daí me levaram pra Matinhos.

Segundo De Paula, logo que acabaram de torturá-lo, também decidiram levá-lo para Matinhos:

DE PAULA: Acho que no último rio, ali eu não conseguia mais suportar. Quando me soltaram, eu não podia nem ficar em pé. Eles tiveram que me segurar.

Daí eles queriam que eu falasse.

Perguntavam como é que fazia para se sacrificar um frango. Daí eles perguntavam: "Era assim que vocês cortavam o Evandro?".

Ligavam e desligavam o gravador. Um daqueles que chegou por último no carro falava de dona Celina só como "a velha" e [da] Beatriz como a "putinha...".

Um deles, daqueles que tinha chegado por último – sim, eu conheço ele no meio de quem estiver –, ele disse: "Quando nós rangava ela, a velha quase morreu de gritar". Um deles perguntou: "Na frente da velha?", e ele respondeu: "Na frente da velha".

Eu estava sem capuz. Esse era moreno. Meio baixo. Cabelos escuros. Acho que menos de 30 anos. Eu não esqueço da cara dele, não.

Ali eu concordei com eles. Disse tudo o que eles queriam. Ali começaram a ensaiar do jeito que queriam que eu falasse.

Dali fomos para o quartel de Matinhos.

2 de julho (noite): quartel de Matinhos

É difícil estabelecer, a partir dos relatos do dossiê "Tortura Nunca Mais?", a exata ordem da chegada dos cinco presos. Parte disso se dá porque, com exceção de Beatriz e Celina, estavam todos separados uns dos outros. Além disso, dadas as condições em que estavam, não teriam condições de avaliar os horários precisamente. Naquela noite, todos deram seus primeiros depoimentos oficiais. Como já vimos, apenas Beatriz e Celina estavam com advogados – àquela altura, Silvio Bonone, Roberto Machado e Luiz Cláudio Cordeiro Biscaia –, que assinaram sob protesto os papéis.

O secretário de Segurança Pública do estado, Moacir Favetti, que em Guaratuba tinha dado entrevistas falando que o crime tinha a ver com "magia negra", também fora para Matinhos e fizera questão de que os depoimentos fossem prestados perante um delegado da Polícia Civil de sua confiança, Luiz José Martins Ricci, que se deslocou de Curitiba apenas para aquela tarefa. O escrivão que o acompanhou madrugada adentro foi um oficial de nome Antônio A. F. Lobo. Esses dois agentes nunca foram chamados para prestar depoimento. Os trabalhos daquela noite foram suas únicas participações no caso.

Contudo, havia três promotores acompanhando os depoimentos, um dos quais se tornaria uma das mais importantes testemunhas de acusação. Vamos a eles.

Os três promotores

Muitos brasileiros acham que a atribuição dos promotores e procuradores que compõem o Ministério Público (MP) é apenas acusar e, portanto, tentar condenar alguém que esteja sendo julgado. Essa percepção provavelmente se dá por causa da influência de filmes de júri americanos, em que a figura do *prosecutor* tem de fato essa função exclusiva. Mas o artigo 127 da Constituição Federal de 1988 mostra que a função de um agente desse órgão é bem mais ampla:

> Art. 127. O Ministério Público é instituição permanente, essencial à função jurisdicional do Estado, incumbindo-lhe a defesa da ordem jurídica, do regime democrático e dos interesses sociais e individuais indisponíveis.

Ou seja: ao MP é também atribuída a função de verificar se as garantias de defesa dos indivíduos interrogados estão sendo preservadas. Essa finalidade foi mencionada repetidas vezes pelos promotores que trabalharam na acusação dos sete réus. De fato, a princípio, Davi, Osvaldo e De Paula não estavam acompanhados por advogados, mas a presença dos promotores garantiria que não estivessem sofrendo sevícias. Além disso, conversando com juristas, entendi que aparentemente existe uma cultura na qual a palavra dos promotores tem mais legitimidade em testemunhos do que a de depoentes que não são agentes concursados pelo Estado.

No dia 14 de abril de 1992, três dias depois da descoberta do corpo de Evandro, o então procurador-geral de Justiça do Paraná, Luiz Carlos Delazari, escolheu o promotor Bittencourt, locado em Paranaguá, para cuidar do processo. Foi ele quem tomou o depoimento da tia de Evandro, Davina, em 19 de junho. Mas em julho começaram as férias judiciárias, e quem assumiu as funções de Bittencourt já no início do mês foi Samir Barouk, que não aparece em nenhum registro comentando sua atuação nas prisões nem mencionando o suposto depoimento de Osvaldo na noite de 1º de julho.

Bittencourt, por sua vez, prestou um depoimento durante o inquérito de investigação de torturas. Ele foi para Guaratuba apenas no dia 2 de julho, após receber a notícia da prisão das Abagge. Consta, na transcrição dos depoimentos dos cinco presos prestados naquela noite, no quartel de Matinhos, que ele estaria presente com Barouk Como não poderia estar trabalhando, Bittencourt foi punido com a perda das férias. O que o teria levado a Guaratuba naquele dia?

O terceiro promotor era Dal'Col, também de Paranaguá. Por volta das 11h30 do dia 2, ele estava numa agência do Banco do Brasil da cidade quando soube de um telefonema para ele. Era alguém do fórum, perguntando se Dal'Col sabia onde estava Bittencourt. Precisavam do inquérito do caso Evandro, que estava na sala dele em Paranaguá, porque os autores do homicídio de Evandro tinham sido presos. Dal'Col saiu da agência e foi até a casa do colega, que entrou em contato com seu substituto, Barouk. Este lhe informou o que ocorria e se prontificou a levar o inquérito para Guaratuba. Em seguida, Bittencourt convidou Dal'Col para ir a Guaratuba com ele. Nesse meio-tempo, teriam ficado sabendo que a filha e a mulher do prefeito também haviam sido presas.

Em seus relatos, Dal'Col e Bittencourt afirmam que chegaram ao Fórum de Guaratuba entre 13h e 14h. Dal'Col, então, teria presenciado a requisição de um advogado para as Abagge (Silvio Bonone), assim como de um médico (Acemar Silva) para Celina, que estaria passando mal. Em dado momento, Barouk e Bittencourt foram conversar com as Abagge na sala de audiências e Dal'Col decidiu acompanhá-los. Ainda de acordo com Dal'Col, elas estavam apreensivas, mas não tinham sinais claros de lesões físicas. Nessa conversa entre as Abagge e os promotores, ele teria ouvido ambas confessarem o crime, dando detalhes e afirmando que faziam parte de uma seita, que havia mais pessoas envolvidas e que tinham a intenção de pegar mais crianças. Após essa confissão e pouco antes da transferência das Abagge para Matinhos, Dal'Col teria trocado algumas palavras com Bonone, o advogado da prefeitura, que não comentou nada sobre as torturas.

Dal'Col foi uma das testemunhas de acusação mais recorrentes, depondo em praticamente todos os júris. Em 2004, quando foram julgados Osvaldo, Davi e De Paula, ele narrou que à noite, já em Matinhos, após a chegada do delegado que tomaria o depoimento dos presos, foi permitido que as Abagge falassem com Bonone por uma hora. Segundo o promotor, somente após essa conversa elas passaram a falar que foram torturadas.

> DAL'COL: Eu não tive mais contato com elas desde que elas embarcaram no ferryboat. Mas eu estava no quartel da Polícia Militar aguardando o dr. Alcides e o dr. Barouki para irmos embora. E quando chegou esse delegado que veio de Curitiba, designado pelo secretário de Segurança, esse delegado permitiu que o advogado, que veio também com elas, permanecesse sozinho com elas por quase uma hora. Que foi inclusive motivo de revolta do dr. Alcides. Ele comentou comigo. E quando o dr. Alcides voltou, que foi presenciar o interrogatório delas, ele saiu da sala, inclusive revoltado. O texto que ele falou mais ou menos foi: "Poxa vida, confessam tudo lá espontaneamente. Agora que falaram com o advogado passaram a negar tudo". Estava inclusive brabo e transtornado. A alegação delas a partir dali é que teriam confessado porque teriam sido torturadas.

Os advogados

Dos três advogados que assinaram os depoimentos de Beatriz e Celina na noite de 2 de julho, apenas dois deram depoimento: Silvio Bonone e Roberto Machado.

Em seu relato no inquérito de investigação de torturas, prestado no dia 11 de dezembro de 1992, Bonone contou ter ido com as Abagge para o Fórum de Guaratuba na manhã de 2 de julho. Por volta das 9h, Beatriz e Celina foram chamadas a depor na sala do promotor. Ele foi atrás delas, mas foi barrado por um policial. Após alguns minutos de discussão, teria notado que as Abagge haviam sido levadas num carro. Passou o dia buscando mais informações, até que, por volta das 15h, lhe informaram de que elas estavam de volta ao fórum.

Chegando lá, conseguiu vê-las, aparentemente em estado de choque, na sala de audiências. Contudo, mesmo declarando-se advogado das duas, foi impedido de falar diretamente com elas, provavelmente por policiais. O mesmo teria ocorrido a caminho de Matinhos. Bonone estava na balsa, mas as Abagge ficavam sempre cercadas de policiais. Em determinado momento, enquanto aguardavam a travessia começar, o médico Acemar Silva teria dito a ele que "para as duas presas estarem naquele estado, fatalmente teriam sido seviciadas". Em seu depoimento, Acemar negou tal afirmação.

Bonone só teria conseguido conversar de fato com as Abagge no quartel de Matinhos. Falou primeiro com Celina, que contou que, de manhã, foram levadas a um local desconhecido, onde teriam sido torturadas. Já Beatriz afirmou que ela e a mãe haviam sido colocadas em quartos separados e que ela conseguia ouvir os gritos de Celina. Além disso, Beatriz teria narrado que, sempre que ela e a mãe falavam algo que não agradava os policiais, recebiam choques. Mesmo nessas condições, Beatriz teria tentado "enviar mensagens" na fita cassete que indicassem que algo estava errado. Segundo Bonone, um exemplo era o trecho em que Beatriz dizia que o objetivo seria "trazer justiça para a família", pois seria incoerente, na visão dela, pedir algo divino por meio de um ritual satânico.

No relato que consta no dossiê "Tortura Nunca Mais?", Beatriz diz que foi estuprada pelos torturadores, incluindo penetração. Já Bonone afirmou que ela nunca teria lhe relatado que sofrera nenhuma "conjunção carnal", mas que fora despida, que passaram as mãos em suas partes íntimas e que alguns dos torturadores esfregaram o pênis em seu corpo. Essa diferença entre os relatos seria bastante explorada pelo Ministério Público. Na opinião dos promotores, Beatriz teria levado muito tempo para falar do estupro, o que seria um indício de que ela estaria inventando.[8]

Mas, em outros momentos de seu depoimento, Bonone diz ter verificado que Beatriz apresentava várias marcas nos polegares, assim como um machucado no rosto, e estava suja de urina e fezes. Ele também narrou ter visto Neves segurando Beatriz pelos pulsos e gritando: "Você é minha prisioneira! Você vai dizer a verdade? Aquela história que combinamos? Se não contar, eu te mato!". Bonone teria tentado intervir, mas Neves teria respondido: "Cada um na sua! Eu prendo, você solta". O advogado diz que tudo isso foi relatado ao secretário Favetti, que estava presente e teria prometido providências, entre elas um exame de lesões corporais.

Roberto Machado, o outro advogado que deu assistência às Abagge naquela noite, prestou depoimento em 21 de setembro de 1992 contando o que presenciou. Residente de Curitiba, ele estava em Guaratuba para cuidar de assuntos da gestão de Aldo Abagge. Chegou às 10h e foi diretamente para a prefeitura, onde encontrou Aldo, que lhe informou que a esposa e a filha tinham sido presas e estavam desaparecidas. Machado tentou descobrir onde elas estavam, sem sucesso. Pegou a estrada de Garuva de volta para Curitiba e chegou à capital por volta das 13h.

Às 16h, já estava de volta em Guaratuba e foi direto para o fórum. Lá, foi informado pela juíza Anésia que, logo antes, Beatriz e Celina tiveram que ser retiradas por risco de linchamento. Contudo, de acordo com seu relato, Machado só foi saber que as Abagge estavam em Matinhos por volta das 20h, informado por Acemar, que acabara de retornar de lá. Machado dirigiu-se à cidade e conseguiu autorização dos promotores para ver as acusadas exatamente quando Beatriz ia começar seu depoimento – o que nos leva de volta à cronologia dos acusados.

8 Sabemos que, sejam quais forem as circunstâncias, não é simples para mulheres denunciar casos de estupro, o que poderia explicar o fato de Beatriz ter demorado a dizer que fora vítima desse crime também, especialmente considerando que ela teria noção de que o assunto seria amplamente divulgado pela imprensa.

2 e 3 de julho (noite e madrugada): quartel de Matinhos

Segundo Machado, ele e Bonone intervieram várias vezes durante os depoimentos de Beatriz e Celina, reclamando que o escrivão não estava sendo fiel ao que era dito. Elas estariam tentando relatar as torturas, mas eram impedidas ora pelo escrivão, ora pelos promotores, ora pelo delegado Ricci. Esse seria o motivo da curta duração dos depoimentos de Beatriz e Celina, comparados aos que Osvaldo, Davi e De Paula prestaram naquela noite. Teria sido também por isso que os advogados assinaram os depoimentos anotando "sob protesto" ao lado de seus nomes.

Em seu depoimento no inquérito de investigação de torturas, o promotor Bittencourt deu outra explicação para essa assinatura: os advogados teriam afirmado que "aquele não era horário para se interrogar as presas". O promotor também afirmou não ter sentido cheiro de fezes e urina nas presas e que elas não teriam alegado ter sido seviciadas. O próprio Machado relatou não ter sentido cheiro de urina e fezes àquela altura – cheiro que Bonone alegou ter percebido no fórum –, mas, para os dois advogados, isso tinha uma explicação, como Celina e Beatriz dizem no dossiê:

> CELINA: Quando chegamos em Matinhos, mandaram eu tomar banho. Eu estava toda suja, toda suja de fezes e de urina. Eu tive que tirar a roupa na frente dos policiais, daqueles bandidos. Ali tinham policiais fardados. Era no quartel da polícia. Eu nunca fiquei sem roupa perto de meu marido e tive que ficar pelada na frente de todos aqueles policiais, daqueles *gangsters*.
>
> [choro convulsivo]
>
> Daí veio o capitão Neves. Ele estava também lá na casa da tortura. Eu estava num quarto – alojamento dos militares. Aí o capitão Neves pegou minha mão, torceu para trás, quase quebrando meus dedos, e disse: "Sua vagabunda, fale tudo o que foi combinado na casa, porque você já sabe o que vai acontecer com tua família se não falar". A dor era tão grande que eu estava quase desmaiando. Foi quando chegaram meu irmão e meu sobrinho, que é advogado. Ele ficou em pé e saiu. Eu contei tudo pro meu irmão e pro meu sobrinho. Eles queriam sair e tomar satisfação com o capitão Neves. Eu pedi por favor que não fizessem isso, porque ia ser pior.
>
> BEATRIZ: Eu estava sozinha num quarto. O capitão Neves entrou e me agarrou pelo pescoço, tentando me afogar [sic]. Dizia: "Foi assim que você

fez com a criança? Foi assim que você segurou a criança?". O dr. Silvio Bonone e o Reinaldo, meu tio, entraram, e o dr. Silvio quase entrou em luta corporal com o capitão Neves. Outros policiais impediram e levaram os dois para uma outra sala.

CELINA: Esqueci de contar, doutora, que antes do capitão Neves e do meu irmão e do meu sobrinho, chegou o [coronel Miguel Arcanjo] Capriotti [comandante da Polícia Militar do Paraná na época]. Eu estava sentada numa cama dos soldados, no alojamento. Ele se agachou, porque eu estava chorando muito. Ficou ali, meio ajoelhado, e disse: "O que aconteceu com você, cunhada? Você não está me reconhecendo? Eu sou o Capriotti, sou amigo do Aldo e de tua família. Calma. Eu sei que você não fez nada e que tudo vai ser esclarecido". Eu contei sobre as torturas e ele disse que ia nos mandar com os homens dele. Disse: "Meus homens vão acompanhar vocês até Curitiba. Vão dar segurança a vocês. Tenham calma".

BEATRIZ: Depois fui depor. Eu contei às pessoas que estavam presentes, delegados e promotores, sobre as torturas. Eles não deram atenção e não queriam que isso fosse escrito. Tinha um dos promotores que gritava muito e era sarcástico. Fazia ar de riso quando eu contava sobre as torturas.

No depoimento de Beatriz tal como registrado pelo escrivão, percebemos uma curiosa oscilação entre o elogio ao trabalho de alguns policiais e a acusação de tortura – numa mesma sequência, seu depoimento informa que ela foi "encapuzada, porém tratada com educação e respeito por todos os policiais envolvidos" e "torturada ficando sem roupas, inclusive levando choques". O texto também confirma informações já estabelecidas, como o ritual para a prosperidade na serraria Abagge e o fato de que ela frequentava o centro de Osvaldo, embora informe que "não faz qualquer relação entre a morte do menor e os trabalhos de umbanda realizados no centro".

Quando Celina foi prestar depoimento, estavam presentes, segundo ela, dois delegados e dois promotores, um dos quais falava aos gritos. Os advogados também ficaram na sala, mas não o tempo todo. Quando ela descreveu os abusos, os interrogadores diziam: "Isso não pode ter acontecido", e não permitiam que ela dissesse a palavra "tortura". Em vez de repetir o que a teriam obrigado a dizer na fita, ela afirmou que estava contando "o que realmente havia acontecido".

Depois de interrogadas, as Abagge foram levadas para Curitiba. O primo de Beatriz, o advogado Luiz Cláudio, seguiu o carro da polícia. Ao contrário do que teria prometido Capriotti, elas foram acompanhadas por três dos policiais que as levaram a Matinhos, e não pelos homens da equipe dele. Celina afirmou que reconhecera um dos policiais como um dos torturadores. Havia serração, disse ela, mas o motorista acelerava e ziguezagueava. Beatriz contou que a "viagem foi terrível, os policiais faziam pressão, insultavam e ameaçavam jogar o carro de meu primo no despenhadeiro".

Segundo Celina, eles perguntavam se elas haviam gostado das torturas. Ameaçavam frear e diziam, referindo-se ao advogado Luiz Cláudio: "Vamos fazer esse imbecil despencar na serra". Quando chegaram ao quartel da PM, fizeram-nas darem uma volta no pátio e as levaram para o quartel da Polícia Feminina. Ali, chegaram Sheila Abagge e outros familiares, além do coronel Capriotti. Elas passaram a noite na Polícia Feminina. Segundo Celina, não haviam recebido comida desde que haviam sido presas nem receberiam no dia seguinte.

Enquanto as Abagge eram levadas para Curitiba, perto da meia-noite do dia 2, os outros presos começaram a ser interrogados em Matinhos. Eles contaram como foi em seus depoimentos no dossiê:

> OSVALDO: Depois me levaram pra Matinhos dentro do porta-malas de um carro. Rodou e depois parou na praça. Disseram: "Tem mais de 5 mil pessoas que querem te matar, vamos soltar você no meio dessa gente".
>
> Já era noite. Colocaram o revólver na minha cabeça e faziam "roleta-russa". Diziam: "você sabe o que vai dizer. Conte tudo direitinho porque senão morre. Conte da Celina e da Beatriz".
>
> Em Matinhos, o capitão Neves dizia: "Vai dizer que tinha matado outra criança e jogado no mato".
>
> Não aguentava de fome. De sede. Pedia comida. Pedia água. Eles diziam: "Não tem direito a nada".
>
> Me levaram numa sala e disseram: "Você conhece o Bardelli. Ele participou do ritual". Não. Não. As torturas de novo até que [eu] disse: "Ele participou, sim".

> DAVI: [No quartel da PM em Matinhos] me levaram pros fundos, pra uma sala onde tinha uns biombos. Estava cheia de PMs fardados. Tinha um sargento de cor, que dizia: "Fosse meu filho, eu já tinha matado todos". Dizia que a família dele era daquela religião que nós estávamos denegrindo e que deveríamos morrer.
>
> Daí todos começaram a dar socos, pontapés, chutes. Um dizia que era pra amarrar e para cortar os órgãos. A pressão psicológica era grande.

O medo era grande também. Eu dizia que eu era cunhado do soldado Juarez Alves de Freitas. Eu pedia para chamarem ele, que ele podia investigar tudo de vez, que eu era inocente, que não devia nada daquilo que eles queriam. Eles diziam: "Se ele vier, vai ajudar a te matar".

Daí chegou um policial civil, alto, bem claro, cabelo penteado para cima, tipo encrespado. Nas mãos ele tinha uma maquininha. Puxaram um biombo, onde estava o De Paula, ele estava sentado no chão e no lado tinha dois PMs sem farda. Puxaram o biombo e começaram as torturas.

DE PAULA: Chegando lá [no quartel de Matinhos] me levaram [para] falar com o capitão Neves - sim, eu conheço bem ele -, ele nunca se escondeu como alguns, e todos chamavam ele de "capitão Neves", os outros só quase por apelidos.

Daí o capitão Neves disse que não podia ter todos aqueles [envolvidos] que mandavam eu dizer porque eram nove e ele disse que só eram sete. Tiraram então o nome do [Aniz] Maia e do [Antonio] Costa.

Ali fui colocado na frente do Osvaldo e do Davi. Lá eles estavam torturando o Davi, dentro do quartel. Vi que ele também não aguentava mais de tanto choque que levava.

Daí comecei a não querer mais concordar com eles. Quando eu não quis mais concordar, eles tiraram a maquininha do Davi e vieram colocar em mim. Eu estava deitado no chão, com as mãos algemadas nas costas.

Daí começaram a tortura de choques. É assim: enrolam fios nos dedos das mãos, dos pés, orelhas, pênis, os fios saem de uma maquininha que eles apertam e saem os choques. Ali, naquela tortura no quartel de Matinhos, eu sei os policiais: o Silvestre, um PM de bota de cano alto, moreno, e tinha uns cinco policiais já fardados. Não eram os mesmos das outras torturas.

Sim, eu reconheço quase todos eles. Ali estávamos todos sem venda. Acho que eram mais ou menos onze horas da noite.

DAVI: Punham os fios amarrados nos dedos das mãos e ele rodava uma manivela. Tudo um troço horrível. Um choque... [choro]

Não dá pra explicar. Eles diziam: "Você vai ter que falar. Os outros já falaram. A casa caiu".

Em algumas fitas eu já tinha dito tudo o que eles queriam, tinha acusado como eles mandavam, dona Celina, a Beatriz, o Osvaldo, o De Paula, mas ali no quartel da polícia não disse nada. Disse: "Vocês vão me matar. Eu não vou dizer mais nada".

Depois soube que estavam me preparando para falar com o promotor. Eles diziam: "Não vamos te matar, só deixar meio morto-vivo, porque você vai ter que confessar".

DE PAULA: Ali me levaram para dar um depoimento, a uns 20 metros de onde estávamos, mas dentro do quartel da polícia mesmo. Um pouco antes do depoimento, os dois capitães, o Neves e o Xavier, pegaram nós três e disseram: "Vamos ensaiar mais um pouco o que vocês têm que dizer".

O Capitão Neves forçava a dizer que eram culpadas dona Celina e a Beatriz. Que elas que mandaram matar a criança. Tinha um senhor, aquele que tinha estado nas torturas do segundo rio em diante – moreno, de uns 30 anos, ele estava presente onde o Capitão foi ensaiar. Ele dizia: "Quero ver aquela velha usar máquina de novo".

Não, ali no depoimento não tinha nenhum advogado. Só os policiais e os promotores, não sei se delegados. Mas advogado não tinha. Eles diziam que nós não tínhamos direito a advogado.

De Paula também afirmou que, no quartel de Matinhos, lhe deram duas vezes um líquido para beber, processo que se repetiria na Secretaria de Segurança antes da coletiva de imprensa. O líquido era amarelado, "meio marrento", e ele se sentiu "meio abobado", repetindo mecanicamente o que os policiais lhe diziam. É por isso, segundo ele, que, em seu primeiro depoimento, De Paula afirma, entre outras coisas, que Osvaldo lhe pedira para levar de Curitiba materiais para um ritual, do qual teriam participado também Celina e Beatriz, e detalha como fez os cortes no corpo de Evandro e as motivações financeiras para aquilo.

Depois de De Paula, quem depôs foi Osvaldo Marcineiro, que imaginou que o promotor acolheria sua versão dos fatos. "Tentei dizer pra ele que não tinha feito nada daquilo, que tinha sido torturado", contou no dossiê, mas o promotor teria dito: "Parece que você não está conversando a mesma língua. Será que os policiais vão ter de conversar com você?". O promotor também teria recusado o pedido de chamar um advogado. Osvaldo também disse se lembrar de terem lhe dado um "chá com gosto de caqui verde" assim que chegou ao quartel, antes de sair de carro.

No depoimento redigido consta a data de 2 de julho, e não 3, como deveria estar, pois passava da meia-noite. Nos depoimentos de Davi e De Paula, também realizados na madrugada, a data está correta. O Ministério Público afirma que esse foi um erro de datilografia, mas, em certo momento, a defesa chegou a ensaiar uma argumentação de que isso teria sido uma tentativa de fazer com que esse depoimento parecesse ter sido o primeiro de Osvaldo, prestado na madrugada de 1º para 2 de julho, delatando os outros acusados. A argumentação de defesa, porém, não fazia sentido, tendo em vista que o documento é assinado pelo delegado Ricci e pelo promotor Bittencourt, que chegaram a Guaratuba apenas no dia 2.

De qualquer forma, realmente há trechos que dão a entender que Osvaldo estaria delatando e dando informações da localização de De Paula no momento, o que também é incongruente com os fatos, já que De Paula havia prestado depoimento logo antes. Por outro lado, é possível que De Paula e Osvaldo ainda não tivessem se cruzado naquela noite no quartel de Matinhos. Outra hipótese da defesa é que a maior parte desse depoimento tenha sido montada enquanto Osvaldo era torturado na fortaleza, ainda de manhã, recebendo depois a assinatura dos promotores e do delegado.

Nesse depoimento, entre outras coisas, Osvaldo confirma o ritual e a compensação financeira basicamente como descrito por De Paula e dá detalhes de como teria sido o envolvimento de Celina e Beatriz, inclusive na procura pela criança e na identificação de Evandro.

O último a depor foi Davi. Antes de ser chamado para a sala onde estavam os promotores, ele teria sido torturado e visto De Paula e Osvaldo. Segundo Davi, De Paula tinha escoriações nos braços, os cabelos molhados, a calça e os tênis sujos de barro. A uma pergunta dos policiais, De Paula teria falado que haviam participado do assassinato Celina, Beatriz, Osvaldo, Bardelli e Cristofolini. Quando ele falou o nome de Davi, os policiais disseram: "Então este é o sétimo". Davi teria negado a acusação, segundo seu depoimento no dossiê "Tortura Nunca Mais?":

> DAVI: Eu, ouvindo o De Paula, disse: "Ele está mentindo tudo, isso é mentira! Não participei de trabalho nenhum. Ele está mentindo tudo". Mas eu via que ele não aguentava mais, daí me desesperei. Eu disse: "Ele está pirado, vocês botaram isso na cabeça dele". Daí disseram: "Traga o outro".

Osvaldo estava mancando, algemado, com olheiras, marcas no corpo e sangue nas mãos, segundo Davi. Fizeram a mesma pergunta: "Osvaldo, quem estava com vocês?", e ele deu os mesmos nomes.

DAVI: Dali para frente, eu não sabia mais o que fazer. Disseram: "Vamos falar pela última vez com você. Você vai falar com o promotor e acho bom você falar a verdade. Fale tudo certo e não fique fazendo palhaçada, porque nós temos mandado pra cinco dias, você só está há três aqui, temos mais dois pra você confessar, pra tirar isso de você". Daí continuaram batendo, empurrões, socos.

Mais ou menos às 2h, pelo que Davi se lembrava, ele foi levado para outra sala do quartel, onde estavam os promotores, um escrivão, um delegado e dois PMs fardados, que seriam testemunhas do depoimento. Ele então pediu um advogado a um dos promotores.

DAVI: Ele disse sorrindo com ironia: "Pode deixar que vamos arrumar um bom advogado para você". Daí ele leu um depoimento, acho que era do Osvaldo, ele não disse de quem era. Daí disse: "Você confirma?".

Eu disse pro promotor que era mentira, disse que tinha testemunha pra provar que não fiz isso. O promotor dizia: "Como você pode mentir tão descaradamente? Acho que vou ter que chamar os guardas para eles conversarem com você direitinho, já que você não quer conversar com a gente". Daí veio um dos PM que tinha me torturado e disse: "O que está acontecendo? Você está criando muitos problemas para nós. Os outros já confessaram e você vai ter que confirmar".

Eu disse pro promotor que o que os policiais falaram era mentira, que eu só tinha falado porque não havia aguentado as torturas. Daí um outro promotor disse: "Eu quero ouvir essa mentira, fale". Daí eu disse que estava sendo torturado sem parar, mas eles nem ouviam. Tinha um promotor mais velho e um mais novo. Um era gordo e meio careca. O promotor insistia: "Conte esta mentira, nós queremos ouvir". Daí disseram: "Vamos ter que fazer uma acareação".

Naquela ocasião eu não sabia o que era uma acareação, pensei que era uma outra tortura. Pensei que iam me levar de volta e começar a me bater. Que iam começar tudo de novo.

Fiquei desesperado, daí comecei a dizer tudo o que ele queria, porque minha esperança era o promotor. Mas daí [ele] já não acreditava mais em nada.

De acordo com o relato, o escrivão datilografava o que o promotor ia dizendo e ignorava o que Davi tentava contar. De vez em quando, eles comparavam o que estava sendo escrito com os depoimentos de De Paula e Osvaldo. Davi dizia: "Doutor, não aconteceu assim, não é isso", mas o promotor mandava o escrivão retificar segundo sua própria versão. Quando terminaram, mandaram Davi assinar.

Quando Isabel perguntou se Davi havia lido o depoimento, ele respondeu: “Não li aquele e nunca li nada que assinei. Não sei nada que assinei. Assinei vários papéis. Daí me deixaram em paz. Em parte, acabaram ali as torturas”.

As divergências

Os depoimentos prestados por Osvaldo, Davi e De Paula em Matinhos formam o núcleo de todas as acusações existentes no caso Evandro. Por terem sido feitos perante promotores, têm mais legitimidade do que qualquer uma das gravações feitas pelo Grupo ÁGUIA. Inclusive, isso foi repetido diversas vezes pelos promotores que passaram pelo caso: a convicção da culpa dos sete acusados não foi baseada nas fitas, e sim nos depoimentos formais. Como Celina e Beatriz tiveram confissões registradas apenas em fita cassete e, em depoimentos formais, negaram envolvimento, as confissões dos três homens tornaram-se centrais no caso todo.

Os depoimentos em si são chocantes devido à forma gráfica como descrevem a morte de Evandro e o ritual que teria sido praticado com o corpo. Quando eles são colocados lado a lado, porém, há peças que não se encaixam. Alguns detalhes aparecem em só um dos depoimentos, como o sequestro de Evandro (descrito apenas por Osvaldo) e a limpeza e o destino das vísceras (detalhados somente por De Paula). E há contradições que não foram esclarecidas. Quem encomondou o ritual, Beatriz ou Celina? Segundo De Paula, Osvaldo contou a ele que foi uma encomenda de Celina, mas em seu depoimento, o pai de santo aponta Beatriz como a pessoa que lhe pediu um “trabalho forte”. Quem foi o responsável pelo sequestro de Evandro? Osvaldo disse que foram ele, De Paula, Celina e Beatriz, mas De Paula afirmou só ter ficado sabendo do ritual na hora, sendo convencido a participar após terem lhe oferecido dinheiro. Mesmo a chegada à serraria tem contradições: Davi afirmou ter ido até lá com Osvaldo e Celina, mas tanto Osvaldo quanto De Paula dizem que eles dois foram com Celina e Beatriz, sem citar Davi. Sobre o estado da criança antes do ritual, De Paula cita que Evandro estava amarrado e amordaçado, coberto com um lençol, Osvaldo diz que o menino estava assustado e Davi conta que ele já estava morto.

Quanto ao valor recebido, mencionam-se 5, 7 e 15 milhões de cruzeiros: qual seria o valor real? Davi sabia que uma criança seria sacrificada quando aceitou participar do ritual ou achava que seria morto um bode, como diz em seu depoimento? De onde vieram os alguidares? Por quem e quando o corpo da criança foi levado? Quando e como exatamente a criança foi morta, e por quem? Neste ponto, parece haver uma clara tentativa de Osvaldo e De Paula de jogar a responsabilidade de um para o outro. Duas inconsistências principais chamam a atenção. A semana do assassinato foi uma semana normal de trabalho na serraria Abagge, conforme é possível constatar nas folhas de ponto anexadas aos autos do processo. Então, como seria possível que Evandro tivesse sido levado para a serraria já na segunda-feira de manhã, dia 6 de abril, e nenhum funcionário tivesse notado sua presença – como relata Osvaldo? Há mais uma inconsistência que merece destaque. Osvaldo cita que, em certo ponto, De Paula teria retirado "uma parte dos órgãos genitais da criança". Na fita cassete de confissão das Abagge, Celina chegou a dizer a mesma coisa. O problema é que o corpo encontrado em Guaratuba no dia 11 de abril de 1992 tinha seu pênis intacto.

Na cronologia das prisões, faltam ainda as de Bardelli e Cristofolini, que aconteceram apenas no dia 3. Vamos a elas, conforme os relatos dos dois envolvidos.

3 de julho (manhã): Guaratuba e Matinhos

Quando Celina e Beatriz foram presas, na manhã do dia 2, o gerente da serraria, Airton Bardelli, como era homem de confiança de Aldo Abagge, recebeu a incumbência de levar os filhos de Beatriz para Curitiba. No dia 3, já de volta, ele ficou sabendo que policiais militares o tinham procurado, mas não se preocupou. A pedido do prefeito, Bardelli tinha dormido na casa dos Abagge, assim como Bruno Stuelp, contador da família, quando sua esposa avisou que os PMS estavam em busca dele. Segundo Bardelli, eram cinco policiais. Uma parte deles o conduziu de carro para o quartel de Guaratuba, enquanto os demais levaram a caminhonete do prefeito, que estava com Bardelli.

Logo que chegou, um policial, que ele acreditava ser o delegado, pediu a ele que falasse o que sabia sobre o caso Evandro. Como Bardelli afirmou não saber de nada, foi levado para o banheiro do quartel e mandaram-no tirar a roupa, conforme seu relato. Enrolaram seu corpo com um pano de chão e o empurraram para debaixo do chuveiro. Segundo Bardelli, foi nesse momento, enquanto ele estava deitado com a cabeça debaixo do chuveiro aberto, que começaram a bater no seu rosto e no seu ombro com um pano molhado. Sem conseguir respirar, ele tentava pedir que parassem, mas os policiais – cinco ou seis, segundo ele – repetiam: "Conte o que você sabe", e ameaçavam libertá-lo no meio da multidão enfurecida.

Depois de um tempo que ele não soube precisar, mandaram-no se vestir e o levaram para o quartel de Matinhos, onde a tortura continuou, conforme conta, e ele foi confrontado com De Paula:

> BARDELLI: Chegando em Matinhos, me puseram num quarto e começaram a me dar tapas nos ouvidos. Com as mãos abertas. Eu gritava e pedia pelo amor de Deus. Dizia que não sabia de nada.
>
> Não lembro bem se eram os mesmos policiais. Sei que alguns eram os mesmos que haviam me torturado em Guaratuba. Acho que só consigo identificar uns dois, os outros não.
>
> Daí trouxeram o De Paula, que falou que a casa tinha caído, que era pra falar tudo. Eu disse: "Você está brincando. Eu não sei de nada. Não participei de nada. De crime nenhum".

De Paula então teria acusado Bardelli de ter pagado 7 milhões pelo assassinato, metade em dinheiro e metade em cheques da firma. De acordo com Bardelli, nem ele nem a firma tinham conta bancária, por isso não trabalhavam com cheques. Então, tiraram De Paula da sala e começaram a dar chutes no peito e entre as pernas de Bardelli. Ele disse ter ficado com a virilha e o peito roxos por muito tempo. Em seu depoimento no dossiê "Tortura Nunca Mais?", quando lhe perguntam por que não há registro das marcas de tortura, Bardelli responde:

> O [Instituto] Médico Legal não registrou porque nunca fui examinado por nenhum médico. Nem advogado tinha. Só tive advogado quando vim pra Curitiba. [...] As marcas foram desaparecendo depois de muito tempo. Depois de muitos dias preso e de ter sofrido tudo que é tortura foi que tive advogado.

De fato, não há, nos autos do processo, o registro de exame de lesões corporais de Bardelli, o que seria um indício de que ele não tenha sido submetido à avaliação de um perito. Já sua outra afirmação – de que não foi acompanhado por um advogado – não condiz plenamente com os autos. No seu depoimento oficial prestado às 21h10 do dia 3 de julho no quartel de Matinhos, há a menção e a assinatura de Bonone. Contudo, essa foi a única vez que Bonone acompanhou Bardelli e, depois disso, ele de fato ficou um tempo sem advogados.

Outro que foi preso na manhã do dia 3 de julho foi Francisco Sérgio Cristofolini. Segundo seu depoimento no dossiê, ele estava no bar do sogro quando três homens chegaram perguntando por ele. O vizinho de Osvaldo se apresentou, e os homens pediram a ele que os acompanhasse num Escort branco para prestar depoimento. No entanto, não foram diretamente para o quartel, conforme ele contou.

> CRISTOFOLINI: Daí eles perguntaram onde era a casa do Osvaldo. O centro. Levei eles até lá. Queriam entrar, mas a chave estava com a esposa dele, a Andrea. Fomos buscar a chave e voltamos ao centro.
>
> Eles deram uma geral completa na casa. Disseram que tudo confirmava com o que o Osvaldo tinha falado.

Dali, disse Cristofolini, ele foi levado para o quartel da PM de Matinhos, onde foi interrogado sobre Osvaldo e as pessoas com quem o pai de santo andava. Nessa hora ele ainda estava sendo bem tratado. Em certo momento, viu Bardelli e notou que este estava algemado. Então, um policial à paisana teria dito: "Você aí, lembro que uns oito anos atrás você me bateu". Apesar de dizer que não se lembrava da briga, Cristofolini levou um "telefone".

> CRISTOFOLINI: Eu estava sentado, o soldado, em pé, abria os braços e vinha com as mãos abertas, com toda a força, bater na cabeça. Dali fomos, o Bardelli junto, levados para o almoço. Quando íamos nos servir, tiraram o Bardelli. Eu continuei e almocei.
>
> Fiquei conversando com os militares. Eles pediram que eu ficasse aguardando até a chegada do delegado Noronha.

Enquanto Bardelli e Cristofolini eram interrogados em Matinhos, os três presos que já tinham confessado foram levados para o quartel da PM de Curitiba. Num carro iam Davi, De Paula e três policiais, um dos quais identificado por De Paula como capitão Xavier. Em outro carro, Osvaldo teria ouvido um policial falar: "Estou em contato. Avisem o homem que tudo está conforme o combinado. Prepare a imprensa que vamos indo".

Quando estavam na barca para Curitiba, um policial teria perguntado a Osvaldo se havia mais um participante, mas outro o interrompeu: "Esqueça a pergunta que já temos os sete". Outro ainda teria dito: "Somos do Grupo ÁGUIA, especialista em matar. Teve criança brincando com vocês porque o tigre é bicho nojento que se arrasta. Nós somos águia, que sobrevoa tudo". Então começaram a pressioná-lo, segundo Osvaldo, a dizer que a Polícia Civil fora paga para encobrir a morte do menino e que ameaçaram matá-los: "Vamos levar vocês pra imprensa. Se vocês falarem uma coisinha errada, vamos soltar vocês e vamos dizer que tentaram fugir e vão ser mortos".

Os três chegaram ao quartel da PM em Curitiba ainda na manhã do dia 3, e os policiais os mandaram fazer "um ensaio".

> DAVI: Estava muito frio, eu estava só de shorts e camisa, porque quando fui preso ia dormir. Ninguém tinha agasalho, nem os outros. Também passei muita fome. Nas torturas, também não davam comida. Ali, os três fomos ensaiar. Eles diziam: "Vocês vão ter que acusar as mulheres, Celina e Beatriz. Porque, se vocês não acusarem, isso vai se tornar muito mais doloroso para vocês do que para nós. Vocês vão acusar a Celina e a Beatriz. Não esqueçam".

Osvaldo também menciona o ensaio:

> OSVALDO: No quartel fizeram treinar o que íamos dizer pra imprensa. Faziam perguntas: "Que vocês fizeram com a criancinha?" "Como vocês cortaram?" "Se vocês não falarem pra imprensa pelo menos umas dez vezes o nome da Celina e da Beatriz, estão mortos".

Segundo Davi, mais uma vez lhes deram para beber um "chá claro, com gosto de caqui verde" e ameaçaram dar choques com a mesma "máquina da verdade" que usaram em Matinhos. Dali foram levados para a Secretaria de Segurança, novamente Osvaldo num carro separado dos outros dois. Depois chegaram Beatriz e Celina, que reconheceu policiais que a teriam torturado:

CELINA: Ali estavam todos os homens que nos torturaram. Foram eles os gangsters que nos levaram, e não os que o Capriotti disse que nos levariam. Ali estavam os três: Osvaldo, De Paula e Davi.
ADVOGADA: A senhora conhecia bem os três?
CELINA: Não, eu acho que só tinha visto cada um deles umas duas vezes. Eu nunca entrei no centro deles. Nunca quis que a Bea frequentasse o centro. Eu tinha medo dessas coisas e Guaratuba é um lugar pequeno. Não ficava bem ela ir àquele local. Como eu tinha medo, vivia pedindo para o padre Adriano conversar com a Beatriz e ele ia quase todos os dias lá em casa para conversar com ela. Ele dava livros para ela ler. E ela dava livros espíritas para ele conhecer. Eu não gostava que ela frequentasse o centro espírita, apesar de que ela nunca ia sozinha. Eram pessoas de família boa que frequentavam o centro. Mas eu não queria que ela frequentasse.

Depois, na secretaria apareceu a mãe do Guilherme Tiburtius e disse: "Sabem quem eu sou? Eu sou a mãe do Guilherme. Onde está meu filho, suas vagabundas? Onde você pôs ele, sua vagabunda?".

Eu rezei muito pelo Guilherme, sofri com a dor da mãe quando do desaparecimento dele.

Nesse momento estavam também os outros três, Osvaldo, Davi e De Paula. Os policiais falavam com eles e davam alguma coisa para eles beberem. Achei que era café. Mas eles, os três, também não olhavam para nós.

Daí assinamos uma procuração para o dr. Dálio. O coronel Capriotti veio e disse: "Elas ficam aqui e os três vão para a sala de imprensa".

Antes de falarem com a imprensa, Osvaldo, Davi e De Paula teriam sido novamente torturados. Segundo Osvaldo, eles foram levados para o banheiro da secretaria, onde lhes disseram: "Lembrem-se dos detalhes das fotos. Não esqueçam nada. Digam tudo direitinho, senão morrem". Teriam recebido socos no estômago e em outras partes do corpo e, mesmo perto da imprensa, sido segurados pelos policiais com violência e levado cotoveladas.

OSVALDO: Pedimos advogado. Disseram que não tínhamos direito. Perguntei na Secretaria: "Por que sou obrigado a falar, e a dona Celina e Beatriz não?". Disseram: "Porque você não tem advogado, elas têm".

De Paula lembrou-se de um detalhe importante: a autorização para falar para a imprensa. No quartel de Curitiba, sob tortura, mandaram que assinassem um papel em branco, que "era pra dizer que tínhamos chegado bem":

VICENTE: A gente não queria falar com a imprensa. Daí [perguntamos]: "Por que elas, dona Celina e Beatriz, não tinham falado?". Daí eles disseram: "Vocês acreditam em contos de fadas? Vocês já assinaram um papel autorizando". Daí fizeram a gente assinar mais um papel. Nunca deixaram ler. Era só pra assinar. Daí tivemos de repetir o que eles queriam. Eu nem sabia bem o que falava. Parecia que estava dopado.

Em seu depoimento no dossiê, Davi explicou melhor o efeito do tal chá:

DAVI: A senhora veja, eu fui preso dia 1°, quase à noite, passei a noite toda, o dia seguinte, mais uma noite e mais um dia. Acho que duas noites e dois dias, e já estava no outro dia, sem tomar sequer um cafezinho, a não ser o chá. Dois antes e outro na secretaria, naquele dia. Eu tenho certeza que a dona Celina me viu tomando o chá, na secretaria. Eu estava com muita fome. Com sono. Cansado. Eu não aguentava mais de tanto apanhar.

Depois que tomei o chá, fiquei quase paralisado. Sentia uma compressão na cabeça. Uma moleza, uma coisa estranha, que não dá pra explicar. Quando a gente bebe, fica meio desligado.

Dentro do elevador, um policial disse: "Para a imprensa vocês vão ter que falar tudo direitinho, porque vocês viram aquele povo lá fora. Se a gente soltar vocês no meio dele, não vai sobrar nem merda. O povo vai trucidar vocês".

Daí fomos pra sala de imprensa, no meio dos policiais.

Eu disse: "Não vou falar nada".

Eles disseram: "Se vocês não acusarem as mulheres, vai ser pior. As mulheres têm dinheiro. Elas vão sair amanhã e vocês vão pagar o pato". Eu pedia advogado, eles diziam: "O advogado de vocês é o capeta".

Se a senhora puder ver a gravação da televisão, vai ver que tem um policial atrás de mim. Ele estava com a mão me cutucando e dizendo: "Vai falar tudo".

Me disseram que eu falei um monte de besteiras. Eu nem lembro o que eu disse. Me falaram que eu estava chorando. Eu não lembro de nada. Foi um sonho, uma coisa de outro mundo. Digo pra senhora que nem sei o que eu disse na televisão. Eu não estava em mim, estava abobado.

Na manhã de 3 de julho de 1992, na Secretaria de Segurança Pública de Curitiba, Osvaldo, Davi e De Paula davam sua coletiva para jornalistas do Brasil todo, na presença de pais de crianças desaparecidas no Paraná. Naquele mesmo dia, o advogado Zippin, que conseguiu impedir que as Abagge fossem apresentadas à imprensa, deu entrevistas afirmando ter requisitado que elas fossem submetidas a exames de lesões corporais, pois teriam marcas pelo corpo indicando a prática de tortura.

6. Lesões e acareações

No vídeo gravado pelo Grupo ÁGUIA no IML de Curitiba no dia 3 de julho, além das confissões de Osvaldo, De Paula e Davi, é possível ver as Abagge em alguns momentos. Primeiro, Beatriz é colocada contra uma parede, trajando uma roupa diferente das que vemos no vídeo do dia 2 de julho. O mesmo ocorre com Celina. Alguém da família levara uma muda de roupas limpas para elas na noite anterior, ainda no quartel de Matinhos. Vemos também várias pessoas nos corredores, a maioria policiais do ÁGUIA e alguns da Polícia Civil. E então, em certo ponto, vemos Beatriz saindo de uma sala. Quem a acompanha é uma mulher fardada. Seu nome é Elidalva de Mattos Marques, na época soldado da Polícia Militar da Secretaria de Segurança Pública.

Nenhum dos cinco laudos de exames de lesões corporais registra o horário exato em que ocorreram. Naquele dia, no IML, havia dois médicos de plantão: Raul de Moura Rezende e Manabu Jojima. Eles atendiam juntos, revezando-se na assinatura dos laudos.

Na época, os laudos de lesões corporais eram padronizados e deviam abranger cinco quesitos principais. Primeiro, indagava-se se havia ofensa à integridade corporal ou à saúde da paciente (ou seja, se havia lesões visíveis). Segundo, qual instrumento ou meio teria produzido a lesão. O terceiro quesito pedia que se especificasse se a lesão fora produzida "por meio de veneno, fogo, explosivo, asfixia ou tortura, ou por outro meio insidioso ou cruel". O quarto pedia que se respondesse se a lesão teria como resultado "incapacidade para as ocupações habituais por mais de trinta dias, ou perigo de vida, ou debilidade permanente de membro, sentido ou função". Por fim, o quinto perguntava se o resultado seria "incapacidade permanente para o trabalho, ou enfermidade incurável, ou perda ou inutilização de membro, sentido ou função, ou deformidade permanente".

Durante um exame de lesões corporais, espera-se que a pessoa a ser examinada primeiro cite quaisquer lesões que tenha no corpo (primeiro quesito) e, caso tais marcas tenham sido resultado de tortura, avise o examinador. Ele deve, então, registrar no laudo o terceiro quesito como positivo.

Nos laudos de Celina e de Beatriz, lemos o seguinte:

> CELINA
>
> EXAME: Ao exame ora realizado, apresenta: uma escoriação recoberta por crosta hemática, de forma irregular, medindo meio milímetro em sua maior extensão, situada na região esternocleidomastoidea direita.[9]

> BEATRIZ
>
> EXAME: Ao exame ora realizado, apresenta: a) duas escoriações de forma e tamanhos irregulares, medindo a maior delas um centímetro em sua maior extensão, localizadas na face dorsal das falanges proximais de ambos polegares; b) escoriação recoberta por crosta hemática, em forma semicircular, medindo quatro centímetros em sua extensão, localizada verticalmente sobre o canto externo do olho direito.

São lesões pequenas, mas que funcionariam como indícios das torturas que, nos depoimentos formais em Matinhos, elas relatavam ter sofrido. As marcas nos polegares de Beatriz, por exemplo, poderiam ser provenientes dos choques elétricos que dizia ter recebido ainda na chácara. Tendo isso em vista, Raul de Moura Rezende, que assina os laudos de ambas, registrou como positivo o primeiro quesito. Ou seja, havia lesões. Contudo, o médico também registrou nos laudos de mãe e filha:

> HISTÓRICO: No dia três de julho de mil novecentos e noventa e dois, compareceu no Instituto Médico Legal, escoltada por agentes de segurança da Polícia Civil e policiais militares, para submeter-se a exame de lesões corporais. Relata ainda que *mediante orientação de seu advogado nega-se a dar qualquer informação sobre o fato ocorrido.*

9 Esternocleidomastoideo é o músculo na lateral do pescoço. A crosta hemática é resultado do início da cicatrização de um ferimento. Ou seja, uma crosta de sangue indo do início do osso esterno até a mandíbula, passando pelo pescoço.

Por isso, no terceiro quesito, que funcionaria como registro da afirmação de que as lesões apontadas seriam resultado de tortura, foi assinalado "Não". No dossiê "Tortura Nunca Mais?", elas contariam o exame da seguinte forma:

CELINA: Ficamos no IML durante muito tempo com a esperança de que iriam nos examinar e verificar as marcas da tortura. Mas isso não aconteceu. [Nesse momento, Celina, que já chorava desde o início do depoimento, começou a chorar convulsivamente e não teve condições de prosseguir.]

BEATRIZ: O médico apenas nos olhou e perguntou se eu tinha alguma marca. Eu não tinha advogado [naquele momento]. Estava com os policiais todos junto, inclusive sofrendo ameaças. Não tinha como falar com o médico. Eu só mostrei os dedos, sequer tirei a roupa. Tentava por gestos fazer com que ele examinasse o meu corpo todo, isso quando os policiais não estavam olhando. Mas o médico só anotou: "leves escoriações no rosto", porque estava sangrando.

Doutora, lembro que, quando eu estava voltando da casa da tortura para Guaratuba, já tinham tirado a venda. Um policial, vendo o meu rosto sangrando, disse: "O que é isso? Você se machucou na minha cinta". Quando estavam filmando na sala de audiência de Guaratuba, me mandaram dizer isso na frente do secretário Moacir Favetti. Eu disse o que o policial me mandou. Se ali me mandassem eu assinar qualquer coisa, ou dizer qualquer coisa, em frente a um monte de gente, em Guaratuba, eu faria – de tanto medo. Eu estava tonta, quase desmaiando. Eu diria tudo o que eles quisessem.

Em todos os depoimentos posteriores, as Abagge repetiram que os torturadores estavam perto delas enquanto realizavam os exames e que o médico não as examinou direito. Mas, nos júris, os promotores sempre apontavam o que consideravam uma contradição: se elas queriam registrar as torturas que teriam sofrido, por que permaneceram caladas durante o exame de lesões corporais e afirmaram que essa teria sido uma orientação de seu advogado?

A situação fica ainda mais estranha quando comparamos as declarações que Zippin deu na época a diversos veículos de imprensa, afirmando que suas clientes foram torturadas, com o que ele viria a me dizer em 2016, quando conversamos, dois anos antes de ele morrer. Em 1992, a alegação de tortura consta de maneira explícita inclusive no pedido de exames de lesões corporais assinado por ele. Na nossa conversa, após dizer que já se passara muito tempo e que sua lembrança dos fatos podia não ser das melhores, Zippin afirmou que as Abagge jamais relataram a ele terem sido torturadas fisicamente. "Houve tortura psicológica, física não. O máximo foi obrigar a Beatriz a tirar a roupa para ela se sentir ameaçada de um estupro", ele disse. Comentou também que provavelmente orientara as Abagge a não falarem nada nos exames porque naquele momento ainda não conhecia o caso por inteiro e tinha receio de que elas pudessem ser prejudicadas por algo que falassem - mas, como se pôde observar, foi exatamente isso que aconteceu quando elas, em tese, atenderam à orientação.

Como explicar as várias declarações do advogado para a imprensa afirmando que suas clientes haviam sido seviciadas? Teria ele mentido na época? Ou teria ele falado a verdade e mudado a versão depois? Infelizmente, ao perceber essa contradição assistindo a suas entrevistas de 1992, não tive oportunidade de verificar isso com ele. Uma explicação que encontro é que sua memória o traíra, embora eu imagine que seja uma informação relevante o suficiente para não ser esquecida. Talvez houvesse uma mágoa por trás disso. Em certo ponto de nossa conversa, ele me relatou que foi afastado do caso muito pouco tempo após assumi-lo, e isso teria se dado de uma forma não muito amigável. No dia 22 de julho de 1992, apenas dezenove dias após terem contratado os serviços de Zippin, as Abagge assinaram uma requisição pedindo o desligamento do advogado. Cinco dias depois, no dia 27, ele escreveu um ofício renunciando aos poderes que elas lhes outorgavam e as acusando de não confiar nele. Não sabemos o que houve nos bastidores, mas podemos supor que a família Abagge estivesse descontente com a atuação de Zippin no encaminhamento das alegações de torturas. Sua recomendação de que elas ficassem em silêncio durante os exames pode ter sido a gota d'água.

Naquele mesmo dia, as Abagge formalizaram a contratação dos advogados Corrêa Filho e Drummond de Carvalho. No dia seguinte, dia 28, elas tiveram a audiência com a juíza Anésia em que detalharam os abusos que teriam sofrido. Um mês depois, a defesa entrou com o pedido para a investigação das torturas.

* * *

Outros elementos, além do silêncio no exame de lesões corporais minariam a defesa das Abagge, especialmente os depoimentos dos médicos Raul de Moura Rezende e Manabu Jojima, em abril de 1994, durante o inquérito que investigou as alegações de tortura. O teor dos depoimentos dos dois é idêntico, variando apenas em detalhes, em sua maioria, fornecidos por Raul.

Ambos narraram que a primeira a ser examinada foi Celina e que ela não disse nada quando indagada sobre lesões no seu corpo. Só quando perguntaram pela terceira vez ela teria se pronunciado, falando que ficaria quieta por orientação de seu advogado, o que foi registrado no laudo. Apesar disso, eles afirmaram que fizeram um exame minucioso, "inclusive entre os dedos das mãos e dos pés", e que encontraram apenas as marcas registradas no exame. Segundo eles, Celina vestia apenas uma espécie de camisolão e uma calcinha, o que lhes permitiu analisá-la com atenção.

Beatriz foi examinada em seguida. Assim como a mãe, quando questionada sobre lesões, teria ficado calada, respondendo apenas após ouvir a pergunta pela terceira vez: "Meu advogado mandou o senhor olhar aqui", teria dito, apontando o rosto, "e também aqui", mostrando os polegares. Os médicos relataram ter procedido da mesma forma como haviam feito com Celina: deixaram Beatriz de calcinha e examinaram todo o seu corpo, não encontrando mais nenhuma lesão digna de nota.

Também contradizendo um relato de Celina, os médicos disseram que não havia nenhum policial homem na sala. Elas estariam acompanhadas apenas pela policial Elidalva, que prestaria depoimento no dia 16 de junho de 1994. De acordo com ela, as Abagge de fato ficaram praticamente nuas durante o exame, foram examinadas minuciosamente e não falaram muito.

Ao analisarmos o inquérito de investigação de torturas, fica claro que os depoimentos dos médicos acabaram sepultando os esforços das Abagge para provar que haviam sido seviciadas. Ainda assim, os advogados delas tentaram outros caminhos. Nos pouco mais de dois anos do inquérito, o promotor que acompanhou a maior parte das etapas foi Cioffi, o mesmo responsável pela acusação contra os sete presos. Isabel, na época à frente do Conselho Municipal da Condição Feminina, entendia que a constante presença dele poderia atrapalhar o andamento do inquérito. Por isso, tentou retirar a investigação da esfera estadual e levá-la para uma instância federal. Foi nesse momento que o promotor elaborou uma requisição à juíza de Guaratuba, datada de 11 de fevereiro de 1994, na qual declarava que o Ministério Público Estadual seria o "maior interessado no esclarecimento dos fatos em investigação". Nesse ofício, Cioffi pedia à autoridade policial uma extensão do prazo para conclusão do inquérito, a fim de ouvir os médicos-legistas, o que ocorreu dois meses depois, em abril.

No mês seguinte, no dia 25 de maio, Cioffi foi substituído por Elaine Sanches, que três meses depois pediria o arquivamento do inquérito, o que foi acatado pelo juiz substituto de Guaratuba na ocasião, Ivo Faccenda. No fim daquele ano, no dia 27 de dezembro, a Secretaria de Estado da Segurança Pública emitiu um relatório final acerca do processo. Na sua oitava e última página, um trecho reitera que as Abagge optaram, no exame, por não falar nada, e que isso era "no mínimo, incompreensível" e comprometeu a abrangência dos laudos.

Apesar da conclusão do processo, a tese da tortura estava longe de ser deixada de lado. Afinal, a presença de Osvaldo Marcineiro na fita de confissão das Abagge contradiz as declarações dos policiais sobre a prisão delas. Isso, porém, não foi explorado devidamente no inquérito de torturas, comandado pelo delegado Soccio e acompanhado por Cioffi.

No júri de 1998, quando as Abagge foram julgadas em São José dos Pinhais, a defesa explorou as inconsistências do inquérito. Para tanto, voltaram a convocar como testemunhas os médicos-legistas. Entretanto, um dia antes de depor no Tribunal do Júri, Raul de Moura Rezende se matou com um tiro na cabeça, em frente ao túmulo de seu pai. Em sua carta de suicídio, declarava que "não aguentava mais a pressão". Até hoje, o acontecimento é capitalizado tanto pela defesa quanto pelos promotores, uns dizendo que Raul se matou por não aguentar a culpa de não ter denunciado as torturas, outros apontando o suicídio como um indício de forças políticas atuando para dificultar a vida do médico.

Até onde pude apurar, nenhuma dessas versões parece ser a verdadeira. Para preservar a família e a memória de Raul, não entrarei em detalhes, mas conversei com um familiar do médico que me informou que Raul passava por uma depressão profunda e que uma situação familiar agravava sua doença. Cheguei a perguntar se ele acreditava que a proximidade do júri poderia ter sido a gota d'água. A pessoa afirmou achar isso difícil: "O copo ia transbordar independente disso".

Apesar da tragédia, Manabu Jojima compareceu ao julgamento. Reafirmou tudo o que dissera no inquérito de investigação de torturas, enfatizando que eles não encontraram qualquer indício de sevícias. Mas, dessa vez, os advogados de defesa desenvolveram uma estratégia: passaram a descrever torturas narradas por suas clientes e perguntar se havia a possibilidade de não deixarem marcas. Chegaram a perguntar que tipo de marca um estupro deixaria. Jojima respondeu que seria, sim, possível que as torturas descritas não produzissem lesões visíveis, especialmente o estupro.

Durante todo o processo do caso Evandro, a defesa das Abagge buscou construir a tese da tortura. Não se pode dizer o mesmo da defesa dos demais acusados, a quem nunca foi aberta uma investigação sobre torturas. Isso pode ter sido prejudicial não apenas para eles, mas também para Celina e Beatriz. Restaram, assim, somente os relatos, registrados principalmente no dossiê de Isabel.

Em um deles, De Paula conta como foi seu exame de lesões corporais no IML, também no dia 3 de julho de 1992:

> DE PAULA: Lá não fomos examinados de verdade. Eu disse pro médico que estava todo machucado. Que estava com as pernas machucadas. Que estava com os dedos, as mãos e o peito com queimaduras de cigarros.
>
> É, esqueci de lhe dizer, dra. Isabel, que, durante as torturas, tinham uns policiais que queimavam com cigarro. Veja, ainda dá pra ver alguns sinais das queimaduras.
>
> [De Paula mostra alguns sinais escuros, um pouco mais que a pele, nos dedos das mãos.]
>
> Daí o médico disse que aquilo tinha sido feito por nós mesmos.
>
> Mostrei também os outros sinais das torturas. Ele disse que eu não tinha nada. Só anotou que eu tinha um ferimento no peito. Eram queimaduras de cigarros e ali nos ombros também.

Osvaldo e Davi afirmaram que os policiais entraram com eles no IML e que, por isso, não puderam dizer ao médico que suas lesões eram fruto de tortura. Osvaldo Marcineiro teria uma grande marca no braço direito produzida pela tortura. Segundo seu relato, o médico perguntou o que era aquela marca, e ele se viu obrigado a responder que tinha sido feita num jogo de futebol. Assim como as Abagge, os homens não afirmaram, durante o exame, que as lesões registradas, bem mais evidentes que as delas, eram fruto de tortura. E, para tornar a situação ainda mais curiosa, os três teriam aproveitado o momento do exame para reforçar a confissão do assassinato, algo incomum. Diz o laudo:

VICENTE DE PAULA FERREIRA

HISTÓRICO: Compareceu escoltado por policiais civis relatando que no dia sete de abril do corrente ano, por volta das vinte e uma horas, participou de um ritual de umbanda numa serralheria [sic], localizada na cidade de Guaratuba, onde foi sacrificado um menor do sexo masculino. Que foram retirados os órgãos internos, orelhas, olhos, mãos e dedos do pé.

EXAME: Ao exame ora realizado, apresenta: a) várias escoriações de pequenas dimensões, medindo a maior dois centímetros de extensão, localizadas nas faces anteriores da região deltoidianas; b) várias escoriações de aspectos lineares, medindo a maior um centímetro de extensão, localizadas na face anterior do abdome; c) várias escoriações de formas irregulares, medindo a maior dois centímetros de extensão, localizadas nos joelhos.

RESPOSTAS AOS QUESITOS:

Ao primeiro [há lesões?] - sim.

Ao segundo [o que as causou?] - instrumento contundente.

Ao terceiro [foram causadas por tortura?] - não.

DAVI DOS SANTOS SOARES

HISTÓRICO: Compareceu escoltado por policiais civis relatando que participou de um ritual de candomblé no dia sete de abril do corrente ano, por volta das vinte e uma horas, onde foi sacrificado um menor do sexo masculino. Que presenciou a cerimônia onde foram retiradas as vísceras, mãos, olhos, orelhas e dedos do pé. Após, separaram-se, não tendo seguido o destino do cadáver.

EXAME: Ao exame ora realizado, não constatou o perito qualquer ofensa a integridade corporal ou a saúde do examinando.

RESPOSTAS AOS QUESITOS:

Ao primeiro [há lesões?] - não.

Ao segundo [o que as causou?] - e demais: respostas prejudicadas.[10]

10 Como o laudo não aponta lesões, a segunda e a terceira questão não têm como ser respondidas.

OSVALDO MARCINEIRO
HISTÓRICO: Compareceu escoltado por policiais civis, relatando que no dia sete de abril do corrente ano, por volta das vinte e uma horas, participou de um ritual de candomblé[11] (trabalho de corte) numa serralheria [sic] localizada na cidade de Guaratuba, onde foi sacrificado um menor do sexo masculino. Que foram retirados os órgãos internos, orelhas, olhos, mãos e dedos do pé.
EXAME: Ao exame ora realizado, apresenta: a) várias escoriações de formas lineares, paralelas entre si, medindo a maior doze centímetros de extensão, localizadas na região lombar no sentido da esquerda para a direita de cima para baixo; b) equimose de cor violácea, de forma irregular, medindo cinco centímetros de extensão localizada na face postero-medial do terço inferior do braço direito.
RESPOSTAS AOS QUESITOS:
Ao primeiro [há lesões?] - sim.

Ao segundo [o que as causou?] - instrumento contundente.

Ao terceiro [foram causadas por tortura?] - não.

Ou seja, nos casos em que foram identificadas lesões, elas só seriam apontadas como "causadas por tortura" caso os examinados informassem isso. Mas, por orientação da defesa ou receio dos policiais, os acusados não falaram em tortura - ou, no caso de De Paula, que diz ter falado, o médico não acreditou, segundo seu relato. Por isso, depois dos exames, os presos, inclusive Celina e Beatriz, foram encaminhados à Prisão Provisória do Ahú sem qualquer expectativa de que a situação pudesse melhorar. Os homens ficaram seis dias no Centro de Observação Criminológica e Triagem (COT) do presídio, onde teriam sido novamente torturados, segundo relatou Osvaldo:

OSVALDO: No COT fomos de novo torturados e lá obrigaram a dar uma entrevista pra imprensa, com a Dulcinéia Novais [sic] [repórter da Globo no Paraná], e obrigaram a dizer tudo de novo.

Fomos torturados e jogaram um líquido no rosto. Queimava.

Um preso, Melanski, disse: "Digam que vocês mataram...". Não dava pra aguentar.

11 Umbanda, citada no laudo de De Paula, e candomblé, no de Davi e Osvaldo, são religiões diferentes, mas que se "cruzam" em alguns terreiros. É comum no processo do caso Evandro que os dois termos sejam usados quase como sinônimos, mesmo por parte dos acusados, mas principalmente nas falas de acusadores. Vale também ressaltar que, independentemente das práticas (cruzadas ou não), não há sacrifício humano em ritos afro-brasileiros.

Se a senhora vir dona Celina, diga pra ela que não aguentamos, que sabemos quanto elas sofreram também e que desculpe... elas são inocentes.

Beatriz afirmou que, no presídio, um "policial barrigudo me dava socos nas costas, nos braços e na minha mãe" e dizia: "Bem-vindas ao inferno. Nova residência da primeira-dama". Dali foram encaminhadas, ainda no dia 3 de julho, para a Penitenciária Feminina, e no caminho continuaram a levar socos. Na entrada, ainda conforme seu relato, uma guarda intercedeu: "Aqui não. Aqui você não vai bater em ninguém".

BEATRIZ: Aqui dentro da penitenciária nunca houve violência. Pelo contrário, somos bem tratadas. Podemos trabalhar em artesanato, o que nos ajuda muito. Recebemos nossos familiares em dias certos de visita e podemos escrever cartas.

No dia 6 de julho, elas foram levadas ao Presídio do Ahú para fazer uma identificação. Segundo Beatriz, lá ordenaram que elas tomassem banho nuas na frente dos policiais e, apesar do frio, não deram toalha para elas se secarem.

BEATRIZ: Mandaram colocar um pijamão, que depois soubemos que chamam de "pega-louco". Ficamos quase o dia todo viradas para a parede, só com aquele pijama e descalças. Até que fomos chamadas.

Tiramos fotos, passamos por uma entrevista com psicóloga e assistente social. Contamos para elas todas as torturas. Fazia um frio enorme – era inverno. Ficamos o dia todo com os pés no chão, sem agasalho, até que tivéssemos passado por todos os setores.

No próximo dia 2 de julho fará um ano que começou o nosso suplício.

Hoje não sofremos mais torturas físicas, mas o sofrimento aumenta a cada dia porque continuamos sem saber o que vai acontecer, o que querem de nós e se vamos continuar pagando por um crime que nem acreditamos que tenha acontecido.

Ainda no dia 3, enquanto Beatriz, Celina, Osvaldo, De Paula e Davi eram encaminhados para o presídio, Bardelli e Cristofolini depunham no quartel de Matinhos.

BARDELLI: Daí eu já estava com um capuz – tipo saco de estopa. E ali passaram a me dar afogamento e choques no chão molhado. Eu estava sem roupa. Eram vários os torturadores. Nem sei quantos. Também não sei quanto tempo me torturaram.

Eu gritava sim.

Um soldado que ficou me mandou vestir a roupa e depois deu almoço pra mim.

O Cristofolini estava perto. Viu como eu estava.

Depois fiquei sem ser torturado o resto da tarde.

À noite, um rapaz da P2, à paisana, entrou e perguntou se eu e o Cristofolini estava [sic] sem ficha na polícia. [Eu] Disse que nunca tinha tido. Então ele disse que iam levantar a ficha e se não tivesse nada iam liberar nós.

Depois veio o pessoal de Curitiba conversar. Queriam saber o que que nós sabíamos. Eu não sabia de nada.

Daí fomos levados para dar depoimento na Delegacia de Matinhos. Estava presente o dr. Silvio Bonone.

No depoimento eu disse que não sabia de nada. Que não participei de nada. Que nunca vi nada.

Daí chegaram meus familiares. Conversei com eles. Um capitão da PM disse a eles que iam me tratar bem e também do Cristofolini.

Nesse depoimento, Bardelli segue negando sua participação no caso Evandro e apenas admite ter construído uma "casinha de alvenaria" para um trabalho que seria realizado na serraria a fim de "desmanchar uma macumba anterior". Cristofolini contaria depois que estava num quartinho quando, no fim da noite, foi retirado para falar com o "delegado Noronha", que teria chegado no final da noite. O delegado teria dito que, se ele colaborasse, logo seria liberado. Na ocasião, Cristofolini também afirmou ter visto Bardelli voltar "todo arrebentado pelas torturas sofridas" depois de prestar seu depoimento. Apesar dessa afirmação de Cristofolini, consta de seu depoimento oficial que o delegado para quem ele depôs foi o mesmo que tomou o depoimento dos outros presos, Luiz José Martins Ricci. Ao contrário de Bardelli, Cristofolini não foi acompanhado por advogado.

CRISTOFOLINI: Estava ali um senhor gordo, grisalho, que era o promotor.

No depoimento estava o dr. Noronha, mais dois policiais civis e o promotor.

Começaram a perguntar. Diziam pra eu não ser burro, que contasse tudo porque ia ser melhor, se não ia sofrer bastante. Diziam: "Não vai aguentar o que vai sofrer".

Respondi o que podia e neguei tudo o que eles queriam que eu dissesse. Que eu dissesse que tinha participado do crime contra o menino. Dizia que nunca vi nada. Que não sabia de crime nenhum. Queriam que eu envolvesse o Osvaldo, dona Celina, Beatriz. Eu não sabia de nada mesmo.

> Até ali eles não fizeram tortura física, só psicológica. Ficavam me ameaçando. O que ia acontecer se eu não ajudasse.
>
> Nessa ocasião, o Bardelli já tinha sofrido duas sessões de tortura.
>
> Eu vi ele voltar de seis sessões de tortura.
>
> Vinha todo estourado. Não sei como ele aguentou. E os guardas diziam: "Teu companheiro vai apanhar porque abriu a boca pra família dele".

De acordo com os autos, porém, o depoimento de Cristofolini teria ocorrido antes do de Bardelli. O primeiro teria sido às 20h50, o segundo às 21h10. Em um curto depoimento, Cristofolini dizia apenas ter frequentado várias vezes o terreiro de Osvaldo, presenciado sacrifícios de animais realizados por De Paula e encontrado Beatriz e Davi nessas ocasiões. Depois disso, os policiais teriam reclamado de sua recusa em colaborar e da demora para ler e assinar o documento. "Você vai se arrepender porque não está ajudando", disseram, segundo ele. Dali, ele e Bardelli foram levados para o quartel da Polícia Militar, em Matinhos.

Os dias seguintes

No dia seguinte, 4 de julho, Bardelli e Cristofolini estavam começando a dar uma entrevista à revista *Veja* no alojamento do quartel da PM em Matinhos quando um policial, supostamente o capitão Neves, veio falar com eles. Por ordem da juíza, eles estavam "em confinamento, sob suspeita de crime, para averiguações" e não podiam mais falar com ninguém. Mas eles continuaram recebendo tratamentos diferentes um do outro:

> CRISTOFOLINI: Eu sofria era com as torturas do companheiro Bardelli. Comigo, todos os promotores, o capitão Neves, o dr. Noronha, diziam: "Este entrou de laranja. Ele é inocente". Diziam pra não me preocupar com advogados. Porque eu não ia precisar de advogado. Que não era pra esquentar a cabeça "porque você não deve nada", diziam.
>
> Eles pediam para enumerar as pessoas que frequentavam o centro do Osvaldo. As pessoas que tinham carro. Sobre o envolvimento que essas pessoas tinham com o Osvaldo. Mas [eu] era bem tratado.

Bardelli diria, em seu depoimento no dossiê, que na manhã do dia 4 foi poupado, recebendo apenas ameaças verbais, mas que à tarde foi encapuzado e levado para um lugar desconhecido.

BARDELLI: Eu sentia que estava num lugar, tipo uma casa abandonada. Ou quarto abandonado. Era tudo silêncio. Ali me fizeram sentar em cima de uma mesa, de barriga para baixo e com a cabeça próxima de um tipo de tambor cheio de água. Isso várias vezes seguidas. Eu pedia pelo amor de Deus. Gritava muito, porque não aguentava mais.

Me perguntavam pelo corpo do menino. Eu estava algemado. Fiquei quase sempre algemado. E algemado eles me puseram inteiro, de cabeça pra baixo, dentro do tambor de água. Não sei como não morri. Não sei como aguentei.

Sempre que paravam com as torturas, os policiais diziam: "Você não vai contar pra ninguém, senão será pior para você".

Bem, daí me levaram de volta para o quartel de Matinhos e proibiram que eu falasse com a minha família. Me mandaram tomar um banho.

No domingo [5 de julho] não fui torturado.

Na segunda-feira, à noite, Noronha disse, segundo Bardelli: "Sei que você é inocente, que não participou de nada, mas, se você sabe de alguma coisa, conte. Dê o nome de outras pessoas que participaram da morte do menino. Fale com quem a dona Celina e Beatriz andavam". Bardelli repetiu que não sabia nem havia visto nada, conforme seu relato. Então, disse ele, o delegado falou para os dois que ambos estavam sob custódia em Matinhos, que no dia seguinte iriam para Curitiba e que era melhor abrirem o jogo logo. Nessa mesma noite, Bardelli afirma ter sido encapuzado de novo, colocado no porta-malas de um Gol e levado para Guaratuba.

BARDELLI: Porque atravessaram o ferryboat. Eu fiquei no porta-malas e escutava as conversas de vários PMs. Diziam que iam me levar pra casa do comandante.

Dali me levaram para uma casa muito grande. Parecia uma mansão. Tinha cachorros grandes. Porque eu escutava latidos de cachorros de raça. Tinha um portão muito grande. Eu ouvia o barulho do mar e a casa era na saída de Guaratuba, porque contei as lombadas. Tive a impressão de que era a casa do Stroessner, onde eu havia estado apenas uma vez. Mas não tenho certeza porque todo esse tempo eu estava encapuzado.

Me guiaram até um quarto, tipo quarto de empregada. Tinha banheiro. Foi ali que conheci a "pendura". Eles botam as mãos da gente pra frente e enrolam panos. Daí põem – enrolam também – uma borracha, tipo câmara de carro. Daí amarram os braços juntos. Na altura dos pulsos. Fazem o mesmo com as pernas: enrolam panos e borrachas. Daí colocam os braços amarrados entre as pernas. Daí passam um ferro por entre as pernas amarradas. E daí penduram.

Queriam saber onde é que tinha enterrado as partes do corpo da criança. Daí faziam afogamentos com um pano molhado, porque eu dizia que não sabia de nada. Faziam afogamento e davam choques.

Pelo relato, seus dedos das mãos e dos pés foram amarrados com fios finos, ligados a uma máquina que dava choques em seu corpo molhado. Ele então enumerou todas as pessoas que sabia que andavam com Beatriz e Celina. Perguntaram se ele também frequentava um terreiro.

BARDELLI: Não sei quanto tempo durou essa tortura... Devo ter ficado das 22h até de madrugada. Quando fui levado de volta pro quarto, eram mais de 3h da manhã. O Cristofolini lembra. Ele estava no quarto. No quartel. Me mandaram tomar um banho e não falar pra ninguém, senão ia ser pior. As coisas iam piorar, diziam.

Nesse dia, pela conversa, eram só três policiais que me torturaram. Não lembro dos nomes que se chamavam entre eles. Não vi nenhum porque estava encapuzado.

No dia seguinte fomos levados pra delegacia de Matinhos e dali saímos pra Curitiba.

A versão de Cristofolini é similar. Ele lembra que policiais civis chegaram e eles foram levados algemados para a delegacia de Matinhos. Lá, o delegado teria dito acreditar que ele era inocente, embora tivesse dúvidas quanto a Bardelli, mas que dali para a frente não sabia o que ia acontecer.

CRISTOFOLINI: [O delegado] pediu pra um padre abençoar. Abriram o camburão que nos trouxe depois para Curitiba. Uma Parati da Polícia Civil.

Em Curitiba, fomos levados para a Delegacia de Explosivos. Quando chegamos existia uma multidão. Pararam a viatura na esquina, [a] uns cem metros da porta da delegacia. Estávamos junto com o delegado João Carlos, de Matinhos. O mesmo nos mandou correr no meio do povo. Foi uma coisa terrível. Câmeras fotográficas. Microfones gritando. “Vocês mataram o Evandro.”

Digo pra senhora, tive muito medo de ser morto pela multidão.

BARDELLI: Fomos colocados num cubículo. Uns policiais vieram com um papel e disseram se nós autorizávamos a falar com a imprensa. Eu assinei o papel, mas não li.

De acordo com Bardelli, os policiais, que usavam colete da Polícia Civil, fizeram ameaças para que não mencionassem as torturas. Assim, ele disse para a imprensa que era inocente, mas não denunciou as torturas por medo dos policiais, que teriam ficado o tempo todo próximos dos acusados. O delegado Noronha permaneceu entre Bardelli e Cristofolini, o que aumentou a pressão sobre os presos. Depois, eles voltaram para os cubículos, onde ficaram mais sete dias, os três primeiros juntos.

Diferentemente dos outros presos, Cristofolini disse que, nos seis primeiros dias de prisão, vinha apenas sofrendo ameaças verbais, até que, no sétimo dia, isso mudou. Foi nessa época, como vimos neste livro, que os acusados começaram a ser questionados também sobre o caso Leandro:

> CRISTOFOLINI: Comigo eram só torturas psicológicas, até o dia 10 de julho, quando então fui torturado. Por volta de sete horas da noite fui retirado da delegacia, fui encapuzado, algemado e fui colocado num carro, no banco traseiro, com mais três homens. Fiquei de cabeça abaixada e daí me pisaram na cabeça pra ficar no fundo do carro.
>
> Rodamos uns vinte minutos no asfalto, depois entramos numa estrada de chão batido. Entramos numa casa e fui levado a uma sala que, acho, já era preparada pra tortura, com "pau de arara" e tudo mais. Porque não era uma sala improvisada. Estava tudo pronto.
>
> Havia um cheiro de bolor. Tudo muito quieto.
>
> Daí tiraram as algemas. Mandaram tirar a roupa. Colocaram panos e borrachas nos pulsos e nas pernas. Amarraram as mãos, puseram elas entre as pernas amarradas e penduraram. Baixavam e levantavam facilmente. Vi que ali não era nada improvisado.
>
> Daí começaram as perguntas. Até aquele momento eu não tinha apanhado.
>
> Eles não perguntavam do Evandro, e sim do Leandro. Queriam saber quem andava na garupa da minha moto. Pediram todos os nomes. Queriam saber quais as crianças que haviam andado na garupa da minha moto.
>
> Acho que fiquei umas três horas e meia a quatro horas. Davam pauladas nas solas dos pés. Fiquei depois muito tempo sem sentir os pés. Amarravam os testículos e davam choques. Lembrei que era como fizeram com o Bardelli.
>
> Mas o mais terrível era o afogamento. Ficava pendurado com o cano no meio das pernas. Próximo tinha uma coisa cheia de água e o meu corpo era levantado e baixado com a cabeça dentro da água. Uma coisa terrível.

Pensava que ia morrer. Daí levantavam e perguntavam: "Conta quem era a criança que você raptou. Que criança você sequestrou".

Eu gritava. Pedia pelo amor de Deus. Berrava. Dizia que era inocente. Que não sabia de nada. Era pior que a morte. Acho que era um lugar mesmo deserto. Porque não havia nenhum barulho. Nem de insetos. Um lugar esquisito de tão silencioso.

Eles fizeram mais ou menos cinco sessões de tortura. Paravam, descansavam e recomeçavam. Teve uma delas que, depois de erguerem a [minha] cabeça do tambor de água, levantaram o capuz e puseram uma mangueira na minha boca. Quando enfiaram ela, a "ponte"[12] saiu e foi pra garganta. Senti que ia morrer. Não podia gritar. As mãos estavam amarradas. O corpo dobrado. A "ponte" me afogando. Eu ia morrer.

Daí comecei a virar a cabeça. Eles viram que tinha uma coisa errada. Tiraram a mangueira de água, sem abrir a água. Subiram o capuz e um deles colocou a mão na minha garganta e retirou a ponte.

Nesse momento pude ver bem um dos torturadores. Esse eu reconheço.

A ponte ficou no local da tortura. Não sei o que fizeram com ela, mas ela é prova das torturas que me fizeram.

Não sei como não morri. Como aguentei tanto sofrimento. Fui levado de volta.

Vi então levarem o Bardelli. Foram os mesmos. Vi quando colocaram o mesmo capuz molhado que haviam tirado da minha cabeça nele.

Aquela teria sido a única ocasião em que Cristofolini foi torturado. Depois, foi levado para o Presídio do Ahú, onde afirma ter sido bem tratado. Airton Bardelli descreveu no dossiê de maneira parecida o caminho até o local das torturas. Lembra que era um lugar distante, silencioso, em que não se ouviam nem insetos, e que teriam passado por uma estrada de terra. Também sugere que parecia um lugar preparado para isso, e conta que no dia 11 também foi levado para o Ahú.

As acareações

No Presídio do Ahú, em Curitiba, houve duas acareações. No dia 11 de julho, foram confrontados Osvaldo, Davi, De Paula, Bardelli e Cristofolini. No dia 13, foram postos frente a frente Osvaldo, Davi, De Paula, Beatriz e Celina. Em seus depoimentos no dossiê "Tortura Nunca Mais?", alguns dos presos relatam que esse procedimento teria sido

12 Parte de metal que fica na extremidade de uma mangueira.

precedido de novas sessões de tortura. Segundo Davi, a tortura era supervisionada pelo "promotor que tem um problema na mão, acho que dr. Cioffi". Os presos acabaram mais uma vez confessando.

> DAVI: Ali no COT [Centro de Observação Criminológica e Triagem] eles queriam saber do crime do Leandro. Puseram nós no castigo. Com um frio enorme, deixaram numa cela escura com três colchões e duas mantas. Nós éramos em três. Davam pontapés, chutes. Batiam muito nos testículos, ameaçavam com choques, porque nós estávamos apavorados com os choques. Todos os dias ali éramos coagidos.
>
> DE PAULA: Eles queriam que eu falasse sobre a morte de outra criança. O Leandro. A gente estava amarrado, com as mãos para trás. Eles chegavam com cigarro na unha. Aquilo doía horrivelmente. Isso fora das torturas.
>
> No Ahú, tentei falar com o promotor, dr. Cioffi, que estava sendo torturado, e ele disse que se eu não acusasse dona Celina e a Beatriz ia ficar pior, ia se tornar um inferno.
>
> DAVI: Ali no COT foram seis dias difíceis. Apanhamos muito, nós três. Depois fomos levados pro Ahú, onde ficamos sabendo que ia haver uma acareação. Daí comecei a perguntar o que era isso. Um preso que estava lá me explicou o que era. Não era outra tortura como eu tinha pensado, de quebrar a cara.
>
> Lá dentro do Ahú a gente também apanhava muito. Tinha um guarda baixinho que chegava e dizia: "Sessão das seis, sessão das nove, sessão do meio-dia, sessão das três".
>
> Eram quatro sessões em que a gente apanhava por dia.
>
> Quando cheguei no PCE [Penitenciária Central do Estado], fizeram exame. Deve ter tudo isso. Eu tinha um roxo. Levou um tempão no pescoço pra desaparecer. Minha coxa estava roxa e esquisita. Nas mãos, nos pés. O nariz sangrava muito, pelas torturas na cabeça.
>
> Telefone, socos. Comecei a urinar sangue. Daí pararam de me bater. Eu acho que tudo era para que na acareação a gente falasse tudo de novo. Eu acho que a razão toda era para nós continuarmos afirmando as mentiras.

No dia da acareação, segundo Davi, Osvaldo teve uma discussão com Cioffi "porque não queria mais mentir". Diante dessa recusa, ele teria sido levado para uma salinha e sido torturado. Depois disso, teriam ameaçado fazer a mesma coisa com Davi e De Paula caso não falassem.

Bardelli, porém, afirmou que não teria sofrido tortura, apenas ameaças.

BARDELLI: Foi feita a acareação com o Osvaldo e o De Paula e o Davi. Não teve tortura.

Os policiais que trouxeram de volta perguntaram: "Você tem cinta? Se tem é melhor se enforcar, porque, depois que te pegarem amanhã, você vai preferir estar morto".

Mas ficamos uns seis dias fechados sem sofrer tortura.

Dali fomos levados para Matinhos, mas não sofremos tortura.

À noite fomos trazidos pelo delegado do COT. Neste não houve tortura.

No sábado de manhã, o delegado Luiz Carlos de Oliveira esteve ali e conversou sobre o caso Leandro. Aí já tinha advogado.

Na segunda-feira saímos [para] fazer ficha e terça-feira voltamos para o Ahú.

Nunca mais teve tortura física, mas não sei como tenho conseguido aguentar esses nove meses. Sou inocente.

Todos se põem no lugar da criança que desapareceu. E no lugar de minha filha, que é uma criança? E de minha esposa? E no lugar de minha mãe, que está doente? Que está sofrendo? E no de minha família? E no meu lugar?

Bardelli e Cristofolini não participaram da acareação com Beatriz e Celina no dia 13. Davi então descobriu que, apesar do que o outro preso lhe contara sobre acareação não envolver tortura, ele passaria por isso novamente:

DAVI: Lembro bem que quando fui fazer a acareação com a dona Celina me levaram pro "chiqueirinho" e lá fui torturado. Todas as acareações foram feitas à base de tortura.

A gente gritava. Pedia pelo amor de Deus. Pedia para não fazerem aquilo.

Os presos que estavam lá ouviam tudo. Ouviam nossos gritos.

Os guardas tentavam jogar os presos contra a gente, mas no fim os presos estavam se revoltando contra eles.

Daí, por aconselhamento deles [dos presos], nós deixamos de perguntar pros promotores por que eles não escutavam a verdade. Daí começamos a pedir para os delegados, até que veio um filho de Deus, dr. Luiz Carlos [de Oliveira], que escutou a gente. Ele disse: "Se vocês têm convicção que são inocentes, continuem lutando. Não esmoreçam com palavras, com chutes, com torturas. Falem a verdade. Eles não vão matar vocês".

No caso do Leandro, eles queriam que acusassem dona Celina. Lá no Ahú, tudo girava em torno do desaparecimento de Leandro. Diziam que dona Celina tinha raptado o menino.

Os três acusados teriam, então, conversado e confirmado que nenhum deles tinha participado do crime. Combinaram que continuariam negando o envolvimento no caso e contaram para Oliveira que continuavam sofrendo tortura. O delegado afirmou que abriria uma investigação.

DE PAULA: No depoimento, quando eu não acusei dona Celina e Beatriz, ele [promotor Cioffi] me levou pra salinha do lado e disse: "Que brincadeira é essa?". [Perguntou] Se eu estava enjoado de viver. Se estava querendo perder a vida na cadeia. Disse: "Você não sabe o que eu posso fazer pra você morrer dentro da cadeia".

De Paula corroborou a versão de Davi sobre a intervenção do delegado Oliveira.

DE PAULA: O dr. Luiz Carlos estava no caso do outro menino. Eles – o pessoal do Ahú – queriam que a gente dissesse que a dona Celina tinha sequestrado também o Leandro.

Dali fomos levados, depois de alguns dias [...], aqui pra Central. Aqui não apanhamos mais. Não fomos mais torturados. Só a falta de sol e ficar confinados sozinhos.

Vai fazer um ano que estamos aqui.

DAVI: A única coisa é que ficamos só na ala de segurança máxima. O que acredito não ser necessário. Também é muito ruim não podermos fazer a barba e cortar os cabelos. Dizem que é ordem da juíza.

Sabe, doutora, já vai fazer um ano que tudo começou. Que estamos pagando nem sei pelo quê.

O depoimento de Isabel

No dossiê "Tortura Nunca Mais?", Isabel Kugler Mendes e sua equipe afirmam ter identificado pelo menos dezesseis tipos de tortura física e psicológica aos presos. Além disso, listam os locais onde elas teriam ocorrido, assim como os responsáveis. Entre os nomes estão os dos capitães da PM Neves e Xavier, o do policial Silvestre e o de Diógenes Caetano. Também mencionam seis "policiais integrantes do Grupo ÁGUIA (identificados apenas por apelidos: 'Coelho', 'Tubarão', 'Pato Donald', 'Borracha', 'Águia', 'Tenente Japonês')". Esse levantamento indicaria ser falsa a declaração de Valdir Copetti Neves, de 6 de maio de 1993, de que apenas seis policiais participaram da operação. Se outros policiais do Grupo ÁGUIA tiveram parte nas prisões, seus nomes nunca apareceram oficialmente no processo. O relatório também cita autoridades que tomaram conhecimento das torturas, mas nada fizeram: Anésia Edith Kowalski; Alcides Bittencourt Neto; Antonio Cesar Cioffi de Moura; Samir Barouk; Luiz José Martins Ricci; João Ricardo Kepes Noronha; Miguel Arcanjo Capriotti; e Moacir Favetti.

Apesar da complexidade e da riqueza de detalhes do dossiê de Isabel, com suas quase trezentas páginas, ele não foi capaz de influenciar o resultado do inquérito que investigou as alegações de tortura, comandado pelo delegado Valmir Soccio. E isso foi levantado durante o júri de 2004, quando Osvaldo, Davi e De Paula foram julgados – o único julgamento no qual Isabel prestou depoimento.

Há pelo menos três momentos específicos do julgamento que ajudam a entender por que o depoimento da advogada não teve o efeito desejado.

Em certo ponto do depoimento, Isabel respondia às perguntas de Markowicz. Sabendo que o dossiê fazia acusações graves contra o promotor Cioffi, a juíza Anésia e Diógenes, o promotor perguntou se Isabel alguma vez ouvira as versões deles. Isabel disse que tentara a juíza, sem sucesso. Alegou, porém, que temia procurar Cioffi e Diógenes, por considerá-los perigosos. Ela fez a mesma alegação sobre os policiais do Grupo ÁGUIA. Relatou que chegou a receber ameaças de morte anônimas por telefone e que a isso a fez mudar de casa por receio de que algo acontecesse com sua família. Segundo ela, as ameaças só cessaram quando seu ex-marido, pai de seus filhos, coronel da PM, encontrou o capitão Neves e avisou que, para o bem dele, tais ameaças deveriam acabar.

Em outro momento, Anésia perguntou a Isabel quantos relatórios sobre tortura ela havia feito na sua extensa carreira como defensora de direitos humanos no sistema prisional. “Apenas um, este”, respondeu ela.

Por fim, o promotor quis saber se ela havia trabalhado com o então deputado estadual Algaci Túlio, na época líder do Partido Democrático Trabalhista paranaense, o mesmo partido de Paulo Chaves, vice de Aldo e de Ananias, o candidato que venceu o pleito de 1992.

"Sim, fui assessora parlamentar dele por doze anos", disse ela. Anésia então mostrou um vídeo da campanha de Ananias daquele ano. Nele, Algaci Túlio sobe ao palanque e faz um longo discurso elogiando o candidato. No início daquela fita, quando aparecem espectadores do comício, é possível identificar duas pessoas: Osvaldo Marcineiro e Vicente de Paula Ferreira.

Segundo Osvaldo, ele participava de vários comícios, pois estava se aproximando de políticos locais. De Paula alegou que, como era letrista, tinha interesse em tais eventos porque podia fazer as faixas de vários candidatos. Já Isabel argumentou que o fato de ter trabalhado para Algaci Túlio não tinha relação com sua atuação como defensora de direitos humanos. Não é possível pesar com segurança qual foi a influência dessa informação no julgamento, mas a intenção do Ministério Público parecia clara: insinuar que, sempre que estavam em apuros, as Abagge contavam com apoio político.

Há outro fator que chama atenção sobre a participação de Isabel no julgamento de 2004. Quando uma testemunha vai depor num tribunal do júri, a maneira como sua fala é percebida costuma ser fundamental para o sucesso ou o fracasso das teses que estão em disputa. Afinal, apenas casos de crimes contra a vida, sejam eles tentados ou consumados, são levados a júri no Brasil, e os jurados, na maioria das vezes, são pessoas leigas nos trâmites legais. Como notaram os presentes naquele júri, Isabel tentava explicar todas as suas afirmações nos mínimos detalhes, sendo constantemente cortada pelo juiz, Rogério Etzel, que parecia impaciente. O depoimento foi marcado por momentos em que ela buscava elaborar fatos e contextos, mas era interrompida.

Os jurados, assim como o juiz no inquérito que investigou as torturas, pareceram não se convencer de que tivesse havido abuso policial. Mas seria possível ser conciso num julgamento desse porte? Seria mesmo possível chegar a uma verdade indiscutível, em vez de apenas tentar convencer formalmente os jurados? No tribunal do júri, o limite entre as duas coisas se dissipa – se é que em algum momento chega a existir.

A chácara das torturas

O pedido da defesa das Abagge para que se investigasse a alegação de tortura, feito em 27 de agosto de 1992, baseava-se no primeiro depoimento prestado à juíza Anésia na audiência de 28 de julho, e foi feito um dia após os novos advogados assumirem o caso com a saída de Zippin. Nesse depoimento, Celina narra que, nos primeiros quinze minutos depois de sair do fórum pela manhã, ela estava no mesmo carro de Beatriz, no banco de trás. O carro teria pegado uma das duas saídas de Guaratuba em direção a Garuva, município vizinho, na fronteira com Santa Catarina.

Ainda segundo o relato, não demorou muito e um Gol branco com outros policiais do Grupo ÁGUIA apareceu logo atrás. Beatriz aproveitou para pedir que parassem um pouco para que pudesse fumar um cigarro. Eles deixaram e, quando Beatriz terminou seu cigarro, cada uma foi colocada num carro. Foi apenas nesse ponto que, segundo o relato, um dos policiais pediu a Celina que colocasse uma blusa no rosto e se deitasse no banco "para não ser reconhecida". Ela conta também que o veículo parecia correr muito, mas lhe disseram estar a apenas quarenta quilômetros por hora.

Celina descreveu o caminho, tanto no depoimento quanto para seus advogados, da forma como o percebeu – ela dizia que ter vivido na região a maior parte da vida a ajudara a memorizar os detalhes e se localizar, mesmo vendada. Celina acreditava ter passado por uma lombada que existe na entrada de Garuva e, depois, entrado numa estrada secundária no sentido de Curitiba, à direita. Disse também que, na saída de Guaratuba até a casa para onde foram levadas, parecia ter levado de 45 minutos a uma hora. Ela percebeu ter passado por uma ponte e ouviu o barulho de um rio, acreditando ser a estrada do Cubatão; disse ter visto uma parte da cerca da casa, feita com palitos de arame farpado; ao chegar, com o rosto coberto pela blusa, viu um degrau pequeno e outro maior e que notou o assoalho da casa era de madeira.

Os advogados pegaram essas informações e decidiram refazer o caminho. No ofício de 27 de agosto de 1992 em que pedem a abertura de inquérito, eles anexaram a escritura de uma casa de chácara localizada no Cubatão, uma região próxima a Guaratuba. A casa encaixava-se na descrição que Celina dera do local onde teriam sido torturadas.

Essa casa pertencia a Diógenes Caetano, pai de Diógenes Caetano dos Santos Filho.

No dia 12 de novembro de 1992, um homem chamado Laércio Mattos de Souza registrou uma declaração em cartório. Ela foi repetida posteriormente, em depoimento formal, no dia 5 de outubro de 1993, no inquérito de investigação de torturas.

Laércio declarava ser morador da região do Cubatão e conhecer a casa de propriedade de Diógenes Caetano pai. De acordo com seu relato, na manhã do dia 2 de julho de 1992, ele passava em frente à propriedade quando notou a presença de pelo menos cinco veículos estacionados em frente à casa e cerca de doze homens em torno dos carros. Um dos carros tocava bem alto uma música sertaneja, como se fosse uma festa. Aquelas pessoas, afirmou, não moravam na região. As janelas da casa estavam todas fechadas. À tarde, por volta das 16h, ele teria passado por lá novamente. Dessa vez, só viu três carros no pátio. A música continuava alta. Esse detalhe era importante para a defesa das Abagge: na fita em que confessam, há trechos em que se pode ouvir música sertaneja ao fundo. De acordo com elas, a música era para abafar seus gritos.

Laércio relatou que passou ainda outra vez em frente à casa e viu duas mulheres, um homem e uma criança. De acordo com ele, as pessoas seriam Diógenes Caetano Filho, sua mulher, sua filha e a juíza Anésia. Explicou que os conhecia porque ia para Guaratuba com frequência e tinha sido cobrador de ônibus na cidade. Para o Ministério Público, tudo parecia fantasioso demais – e havia motivos para essa percepção. Vejamos o seguinte trecho do depoimento de Diógenes no júri de 2004, quando foi inquirido pela promotora Lúcia Inez Giacomitti Andrich:

LÚCIA INEZ GIACOMITTI ANDRICH: [...] O senhor se recorda quando ocorreu a prisão dos réus?
DIÓGENES: Recordo.
LÚCIA INEZ: Nesta época, o senhor, ou algum familiar do senhor, possuíam uma chácara?

DIÓGENES: O meu pai tinha uma chácara.

LÚCIA INEZ: O senhor pode dizer para nós onde era essa chácara?

DIÓGENES: Ficava num lugar denominado Cubatão.

LÚCIA INEZ: O senhor pode dizer qual a distância desta chácara ao centro de Guaratuba?

DIÓGENES: Dava 65 quilômetros. Quarenta em asfalto e 25 em estrada de chão, uma estrada bem difícil...

LÚCIA INEZ: Era público e notório que seu pai tinha essa chácara? Todo mundo conhecia?

DIÓGENES: Sim, claro.

LÚCIA INEZ: Por que a população sabia que seu pai tinha uma chácara lá na localidade de Cubatão?

DIÓGENES: Porque meu pai foi prefeito na cidade, é conhecido de todo mundo. E o Cubatão é um bairro só de moradores. Não é de veranistas. Então [não] tem uma pessoa lá que não soubesse que aquela chácara era dele.

LÚCIA INEZ: Então qualquer pessoa chegaria facilmente à chácara do seu pai?

DIÓGENES: Com certeza.

LÚCIA INEZ: Até de olhos fechados?!

DIÓGENES: Com certeza.

Ao alegar que a chácara pertenceria ao pai de Diógenes, a defesa buscava reforçar a tese de que tudo havia sido uma armação do algoz da família Abagge. Contudo, a impressão que se tem é que ela acabou tornando a narrativa de Laércio ainda menos confiável. Por isso, esse depoimento nunca foi levado muito a sério. Afinal, para quem conhecia os meandros políticos locais, não era difícil acreditar que, num caso como esse, a família Abagge pudesse ter comprado uma testemunha.

É verdade que, em vários depoimentos, Osvaldo e Davi descreveram detalhes parecidos com os descritos por Celina – a estrada pavimentada, a estrada de terra, o riacho, a ponte, o cadeado no portão –, dando a entender que foram levados para o mesmo lugar apontado pelas Abagge. O problema é que eles passaram a falar isso somente depois do depoimento de Celina e depois que os advogados de defesa juntaram a escritura da chácara do pai de Diógenes aos autos.

Para o Ministério Público, os indícios eram claros: apesar de os acusados estarem presos em lugares diferentes, seus advogados estavam conversando, conspirando para montar uma defesa coesa, construindo uma narrativa aos pedaços a partir dos depoimentos de cada acusado. Davi, De Paula e Osvaldo, como consta no processo, demoraram a ter defensores designados e, por muito tempo, admitiam ser os responsáveis pelo sequestro e pela morte de Evandro. Então, alguém teria que ter começado a fazer essa articulação antes.

No final de 2016, quando entrevistei Diógenes Caetano dos Santos Filho, ele me relatou que, depois das prisões, recebeu uma ligação anônima da Secretaria de Segurança Pública de Curitiba. A pessoa, que se identificava como um funcionário, disse que não podia revelar sua identidade e que havia uma movimentação na secretaria para designar um novo delegado para o caso Leandro Bossi, mas que sua real função seria atrapalhar o caso Evandro: Luiz Carlos de Oliveira.

Logo que assumiu o caso Leandro Bossi, Oliveira quis saber como era possível que os pais de Evandro tivessem reconhecido o filho tão depressa, dado o avançado estado de putrefação do corpo. Afinal, poderia ser Leandro, pois as crianças tinham características físicas muito parecidas. Ele chegou a levar os pais de Evandro para prestar depoimento na delegacia a altas horas da noite, querendo saber como havia sido a identificação do corpo – fato que Diógenes narrou em seus depoimentos como forma de comprovar aquilo que a fonte anônima teria lhe dito ao telefone.

Em diversos depoimentos, Oliveira foi questionado sobre sua amizade com Aníbal Khury. Ele se defendia: "Só nos tornamos amigos em 1994, justamente por conta da minha posição neste caso. Ele nunca influenciou em nada a minha atuação". Em 2005, Markowicz perguntou ao delegado se ele tinha ciência de que, em 1992, o deputado teria pedido ao delegado-geral na época, José Maria de Paula Correia, que Oliveira assumisse a delegacia de Guaratuba. Oliveira alegou que o pedido teria partido da juíza Anésia antes mesmo da prisão dos sete acusados. Seriam acontecimentos desconexos.

Não é possível verificar se Diógenes de fato recebeu aquela ligação, assim como também não é possível verificar se Oliveira estava recebendo ordens "de cima". A meu ver, as dúvidas do delegado sobre a identidade do corpo, à época, eram razoáveis. Apesar disso, tirar os pais de Evandro de casa à noite para perguntar sobre o reconhecimento do corpo de seu filho não me parece ser das atitudes mais sensatas. De tudo isso, duas coisas são inegáveis. Primeiro, o caso mudou depois que Oliveira foi à prisão conversar com Osvaldo, pois ele foi o primeiro delegado a dar ouvidos à alegação de tortura. Segundo, o que não falta são teorias da conspiração – tanto para a defesa quanto para a acusação.

A outra Abagge

Há um detalhe relevante ainda não mencionado. Em vários de seus depoimentos sobre as violências que teria sofrido, especialmente quando falava no tribunal do júri, Beatriz disse que chegou a ser violentada enquanto era chamada de Sheila – o nome de sua irmã. De acordo com ela e sua mãe, quando entraram na casa da família, os policiais mencionaram Celina e a "psicóloga" – a profissão de Sheila. Para elas, seria um indício da armação arquitetada por Diógenes, pois, em seu depoimento de 29 de maio de 1992, ele citou atividades "estranhas" que Sheila fazia com suas alunas em Guaratuba. Ou seja, de acordo com as Abagge, não era Beatriz que deveria ter sido presa.

Essa suposição parece ir contra os depoimentos de testemunhas tanto de defesa quanto de acusação. O Ministério Público sempre relembrou que Osvaldo Marcineiro nomeou Beatriz desde seu primeiro depoimento. Em sua confissão em vídeo, gravada na fita VHS de 2 de julho de 1992, Sheila jamais é citada. Além disso, era com Beatriz que Osvaldo tinha vínculos de amizade, não com Sheila. Por fim, o MP também demonstrou que na denúncia de Diógenes havia, de fato, a menção a Sheila, mas Beatriz também era citada. O trecho específico dizia: "que Osvaldo está para abrir um centro de umbanda, de sociedade com Beatriz, filha do prefeito, e que o jogador de búzios falou para algumas pessoas, que haveriam [sic] em Guaratuba sete desaparecimentos de crianças".

Pelo lado das testemunhas de defesa, encontra-se no próprio depoimento do advogado Silvio Bonone, prestado em 2 de julho no inquérito de investigações de tortura, o seguinte: "entrou na casa do sr. Aldo, sendo seguido pelos policiais, os quais disseram que ali estavam para prender Celina e Beatriz". Bardelli fez a mesma afirmação em seu relato contido no dossiê "Tortura Nunca Mais?".

A impressão que se tem é que, ao afirmar que foi chamada de Sheila ao ser violentada, Beatriz talvez tenha jogado mais dúvidas sobre sua inocência aos jurados. Se eu fosse um jurado, consigo me imaginar pensando: "Por que ela está falando isso sobre algo tão grave, sendo que suas próprias testemunhas de defesa dizem outra coisa? Será que está exagerando? Inventando? E, se for isso mesmo, o que mais no seu relato pode ser confiável?".

As estratégias de defesa

A partir de toda essa cadeia de eventos, as defesas dos sete acusados trabalhariam com base em quatro argumentos principais acerca das ações da Polícia Militar. Primeiro, alegariam que a investigação foi feita de forma ilegal, pois não é competência da PM investigar. De acordo com a Constituição Brasileira de 1988, essa atribuição é das polícias judiciárias: a Polícia Civil e a Federal. Também alegariam que as prisões foram realizadas sem mandados de prisão. O terceiro argumento seria que os sete foram torturados para confessar. Por fim, argumentariam que as prisões tinham base numa denúncia feita por um velho inimigo político da família Abagge.

No meio de tanto ruído, uma das provas ganha ainda mais importância: as fitas produzidas pelo Grupo ÁGUIA. Se houve tortura ou não, elas poderiam conter algum indício. Por si só, elas causam estranhamento. Pelo que sabemos, não foram produzidas nas condições esperadas de um interrogatório. Talvez por isso, repetidas vezes os vários promotores que assumiram o caso tenham afirmado que elas nunca foram usadas para a construção de convicção, que teriam se baseado apenas nos depoimentos oficiais prestados perante funcionários da Justiça. Contudo, não foram poucas as vezes que promotores citaram as fitas em ofícios ou até na denúncia e na pronúncia dos acusados. Ou seja, afirmar que as fitas nunca foram utilizadas para a construção de convicção ia contra as próprias manifestações do Ministério Público. Mas era compreensível a postura do MP de tentar ignorar as fitas. Numa análise mais aprofundada, elas acabam funcionando como prova muito mais para a defesa do que para a acusação, especialmente na tese da tortura.

No caso da fita cassete, único registro de confissão das Abagge, desde a primeira vez que eu a ouvi, percebi algo notável: há uma quantidade considerável de cortes, que dão a impressão de ela ter sido manipulada. O que haveria nos trechos que foram cortados? E por que a fita é desse jeito? Mais: para além dos cortes, o conteúdo da fita também é digno de estranhamento.

Primeiro, há o fato de ouvirmos Osvaldo no início, embora, pelos depoimentos dos policiais do Grupo ÁGUIA, ela tenha sido gravada no carro, enquanto esperavam a balsa para Matinhos, quando Osvaldo já estaria no quartel desta cidade. Em segundo lugar, Osvaldo, Beatriz e Celina falam muito da participação deles três e de De Paula. Bardelli é citado mais à frente por Beatriz como responsável pelos acertos financeiros. Mas em nenhum momento Cristofolini e Davi são citados. Em terceiro, há as divergências na descrição do que teriam feito com Evandro durante o ritual – como o fato de Celina dizer que teria cortado o pênis do menino, mas como já mencionado, o exame de necropsia ter atestado que o menino ainda tinha seu genital. Na gravação, Celina também fala que havia batido na cabeça da criança com um pau, lesão que não consta no laudo de necropsia.

Por fim, há um detalhe especialmente estranho nas confissões. Sobre isso, vejamos o que o próprio De Paula contou no dossiê "Tortura Nunca Mais?", narrando o momento em que depôs no quartel de Matinhos:

> DE PAULA: No depoimento, comecei a falar só o que eles queriam.
>
> Sim, os policiais que nos torturaram estavam juntos. Olhando e ameaçando com os olhos.
>
> Numa hora o promotor disse: "Tem uma coisa errada, a criança não foi morta por corte no pescoço".
>
> Daí eu disse: "Não foi mesmo porque é tudo mentira, não matamos nenhuma criança". O capitão Neves, na minha frente, fazia sinal pra dizer que a criança tinha sido morta sufocada. Com as mãos no pescoço dele mesmo, mostrava como era para eu falar.

Em diversos depoimentos formais e gravados, os acusados afirmam que cortaram o pescoço de Evandro durante o ritual. No júri de 2004, Francisco Moraes e Silva, um dos responsáveis pela necropsia do corpo de Evandro, fala desse detalhe ao responder à promotora

Lúcia Inez e confirma o que está escrito no laudo de necropsia: havia uma lesão acentuada no pescoço, cuja origem era difícil de determinar por causa da putrefação avançada. Não seria possível dizer se ele fora enforcado com corda ou mãos, por exemplo. Mas o laudo não mencionava nenhum corte na garganta, e o médico-legista Moraes e Silva garantiu que, caso houvesse um, ele seria visível.

Após a prisão dos sete acusados, o delegado Noronha requisitou ao IML de Curitiba um relatório para verificar se as descrições contidas nos laudos condiziam com as versões que constam nas confissões. Para isso, Noronha elaborou nove perguntas. O documento ficou pronto em 14 de julho de 1992 e foi enviado ao delegado no dia seguinte, assinado pelos mesmos médicos responsáveis pelo exame de necropsia. Em certo trecho do relatório, os legistas comentam a lesão do pescoço:

> As regiões mais afetadas por decomposição (a exemplo do pescoço) revela[m] indício de haver sido lesionado o corpo, após a morte, com sangramento?
>
> Resposta: A existência de putrefação mais acentuada ao nível das regiões laterais e posterior do pescoço evidencia a presença de ferida produzida por instrumento corto-contundente. Este nível foi o escolhido em virtude da presença de vasos (artérias e veias) nestas regiões, que é do conhecimento até de leigos. [...]
>
> Os srs. médicos-legistas podem manter uma relação ou equivalência entre as anotações feitas no laudo de necrópsia em 12.04.92 e os interrogatórios de Osvaldo Marcineiro; Vicente de Paula Ferreira e Davi dos Santos Soares (cópias em anexo) tomados em 07.07.92?
>
> Resposta: Existe perfeita correspondência entre as descrições contidas nos depoimentos prestados e as lesões descritas no laudo. Em relação às circunstâncias da morte do menor Evandro Ramos Caetano, é possível estabelecer com fidedignidade, limitando-se exclusivamente à prova material, a sequência retrospectiva dos procedimentos descritos pelos depoentes e acrescentar também que ocorreram mutilações pós-morte, e de esquartejamento.

Além desse ofício, em entrevistas dadas à época, Moraes e Silva reafirmou que havia "perfeita correspondência" entre as lesões descritas no laudo de necropsia e as confissões dos acusados. Quando falava isso, usava sempre o termo "esganadura". Pelo menos até onde pude levantar, foi só em 2004 que se perguntou especificamente a respeito do corte no pescoço. O Ministério Público sempre entendeu que o corte existia. As defesas sempre argumentaram o contrário.

Conversei com alguns legistas e peritos, aos quais mostrei exames, fotos e o vídeo da necropsia que está anexado aos autos. Nenhum deu certeza de que não havia corte. Por outro lado, os especialistas sempre me afirmavam duas coisas: primeiro, que, se tivessem de apostar, diriam que não havia corte; segundo, que o laudo foi malfeito e é confuso – como um trabalho feito às pressas e sem cuidado. O debate em torno do corte no pescoço era essencial para as defesas. Junto a essa inconsistência, os advogados poderiam usar a fita cassete para provar sua tese.

Anos depois da prisão dos acusados, foi marcado, para o início de 1998, o primeiro júri, de Osvaldo, De Paula e Davi. Antonio Augusto Figueiredo Basto, defensor dos três, após anos de preparo, havia montado boa parte da sua complexa estratégia de defesa em torno da fita cassete.

Mas havia um problema: a fita havia sumido dos autos.

7. A fita cassete

Em 2014, a Operação Lava Jato ainda estava no início quando foi impulsionada por uma delação premiada: a do doleiro Alberto Youssef, reincidente na acusação de crime de lavagem de dinheiro. O modelo do seu acordo de cooperação com o Ministério Público na Lava Jato foi inovador no país, e seu advogado é apontado por muitos analistas como o grande responsável por isso. Na época, Youssef era defendido por Antonio Augusto Figueiredo Basto, até então pouco conhecido no cenário nacional.

No Paraná, o nome do advogado já circulava desde pelo menos 1994, ano em que, em 5 de janeiro, ele assumiu a defesa de Osvaldo, Davi e De Paula. Além de ser bastante jovem, Basto chamava a atenção por suas declarações incisivas na imprensa. Exemplo disso foi sua participação no programa *Jogo Limpo*, da rede CNT, no dia 15 de outubro de 1995, quando afirmou o seguinte:

> A confissão [a] que todos se apegam, aquela confissão horrorosa na televisão, tem que ser analisada sob o seguinte aspecto: primeiro, ela não guarda qualquer nexo de causalidade com o laudo de necropsia dos autos. Ou seja, se dizem que confessaram, confessaram um crime que não existe. Dizem: "Cortamos o pescoço daquela criança". O laudo de necropsia não tem uma lesão [desse tipo] no pescoço. Isso é uma barbaridade. Ninguém atentou para esses fatos. Agora, a imprensa, a imprensa marrom, comprou a versão na época. Noticiou isso aos quatro cantos. Fatos mentirosos, impossíveis de terem ocorrido, foram noticiados. E, obviamente, o senhor telespectador que está em casa, vendo aqueles fatos narrados pela imprensa, entendeu-os como prova. Acontece que hoje, três anos e quatro meses após o fato, aquilo que foi narrado pela imprensa sensacionalista no início não veio aos autos. É muito importante que se diga que um dos articuladores dessa farsa de Guaratuba hoje ocupa um cargo na Polícia Federal de alto escalão. [...] A mesma pessoa que na época dos fatos iniciou a perseguição, foi pra imprensa e numa ousadia sem par disse que, se algum juiz colocasse essas pessoas na rua, ele as soltaria em praça pública para serem mortas.

A pessoa que Basto citava era Moacir Favetti, o secretário de Segurança Pública do governo Requião na época do crime. Basto, assim como tantos outros advogados que representaram os sete réus, acreditava que a fita cassete com a confissão das Abagge era a principal prova do uso de tortura para a extração das confissões. Afinal, não apenas o conteúdo dos interrogatórios não batia com o estado do corpo, como talvez houvesse na gravação trechos em que ficava evidente o uso de tortura, pelo menos de ordem psicológica. E Favetti, acreditavam os advogados de defesa, tinha responsabilidade pelo andamento do caso, não apenas por ter supostamente acobertado, protegido e legitimado a Operação Magia Negra, mas também por ter divulgado extensivamente a fita cassete para a imprensa da época.

As degravações e a perícia

No início do processo, a fita cassete já havia passado por duas degravações.

A primeira data de 7 de julho de 1992 e fazia parte do dossiê da Operação Magia Negra, assinado pelo então capitão Neves. Essa degravação não apresenta assinatura de quem a redigiu e não seguiu o usual no caso de documentos dessa natureza, pois não está em papel timbrado nem descreve os equipamentos e a metodologia utilizados. Além disso, é possível identificar erros. Um dos mais claros ocorre quando um dos interrogadores faz uma pergunta para Osvaldo ao final da qual cita o nome do interrogado. Em vez de escrever "Osvaldo", o responsável pela transcrição anotou "João". Além disso, identifica as vozes dos interrogados (Celina, Beatriz e Osvaldo), mas as vozes dos interrogadores são apenas antecedidas da palavra "pergunta".

A segunda degravação foi feita treze dias depois pelo Instituto de Criminalística (IC) da Polícia Civil do Paraná e obedeceu a todas as formalidades exigidas. Assinado pelos peritos Marilan Teresinha Reinostre e Djalma Pires, o laudo tem doze páginas, mas não identifica de quem são as vozes. Ou seja: nenhuma das transcrições aponta quantos interrogadores havia na gravação, muito menos quem são eles. Além disso, nota-se uma discrepância quando se comparam as duas: a do

Grupo ÁGUIA indica ao menos dois cortes na fita, enquanto a da Polícia Civil cita apenas um.

Por causa desses problemas, as defesas dos réus alegavam que a fita precisava passar por perícia, de forma que técnicos pudessem identificar as vozes e os cortes existentes. No dia 15 de fevereiro de 1993, os advogados das Abagge pediram que a juíza Anésia autorizasse o procedimento. Sugeriram que a perícia fosse realizada pelo Departamento de Medicina Legal da Unicamp, "internacionalmente reconhecido pelo deslinde de inúmeras perícias criminais", já que o IC da Polícia Civil do Paraná afirmara não possuir equipamento para atender a um pedido anterior dos advogados, datado de 29 e 30 de outubro de 1992: a produção de cópias das fitas cassete e VHS.

Em 11 de março de 1993, o promotor Cioffi afirmou que a nova requisição da defesa, de perícia na fita, tinha como objetivo atrasar a realização do julgamento. Além disso, segundo ele, o pedido era incoerente com a alegação dos advogados, no início do processo, de que tal prova teria sido obtida de maneira ilegal. Apesar disso, Cioffi concluía que, desde que não houvesse atraso no processo, não via problema na realização do procedimento, mas acreditava que o melhor caminho era pedir a perícia ao IC. Afinal, ainda não haviam perguntado se o instituto podia realizar o trabalho.

No dia 25 de março, a juíza deferiu a perícia na forma pedida pelo Ministério Público. A resposta do IC, em 20 de abril, foi a esperada: não tinham equipamentos adequados para o trabalho e recomendavam a Unicamp. A perícia não chegou a ser realizada, pois já se aproximava o período da pronúncia dos acusados, quando a juíza avaliaria as alegações finais da acusação e das defesas e decidiria se os sete deveriam ir a júri popular. Em 13 de agosto, Cioffi elaborou as vinte e seis páginas de suas alegações finais. As defesas também fizeram as suas. Chamavam atenção as quase trezentas páginas, entregues em 9 de novembro pelos advogados das Abagge, argumentando que suas clientes não eram culpadas e que, portanto, não deveriam ir a júri.

Em novembro de 1993, Anésia concluiu que o processo apresentava elementos suficientes para que os sete fossem julgados. Em sua decisão, alegava que havia deferido o pedido da defesa para a realização da perícia da fita e que esta não fora realizada por falta de iniciativa dos próprios advogados. Argumentava que a Polícia Técnica

Federal tinha se oferecido, por telefone, para fazer a perícia, algo que ela teria registrado em ofício no início daquele ano. Em sua decisão final, a juíza alegava que esse ofício, de 3 de fevereiro, mostrava que ela inclusive conseguira uma instituição para realizar o procedimento. O problema é que, até onde pude verificar, o primeiro pedido da defesa por uma perícia de fato (que não é uma simples degravação) data de 15 de fevereiro, doze dias depois do tal ofício. Nele, está claro que a Polícia Federal concordara em atender ao pedido de cópias das fitas - que a defesa, como mencionado, fizera em outubro do ano anterior. Não está claro nesse documento que a perícia já tivesse sido pedida pelos advogados ou autorizada pela juíza àquela altura.

De qualquer forma, o assunto da perícia não rendeu. Os advogados das Abagge, quando alegavam cerceamento de defesa, eram refutados tanto pelo Ministério Público quanto pela juíza, com o argumento de que não teriam aproveitado a oportunidade de realizar o exame.

Em 19 de dezembro de 1995, Figueiredo Basto, representando Osvaldo, retomaria a questão da fita, voltando a pedir que fosse degravada na Unicamp para precisar os sons de fundo e as vozes. Explicava considerar a prova "imprescindível" para a defesa por comprovar que a confissão teria sido obtida de forma ilícita e, sendo noticiada pela imprensa, afetara a opinião pública, mais interessada no sensacionalismo daquilo do que na verdade. Esse debate durou anos, sem nenhuma conclusão.

Desaforamento

Por diversas vezes, os júris dos sete acusados foram adiados. As causas foram as mais variadas, mas o fator principal sempre foi a complexidade do caso e o elevado número de réus e testemunhas arroladas. No final de 1995, numa das situações em que o júri se aproximava (antes de novo adiamento), a juíza Anésia demonstrou preocupação com a estrutura de sua comarca. Entre outras coisas, preocupava-a que as instalações do tribunal de Guaratuba não pudessem garantir a integridade física dos réus e dar assistência a eles. Além disso, havia o risco de que os jurados convocados, sendo moradores da região, não fossem imparciais. Por isso, em fevereiro de 1996, a juíza começou o processo para desaforamento, ou seja, a transferência do processo para outra comarca. O pedido foi aceito em agosto daquele ano e, em junho de 1997, Anésia enviou os autos para a comarca em São José dos Pinhais, na grande Curitiba, sob os cuidados da juíza Marcelise Weber Lorite. Naquele ano, houve ainda uma mudança na promotoria. Cioffi, ao ser promovido, deixou o caso e foi substituído pelos promotores Rosana Maria Longo de Paula Santos Lima e Celso Luiz Peixoto Ribas.

Diante das modificações, Figueiredo Basto, advogado de Osvaldo, De Paula e Davi, redobrou os esforços para a realização de uma perícia da fita cassete. A fita, porém, havia sumido. A defesa acreditava que isso teria ocorrido no trânsito do processo de Guaratuba para São José dos Pinhais. Já a promotoria tinha outra hipótese.

O júri de 1998

Em petição datada de 30 de outubro de 1997, dias antes de começar o julgamento de seus clientes, Figueiredo Basto afirmou o seguinte:

> 1. Aproveitamos o ensejo para mais uma vez reiterar que, até a presente data, a defesa não teve acesso às fitas de vídeo cassete elaboradas exclusivamente pela acusação, sendo que tomamos conhecimento que os Promotores de Justiça que atuam neste caso, foram os primeiros a verificar este material, sem que mesmo tratamento fosse dado à defesa.
> 2. Por incrível que pareça, até a presente data, não houve manifestação nos autos sobre o "desaparecimento" da fita cassete, devidamente caracterizada às folhas 273 dos autos, e que foi transcrita pelo Instituto de Criminalística, às folhas 1320 do volume 07 (sete), constando do referido volume às folhas 1334, certidão do Escrivão Joselir Minosso, certificando [o] recebimento desta fita cassete.
> 3. Como já foi exaustivamente provado, esta fita não foi encaminhada para a escrivania de São José dos Pinhais, portanto a responsabilidade por sua guarda e conservação é exclusiva da MM. Juíza de Guaratuba.
> 4. Sem esta prova a defesa não fará o júri!
> 5. Com a finalidade de instruir procedimento administrativo frente à Corregedoria de Justiça a fim de apurar responsabilidades pelo desaparecimento desta fita, requer-se seja certificado nos autos que até a data de hoje, 30 de outubro de 1997, isto é, dez dias antes do julgamento, não existe resposta da comarca de Guaratuba informando o paradeiro desta prova.

De fato, o júri foi adiado por mais alguns meses, sendo remarcado para 9 de março de 1998, e aconteceria com ou sem a fita. Mas, seis dias antes da nova data, entrou em cena o jornalista Ari Soares dos Santos, afirmando que estava entregando a Figueiredo Basto "uma cópia de fita magnética modelo cassete, cujo conteúdo reproduz fielmente o do contido na fita original [...] a 'entrevista' dos réus Celina, Beatriz e Osvaldo Marcineiro". Três dias antes do júri de Osvaldo, Davi e De Paula começar, a juíza Marcelise deferiu a juntada da cópia do repórter Ari Soares, alegando ter conferido e atestado o conteúdo dela em cotejo com as degravações existentes nos autos. No dia seguinte, essa decisão foi aceita pelos promotores e pelos advogados de defesa.

Sabemos que, em 1992, vários repórteres tinham acesso ao conteúdo das fitas. Há inclusive imagens de TV da época em que Moacir Favetti aparece tocando a fita em um grande gravador sobre uma mesa, em torno da qual há muitos microfones de veículos de imprensa. Contudo, Ari Soares alegava que a fita lhe fora fornecida por uma fonte anônima, e nunca foi possível confirmar sua origem. Por isso, embora ela tivesse sido aceita como prova, os promotores questionavam sua autenticidade.

Com a fita incluída entre as provas, o júri de Osvaldo, Davi e De Paula teve início – mas não foi muito longe. Já no segundo dia, uma jurada passou mal, e o conselho de sentença teve de ser dissolvido. Uma matéria da *Folha de Londrina* detalha o ocorrido:

> A dissolução da sessão do júri, às 22h15 de anteontem, devido a problemas de saúde de uma jurada, deu-se a 45 minutos de uma interrupção para descanso, prevista para as 23 horas. Segundo advogados consultados pela *Folha*, o adiamento poderia ter sido evitado se a jurada Valcenir Jean Bernardino tivesse admitido que não tinha condições médicas para participar do júri. Há dez dias, a professora, de 55 anos, submeteu-se a uma cirurgia de varizes na perna direita e ainda está em recuperação.

Com esse adiamento, o júri das Abagge seria o primeiro, a começar no dia 23 de março. Na época, elas eram representadas por dois renomados criminalistas de Curitiba, Osmann de Oliveira e Ronaldo Botelho, ex-promotor de Justiça que, depois de se aposentar, passou a trabalhar como advogado de defesa. Por motivos particulares, Corrêa Filho e Drummond de Carvalho, que montaram boa parte das teses de defesa dos acusados, haviam abandonado o caso. Os novos advogados das Abagge viam-se diante de um problema. Tendo assumido o caso fazia poucos meses, não haviam tido tempo de se inteirar do processo todo. Por isso, convidaram Figueiredo Basto e sua equipe para compor a banca de defesa. Basto aproveitou a juntada da fita cassete e chamou para sua equipe o advogado e perito Ari Ferreira Fontana, a quem pediu uma análise minuciosa da fita.

O julgamento das Abagge, no Foro Regional da Comarca da Região Metropolitana de Curitiba, em São João dos Pinhais, é considerado até hoje o mais longo da história brasileira. Durou 34 dias e foi marcado por intensos debates entre acusação e defesa.

Os números das equipes impressionavam até os mais leigos. O Ministério Público era representado por quatro promotores: Celso Luiz Peixoto Ribas, que fazia todas as argumentações e sustentações orais, Rosana Maria L. P. Santos Lima, Raimundo Nogueira Soares e Paulo Sérgio Markowicz de Lima – que, anos depois, assumiria o caso em definitivo. Além dos promotores, a acusação contava também com o assistente João Gomes dos Santos Filho, advogado contratado pela família Caetano. Do outro lado, a defesa era composta por sete advogados: Antonio Augusto Figueiredo Basto, Osmann de Oliveira, Luis Carlos Nunes Meister, João Marcelo Queiroz Soares, Ronaldo Antônio Botelho, Ari Ferreira Fontana e Omar Elias Geha.

Quando a fita cassete foi apresentada, a análise do advogado e perito Fontana já estava concluída. A fita, ele informou, tinha inúmeros cortes e vozes de fundo. Com o auxílio de programas de computador de edição de áudio (uma novidade e tanto para a época), Fontana mostrou visualmente os cortes existentes, evidenciando a manipulação produzida pelo Grupo ÁGUIA. Além disso, tentou deixar mais nítidas algumas falas escondidas sob outras vozes, que teriam sido ignoradas nas duas degravações anteriores. Em um dos trechos, talvez o mais impressionante de todos, ouvia-se um dos interrogadores dizendo: "Confesse direitinho que nós não botamos a mão mais em vocês". Na degravação oficial, constava apenas: "Confesse direitinho que...", sem a conclusão da frase.

Em 1999, o Ministério Público requisitou que essa fita finalmente passasse por uma perícia técnica, de forma que fosse analisado todo o seu conteúdo, principalmente a quantidade de cortes. A requisição foi feita pelo promotor Markowicz, e o responsável pelo parecer foi o engenheiro Antônio César Morant Braid, perito na época alocado em Salvador, na Bahia. O laudo foi entregue em 27 de setembro de 1999. Nele, o perito concluiu que havia catorze edições no áudio.

Em 2017, conversei com Markowicz e o questionei sobre a fita e os cortes. A explicação dele foi a seguinte: o laudo fora feito para atestar a veracidade da fita, já que não se tratava da original. Como a fita original não fora periciada, não era possível saber se os cortes identificados no exame de 1999 já estavam nela. Era provável, ele dizia, que tivessem sido inseridos pela defesa. "Até imagino quem deve ter feito isso", relatou-me o promotor. Quando perguntei quem, ele preferiu não revelar.

Uma fita fantasma

Diógenes Caetano sempre afirmou existir outra fita cassete na qual Osvaldo Marcineiro confessava ter sacrificado também Leandro Bossi, o menino que desaparecera de Guaratuba dois meses antes de Evandro. Ouvi rumores sobre essa fita desde que comecei a pesquisar sobre o caso Evandro, em 2015, mas não achava nenhum registro da existência dela. Diógenes alegava que ela chegara a ser veiculada ao vivo na extinta TV OM e que o repórter se chamava Gladimir Nascimento. Conversei com o jornalista, mas ele não se lembrava direito do episódio.

Até que, em 2019, finalmente tive acesso a uma cópia do inquérito de Leandro Bossi, disponível no Serviço de Investigação de Crianças Desaparecidas (SICRIDE). Eu tinha alguma esperança de que a fita, se existisse, estivesse anexada aos autos. Contudo, encontrei apenas o depoimento de Diógenes, de 29 de setembro de 1999, relatando a existência dela. Após esse depoimento, havia uma declaração de Gladimir, de 28 de novembro do mesmo ano, dizendo ter feito várias reportagens sobre Evandro e mantido contato constante com Diógenes. Num encontro intermediado por ele do jornalista com um policial (de cujo nome não se lembra, mas acha que era "Romário" – provavelmente, José Romálio Machado) de Ponta Grossa, o jornalista ficara sabendo de uma fita com a confissão de Osvaldo: o pai de santo dizia que Cristofolini raptara Leandro Bossi no show de Moraes Moreira. Segundo a declaração:

> [...] Sérgio Cristofolini [...], na garupa da motocicleta, o levou à praia de Caieiras, onde teria cortado o pescoço de Leandro Bossi e daí tirado sangue para ser lançado ao mar; que, posteriormente teriam, segundo o relato na fita, acondicionado o menino num saco plástico de cor preta e lançado na baía da área do mercado municipal.

O mais importante, talvez, tenha sido Gladimir dizer que a gravação fora passada de um gravador do policial para "o equipamento de imagem e áudio da emissora" e "levado ao ar no dia seguinte em rede nacional". Esse depoimento de 1999 foi o primeiro indício forte que encontrei de que essa fita poderia existir de fato. Mas, se existia, outras dúvidas surgiam. Por que ela nunca foi anexada aos autos do processo de Evandro, ou mesmo ao inquérito de Leandro Bossi? Por que Osvaldo e Cristofolini não haviam sido, até então, acusados pelo desaparecimento de Bossi? E por que quando foram enfim considerados suspeitos, foi pelo que relataram nas acareações de julho, quando Osvaldo, Davi e De Paula afirmavam não que tinham matado Leandro, mas sim que o tinham vendido para "uma gringa loira e gorda"?

8. O caso Leandro Bossi (II)

Como detalhamos em capítulos anteriores, na acareação realizada em 11 julho de 1992, Osvaldo Marcineiro e Vicente de Paula confessaram participação no desaparecimento de Leandro Bossi, enquanto Davi dos Santos Soares disse só ter conhecimento do caso. No dia seguinte, Osvaldo disse ao delegado Oliveira que estava sendo torturado. No dia 28, em audiências com a juíza Anésia, todos os sete presos já negavam participação tanto no desaparecimento de Evandro quanto no de Leandro.

Depois disso, os sete acusados do caso Evandro não foram mais investigados oficialmente pelo caso Leandro. Nesse meio-tempo, João Bossi, pai de Leandro, se aproximara de Diógenes, vendo nele um aliado. A relação teria ido além de uma simples amizade. De acordo com João, durante um certo período, Diógenes o contratou, junto com seu filho Ademir Bossi, como segurança particular.

Em 28 de setembro de 1992, o delegado Oliveira pediu desligamento do caso Leandro Bossi após uma série de atritos com o promotor Cioffi. O delegado Noronha acompanhou as diligências até que um novo responsável foi designado, em 25 de fevereiro de 1993. Seu nome era Agenor Salgado Filho. Poucos dias depois, o delegado Agenor enfrentaria um dos eventos mais bizarros de Guaratuba.

Lagartos

No dia 27 de fevereiro de 1993, quatro garotos entre 12 e 15 anos brincavam de caçar lagartos no matagal onde, quase um ano antes, o corpo de Evandro fora encontrado. Levavam consigo um cão de caça.

Em certo ponto, o cachorro começou a latir e partiu em disparada. Um dos garotos, Ismael Amorim Carneiro, de 14 anos, foi atrás dele e encontrou o cão diante de um objeto enterrado perto de uns arbustos. Parecia uma bola. Ismael pegou um facão, enfiou na terra e a revirou. Era um crânio humano.

Os garotos demoraram alguns dias para relatar o ocorrido a adultos. Isso só viria a acontecer no dia 3 de março, quando outro garoto, Luciano Clarinda, de 13 anos, contou a história para Leocádio Miranda e seu cunhado, Manoel Correa (em seus depoimentos, os dois não informaram se eram parentes do menino, então é provável que fossem apenas vizinhos). Leocádio pegou o carro de Manoel emprestado, foi ao terreno para verificar se o crânio ainda estava lá e, ao confirmar que sim, chamou a polícia. O Instituto de Criminalística chegou em seguida para desenterrar o crânio e vasculhar a região. Encontraram outras partes de uma ossada de criança, assim como peças de roupa infantis, entre elas uma pequena cueca e chinelos.

Os depoimentos dos adolescentes e dos dois adultos foram tomados no dia 4 de março pela promotora Eliane Maria Penteado de Carvalho e por Luís Amilton Oliveira da Costa, delegado de Guaratuba à época. No dia seguinte, João e Paulina Bossi foram chamados para prestar depoimento e tentar reconhecer as peças de roupa. Em matéria de 6 de março de 1993, a jornalista Mônica Santanna relatava a descoberta:

> OSSADA PODE SER DE LEANDRO BOSSI
> Entre os ossos, foi encontrado um par de chinelos reconhecido pela mãe de Leandro, sumido há um ano
>
> Um par de chinelos é a chave para identificar a ossada encontrada anteontem numa mata em Guaratuba, no litoral do Paraná, como sendo a do menino Leandro Bossi, de 8 anos, que desapareceu há um ano durante um show musical naquela cidade. Os chinelos – de cor azul e da marca Samoa – foram achados ontem junto com uma cueca, um calção e mais dois ossos grandes: um fêmur e uma tíbia (ossos da perna). Paulina Bossi, mãe de Leandro, reconheceu os chinelos como sendo de seu filho.
>
> Paulina teve dúvida em relação à cueca, mas entregou à polícia uma outra que estava em sua casa e que havia sido comprada de um camelô, em Curitiba. Confrontando as duas, os peritos afirmaram que elas são do mesmo tecido, da mesma confecção e com estampas semelhantes na parte da frente. No final da tarde, emocionada, Paulina admitia que a ossada pode ser de seu filho.

O delegado Agenor Salgado, que desde ontem passou a presidir o inquérito sobre o desaparecimento de Leandro Bossi, disse que há 90% de chances de a ossada ser do menino. "Os indícios são grandes, mas os exames da perícia darão a confirmação final", informou. Salgado não quis antecipar qualquer ligação com o caso do menino Evandro Ramos Caetano, que teria sido sacrificado num ritual de magia negra, apesar da ossada ter sido achada a quase 400 metros do local em que foi encontrado o corpo de Evandro. "Prefiro crer que seja um caso isolado."

O promotor público, Antonio Cioffi de Moura, evitou também vincular o caso de Evandro com a ossada encontrada anteontem. "É cedo para falarmos sobre isso", afirmou. Cioffi disse que vai esperar os exames da perícia. Ele já pediu ao posto do INAMPS, em Paranaguá, que a ficha odontológica de Leandro seja encaminhada ao Instituto Médico Legal de Curitiba para a confirmação do cadáver e adiantou que poderá solicitar o exame de DNA ao Núcleo de Genética de Belo Horizonte.

O encontro da ossada motivou João Bossi a prestar novo depoimento à Polícia Civil, no dia 10 de março de 1993. Ele levou informações que havia colhido em Guaratuba, assim como uma lista de possíveis suspeitos e testemunhas. Essa lista tinha catorze nomes, todos de pessoas ligadas aos sete presos do caso Evandro, incluindo o ex-prefeito Aldo Abagge, sua filha Sheila, o advogado Silvio Bonone e o assessor de imprensa Paulo Brasil, distribuídos em duas páginas datilografadas. Bossi iniciou seu depoimento ao promotor Cioffi e ao delegado Agenor explicando o processo de produção da lista, dizendo que tinha obtido os nomes de pessoas conhecidas e amigos seus, e que Diógenes Caetano o tinha auxiliado.

O laudo de exame cadavérico da ossada, datado de 14 de abril de 1993, foi realizado pelo IML de Curitiba. Assinado pelo médico-legista Gerson Luiz Laux e pela odontolegista Beatriz Helena Sottile França – que havia sido responsável pelo exame da arcada dentária do cadáver de Evandro –, ele concluía que as peças ósseas eram de uma criança entre 7 e 8 anos, provavelmente do sexo masculino. Os peritos não encontraram indícios de ação violenta nem conseguiram determinar a causa da morte, mas informavam que a "esqueletização sugere que a morte ocorreu há mais de um ano".

Alguns detalhes chamam a atenção nesse exame. Primeiro, por algum motivo, ele não se encontra no inquérito de Leandro Bossi, mas no de Evandro. Segundo, um laudo odontológico mencionado não está anexado. Há apenas duas menções, no inquérito de Leandro Bossi e nos autos de Evandro, de buscas feitas pelas fichas odontológicas do garoto, que também era atendido no INAMPS pela dentista Adaira Kessin Elias. Na primeira menção, de 10 de março de 1993, a Primeira Regional de Saúde de Paranaguá informava ao delegado Luís Amilton não ter encontrado as fichas de Leandro. A segunda era um ofício de França endereçado a José Marcos Parreira, diretor do IML de Curitiba, em 29 de março, dizendo que continuava à espera das fichas. Por fim, nem nos autos do caso Evandro, nem no inquérito de Leandro consta o laudo de exame de levantamento de cadáver, que deveria conter o registro e as fotos do processo de retirada da ossada e dos objetos encontrados no terreno. E não foi por falta de insistência. Além de dois pedidos dos delegados de Guaratuba, em 17 de junho de 1993, o próprio Cioffi reforçou a necessidade desse laudo.

O passo principal para a identificação da ossada foi o exame de DNA, comparando material da ossada com amostras de sangue de João e Paulina Bossi, comandado por Sérgio Danilo Pena no Laboratório Gene de Belo Horizonte, um dos únicos lugares capazes de realizar esse tipo de teste na época. O material para análise foi enviado a Minas Gerais em 10 de maio de 1993 e o laudo final só foi concluído em 17 de janeiro do ano seguinte. Os resultados de maternidade e paternidade foram negativos. Além disso, para espanto de todos, descobriu-se que a ossada era de uma menina.

A descoberta, no fim, serviu apenas para alimentar as teorias de conspiração envolvendo o caso Evandro. Para os advogados de defesa, os algozes das Abagge estariam interessados em incriminá-las no caso Leandro Bossi. Já os promotores acreditavam que se tratava de uma tentativa de desviar a atenção. O caso nunca foi investigado, e a identidade da ossada permanece um mistério até hoje.

A jornalista

Em 1996, a jornalista Vania Mara Welte, do recém-criado jornal *Hora H*, recebeu uma missão: contar a história do caso conhecido no Paraná como "As bruxas de Guaratuba". Num primeiro momento, ela ficou receosa. Não entendia por que falar sobre um crime tão horrível.

Por que ouvir o que aqueles bruxos tinham a dizer? Seu chefe respondeu: "Você nem ouviu o lado deles e já tem uma opinião?".

No início de junho de 1996, Vania começou sua série de reportagens sobre o caso Evandro. Na primeira matéria há uma longa entrevista com Celina e Beatriz, na qual elas alegam ter confessado o assassinato de Evandro após uma série de torturas. A jornalista também colheu declarações de conhecidos das Abagge, de Isabel Kugler Mendes – cujo dossiê "Tortura Nunca Mais?" é mencionado – e de Aníbal Khury. Todos afirmam que elas eram inocentes. A matéria dava destaque a uma frase de Khury: "O que foi feito com Celina e Beatriz Abagge é um erro difícil de ser reparado".

Outro personagem é o arcebispo de Curitiba, dom Pedro Fedalto, na época a maior autoridade da Igreja Católica no Paraná. Quando os sete foram presos, e após as confissões transmitidas pela televisão, Fedalto escrevera um artigo agressivo contra os acusados. Contudo, depois de visitá-los na prisão, disse ter visto com os próprios olhos os sinais de tortura. A partir de então, passou a ser uma das figuras mais relevantes a declarar publicamente acreditar na inocência deles.

Duas semanas depois, na edição de 17 a 23 de junho de 1996, Vania assinou uma matéria de capa. Uma foto mostrava Diógenes Caetano apontando para uma parte da baía de Guaratuba, com a seguinte legenda: "Diógenes aponta para o lugar onde o corpo de Leandro foi atirado ao mar, na baía de Guaratuba, numa oferenda a Iemanjá". A chamada da reportagem era a seguinte:

> LEANDRO ESTÁ MORTO
>
> EXCLUSIVO: Leandro Bossi, que está nos cartazes de crianças desaparecidas, inclusive com sua foto mostrada na novela *Explode Coração*, foi sangrado e degolado num ritual de magia negra. A denúncia é de Diógenes Caetano, o mesmo que levou a Polícia Militar às Abagge.
>
> DIÓGENES, O CAÇADOR DAS BRUXAS
>
> Diógenes Caetano confessa que levou a Polícia Militar a prender Celina e Beatriz Abagge porque a Polícia Civil não se interessou pela apuração da morte de seu sobrinho Evandro. Nega que tenha participado das torturas e estupros contra as duas mulheres. Suspeito também de ter assassinado seu próprio sobrinho, ele se defende: "Se eu tivesse tanto ódio, eu mataria a Celina Abagge".

A matéria é uma longa entrevista com Diógenes, na qual ele se defende de acusações que vinham sendo feitas pelas defesas desde a prisão dos sete acusados, com repercussões na imprensa. A mais grave era a de que ele teria sido o responsável pelo desaparecimento e pela morte de Evandro. A suspeita era motivada pelo episódio ocorrido na noite de 7 de abril de 1992, quando Diógenes, em frente à casa de Aldo Abagge, teria dito: "Se essa criança aparecer sem os órgãos, vocês serão os culpados". Por essa linha de raciocínio, ele teria matado o próprio sobrinho para acusar as Abagge. O primeiro motivo seria político. O segundo, o caso que Celina teria tido, no passado, com seu pai e que teria causado a separação de seus pais. A hipótese de envolvimento de Diógenes no crime nunca foi explorada pela polícia, dada a ausência de indícios.

Apesar de o engenheiro ter dado aquela entrevista para apresentar seu lado da história, o que mais repercutiu foram suas declarações sobre o que teria ocorrido com Leandro Bossi. A afirmação de que o corpo teria sido jogado na baía de Guaratuba – informação que Diógenes dizia ter obtido na fita de confissão que o repórter Gladimir Nascimento exibira na TV – chocou o pai do garoto. A primeira página da edição seguinte do *Hora H* estampava uma foto dele com a mão no rosto, com a legenda: "João Bossi chora ao ler no *Hora H* a denúncia de que o filho Leandro foi morto num ritual de magia negra e jogado no fundo da baía de Guaratuba". A chamada continuava:

> EXCLUSIVO: PAI DE LEANDRO CONTA AGORA TODA A VERDADE
> Reviravolta no caso das bruxas de Guaratuba: João Bossi pediu formalmente ao secretário de Segurança, Cândido Martins de Oliveira, para investigar a morte de seu filho. Segundo ele, foi enganado todo este tempo por Diógenes Caetano – o caçador das bruxas –, que lhe assegurava que Leandro estava vivo. Agora, João Bossi promete que vai contar à polícia tudo o que sabe. E garante: de acusador, Diógenes vai passar a réu. "Esse canalha vai pagar tudo o que fez de mal", desabafa.

Na entrevista, Bossi relembrou a aproximação de Diógenes entre 1992 e 1993: "Diógenes ensaiou muitas das mentiras que contei contra a família Abagge; ele é um homem capaz de matar, porque é frio e calculista". Afirmou também que o primo de Evandro dissera, na época, que Leandro poderia estar morto, mas ao mesmo tempo o encorajava a continuar procurando pelo filho.

A partir das matérias do *Hora H*, Bossi e Diógenes viraram inimigos declarados. No livro que escreveu sobre o caso Evandro, publicado em 2010, Diógenes afirma ter ajudado João Bossi após as prisões dos sete. Aos poucos, porém, teria percebido que Bossi era apenas um aproveitador que usava a tragédia familiar para conseguir doações. Diógenes acusa Bossi de chorar em frente às câmeras e voltar a sorrir assim que os repórteres iam embora. Bossi, por sua vez, me disse o seguinte em entrevista em 2017: "Diógenes é bandido. Tudo o que aconteceu de ruim em Guaratuba é culpa dele".

Bossi, Diógenes e a fita

No dia 26 de junho de 1996, João Bossi enviou uma declaração contra Diógenes ao secretário de Segurança Pública do Paraná. As quatro páginas de sua "denúncia" contam, em resumo, que Bossi fora ingenuamente usado para incriminar as Abagge e pessoas ligadas a elas. Ele teria passado a desconfiar da manipulação dois anos antes, após a ossada que acreditava ser de seu filho ter sido identificada como de menina. Bossi não é claro, mas dá a entender que a lista de nomes que entregara à polícia em 1993 - que ele sempre admitira ter sido feita com o auxílio de Diógenes - fora uma invenção do engenheiro. O texto encerra sugerindo que, se Diógenes afirmava que Leandro estava morto, ele deveria saber de algo que não contara para ninguém.

Por conta disso, Diógenes foi chamado a prestar depoimento na delegacia de Guaratuba no dia 8 de julho de 1996. O delegado da época era Petrucio J. Santana. Na transcrição do depoimento, consta que Diógenes se apresentou na delegacia sem advogado, que julgou desnecessário. Diógenes começa o depoimento dizendo ter recebido muitas informações relacionadas a Evandro e as encaminhado ao MP, e que o delegado responsável pelo inquérito de Leandro "iniciou investigações relacionando o caso Evandro com o do Leandro [e] inclusive foi afastado por determinação superior". O delegado a que Diógenes se referia era Luiz Carlos de Oliveira. Mas ele não teria sido afastado por determinação superior. De acordo com o inquérito de Leandro Bossi, Oliveira - que sempre acreditou que as Abagge viraram alvo de Diógenes como vingança contra Celina - pediu para se desligar do caso em 28 de setembro de 1992, após atritos com Cioffi.

O depoimento de Diógenes tem duas páginas, mas apenas esse trecho traz alguma afirmação dele. Durante o resto da sessão, o delegado fez-lhe uma série de perguntas: "Você recebeu alguma informação do caso Leandro? Sabe onde está o corpo de Leandro? Como soube que o corpo de Leandro foi jogado na baía de Guaratuba? Que pessoas fizeram isso?". A lista de perguntas preenche uma página inteira. A todas, Diógenes responde que se "reserva o direito em defender-se em juízo".

Somente três anos depois, em 29 de setembro de 1999, Diógenes daria uma explicação para a história. O depoimento, prestado no SICRIDE dentro da investigação do caso Leandro Bossi, seria retomado quando o primo de Evandro falasse no júri de 2005, que julgava Bardelli e Cristofolini. Antes dessa ocasião, o único registro que pude encontrar de Diógenes mencionando a fita cassete veiculada na matéria de Gladimir Nascimento foi a entrevista para o jornal *Hora H*. Em ambas as ocasiões, Diógenes afirmou que, depois de muito tempo, ele teria se dado conta de ter presenciado o sequestro de Leandro Bossi, conforme mencionado no capítulo 3 deste livro.

Quem tomou o depoimento em 1999 foi o delegado então à frente do SICRIDE, Harry Carlos Herbert. Foi notável o esforço de Herbert para tentar entender o paradeiro dessa fita, mais de sete anos depois dos eventos em Guaratuba. Por causa das afirmações de Diógenes, o SICRIDE requisitou esclarecimentos do capitão Neves, o que ocorreu em 9 de fevereiro de 2000. O policial confirmou a existência de uma fita com a confissão de Osvaldo na qual ele revelava o destino de Leandro. Ela teria sido encaminhada ao secretário Favetti, e Neves disse que depois disso perdeu seu rastro.

Favetti também foi chamado a prestar depoimento e, no dia 3 de maio de 2000, afirmou que todas as fitas que tinha haviam sido entregues à Polícia Civil, que então conduzia o inquérito. Na ocasião, pediu para anexar ao depoimento uma declaração na qual, entre outras coisas, informa não ter certeza se chegara a ter em mãos essa confissão de Osvaldo sobre a morte de Leandro, mas não descarta que tenha existido, considerando que as "suspeitas, à época, eram fortes nesse sentido". Conclui explicando que "não temos condições, por ora, de resposta concreta, sobre existência ou não de fitas dando conta de confissões por parte dos indigitados, face o tempo decorrido", mas que é "de nosso interesse a elucidação desses episódios e, quem dera, a recuperação de crianças desaparecidas".

Uma reviravolta

No dia 8 de agosto de 1996, João Bossi estava no banco para descontar alguns cheques quando notou um carro da Polícia Militar estacionado em frente à agência. Os homens dentro da viatura não estavam fardados. Dois deles entraram no banco e foram até Bossi.

"O senhor é João Bossi?"

"Sou."

"Somos da Polícia Reservada de Curitiba", disse um dos policiais, referindo-se à chamada P2.

"Estou preso?"

"Não, temos uma surpresa para o senhor. Mas precisamos que venha conosco para Curitiba."

Chegando à capital, Bossi foi levado até uma sala no quartel da PM. Ele se lembra de dois oficiais com quem falou, o coronel Dalmas e o comandante Ribas. Mostraram-lhe uma fita de vídeo com imagens de uma criança encontrada em Manaus. Além do vídeo, foram apresentadas fotos.

João Bossi não teve dúvidas.

Era seu filho Leandro.

No dia 21 de julho de 1996, a Polícia Militar do Paraná recebera uma ligação de um homem chamado Márcio Bezerra de Souza, de Manaus. Na época, a PM paranaense estava dando apoio ao Movimento Nacional em Defesa da Criança Desaparecida, com sede em Curitiba, ajudando na distribuição nacional dos cartazes produzidos pelo movimento, contendo fotos e informações dos menores. No telefonema, Márcio informava que ele e sua esposa, Socorro Auxiliadora, haviam recolhido um menino de rua chamado Diogo Moreira e que, após ver um dos cartazes em sua cidade, notaram a semelhança entre o garoto e Leandro Bossi, desaparecido havia quatro anos e meio. Em seguida, a afiliada local da Globo gravou algumas imagens da criança, que foram enviadas para a Polícia Militar paranaense.

Após uma série de contatos entre as polícias militares do Paraná e do Amazonas e a Justiça de Manaus, João Bossi foi autorizado a acompanhar a PM paranaense num voo para encontrar o filho. No dia 14 de agosto, um dia depois de chegar à capital amazonense, Bossi foi levado à casa de Socorro. A assistente social que acompanhou o encontro registrou que adulto e criança tinham semelhança física e se reconheceram imediatamente. Após o encontro, Bossi declarou: "Tenho certeza de que é meu filho. De qualquer forma, estou disposto a fazer qualquer exame necessário para comprovar. Se por acaso ele não for meu filho Leandro, estou disposto a adotá-lo". O garoto também reconheceu Bossi como seu pai.

No dia 15 de agosto, o juiz Antonio Celso da Silva Gioia, da comarca de Manaus, autorizou que João Bossi recebesse um termo de guarda e responsabilidade para que Diogo ficasse sob seus cuidados enquanto eram feitos os exames para averiguar o parentesco. Durante esse período, eles deveriam ter acompanhamento psicológico constante e ser monitorados pelos policiais militares paranaenses responsáveis pelo encontro. No dia seguinte, sob as lentes da imprensa, João e Diogo pousaram em Curitiba. Nessa época, Mônica Santanna já havia deixado a *Folha de Londrina* e trabalhava na *Folha de S.Paulo*. Em 17 de agosto, ela explicou a repercussão do caso em uma matéria intitulada "Pescador reconhece filho sumido em 92":

> [...] O coronel Antonio Ribas, da 5ª seção da PM, disse que as semelhanças entre o menino encontrado em Manaus e a foto do cartaz são grandes. "Ele é loiro, tem olhos claros e se parece fisicamente com o senhor João", afirmou.
>
> Ribas disse que Bossi foi reconhecido por Leandro. "Ele correu em minha direção, me abraçou e começou a chorar", disse Bossi.
>
> Leandro disse que passou por duas famílias antes de ser recolhido por Socorro. "Apanhei muito", afirmou Leandro, mostrando as marcas na mão e chorando.
>
> Ribas afirmou que Leandro e o pai seriam levados ontem à tarde para Guaratuba para que fossem apresentados à Justiça.
>
> *Habeas corpus*
>
> O advogado Antônio Figueiredo Basto disse ontem que quer explicações do comando-geral da PM e da Secretaria de Segurança sobre a acusação do assassinato feita aos seus clientes – o pai de santo Osvaldo Marcineiro, Davi dos Santos Soares e Vicente Ferreira, acusados de matar Leandro.

"Os três disseram que fizeram essa confissão porque haviam sido torturados e agora o Leandro aparece vivo", disse Basto.

Ele pretende entrar na Justiça com novo pedido de *habeas corpus* em favor dos três. Na época, a PM negou a prática de tortura.

Marcineiro, Soares e Ferreira estão presos há quatro anos na Penitenciária Central do Estado, em Piraquara, acusados de matar o menino Evandro Ramos Caetano num ritual de magia.

O crime ocorreu em Guaratuba, dois meses depois do desaparecimento de Leandro Bossi.

A reportagem, no entanto, não responde a uma pergunta fundamental: como Leandro teria sido levado de Guaratuba para Manaus? No dia 21 de agosto, em depoimento que consta no inquérito do desaparecimento, o garoto, acompanhado por João Bossi, deu sua versão sobre o que acontecera. No dia 15 de fevereiro de 1992, estava jogando futebol com amigos, que depois da brincadeira foram embora. O menino continuou brincando sozinho na praia até que viu um veículo, que acreditava ser um Gol branco, com as portas abertas. Dele saíram dois homens, que o agarraram e o colocaram dentro do carro. Ele tentou escapar, segundo disse. Gritou e chorou muito, e chegou a morder o dedo de um dos agressores, mas não conseguiu fugir. Foi, então, levado a uma cidade cujo nome não recordava. Depois, para um sítio em Autazes, no Amazonas, de uma mulher chamada Angela, que o registrou como filho. Havia lá um homem moreno chamado Aguinaldo, disse ele.

Em Manaus, as assistentes sociais que acompanhavam o caso conseguiram obter uma cópia de sua certidão de nascimento, em que constava que seu nome era Diogo Rodrigo Moreira, filho de Angela Regina Moreira. Não aparece o nome do pai. Segundo o registro, ele nascera naquela cidade no dia 15 de agosto de 1986. Suspeitava-se de que essa certidão fosse falsa, prática comum na época em casos de crianças sequestradas. No depoimento, o garoto conta que teria ficado naquele sítio por cerca de dois anos com outras duas crianças mais novas, Letícia e Anderson.

Ainda segundo o testemunho de Leandro, Angela e Aguinaldo pagaram em cheque por ele, mas ele não sabia dizer para quem. Passado um tempo, ficaram receosos de alguém descobrir sobre o sequestro, então venderam o sítio e foram para Boa Vista, em Roraima. Mas o destino do garoto foi outro. Leandro foi mandado para Manaus para morar com uma mulher chamada Martinha, que o levou para a casa de sua filha, Silas, casada com um homem de nome Francisco. O casal já criava cinco crianças – quatro filhos legítimos e uma menina de quem eles cuidavam a pedido da mãe.

Silas, segundo Leandro, o tratava muito mal. Certa vez, teria cortado a mão dele com um facão porque ele esbarrara no pé dela ao passar pano no chão. O menino teria recebido tratamento hospitalar para estancar o sangramento. Segundo o registro do depoimento, "neste momento, Leandro mostrou à autoridade policial o corte sofrido na mão", mas o documento não diz se o policial identificou a marca. O menino contou também que chegou a ser agredido com um fio de ferro elétrico nas costas. Depois de um tempo, fugiu de casa, conforme seu relato. Foi parar na casa de Socorro Auxiliadora, que sempre cuidara bem dele.

Após o depoimento, o garoto passou por um auto de reconhecimento com João e Paulina. Ambos confirmaram que a criança tinha as características físicas de Leandro. João relatou que Leandro tinha uma pequena mancha atrás da orelha direita, e Paulina lembrou que ele tinha uma cicatriz na mão por causa de um acidente ocorrido na chácara onde trabalhava Ademir, irmão mais velho de Leandro. O garoto apresentava a mancha e a cicatriz. No fim do auto, João e Paulina reiteram "sem dúvidas que a referida criança é seu filho". Anos depois, João Bossi me relatou outros detalhes que lhe deram a certeza de que tinha encontrado seu filho. De acordo com ele, o menino se lembrava de acontecimentos muito específicos, como pescarias que faziam quando ele era ainda criança.

Em uma matéria de TV da época, é possível ver a criança respondendo a perguntas de uma repórter. Ele diz: "Meu pai era pescador, eu vim de uma cidade com praia, mar e que tinha um Cristo de braços abertos". Um dos pontos mais conhecidos de Guaratuba é o Morro do Cristo, com uma escadaria que leva a uma estátua de cerca de nove metros do Cristo Redentor. Diante das câmeras, Paulina subiu os 197 degraus de joelhos como pagamento de uma promessa. Em outras imagens, Ademir abraça o menino. "Pra onde você foi, piá? Nunca mais suma, por favor!", diz, em meio ao choro.

A chegada de Leandro a Guaratuba foi triunfal. Ele circulou por toda a cidade em cima de um carro de bombeiros, enquanto os cidadãos nas ruas comemoravam, choravam, acenavam, acreditando em um milagre. A notícia correu o Brasil inteiro. João e Leandro chegaram a ir ao popular programa de Hebe Camargo, no SBT, emocionando a plateia. Em todas as imagens da época, Leandro está sempre agarrado ao pai. Não se soltavam um minuto.

O movimento de pais e mães

O cartaz em que o marido de Socorro Auxiliadora viu a foto de Leandro Bossi tinha sido produzido pelo movimento de pais e mães de crianças desaparecidas no Paraná, liderado por Arlete Caramês, mãe do menino Guilherme Tiburtius, desaparecido em junho de 1991. João Bossi fez, por muitos anos, parte do movimento, que ele me relatou ter sido responsável por uma série de mudanças. A mais memorável foi a redução do tempo de espera necessário para registrar a denúncia de desaparecimento. Quando seu filho Leandro desapareceu, em fevereiro de 1992, era necessário esperar 24 horas para que a polícia iniciasse as buscas. Mas o grupo conseguiu levar a causa até Brasília e mudar a lei. “O pessoal foi de avião. Eu sou pobre, fui de pau de arara. Mas fui. Mudamos a lei”, disse ele.

Muita coisa havia mudado no país entre 1992 e 1996. Nessa época, a Rede Globo exibia no horário nobre a novela *Explode Coração*, que abordava o desaparecimento de crianças no Brasil. Ao final de cada episódio, a novela exibia pais e mães de crianças desaparecidas segurando cartazes com fotos de seus filhos e pedindo informações. Após o término da novela, cerca de setenta crianças haviam sido reencontradas. De acordo com matéria da *Folha de S.Paulo* de 26 de maio de 1996, boa parte dessas crianças havia fugido de casa por causa de violência doméstica. Em reportagem do dia seguinte, “*Explode Coração* cria pânico em crianças”, o jornal discutia outro efeito inesperado da novela:

> O quadro da novela *Explode Coração* em que aparecem mães procurando filhos desaparecidos está causando pânico nas crianças.

Segundo a psicóloga Carmem Silvia Taverna, 41, que presta assessoria psicológica a escolas, mães de três colégios diferentes reclamaram que seus filhos não queriam sair de casa, com medo de serem sequestrados.

"A novela está desenvolvendo um pânico. As crianças se sentem ameaçadas. É um fenômeno semelhante ao medo de morte que ocorreu depois do acidente dos Mamonas Assassinas", disse.

Graziela Almeida, 10, aluna da 5ª série de uma escola particular da zona leste de São Paulo, passou a pedir que sua mãe a buscasse na escola todos os dias. "Tenho medo que aconteça comigo o mesmo que aparece na TV."

No ano anterior, o movimento de pais e mães do Paraná conseguira outra vitória com a criação, no dia 31 de julho de 1995, do Serviço de Investigação de Crianças Desaparecidas (SICRIDE), a delegacia especializada nesses casos. Fundado no primeiro ano do governo Jaime Lerner, o SICRIDE partira de uma ideia do então secretário de Segurança Pública do estado, Cândido Manoel Martins de Oliveira, o "Candinho", que escolheu o delegado da Polícia Civil Carlos Roberto Bacila para tocar o projeto.

Com passagem pelo Grupo TIGRE, o delegado Bacila defendia a existência de uma delegacia especializada no caso de menores desaparecidos, que concentrasse todas as ocorrências do estado. Dessa forma, mesmo com uma equipe pequena, o SICRIDE podia deslocar policiais até o município da ocorrência. A taxa de sucesso foi considerável. No seu primeiro ano, o serviço solucionou mais de cem casos ainda nas primeiras 24 horas após o desaparecimento das crianças, que são o período mais crítico.

Todos os casos antigos também foram levados para o SICRIDE. Um desses era o de Leandro Bossi. Por isso, Bacila acompanhou a vinda do garoto de Manaus para Guaratuba. Em entrevista que me deu em 2017, o delegado falou dos bastidores do encontro. "Ele tinha memórias de Guaratuba", explicou. "Sua mãe, Paulina, me disse que ele tinha uma marquinha na orelha, por conta de um acidente com um ferro de passar ocorrido anos antes. A gente olhava a orelha e lá estava uma marquinha. Eram vários detalhes, impressionante. Todo mundo me dizia que o caso já estava encerrado. Mas eu sempre fui muito cético. Por isso, fiz o que qualquer bom policial deveria fazer. Eu fui investigar."

Além do SICRIDE, alguns grupos privados tentavam ajudar a resolver os desaparecimentos. Um deles era o Bureau Internacional de Busca a Crianças Desaparecidas, o Inter Bureau, liderado pelo detetive particular Walmir Battu, que contava com uma complexa rede de pessoas no país e no exterior que o auxiliava a divulgar e obter informações. Numa época em que a internet ainda engatinhava, Battu utilizava os recursos à mão para divulgar casos de crianças desaparecidas no Paraná. O principal deles era a confecção de cartazes com fotos das crianças. Em uma entrevista para o *Hora H* no fim de agosto de 1996, Battu expressou a mesma cautela de Bacila. Ele achava que Leandro Bossi e o menino de Manaus tinham feições diferentes. Além disso, Bossi teria então 13 anos e deveria estar maior – de fato, o menino encontrado parecia pelo menos uns dois anos mais novo. Como isso poderia ser causado por má nutrição, somente um exame de DNA seria capaz de tirar todas as dúvidas.

Mas o destaque daquela edição do jornal não foi a entrevista com o detetive ou as declarações do garoto e de João Bossi. A capa estampava uma declaração de Diógenes Caetano dos Santos Filho:

> EXCLUSIVO: Diógenes, o Caçador de Bruxas de Guaratuba, garante:
> DIOGO NÃO É LEANDRO. É UMA FARSA.
> "LEANDRO ESTÁ NO FUNDO DO MAR"
> Apesar de na sexta-feira João Bossi desfilar pela cidade ao lado de "Diogo", apresentado pela Polícia Militar como sendo o filho dele, Leandro Bossi, desaparecido em Guaratuba há mais de quatro anos, o engenheiro Diógenes Caetano continua afirmando que o corpo do menino está no fundo da baía de Guaratuba, no local apontado por ele, em entrevista ao jornal *Hora H*. "Tudo isto não passa de uma palhaçada", definiu.
>
> O engenheiro disse que pouco tinha a dizer, mas tanto ele como toda a família Bossi sabem que "isto tudo é uma farsa". E prometeu ir, junto com os pais de Evandro Caetano, ao cartório de Guaratuba para apostar 10 por 1 como "Diogo não é Leandro Bossi". E advertiu: "Faço isto na presença de advogados".
>
> Em entrevista no mês de julho ao *Hora H*, Diógenes Caetano dizia textualmente: "Ele (João Bossi) é um pobre coitado que perdeu o filho e vive explorando esta desgraça. Todo mundo sabe disto. Muita gente já deu dinheiro a ele para ajudar a procurar Leandro. Bossi ficou furioso comigo porque, se todo mundo souber que Leandro está morto e não apenas desaparecido, Bossi fica sem poder arrecadar mais dinheiro em Guaratuba". E finalizou: "João Bossi continua tropeçando nas próprias mentiras".

Em 1996, os exames de DNA já eram mais populares do que em 1992, mas ainda não eram realizados por muitos órgãos públicos. No dia 22 de agosto, dois laboratórios de genética particulares de Curitiba ofereceram seus serviços ao SICRIDE de forma gratuita. Os exames seriam conduzidos de forma independente pelos geneticistas Salmo Raskin e Rui Pilotto. Enquanto aguardavam o resultado dos exames, o garoto passou por uma série de testes físicos e psicológicos, permanecendo sob a guarda de João Bossi.

No início de setembro, Angela Regina Moreira chegou a Curitiba. Vinda de Itacoatiara, no interior do Amazonas, estava acompanhada do detetive Walmir Battu e de sua filha Letícia. Angela declarou à imprensa: "O menino não é Leandro Bossi. Ele é meu filho, Diogo Rodrigo Moreira".

A outra mãe

Em 1996, Angela tinha 27 anos. Nas imagens de TV da época, está sempre segurando a filha Letícia, de 5 anos, de olhos claros e cabelos loiros como a mãe. Ao ser informado da chegada de Angela, João Bossi ficou preocupado. Ela se encaixava na descrição que o garoto dera da mulher que o teria comprado e levado para morar num sítio em Autazes, no Amazonas.

Nos primeiros encontros de Angela com Diogo registrados pela imprensa, o menino aparece sempre abraçado a João, recusando-se a olhar para ela. Angela, por sua vez, sempre tenta tocar no menino, chamar sua atenção, sem sucesso.

No dia 2 de setembro, ela deu seu primeiro depoimento ao SICRIDE, em Curitiba. Por causa da suspeita de que Angela fosse uma sequestradora de crianças e estivesse tentando encobrir algum esquema criminoso, a Polícia Civil do Paraná manteve contato constante com a de Manaus. Toda informação que ela dava ao SICRIDE era checada com as autoridades manauaras.

O que relato a seguir é a versão que ela contou sobre sua vida.

Em 1983, Angela morava em Joinville, Santa Catarina. Tinha 14 anos quando conheceu Aguinaldo José Santana, um jovem de 17 anos nascido em Londrina, Paraná. Os dois se apaixonaram, mas os pais dela não aprovavam o namoro, então ela fugiu de casa para morar com a família do namorado. Em 1984, nasceu o primeiro filho do casal, Jean. Quando o menino tinha 2 meses, Angela acompanhou Aguinaldo e sua família em uma viagem até Manaus, deixando Jean com a avó materna, que não permitiu que a criança viajasse com eles.

O casal morou por dois anos numa pensão em Manaus. Em 15 de agosto de 1986, Angela deu à luz Diogo Rodrigo Moreira, que foi registrado na capital. No final daquele ano, eles se mudaram para Roraima. Em 1988, Angela teve o terceiro filho do casal, Anderson. Depois disso, a família voltou para Manaus e, por fim, se estabeleceu em Autazes, a cerca de cinco horas de barco de Manaus. Ficaram lá por dois anos, e ela engravidou novamente. Letícia nasceu no início de 1991. Nessa época, Angela passou a sofrer maus-tratos e ameaças de morte de Aguinaldo, e fugiu para Manaus levando consigo apenas Letícia, com 9 meses. A última vez que viu os dois meninos, que ficaram com o pai, foi em setembro de 1991. Na época, Diogo tinha 5 anos e Anderson, 3.

Duas semanas após fugir, Angela conseguiu dinheiro para viajar para Itacoatiara, a 270 quilômetros de Manaus, onde trabalhou como auxiliar de cozinha. Em 1995, chegou a enviar para Aguinaldo uma foto de Letícia. Ficou sabendo que Anderson estava com o pai, enquanto Diogo vivia com um casal conhecido de Aguinaldo. Angela passou anos sem notícias dos dois meninos, até 29 de agosto de 1996, quando a polícia e o detetive Battu bateram à sua porta. Acompanhados de jornalistas, eles mostraram a Angela fotos de uma criança, que ela reconheceu como seu filho Diogo. Disse que nunca tinha ouvido falar de João e Leandro Bossi e que conhecia Martinha e sua filha Silas, mas não sabia que Aguinaldo havia deixado seus filhos com elas. A polícia quis saber por que o nome de Aguinaldo não constava na certidão de nascimento de Diogo, e Angela contou que ele se negou a acompanhá-la ao Cartório de Registro Civil. Por fim, Angela se ofereceu para ir ao Paraná para fazer o reconhecimento do filho e passar pelos exames necessários para comprovar que era a mãe de Diogo.

Além de um primeiro depoimento que Angela dera no Amazonas, o SICRIDE recebeu uma série de documentos do Juizado de Menores de Manaus com informações sobre Diogo (ou Leandro). No mesmo dia em que Angela prestava seu depoimento em Curitiba, estavam sendo concluídos os laudos dos exames físicos e psicológicos da criança.

Eles tentavam responder a uma dúvida levantada por um exame clínico feito em 31 de agosto que sugerira que, para uma criança de 12 anos e meio (a idade que Leandro teria), o menino parecia ter desnutrição e déficit de desenvolvimento. Analisando arcos dentários e idade óssea, o exame de identificação médico-legal concluiu que o menino tinha, na verdade, cerca de 10 anos. Os exames psicológicos e psiquiátricos também apontavam para uma idade mental compatível com os registros de Diogo, e não de Leandro.

Mas todos esses indícios poderiam ser justificados. Os anos morando na rua, a desnutrição, os maus-tratos poderiam ter afetado seu desenvolvimento físico e mental. Restava então o exame de DNA, cujo resultado seria revelado em uma coletiva de imprensa no dia 3 de setembro pelos geneticistas Salmo Raskin e Rui Pilotto. De manhã, todos os jornais estampavam em suas primeiras páginas que o exame de DNA seria revelado naquele dia, menos a *Folha de S.Paulo*. Mônica Santanna tinha conseguido conversar com Salmo Raskin em busca de um furo de reportagem:

> LAUDO CONCLUI QUE GAROTO NÃO É LEANDRO
> Exame de DNA elimina a possibilidade de o menino encontrado em Manaus ser filho de pescador
>
> O menino encontrado em Manaus não é Leandro Bossi, desaparecido em 1992 em Guaratuba (litoral do Paraná), segundo o laudo do exame de DNA, a que a Agência Folha teve acesso.
>
> O exame foi feito pelo geneticista Salmo Raskin, do Laboratório Genétika, de Curitiba (PR), e deve ser divulgado hoje às 10h pelo secretário de Segurança Pública do Paraná, Cândido Manoel Martins de Oliveira.
>
> Segundo a Agência Folha apurou, o material genético encontrado no sangue do menino é 100% diferente do sangue de João e Paulina Bossi, pais de Leandro.
>
> Foram analisados, pelo menos, sete pontos do material colhido do menino e do casal. Em nenhum deles houve coincidência do código genético, o que exclui a possibilidade de ele ser filho do casal.
>
> O menino está registrado como Diogo Rodrigo Moreira, que teria 10 anos. A idade de Leandro teria de ser 12 anos.
>
> [...]
>
> O menino está há 17 dias morando com [João] Bossi, sua segunda mulher e mais dois filhos em Guaratuba. Ele chama o pescador de pai.
>
> [...]

Novo exame

Angela Moreira deve fazer hoje exame de sangue no IML (Instituto Médico-Legal) para que também seja realizado estudo do DNA. O resultado pode comprovar que ela é a mãe biológica de Diogo.

Angela criticou as autoridades que permitiram a ida do garoto ao Paraná. "A polícia e a Justiça de Manaus foram muito precipitadas", afirmou ela.

Angela Moreira disse que ficou sabendo que seu filho estava no Paraná pelo detetive Battu. "Não tenho TV e moro no meio da selva. Fiquei chocada quando soube, porque havia deixado o menino com o pai", afirmou.

Não havia mais dúvidas de que o menino não era Leandro Bossi. Mesmo assim, João Bossi ofereceu-se para adotar o garoto, mas Diogo acabou se acertando com sua mãe e voltando para o Amazonas. Se Diógenes Caetano tivesse feito a aposta que mencionou na entrevista para o *Hora H*, teria ganhado.

A história de Diogo

No inquérito de Leandro Bossi, estão anexados os relatórios produzidos por assistentes sociais no juizado de menores de Manaus relatando a história de Diogo, aos quais tive acesso em 2019 com a ajuda de Patrícia Conceição Nobre Paz, delegada do SICRIDE, e isso me ajudou a entender por que Diogo disse que era outra criança quando teve a oportunidade.

Dois anos depois de Angela fugir, em 1993, Aguinaldo foi a Manaus e deixou Diogo e o irmão mais novo com Martinha, alegando que precisava procurar emprego e voltaria em poucos dias. Martinha pediu à filha que cuidasse de Diogo enquanto ela ficava com Anderson. Em seu depoimento, Aguinaldo contou que voltou um mês depois para buscar as crianças e que encontrou Anderson, mas foi informado de que Diogo estava com Silas e que ela queria continuar com o menino. Então, entregou uma cópia da certidão de nascimento dele e voltou para Autazes com Anderson. Os depoimentos de Silas e Martinha contam outra história: após ser informado de que Diogo estava com Silas, Aguinaldo nunca foi procurar a criança. Silas teria se preocupado em colocar Diogo na escola, mas, para isso, precisava da certidão, que acabou mandando buscar. O menino foi matriculado no Colégio Estadual Tiradentes no ano seguinte, em 1994. Reprovou naquele ano. E no ano seguinte.

Em março de 1996, fugiu da escola e da casa de Silas. Passou a viver a maior parte do tempo na rua, até que encontrou Socorro Auxiliadora e seu marido Márcio, que passaram a cuidar dele. Em todos os relatórios da época, as assistentes sociais afirmam que Diogo gostava muito de Socorro, e que teria fugido da casa de Silas porque era espancado e forçado a trabalhar. Silas afirmou que nunca bateu no menino e que só exigia dele que fizesse suas tarefas escolares.

Em junho daquele ano, Silas e o marido informaram à assistência social que não tinham condições de cuidar do garoto, enquanto Socorro disse que ele era uma criança carinhosa e que estavam se dando bem. Uma avaliação psicológica feita para avaliar se ela e o marido podiam ficar com o menino concluiu que Diogo chamava Socorro de mãe, mas que Márcio não estava preparado para adotar uma criança de 10 anos. A conclusão foi que Diogo deveria ser entregue a outra família.

A guarda do menino acabou sendo dada a outro casal, mas Diogo não se adaptou. Fugia constantemente, se alimentava mal e não se dava com outras crianças. Dias depois, voltou para a casa de Socorro, mas acabou sendo levado a um abrigo. O drama se estendeu até 13 de agosto de 1996, quando o Juizado de Menores de Manaus recebeu a ligação da Polícia Militar do Amazonas informando que a PM do Paraná tinha informações de que ele seria, na verdade, Leandro Bossi, o garoto desaparecido em Guaratuba em 1992.

Em depoimento prestado quando João Bossi apareceu no juizado de Manaus para buscar o menino, Socorro disse que desejava entregar Diogo à Justiça por conta dos conflitos com o marido, que atrapalhavam o desenvolvimento da criança. Também informou que Diogo sempre falava dos irmãos, Anderson e Letícia, e pediu providências para que se investigasse a situação deles. Foi nesse contexto que o juiz decidiu conceder a guarda de Diogo a João Bossi. Os policiais do Paraná tinham recebido a informação da semelhança entre os garotos por conta de uma ligação de Márcio, o marido de Socorro, que tinha visto o cartaz das crianças desaparecidas com a foto de Leandro Bossi.

Quando conversei com o delegado Bacila, em 2017, ele me disse que, na ânsia de resolver um caso de criança desaparecida, houve uma precipitação por parte da Polícia Militar do Paraná. Eu vejo ainda um outro lado nessa história. Considerando todos os registros, está claro que a situação do menino Diogo era insustentável. Infelizmente, ele teve que se tornar notícia no país inteiro para reencontrar sua mãe – que não tinha ideia do que estava acontecendo com ele desde que tivera de fugir de casa. Ao menos no meio de tantas tragédias, alguma criança voltou à sua família.

Em nossa conversa no fim de 2016, Diógenes disse acreditar que tudo tinha sido uma história montada, em que juntaram esforços a emissora afiliada paranaense da Rede Globo, políticos e até a Igreja Católica, por meio de dom Pedro Fedalto, arcebispo de Curitiba. Todos estariam em conluio para livrar as Abagge das acusações. Para ele, não havia dúvida de que Leandro estava morto e de que os acusados no caso Evandro estavam por trás do seu assassinato. Afinal, havia aquela fita fantasma.

É difícil acreditar na tese de armação envolvendo a afiliada da Rede Globo, políticos e Igreja, mas é evidente que o caso Diogo foi utilizado por pessoas que defendiam a inocência dos acusados no caso Evandro, especialmente os advogados de defesa, para quem o fato de Leandro ter sido encontrado era a prova da inocência de seus clientes. É difícil também saber quem é a maior vítima nessa história, mas poucas pessoas sofreram tanto quanto a família Bossi, que perdeu Leandro três vezes: primeiro em 1992, quando ele sumiu; depois em 1993, quando apareceu a ossada da menina com as roupas de Leandro; e por fim, em 1996, quando o Leandro reencontrado se revelou Diogo. Em 2017, quando conversei com João Bossi, ele desabafou: "Autoridades, tenham algum respeito por mim. São quase trinta anos sem resposta. Eu quero a minha resposta. Onde está meu filho?".

O caso Leandro Bossi mantém-se aberto até hoje no SICRIDE.[13]

13 A delegacia foi a pioneira na técnica de envelhecimento de fotos de crianças para prever como elas ficariam à medida que cresciam. Seu site (www.sicride.pr.gov.br) disponibiliza essas simulações, além de outros dados sobre os desaparecimentos, e recebe informações sobre Leandro Bossi e outras crianças desaparecidas no Paraná.

Quando, em julho de 1992, foram presos os suspeitos do caso Evandro, o delegado Oliveira começava a investigar o desaparecimento de Leandro Bossi e chamou os pais de Evandro para conversar, conforme já mencionado. Ele queria saber como o corpo da criança, em estado de putrefação tão avançada, fora reconhecido como sendo do filho do casal. Oliveira desconfiava de que o corpo fosse de Leandro, que tinha estatura similar à de Evandro. Isso explicaria a decomposição avançada.

No dia 12 de agosto, o delegado requisitou que fosse feito um exame de DNA para esclarecer de vez a identidade do corpo. Seria um dos primeiros casos criminais no Brasil a usar esse recurso. Era um pedido peculiar, pois o corpo havia sido identificado meses antes de diversas formas: pelo exame de arcada dentária, pelas roupas e objetos, pelo testemunho do pai e pela necropsia. O pedido não foi bem recebido pelo promotor Cioffi, que na época montava o quadro acusatório contra os sete acusados. Esse foi um dos vários atritos entre o delegado e o promotor.

Enquanto negociava-se o exame de DNA, Cioffi enviou, no dia 13 de agosto, outro pedido à juíza de Guaratuba:

> Tendo chegado ao conhecimento desta Promotoria de Justiça, especialmente designada para acompanhar as investigações policiais que apuram o desaparecimento do menor Leandro Bossi, ocorrido nesta Comarca, de que nas proximidades da antiga Feira de Artesanato local, mais precisamente em frente à Loja Berimbau, em época pretérita, fora visto Osvaldo Marcineiro realizando a ocultação de material possivelmente relacionado com o delito acima mencionado, ou até mesmo com o assassinato do menor Evandro Ramos Caetano, ocultação esta sob uma calçada ali existente. Vem o Promotor que esta subscreve respeitosamente, perante Vossa Excelência, nos termos do artigo 240 § 1º, letra "e" do Código de Processo Penal, requerer mandado de busca e apreensão, a fim de que a autoridade policial ali realize diligências objetivando encontrar objetos necessários à prova de infração penal.

Embora o ofício não cite, sabe-se que Cioffi recebeu essa denúncia de Diógenes Caetano – que dizia tê-la passado à frente por acreditar que ali poderiam estar enterradas as mãos de Evandro. A juíza

Anésia autorizou a busca em frente à Loja Berimbau no mesmo dia, e Oliveira ficou encarregado de comandar o trabalho, que ocorreu na madrugada do dia 13 para o dia 14. Entre os policiais que acompanhavam o delegado, estavam alguns do Grupo ÁGUIA que tinham permanecido na cidade após as prisões dos sete acusados, realizando outras diligências.

Os policiais usaram picaretas e quebraram toda a calçada na frente da loja, onde estaria o material suspeito. A repórter Dulcinéia Novaes, da afiliada paranaense da Rede Globo, estava no local e gravou partes da operação. No meio da madrugada, um palmo abaixo do nível da calçada, os policiais encontraram um pote de barro lacrado em cuja tampa estava amarrado um pequeno punhal. No interior do pote havia alguns pedaços de conchas do mar, moedas, fios de cobre, sementes, tudo mergulhado em um líquido avermelhado.

O relatório do IML de Curitiba, concluído em 14 de outubro, apontava a presença de sangue no líquido. Contudo, não era possível afirmar se era sangue humano, o que só poderia ser determinado por um exame de DNA, tecnologia de que o IML não dispunha. Nos depoimentos que prestou, Diógenes sempre afirmou que acreditava que o líquido encontrado no pote era o sangue de Leandro Bossi. Afinal, a Loja Berimbau era de uma pessoa do círculo de Osvaldo: o empresário Antonio Costa.

Naquele momento, então, a necessidade de uma análise mais profunda do sangue somava-se a outras exigências dos casos Evandro e Leandro. Entre elas, a confirmação de que o corpo era mesmo do filho de Ademir e Maria Caetano. Assim, o caso Evandro tornou-se uma das primeiras investigações criminais no Brasil a empregar técnicas de DNA. Mas isso, curiosamente, em vez de trazer respostas, trouxe novas dúvidas.

9. DNA

Na primeira metade da década de 1990, o potencial do uso da tecnologia de análise de DNA já era conhecido por profissionais da área da saúde, especialmente aqueles que se mantinham atualizados por publicações científicas. Desenvolvida em 1985 na Inglaterra, a análise da "impressão digital genética", que permite identificar o indivíduo pelo seu código genético, tinha se tornado a grande novidade para a investigação de paternidade e aos poucos ganhava papel importante na solução de crimes como homicídio e estupro. A análise ficou conhecida como teste de DNA, sigla em inglês para ácido desoxirribonucleico (ADN), cuja sequência (os genes) contém informações que determinam as características das pessoas.

Esses testes ainda eram também uma novidade nebulosa para o público geral. Um exemplo disso foi o caso do ator e jogador de futebol americano O.J. Simpson, acusado de matar sua ex-esposa Nicole Brown em 1994. Durante o júri de 1995, a acusação possuía mais de cem evidências baseadas em análises de DNA, extraídas no local do crime, que indicavam que O.J. era o assassino. Contudo, dada a falta de conhecimento público acerca de como o exame de DNA funcionava, tais provas foram ignoradas pelos jurados. Após nove semanas de julgamento, O.J. Simpson foi considerado inocente.

Na perícia forense, são comparados materiais genéticos de pelos, fragmentos de pele, sangue ou sêmen encontrados no local do crime ou no corpo da vítima com amostras obtidas do suspeito. O índice de certeza na identificação é de 99,99%. No início dos anos 1990, apenas laboratórios de ponta faziam o teste e, além da ausência de laboratórios estruturados para tais exames, o uso do teste de DNA como prova enfrentava outros problemas. Isso é descrito em uma matéria da *Folha de S.Paulo* de 1995, escrita por Eunice Nunes:

TESTE DE DNA PARA SOLUÇÃO DE CRIMES "ENGATINHA" NO PAÍS

[...]

Mas, se a ciência pode oferecer uma prova tão forte para condenação ou absolvição de um acusado, no âmbito do direito penal a aceitação dessa prova é discutível.

Segundo a Constituição, ninguém é obrigado a fazer prova contra si mesmo. Logo, o material biológico do acusado só pode ser colhido com o seu consentimento. Caso contrário, a prova do DNA pode ser anulada sob a alegação de ter sido obtida sem permissão.

"Com base nesse princípio constitucional, por exemplo, a polícia não pode obrigar uma pessoa a submeter-se ao exame do bafômetro ou a tirar sangue para fazer teste de dosagem alcoólica", conta o advogado criminalista Luiz Flávio Borges D'Urso.

Embora não haja ainda decisão de tribunal sobre o DNA no processo penal, o Supremo Tribunal Federal (STF), por seis votos a quatro, decidiu que ninguém é obrigado a se submeter a exame de sangue para teste de paternidade.

A decisão do Supremo foi dada em um processo civil, mas abre um precedente para aplicação no processo penal.

Além disso, a legislação determina que o juiz decida com base em um conjunto de provas. "O exame de DNA é uma prova importante, mas não é absoluta. Ela tem de ser analisada à luz de todo o conjunto probatório. É a sintonia desse conjunto que vai autorizar uma condenação", afirma D'Urso.

Em 1992, quando o uso da técnica era incipiente no Brasil, o caso Evandro foi não apenas um dos primeiros a empregar técnicas de análise de DNA, mas um dos mais controversos, pela maneira como tanto a defesa quanto a acusação as usaram a seu favor.

Onde há sangue...

Como contei no capítulo 2, no dia 3 de julho de 1992, dois dias após Osvaldo ser preso, policiais realizaram uma busca e apreensão em sua casa. Os agentes pegaram um punhal, um facão e um alguidar com uma mancha avermelhada, descrita no auto de apreensão como indício de sangue.

No mesmo dia, foram feitas buscas na serraria de Aldo Abagge, onde foram apreendidos objetos que estavam na casinha em que teriam sido depositadas as vísceras de Evandro: dois fios de cobre descascados, pedaços de uma vela derretida e uma embalagem de vela com a inscrição "Santa Barbara". No dia 6, foi realizada uma busca e apreensão na casa da família Abagge. Lá foram recolhidos dois revólveres, balas, um facão, uma faca, dois radiotransmissores, uma revista de ocultismo e mistério chamada *Magia*, um caderno de Beatriz contendo "anotações sobre as origens da magia e seus significados" e alguns recortes de jornais locais referentes aos casos Leandro e Evandro.

No dia seguinte, dia 7, o carro de Beatriz foi apreendido para que se buscassem vestígios de sangue nos tecidos e no carpete do veículo, inclusive no porta-malas (um mês depois, o IML concluiria que não havia sangue nas amostras analisadas). No mesmo dia, o delegado Noronha pediu ao Grupo ÁGUIA que lhe enviasse todo o material produzido durante a investigação e as prisões.

O parecer do IML de Curitiba sobre os primeiros materiais analisados saiu em 8 de julho. Entre os objetos citados estava um batedor de carne, que, provavelmente por erro de registro, não havia sido mencionado em nenhum auto de apreensão. No punhal e nos fios de cobre não havia nenhuma mancha que pudesse ser periciada. Em facões e no batedor de carne havia vestígios escassos de cor marrom-avermelhada que foram analisados. A conclusão era positiva: havia sinais de sangue.

O objeto de maior interesse era o alguidar. Pelas confissões, o sangue de Evandro tinha sido depositado em uma tigela daquele tipo. Como não foi encontrada nenhuma na serraria Abagge, os policiais suspeitavam de que o alguidar apreendido na casa de Osvaldo pudesse ter sido usado no sacrifício do garoto. O exame realizado pelo IML acusou a presença de sangue nas manchas da tigela. Como era conhecido que Osvaldo realizava sacrifício de animais, o resultado não era surpreendente. Era necessário comprovar que o sangue era de origem humana, mas isso não era possível porque a proteína do sangue estava degradada e o IML não tinha equipamento para um exame de DNA.

O mesmo problema aconteceu com os facões e o batedor de carne. Depois de meses de lavagem e armazenamento, as amostras encontradas neles eram pequenas demais para identificar se eram humanas ou não. O laudo, assinado pelo então diretor do instituto José

Marcos Parreira e pelas químicas Maria Regina Sawaya Rolim e Maria Cristina Sawaya Novak, sugeria submeter os materiais a exame de DNA para identificar se havia sangue humano, o qual poderia ser confrontado com o DNA dos pais de Evandro. Para esse trabalho, indicava o Laboratório Gene de Minas Gerais, dirigido por Sérgio Danilo Pena, ou um laboratório do FBI que ficava no Uruguai.

Nos dias seguintes, novas buscas foram feitas nas casas de Osvaldo e dos Abagge e na serraria. Na serraria, o delegado Noronha notara uma mancha vermelha, num formato semelhante ao de uma mão, na parede do escritório em que o ritual teria ocorrido. Após examinar um bloco retirado do local, o IML de Curitiba afirmou que a mancha era de fato sangue e conseguiu precisar que era de origem humana. Dadas as limitações do laboratório, recomendaram também que fosse realizado um exame de DNA na amostra.

Assim, em agosto, já eram três os motivos para se recorrer à técnica do DNA: 1) a necessidade de aprofundar os testes nas amostras dos materiais apreendidos por Noronha; 2) o questionamento sobre o cadáver encontrado em abril, que o delegado Oliveira suspeitava ser de Leandro, não de Evandro; e 3) o líquido encontrado no pote enterrado na frente da Loja Berimbau. Faltava apenas definir o local adequado para realizar os exames.

A busca

Seguindo as orientações dos especialistas do IML, o então delegado-geral da Polícia Civil, José Maria de Paula Correia, entrou em contato com o laboratório do FBI no Uruguai e o Laboratório Gene.

No dia 13 de julho, escreveu ao laboratório do FBI sobre a necessidade de identificar se os vestígios de sangue no alguidar, nas facas e no batedor de carne eram de origem humana. Na carta, o delegado pedia ainda que se comparassem as amostras com o DNA dos pais de Evandro e dizia que a resolução do caso poderia ajudar a desvendar o desaparecimento de outras crianças no Paraná. Dias depois, o FBI respondeu que, em tese, tinha como identificar se a origem de uma amostra de sangue era humana ou não, embora não pudesse garantir antes da análise do material. Contudo, explicava que não teria como fazer os testes de maternidade e paternidade e sugeria que estes fossem feitos em laboratório particular, que eles poderiam indicar. E alegava que, em casos assim, o ideal seria realizar todos os exames no mesmo lugar para evitar problemas na cadeia de custódia e na preservação dos materiais. Ou seja, era melhor que o laboratório particular também fizesse os testes para identificar se o sangue era de origem humana. O serviço todo, segundo o FBI, custaria em torno de 2 mil dólares.

O delegado-geral, então, recorreu ao Laboratório Gene, enviando ofício em 30 de julho para Sérgio Danilo Pena. O professor respondeu quatro dias depois, via fax, que esses exames eram relativamente caros, mas que podia cobrar menos, especialmente nos processos de extração de DNA dos materiais. Passou uma lista do que acreditava ser necessário para atender à demanda da polícia: amostras de sangue dos pais de Evandro; dentes, fêmur e/ou bloco histológico da vítima; o alguidar; os dois facões; o batedor de carne; e o reboco da parede com manchas de sangue.

Quando o primeiro ofício foi enviado ao Laboratório Gene, ainda não havia sido descoberto o pote enterrado em frente à Loja Berimbau. Por isso, no dia 21 de agosto, quando o diretor do IML enviou os materiais a Belo Horizonte, anexou uma lista atualizada do que deveria ser analisado, acrescentando aos itens o líquido do pote e um fragmento da massa que o lacrava. Todos os itens foram enviados para Belo Horizonte pessoalmente por Noronha, acompanhado pelas duas técnicas do IML para garantir que o material fosse devidamente preservado.

No primeiro laudo produzido pelo Laboratório Gene, datado de 7 de novembro, os itens citados eram os seguintes: dois dentes; um fêmur; um fragmento de músculo em parafina (bloco histológico); um bloco de alvenaria com a mancha no formato de mão; um líquido encontrado no pote enterrado; um alguidar de barro; sangue de Ademir e Maria Caetano. Ao final, o serviço saiu por 18,8 milhões de cruzeiros, cerca de 2.988 dólares na cotação da época.

O laudo

A primeira parte do laudo de exame de DNA pelo Laboratório Gene, assinado por Sérgio Danilo Pena, apresentava os resultados de testes que tinham dois objetivos. Primeiro, estabelecer, pela comparação dos dentes, do fêmur e do corte histológico com o sangue de Ademir e Maria, se o cadáver era de Evandro. Segundo, analisar se havia DNA humano no alguidar, no líquido encontrado no pote enterrado e no bloco de alvenaria, e se esse DNA era compatível com as amostras de tecido do corpo do menino. Após a extração de DNA de todas as peças, as amostras foram submetidas a um processo de "hibridização com sonda quimiluminescente derivada da sequência humana ALU". O teste funciona assim: se houver reação química, há presença de DNA humano ou de primata.

Os peritos identificaram reação nas amostras do fêmur e dos dentes, confirmando assim a origem humana do material. Contudo, devido ao processo de deterioração das amostras, a qualidade do DNA obtido era baixa, impedindo a comparação com o sangue dos pais de Evandro. Conseguiu-se apenas estabelecer que o DNA extraído do fêmur pertencia a um indivíduo do sexo masculino. O laudo afirmava que seria necessária a aplicação de um PCR (sigla em inglês para "reação em cadeia da polimerase"), que poderia replicar o DNA contido nas amostras. Já no alguidar e na mancha da parede da serraria, não encontraram nada. Esse resultado não garantia que não havia DNA humano, mas que, se houvesse, a quantidade era inferior a 1 nanograma.

No líquido encontrado no pote em frente à Loja Berimbau, a história foi diferente. Houve reação química e, portanto, havia DNA humano ou de primatas. Contudo, a quantidade de DNA era muito pequena para se estabelecer o perfil genético. Também nesse caso novos testes seriam necessários.

O segundo laudo preliminar data de 9 de dezembro. O método de replicação do DNA foi bem-sucedido nos tecidos extraídos do cadáver, mas não conseguiu melhorar a qualidade das amostras do alguidar, do pedaço de parede e do líquido o suficiente para identificar se havia DNA de Evandro ali. O documento trazia as seguintes conclusões:

> 1. Pelos resultados obtidos, é possível afirmar com confiabilidade de 99,997% que o cadáver encontrado era de um indivíduo do sexo masculino e filho biológico do casal Ademir Batista Caetano e Maria Ramos Caetano. Podemos assim concluir cientificamente tratar-se do cadáver de Evandro Ramos Caetano, desaparecido, filho do casal.

2. Verificou-se a presença de DNA de origem humana ou de primata no bloco de alvenaria contendo mancha aparentemente de sangue em forma de mão (rotulado com o número 10), no líquido encontrado em um pote de barro (rotulado com o número 11) e no alguidar de barro (rotulado com o número 6). Estão sendo feitas tentativas suplementares para averiguar se as amostras de DNA destas peças de evidência apresentam identidade genética com o DNA obtido do cadáver de Evandro Ramos Caetano. Pela muito pequena quantidade de DNA disponível, não podemos antecipar se estas tentativas serão bem-sucedidas. O prazo para uma conclusão será de aproximadamente 90 dias.

O laudo final viria apenas no dia 21 de março de 1993. Esperava-se produzir melhores amostras de DNA para não restar dúvida se o material genético humano encontrado no alguidar, na parede e no líquido eram compatíveis com o de Evandro. No entanto, o laudo concluía que, "pela muita [sic] pequena quantidade de DNA disponível, nenhuma destas tentativas foi bem-sucedida".

Apesar de não ter conseguido a identificação genética de todo o material, o Ministério Público agora tinha novas provas para trabalhar em seu quadro acusatório. Primeiro, havia a confirmação genética de que o corpo encontrado no dia 11 de abril de 1992 era o de Evandro. Segundo, o Laboratório Gene encontrara DNA humano no pedaço da parede, no líquido e no alguidar. Para a acusação, a perícia produzira fortes evidências de que Evandro fora morto na serraria, com o uso daquele alguidar, e que seu sangue teria sido misturado ao líquido enterrado em frente à Berimbau.

Para os promotores, essa era a versão otimista. Na pessimista, aquele DNA poderia ser de outras crianças.

O líquido, o alguidar e o bloco da parede

Os traços de DNA humano (ou primata, o que era pouco provável) detectados tanto nas manchas do alguidar encontrado na casa de Osvaldo Marcineiro quanto no líquido do pote enterrado em frente à Loja Berimbau foram usados pela acusação como prova da autoria do crime em diversas ocasiões. Um dos grandes trunfos, eles eram considerados comprovação material das confissões.

O curioso é que, talvez por ser um procedimento nebuloso na época, ainda mais num caso repleto de elementos que tinham que ser discutidos (autoria, álibis, alegações de tortura, identidade do corpo etc.), os testes de DNA não geraram discussões acaloradas entre defesas e acusação. Em todas as menções aos testes, a dinâmica era a mesma: a promotoria afirmava que eram indícios relevantes e a defesa, sem entrar em detalhes, alegava que o teste de DNA era inteiramente problemático.

A partir de 2017, conversei algumas vezes com Markowicz, o último promotor designado do caso. Nessas ocasiões, percebi melhor a relevância do alguidar de Osvaldo e do líquido como elementos de formação de convicção da culpa dos acusados. Passei também algum tempo falando com geneticistas e peritos para esclarecer algumas dúvidas. Todos concordaram que o processo de análise foi bem-feito e que os resultados são confiáveis até hoje, embora a tecnologia tenha melhorado muito nas últimas décadas. Mas uma coisa é fundamental de se esclarecer: presença de DNA humano não significa presença de sangue humano. O material genético pode vir de inúmeras fontes, como suor, lágrimas, sêmen e até fragmentos de pele das mãos.

Por isso, decidi conversar com alguns adeptos de religiões de matriz africana para tirar dúvidas acerca de trabalhos de corte, práticas do candomblé e de vertentes da umbanda que envolvem sacrifícios de animais. A primeira questão que precisamos ressaltar é a inexistência de um trabalho "correto", praticado de forma igual em todos os terreiros. Essa variedade ocorre não apenas devido a diferentes correntes de sincretismo religioso, mas também por invenções religiosas locais. Terreiros literalmente vizinhos podem ter práticas muito diferentes, embora se reconheçam como integrantes da mesma vertente. É bem provável que Osvaldo tivesse sua própria variedade de práticas religiosas.

Apesar disso, há certas constantes. Ouvi de diversas fontes que o alguidar costuma ser utilizado para depositar as vísceras de um animal sacrificado (geralmente um frango), cujo sangue é despejado no padê, uma mistura de farinha, azeite de dendê e outros materiais, em geral feita como oferenda para Exu. Não é raro que o pai de santo incorporado ingira cachaça e, em seguida, a cuspa na mistura. O DNA humano encontrado no alguidar poderia, portanto, ser da saliva, conservada no álcool da cachaça. E o sangue detectado pelo IML poderia ser de animal.

Em 2020, perguntei a Markowicz sobre esses detalhes. Para ele, se o sangue fosse de origem animal com DNA humano proveniente de um fluido como a saliva, a quantidade de material genético humano seria pequena demais para se detectar no exame. Depois dessa conversa, voltei a consultar geneticistas, que me disseram não ser possível ter tanta certeza. A verdade é que é difícil dizer de onde veio o DNA humano detectado naquele teste de 1992. Devemos lembrar que, no primeiro laudo, a equipe de Belo Horizonte foi bem clara ao afirmar que o laboratório estava com dificuldade de extrair material genético do alguidar. Eles só foram bem-sucedidos após técnicas de replicação. O laudo final reafirmava que a quantidade de DNA obtida do alguidar e do líquido eram pequenas demais para compará-lo com o de Evandro. Por isso, não vejo esses materiais como evidências convincentes para provar um assassinato.

À parte a identificação do DNA, por si só o líquido encontrado no pote enterrado impressionava a opinião pública. A própria cena do pote sendo desenterrado com o punhal preso, o fato de ter sido encontrado em frente à loja de um amigo próximo de Osvaldo, tudo isso ajudou a dar um certo ar macabro a essa evidência. Em minha apuração em Guaratuba, no entanto, conversei com alguns moradores, praticantes ou não de religiões de matriz africana, que me disseram variações da mesma frase: "Se você quebrar as calçadas de Guaratuba inteira, vai encontrar vários daqueles potes". Isso porque eles são como amuletos de proteção que costumam ser colocados em frente a casas e em altares ou enterrados dentro dos terreiros e casas, numa idiossincrasia local.

O nome correto daquele pote na tradição afro-brasileira é "quartinha", e sua função ritualística básica é abrigar oferendas a orixás, de forma que ele próprio se torne uma espécie de receptáculo à entidade.[14] Há pelo menos dois tipos de quartinhas: as que possuem asas

14 Há também as quartinhas pessoais, que uma pessoa pode ganhar quando começa a frequentar um terreiro. Nessas, geralmente são colocados água e um pequeno fruto de origem africana chamado "obi".

(ou alças) e as lisas. As primeiras são destinadas a entidades femininas e as segundas, a masculinas. De acordo com o laudo do IML de 14 de outubro de 1992, aquela quartinha específica, desenterrada em frente à Loja Berimbau, tinha 90 milímetros de altura e uma boca que media 110 milímetros de diâmetro. Era lisa e continha, mergulhados no líquido, vários materiais:

> Pequenas sementes escuras de formato irregular [...] fragmentos de conchas do mar [...] uma pena de ave na cor preta [...] um fruto seco com característica semelhante à "IBICELLA" sp. – MARINIACEAE, vulgarmente conhecido como "CHIFRE DO DIABO" [...] uma moeda cunhada em 1990, com inscrições: 5 cruzeiros – Brasil [...] duas moedas cunhadas em 1949, com inscrições: 2 cruzeiros – Brasil [...] uma moeda cunhada em 1944 com inscrições: 2 cruzeiros – Brasil [...] uma moeda cunhada em 1990, com inscrições: 10 cruzeiros – Brasil [...] duas sementes listradas nas cores preta e vermelha de nome científico "ORMOSIA ARBORIA", conhecida vulgarmente por "OLHO DE CABRA".

Segundo depoimento de Antonio Costa em 10 de setembro de 1992, o pote tinha sido enterrado por volta de maio daquele ano. Aproveitando que as calçadas daquela região estavam em reforma, Osvaldo teria feito um trabalho e enterrado a quartinha com o auxílio de De Paula e de um homem chamado Lourival Cordeiro, na época presidente da Federação Espírita do Paraná. Em seus diversos depoimentos, Osvaldo nunca negou ter feito o trabalho. Afirmava que aquela quartinha continha sangue de um frango que, assim como os metais, as pedras, os búzios e as miçangas, servia como "agrado a Exu". (Apesar da associação de Exu com figuras demoníacas do imaginário cristão, fruto de preconceito e ignorância em relação às religiões afro-brasileiras, ele não tem nada a ver com o mal, o demônio ou coisas do tipo. Entre suas várias atribuições, ele é o mensageiro entre o mundo espiritual e o mundo material, assim como o garantidor de que coisas boas vão acontecer.)

O delegado Oliveira, que conduziu a busca e apreensão na calçada em frente à Loja Berimbau a pedido do promotor Cioffi, com quem já tinha desavenças na época, sempre afirmou que a ação tinha como objetivo intimidar Antonio Costa, que havia, por um tempo, entrado no rol de suspeitos. A busca ocorreu alguns dias antes da data do primeiro depoimento do comerciante como testemunha de defesa em audiência com a juíza Anésia. A intenção era sinalizar para Antonio Costa que a polícia sabia da sua proximidade com Osvaldo e que, se o promotor quisesse, o poria de volta na lista de suspeitos. Se ele quisesse se proteger, deveria pensar muito bem se ia mesmo defender os acusados.

Faltaria, então, a explicação da mancha de sangue no bloco de alvenaria retirado do escritório onde o ritual teria ocorrido. Para as defesas, a questão era simples. Primeiro, em uma serraria, não é raro pessoas se machucarem com o maquinário. Além disso, segundo Irineu Wenceslau de Oliveira, guardião da serraria, em depoimento de 1998, o gerente Bardelli tinha o costume de permitir que um conhecido bêbado da região chamado Augusto Soares passasse algumas noites no escritório. Em certa ocasião, ele estaria com a mão machucada, o que poderia ter causado a mancha na parede.

É digno de nota também o seguinte: no relatório da Operação Magia Negra elaborado pelo Grupo ÁGUIA logo após as prisões, várias testemunhas foram citadas como responsáveis por uma reforma pela qual o escritório teria passado no dia 28 de junho de 1992. Se partirmos das descrições sobre o ritual nas confissões, a quantidade de sangue esguichada seria muito superior e difícil de ser controlada. Tudo isso numa terça-feira, sendo que no dia seguinte houve expediente normal. Por fim, a reforma ocorreu em junho, e o ritual teria sido em abril. Durante todo esse tempo, segundo a acusação, haveria inúmeras manchas de sangue espalhadas no escritório – algo que certamente não teria passado despercebido pelos funcionários da serraria –, e apenas aquela teria escapado da reforma.

Os problemas

Durante os anos em que pesquisei sobre o caso Evandro, deparei-me com diversas teorias conspiratórias que se baseavam nos materiais enviados para Belo Horizonte. Uma delas foi alimentada pelo próprio delegado Oliveira, em entrevista para Vania Mara Welte publicada no *Hora H*. A entrevista foi anunciada assim em chamada de capa da edição de 10 a 16 de junho de 1996:

DELEGADO DESAFIA: O CORPO ENTERRADO NÃO É DE EVANDRO
"De quem é o corpo mutilado de uma criança, sem olhos, sem orelhas, sem pênis, sem alguns dedos dos pés, sem as mãos, sem um só fio de cabelo ou pelo, encontrado em 11 de abril de 1992, em Guaratuba, supostamente assassinado em ritual de magia negra? Eu não acredito que seja de Evandro Caetano."

A chamada já trazia um equívoco: como já mencionei algumas vezes, o corpo encontrado estava com o pênis intacto, conforme consta no exame de necropsia. A entrevista, no interior do jornal, ainda trazia especulações sobre o exame de DNA, cujo laudo definitivo havia saído três anos antes. O trecho a seguir é bem elucidativo:

TROCA DE VÍTIMA?
O delegado Luiz Carlos de Oliveira entrou no caso, em 1992, para realizar as acareações entre todos os acusados. Ele lembra que, antes do desaparecimento do menino Evandro Caetano, havia sumido – em fevereiro do mesmo ano – outro garoto da mesma idade (sete anos), Leandro Bossi. Ao ver o corpo mutilado, encontrado pela polícia em um matagal perto da casa dos Caetano, o pai de Leandro, João Bossi, disse que parecia ser o do filho dele.

"Inclusive, a polícia recebeu telefonemas anônimos de que o corpo encontrado era de Leandro e não de Evandro", revela Oliveira. Por isso, ele sugeriu a realização de exame de DNA. "Ora, a polícia não pode se basear num prato feito, fácil, tem de investigar a fundo", entende. O exame foi, "finalmente", solicitado pelo delegado Ricardo Noronha, que presidia o inquérito policial na época. [...]

Oliveira queria também que o exame de DNA fosse estendido aos pais de Leandro Bossi. O que não foi feito. Mas os dois primeiros exames não foram conclusivos. "O que entendemos como negativos", explica, acrescentando que os resultados não foram divulgados.

Ao final, Oliveira enumerava dez perguntas que, na sua opinião, deveriam ser respondidas para a elucidação do crime e a identificação do corpo. Algumas delas eram especificamente sobre a identificação do material genético. Por que não foram feitos outros exames de DNA? Quem testemunhou a coleta de material para o exame? Por que não foram divulgados os dois primeiros resultados, não conclusivos (que ele interpretava como negativos)? Por que o último exame levou entre quatro e cinco meses para ser completado, quando o usual seriam trinta dias? E por que custou 20 mil dólares, quando o valor normalmente cobrado ficava em torno de 2 mil dólares?

TV Globo/Anexo de autos do processo

O garoto Evandro Ramos Caetano, ao centro, em imagem exibida em reportagens de TV na época de seu desaparecimento, quando ele tinha 6 anos e 7 meses. Ele era loiro e tinha olhos claros.

Vídeo de família Memorial Aldo Abagge/Anexo de autos do processo

O casal Celina e Aldo Abagge, então primeira-dama e prefeito de Guaratuba, em imagem reproduzida em matérias de TV na época das prisões. Celina era conhecida por ser ativa politicamente e pelo trabalho social na cidade.

Acervo pessoal

Casa onde os Abagge viviam. Construída por José Nicolau Abagge, pai de Aldo e tido por muitos como um dos responsáveis pela estruturação de Guaratuba, era considerada, até ser derrubada, um dos marcos arquitetônicos locais.

TV Globo/Anexo de autos do processo

Funeral de Evandro, ocorrido em 14 de abril de 1992, três dias depois de o corpo do garoto ter sido encontrado no matagal. Com a repercussão do caso, centenas de pessoas estiveram presentes na ocasião.

TV Globo/Anexo de autos do processo

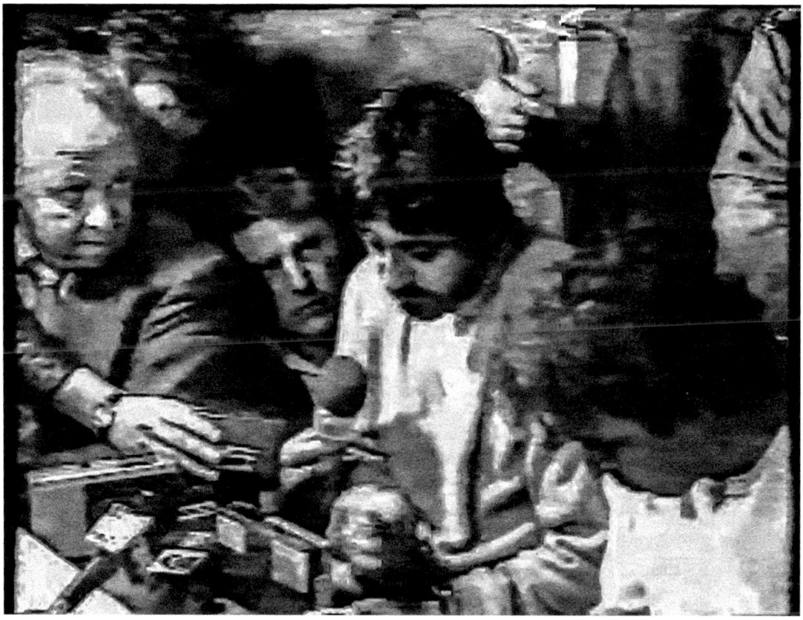

Os acusados Osvaldo Marcineiro (ao centro) e Vicente de Paula (à dir.) durante entrevista coletiva na Secretaria de Segurança Pública do Estado do Paraná, em Curitiba, no dia 3 de julho de 1992, pouco depois das prisões.

TV OM/Anexo de autos do processo

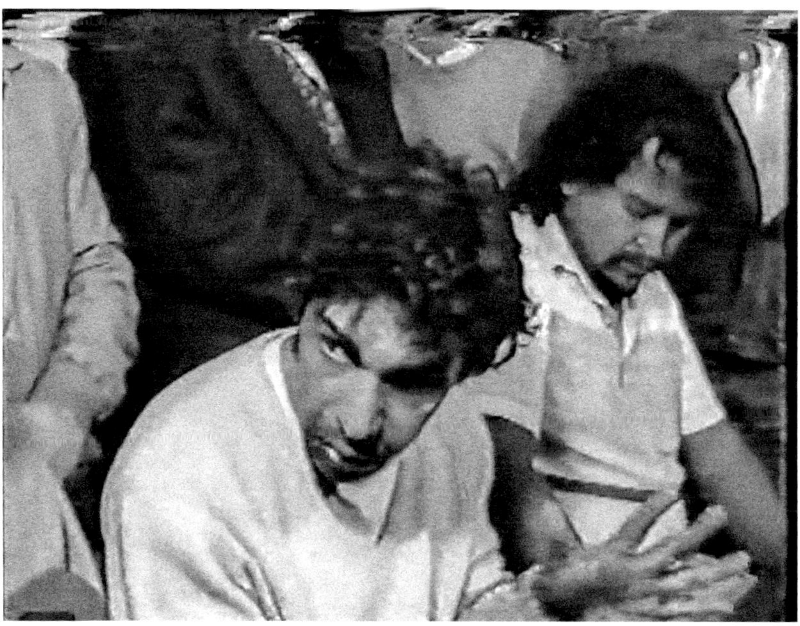

Os acusados Vicente de Paula (à frente) e Davi dos Santos Soares (ao fundo) durante a mesma entrevista coletiva, na qual descreveram o que teria ocorrido com Evandro na noite de 7 de abril daquele ano.

TV Globo/Anexo de autos do processo

Os acusados Francisco Sérgio Cristofolini (à esq.) e Airton Bardelli (à dir.) na Delegacia de Serviços de Informação (DSI) de Curitiba dias após as prisões; mesmo sob tortura, os dois sempre alegaram inocência.

Grupo ÁGUIA/Anexo de autos do processo

As acusadas Beatriz (ao centro) e Celina Abagge (à dir.), em imagem da fita VHS do Grupo ÁGUIA, lendo o mandado de prisão na sala de audiências do Fórum de Guaratuba em 2 de julho de 1992, dia em que foram presas.

Reprodução/Diário Popular

CORTESIA

DIÁRIO POPULAR PARANÁ

Ano XXX — Curitiba, quinta-feira, 9 de julho de 1992 — Nº 8.725 — Cr$ 800,00

O TEMPO

O tempo continuará nublado hoje, em Curitiba, com a temperatura se mantendo em níveis baixos. A variação deverá ficar entre 0 e 13 graus.

MERCADO FINANCEIRO

	Compra Cr$	Venda Cr$
OURO	42.300,00	42.770,00
DÓLAR		
Paralelo	3.610,00	3.660,00
Comercial	3.626,75	3.629,00
Turismo	3.720,00	3.820,00
Poupança		20,5056%
TRD		0,925475%

(Fonte: Ouroper e Andima)

A CONFISSÃO DOS SATÂNICOS

CASA DO PREFEITO APEDREJADA

Militares procuraram controlar abusos nas manifestações

Depoimento na íntegra dos bárbaros. Leia nas páginas 5 e 6

Na passeata, agradecimentos às Polícias Militar e Federal

Otacílio prepara um bom antídoto

O treinador pretende bloquear a pressão baiana, com a velocidade de seu ataque. (Página 10)

Cori contrata o lateral Raçinha

Depois de perder o lateral Paulo César, o Coritiba contratou, ontem, o ex-lateral do Bangu para estrear no domingo. (Página 10)

Mengo na final

Flamengo 3 x 1 Santos

Vasco 3 x 0 S.Paulo

Remodelação da BR

A Prefeitura de Curitiba pretende terminar dentro de quinze dias a segunda etapa do projeto de remodelação da BR-116. (Página 2)

Edição de 9 de julho de 1992 do extinto *Diário Popular de Curitiba*, com a íntegra dos depoimentos dos acusados e a cobertura das manifestações em Guaratuba.

DEPARTAMENTO DA POLÍCIA CIVIL
DO ESTADO DO PARANÁ

SUMIÇO DE MENINOS PODE ESTAR LIGADO À MAGIA NEGRA

RETRATOS-FALADOS LEMBRAM OS BRUXOS

Guilherme Tiburtius

Everton Gonçalves

Os retratos-falados dos homens que raptaram Guilherme Tiburtius e Everton Gonçalves correspondem com as características de Osvaldo Marcineiro e Davi Soares, líderes do grupo que matou Evandro. P. 6.

TRIBUNA DO PARANÁ

CURITIBA, TERÇA-FEIRA, 7 DE JULHO DE 1992
ANO XXXVI / Nº 10.481/ 18 PÁGINAS
DE TERÇA A SÁBADO CR$ 1.500,00

Anexo de autos do processo

Edição de 7 de julho de 1992 da *Tribuna do Paraná*, com chamada de capa que associa o crime a bruxaria e magia negra. O tom sensacionalista predominou na cobertura de imprensa na época.

TV OM/Anexo de autos do processo

Serraria Abagge, local onde, segundo a acusação, teria ocorrido o ritual satânico envolvendo Evandro na noite de 7 de julho de 1992. Criada em 1967, a empresa ajudara a construir a reputação de Aldo Abagge.

Grupo ÁGUIA/Anexo de autos do processo

Imagem da fita VHS gravada pelo Grupo ÁGUIA em 2 de julho de 1992. Na cena, um policial tenta abrir a "casinha de oferendas" no terreno da serraria Abagge durante a reconstituição do crime.

TV Globo/Anexo de autos do processo

Reportagem mostra busca e apreensão na serraria Abagge em 3 de julho, no mesmo dia da realizada na casa de Osvaldo, onde foi encontrado o alguidar que se vê no chão, ao centro da imagem, e que virou evidência discutida no processo.

Acervo pessoal

Aldo Abagge (à dir.) com Aníbal Khury, deputado estadual e presidente da Assembleia Legislativa do Paraná em diversas gestões, conhecido por muitos como o verdadeiro governador do Paraná na época dos acontecimentos.

Acervo pessoal

Aldo (à dir.), então prefeito de Guaratuba, com Alvaro Dias (ao centro, cortando a faixa), governador do estado do Paraná entre 1987 e 1991. Os Abagge eram próximos de figuras importantes da política local.

TV OM/Anexo de autos do processo

Acervo pessoal

Diógenes Caetano (à esq.), primo de Evandro e responsável pela denúncia que deu início às investigações do Grupo ÁGUIA, e Luiz Carlos de Oliveira (à dir.), delegado que investigou o caso Leandro Bossi em 1992.

Acervo pessoal

Anésia Edith Kowalski com Aldo Abagge. A juíza era uma antiga amiga da família, e por esse motivo seu posicionamento durante o desenrolar do caso Evandro pegou Celina e Beatriz de surpresa.

TV Independência/Anexo de autos do processo

Antonio Augusto Figueiredo Basto, então advogado de defesa de Osvaldo, De Paula e Davi e que defenderia as Abagge no júri de 1998, fala sobre o caso Evandro no programa *Jogo Limpo*, em 1995.

Anexo de autos do processo

Valdir Copetti Neves, que comandou as prisões pelo Grupo ÁGUIA em julho de 1992, no júri de 2005. Durante todo o depoimento, um policial federal ficou sentado atrás dele, que estava preso, sob investigação da PF.

Anexo de autos do processo

VARA CRIMINAL
FLS. 12

TERMO DE DECLARAÇÕES

Aos dois dias do mês de julho do ano de mil novecentos e noventa e dois, nesa cidade e Comarca de Guaratuba, Estado do Paraná, na sala do gabinete da Promotoria, no Fórum local, presente o Dr. ' SAMIR BAROUKI, Promotor Substituto, comigo escrivã abaixo assinado, compareceu OSVALDO MARCINEIRO, natural de São Paulo-SP, nascido aos 19.03.61, ' solteiro, filho de Eduardo Marcineiro e de Leopoldina Martins Marcineiro , residente à Monsenhor Lamartine nº 62, Guaratuba-PR, que declarou o seguinte: Que, o declarante foi procurado por Beatriz para que fizesse um trabalho para que abrisse os caminhos da empresas da família da mesma; Que, então contatou com Vicente sendo que este que vivia cotidianamente com o declarante, dias após sugeriu que se fizesse um trabalho envolvendo o sacrifício de uma criança; Que, a partir daí De Paula fêz contato com dona Celina combinando o trabalho com o sacrificio de uma criança; Que, combinado' o crime e, digo, De Paula e Celina convidaram Beatriz, Sergio, Bardelli e Davi para participar o que foi aceito; Que, no dia dos fatos uma criança ' foi escolhida e levada a serraria pertencente a dona Celina onde então De' Paula auxiliado pelos demais inclusive o declarante seguraram a vítima, já desfalecida tendo De Paula retalhado a vítima e retirado os órgãos bem como cortado a mão e os dedos dos pés; Que, todos os fatos que seriam alí -' praticados eram do conhecimento de todos os sete ja nominados. Nada mais . Para constar lavrei o presnte que lido e achado conforme vai devidamente ' assinado. Eu ________, Escrivã que datilografei e subscreví.

Dr. Promotor de Justiça

Declarante:

Depoimento atribuído a Osvaldo, datado de 2 de julho de 1992, que teve a legitimidade questionada por, entre outras coisas, citar Bardelli e Cristofolini, nomes que não aparecem nos vídeos de Osvaldo gravados depois pelo Grupo ÁGUIA.

Acervo pessoal

Beatriz Abagge (à dir.) com Isabel Kugler Mendes, anos depois de a advogada trabalhar no dossiê que descreveu as torturas contra os acusados e que foi usado no inquérito que investigou tais alegações.

Acervo pessoal

Celina (seg. à esq.) e Beatriz (seg. à dir.) durante uma das visitas de Aldo (ao centro) e família no período em que estiveram presas na Penitenciária Feminina do Paraná, de julho de 1992 a março de 1996.

João le Senechal

Casa do ex-ditador paraguaio Alfredo Stroessner em Guaratuba, a "fortaleza" citada no dossiê de Isabel Kugler como local de torturas após as prisões. No lugar, que seria o QG da Polícia Federal, foram gravadas as fitas VHS do dia 2 de julho.

Anexo de autos do processo

Retrato falado de menino que, no dia em que Evandro desapareceu, teria sido visto correndo, apavorado, pela testemunha Eli Gonçalves da Silva. Esse menino, nunca identificado, teria escapado de uma casa onde estava um "menino loiro".

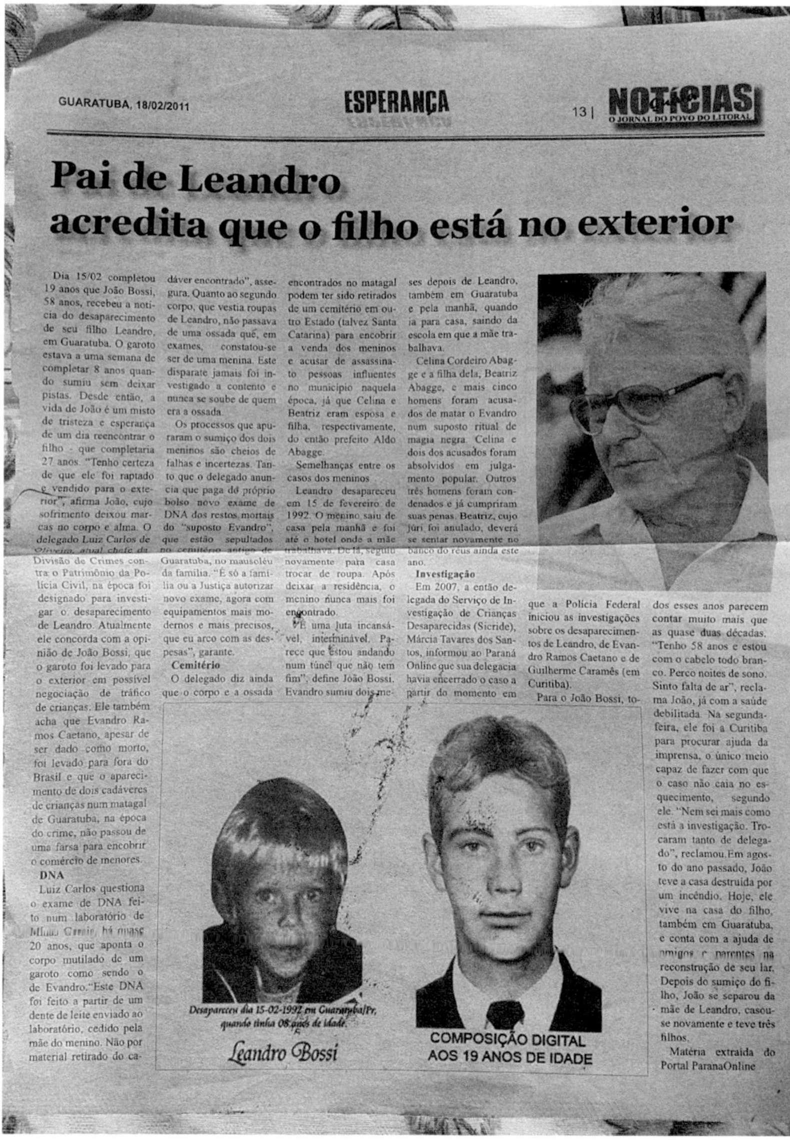

GUARATUBA, 18/02/2011 ESPERANÇA 13 | NOTÍCIAS O JORNAL DO POVO DO LITORAL

Pai de Leandro acredita que o filho está no exterior

Dia 15/02 completou 19 anos que João Bossi, 58 anos, recebeu a notícia do desaparecimento de seu filho Leandro, em Guaratuba. O garoto estava a uma semana de completar 8 anos quando sumiu sem deixar pistas. Desde então, a vida de João é um misto de tristeza e esperança de um dia reencontrar o filho - que completaria 27 anos. "Tenho certeza de que ele foi raptado e vendido para o exterior", afirma João, cujo sofrimento deixou marcas no corpo e alma. O delegado Luiz Carlos de Oliveira, atual chefe da Divisão de Crimes contra o Patrimônio da Polícia Civil, na época foi designado para investigar o desaparecimento de Leandro. Atualmente ele concorda com a opinião de João Bossi, que o garoto foi levado para o exterior em possível negociação de tráfico de crianças. Ele também acha que Evandro Ramos Caetano, apesar de ser dado como morto, foi levado para fora do Brasil e que o aparecimento de dois cadáveres de crianças num matagal de Guaratuba, na época do crime, não passou de uma farsa para encobrir o comércio de menores.

DNA

Luiz Carlos questiona o exame de DNA feito num laboratório de Minas Gerais, há quase 20 anos, que aponta o corpo mutilado de um garoto como sendo o de Evandro."Este DNA foi feito a partir de um dente de leite enviado ao laboratório, cedido pela mãe do menino. Não por material retirado do cadáver encontrado", assegura. Quanto ao segundo corpo, que vestia roupas de Leandro, não passava de uma ossada qué, em exames, constatou-se ser de uma menina. Este disparate jamais foi investigado a contento e nunca se soube de quem era a ossada.

Os processos que apuraram o sumiço dos dois meninos são cheios de falhas e incertezas. Tanto que o delegado anuncia que paga do próprio bolso novo exame de DNA dos restos mortais do "suposto Evandro", que estão sepultados no cemitério antigo de Guaratuba, no mausoléu da família. "É só a família ou a Justiça autorizar novo exame, agora com equipamentos mais modernos e mais precisos, que eu arco com as despesas", garante.

Cemitério

O delegado diz ainda que o corpo e a ossada encontrados no matagal podem ter sido retirados de um cemitério em outro Estado (talvez Santa Catarina) para encobrir a venda dos meninos e acusar de assassinato pessoas influentes no município naquela época, já que Celina e Beatriz eram esposa e filha, respectivamente, do então prefeito Aldo Abagge.

Semelhanças entre os casos dos meninos

Leandro desapareceu em 15 de fevereiro de 1992. O menino saiu de casa pela manhã e foi até o hotel onde a mãe trabalhava. De lá, seguiu novamente para casa trocar de roupa. Após deixar a residência, o menino nunca mais foi encontrado.

"É uma luta incansável, interminável. Parece que estou andando num túnel que não tem fim", define João Bossi.

Evandro sumiu dois meses depois de Leandro, também em Guaratuba e pela manhã, quando ia para casa, saindo da escola em que a mãe trabalhava.

Celina Cordeiro Abagge e a filha dela, Beatriz Abagge, e mais cinco homens foram acusados de matar o Evandro num suposto ritual de magia negra. Celina e dois dos acusados foram absolvidos em julgamento popular. Outros três homens foram condenados e já cumpriram suas penas. Beatriz, cujo júri foi anulado, deverá se sentar novamente no banco do réus ainda este ano.

Investigação

Em 2007, a então delegada do Serviço de Investigação de Crianças Desaparecidas (Sicride), Márcia Tavares dos Santos, informou ao Paraná Online que sua delegacia havia encerrado o caso a partir do momento em que a Polícia Federal iniciou as investigações sobre os desaparecimentos de Leandro, de Evandro Ramos Caetano e de Guilherme Caramês (em Curitiba).

Para o João Bossi, todos esses anos parecem contar muito mais que as quase duas décadas. "Tenho 58 anos e estou com o cabelo todo branco. Perco noites de sono. Sinto falta de ar", reclama João, já com a saúde debilitada. Na segunda-feira, ele foi a Curitiba para procurar ajuda da imprensa, o único meio capaz de fazer com que o caso não caia no esquecimento, segundo ele. "Nem sei mais como está a investigação. Trocaram tanto de delegado", reclamou.Em agosto do ano passado, João teve a casa destruída por um incêndio. Hoje, ele vive na casa do filho, também em Guaratuba, e conta com a ajuda de amigos e parentes na reconstrução de seu lar. Depois do sumiço do filho, João se separou da mãe de Leandro, casou-se novamente e teve três filhos.

Matéria extraída do Portal ParanaOnline

Desapareceu dia 15-02-1992 em Guaratuba/Pr, quando tinha 08 anos de idade.

Leandro Bossi

COMPOSIÇÃO DIGITAL AOS 19 ANOS DE IDADE

Acervo pessoal

Único recorte de jornal sobre o desaparecimento de Leandro Bossi que João Bossi, pai do garoto, guardou. Datado de 2011, dezenove anos depois do ocorrido, trata da suspeita de João de que seu filho ainda estivesse vivo.

Anexo de autos do processo

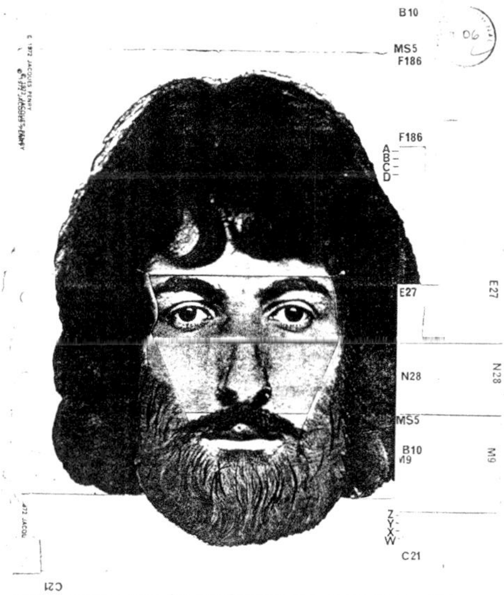

Retrato falado de homem que teria perseguido os irmãos Cleyton e Fernando França em abril de 1992. A imagem levou à detenção de Juarez José da Silva. Depois, o Grupo ÁGUIA identificou nela equivocadamente o rosto de Osvaldo.

Anexo de autos do processo

Uma das ilustrações apreendidas na casa de Valentina de Andrade, feita a caneta, com setas indicando os órgãos internos da figura humana. De acordo com o inquérito de Leandro Bossi, abaixo dela aparecia o texto: "Confirmação 27-06-87 (sábado) 9,40 +-".

Anexo de autos do processo

Capa do livro *Deus, a grande farsa*, de 1985. A obra fortaleceu a hipótese dos investigadores de que Valentina estivesse envolvida numa "seita satânica" que podia ser responsável pelo desaparecimento de Evandro e Leandro.

Oliveira nunca explicou exatamente o que queria dizer com essas perguntas, que repetiria várias vezes em depoimentos posteriores. Minha impressão é que ele desconfiava de uma espécie de trama diabólica com o intuito de incriminar as Abagge, a qual envolveria a manipulação do teste de DNA feito pelo Laboratório Gene. Afinal, se aquele não fosse o corpo de Evandro, nem sequer haveria crime para acusar alguém de tê-lo praticado. Vamos examinar quais seriam, segundo esse raciocínio, os quatro indícios dessa manipulação.

Primeiro, o exame teria demorado tempo demais para ser realizado. Oliveira afirmava que o prazo mais comum era de trinta dias. O laudo conclusivo, porém, levou muito mais tempo para ficar pronto: cinco meses. Ele não está de todo errado, mas é uma leitura questionável dos eventos. O material para análise foi recebido pelo Laboratório Gene no dia 24 de agosto de 1992. O primeiro laudo preliminar saiu no dia 7 de novembro, isto é, setenta e seis dias depois. O segundo laudo preliminar data de 9 de dezembro, cento e oito dias depois. Por fim, o laudo final foi concluído no dia 21 de março de 1993, totalizando duzentos e dez dias de procedimento. Todos esses períodos são bem maiores do que os trinta dias que Oliveira dizia ser o padrão. A questão é que não havia padrão de tempo para exames de DNA em 1992. A tecnologia era recente, e o Laboratório Gene, um dos únicos no Brasil que realizavam tais testes. É difícil calcular a demanda de então, mas com certeza ela tornava o trabalho mais lento.

Segundo, o valor pago pelos testes fora muito acima do usual. Na entrevista para o *Hora H*, assim como em outras oportunidades, Oliveira afirmou que o teste custara 20 mil dólares e que o normal giraria em torno de 2 mil. Mais uma vez, é difícil definir o que seria normal num procedimento incomum na época. Podemos, porém, usar como parâmetro de comparação a resposta do laboratório do FBI ao ofício do delegado-geral José Maria Correia. Na carta, assinada por Samuel C. Martinez, havia uma estimativa de preço: 2 mil dólares. Como Oliveira, na época, ainda estava no caso Leandro Bossi, é provável que tenha sido informado do valor. Porém, ao afirmar que o exame do Laboratório Gene custara 20 mil dólares, ele estava enganado, ao menos de acordo com os documentos oficiais.

Lembremos que houve uma busca por laboratórios para realizar os exames. Após o aceite do Laboratório Gene, em 3 de agosto, o diretor do IML de Curitiba, José Marcos Parreira, encarregou-se de tentar levantar fundos com o governo estadual para custear os testes. O pedido foi endereçado ao então secretário Favetti no dia 6 de agosto. Como até aquele dia o laboratório não havia informado o orçamento exato, Parreira solicitou um valor mais elevado, que ficaria bloqueado em uma conta e seria liberado à medida que o laboratório de Belo Horizonte requisitasse parcelas do pagamento. O IML pediu ao governo paranaense 30 milhões de cruzeiros. O valor foi autorizado pelo governador, Roberto Requião, no dia 11 de agosto, e a transferência foi decretada por Favetti dois dias depois.

É preciso, ainda, cuidado para avaliar quanto valia o dinheiro da época. O Brasil passava por uma crise econômica, com inflação galopante e tensão política crescente, que resultaria no impeachment do presidente Fernando Collor de Mello. Pelos dados históricos do Banco Central, 30 milhões de cruzeiros valiam 6.555 dólares em 13 de agosto de 1992, bem menos do que os 20 mil citados por Oliveira, e o valor reservado desvalorizava a cada dia. Além disso, o Gene nunca cobrou em dólares, como podemos verificar nas ordens de pagamento emitidas pelo estado do Paraná. A primeira foi emitida em 25 de agosto, no valor de 10,8 milhões de cruzeiros, ou 2.168 dólares. O segundo pagamento foi pedido no dia 25 de novembro, no valor de 8 milhões de cruzeiros, cerca de 820 dólares, totalizando os já citados 2.988 dólares.

Vamos analisar uma terceira afirmação do delegado. Segundo ele, os dois primeiros laudos foram inconclusivos e não divulgados publicamente. Essa é a informação mais equivocada sobre os laudos de DNA que circulou na época, repetida à exaustão não apenas por Oliveira, mas também por jornalistas e advogados de defesa que supostamente tinham acesso ao documento. Os peritos são claros nos dois documentos. O primeiro laudo, de 7 de novembro, afirmava que o DNA retirado não estava em boa qualidade e precisava ser replicado via método PCR. O segundo laudo, de 9 de dezembro, afirmava terem obtido sucesso na replicação do DNA e que a identificação do cadáver como sendo de Evandro era positiva. A menos que se questione a idoneidade do laudo, não há espaço para dúvidas. O laudo conclusivo demoraria mais três meses. O motivo, porém, já era explicado no segundo laudo. Os peritos precisavam de tempo para tentar reproduzir em laboratório e melhorar a qualidade do DNA extraído do alguidar, do líquido e do pedaço de parede. Somente assim seria possível tentar comparar o material genético com o do cadáver, já identificado. Ou seja, o que atrasou a conclusão definitiva não foi o corpo, mas os outros materiais submetidos a exame.

Portanto, não é verdade que os dois primeiros laudos foram inconclusivos na identificação do cadáver, mas sim na identificação do DNA dos materiais externos. Apesar disso, os advogados de defesa sempre jogaram dúvida sobre a validade do exame como um todo, porque, se aquele corpo não fosse de Evandro, não haveria crime e a acusação cairia por terra. Esse argumento é uma distorção não apenas dos fatos, mas também da forma como a perícia genética funciona. Não foram produzidos "três laudos", e sim um laudo só feito em três partes – as duas primeiras, preliminares.

Conversando sobre os laudos com personagens envolvidos, ouvi de mais um deles que o primeiro laudo fora inconclusivo e que Noronha enviara outros materiais para serem analisados, e só então dera positivo. Esse material seria um dente de leite que Maria guardara. Isso nunca aconteceu. Desde o primeiro laudo preliminar até o fim, os materiais examinados foram sempre os mesmos.

De todas as críticas dos advogados de defesa e de Oliveira ao exame de DNA, uma de fato tem fundamento: não houve respeito à cadeia de custódia. Em outras palavras, quando os materiais foram coletados para serem enviados a Belo Horizonte, nenhum advogado de defesa tampouco o promotor estavam presentes. Logo, a defesa nunca foi devidamente informada do que foi retirado e do que foi enviado. As autoridades apresentaram vários motivos para a forma como isso aconteceu. Primeiro, como já mencionei, ainda não havia um protocolo para exames de DNA em casos criminais no Brasil. Como o pedido havia partido de delegados da Polícia Civil (Noronha e Oliveira) e sido acatado pelo delegado-geral da corporação (José Maria de Paula Correia), o delegado Noronha, que assumiu o inquérito do caso Evandro após as prisões, acabou encarregando-se de levar o material a Belo Horizonte junto com duas técnicas do IML. Se o pedido tivesse sido encaminhado para a juíza Anésia pelo promotor ou por um advogado de defesa, quando ela autorizasse o procedimento, as duas partes interessadas teriam sido convocadas para acompanhar a extração e o transporte do material.

Como nenhum advogado testemunhou a extração, em várias oportunidades as defesas alegaram que não havia como ter certeza de que os materiais enviados vinham do corpo encontrado no dia 11 de abril. Poderiam ser o fêmur, o dente e o tecido muscular de outro cadáver de criança qualquer. Legalmente, esse argumento faz sentido, mas não explica por que o laudo deu resultado positivo.

Em certas ocasiões, a defesa chegou a argumentar que, sendo Guaratuba uma cidade pequena, sua população poderia ter um perfil genético muito uniforme e que, como os testes utilizados em 1992 no Laboratório Gene vinham dos Estados Unidos, usariam como parâmetro uma variação de marcadores genéticos que talvez não ocorresse no litoral paranaense. Esse argumento é até provocativo, mas não encontra muita ressonância em experiências laboratoriais. Para testar essa hipótese, seria necessário examinar o DNA de uma boa amostragem de habitantes de Guaratuba. Como isso nunca ocorreu, e provavelmente nem ocorrerá, o resultado do Laboratório Gene foi sempre respeitado pelo judiciário. O chamado "falso positivo" beira o impossível num caso como esse.

A hipótese de terem corrompido Sérgio Danilo Pena seria mais verossímil do que a de o laudo ter sido fabricado. Sempre perguntei aos meus entrevistados quais seriam os indícios de corrupção. As respostas geralmente giram em torno de desinformação sobre valores e prazos – já esclarecidos aqui – e outras filigranas. De minha parte, não consigo acreditar que uma das maiores autoridades em genética do Brasil colocaria a sua carreira e a sua reputação em risco para incriminar pessoas que desconhecia no estado do Paraná.

Como é possível que o exame de DNA tenha gerado tantas confusões? Imagino que tudo tenha surgido das especulações de Oliveira. Além de ter levantado hipóteses com base em informações pouco concretas – como as supostas ligações anônimas dizendo que o corpo encontrado seria de Leandro Bossi –, Oliveira opinava sobre o caso sem tê-lo acompanhado nem efetivamente lido os laudos de exame de DNA com atenção.

No júri de 2005, Markowicz abordou as alegações do delegado de que os dois primeiros laudos tinham sido inconclusivos. Mencionou uma em específico, em 1995, no programa de TV *Jogo Limpo*, da Rede Independência, em que Oliveira afirma que o exame de DNA não seria confiável. Markowicz então pediu que Oliveira lesse a conclusão da segunda parte do laudo em voz alta, na qual já se afirmava que o corpo era de Evandro. Depois de ler, Oliveira justificou-se: "Eu não estava mais no caso. Não acompanhei nada disso. Só estou falando o que ouvi na época". Esse confronto entre Oliveira e os promotores repetiu-se em diversos júris, quase sempre com o emprego das mesmas palavras. Não importava se estava com o laudo atestando a identidade do corpo em mãos, Oliveira sempre afirmou que o cadáver não era o de Evandro.

Esse é o principal problema. Quando levantou a voz a favor da inocência dos sete acusados, Oliveira tornou-se uma figura central na estratégia da defesa. Mas o caso Evandro nunca foi atribuição dele. Ele apenas o investigou informalmente e de maneira superficial, quando os sete já estavam presos, porque acreditava ter relação com o caso Leandro Bossi, esse sim sob sua alçada. Vale lembrar que Oliveira assumiu a investigação do desaparecimento de Leandro em julho de 1992, logo após as prisões dos acusados pelo caso Evandro, e pediu desligamento do caso no fim de setembro. Ficou menos de três meses nele. Quando os laudos preliminares de DNA saíram, ele já estava afastado havia quase dois meses e, provavelmente, só soube dos desdobramentos por terceiros. O fato de o DNA ser um assunto obscuro na época também deve ter influenciado sua compreensão do que estava acontecendo.

Nas últimas conversas que tive com Oliveira – já em 2020, quase trinta anos depois de os exames de DNA terem confirmado a identidade do corpo –, ele dizia continuar acreditando que o cadáver não era de Evandro e que poderia ser de Leandro Bossi.

Ele não era o único.

10. Álibis e testemunhas

Após as prisões de julho de 1992, vários jornais reforçaram a suposta simbologia do número 7: o nome "Evandro" tem 7 letras (assim como "Leandro") e eram 7 os participantes do ritual, que ocorreu num dia 7 por volta das 7h da noite, na serraria Abagge. Uma das principais testemunhas, o guardião da serraria Irineu Wenceslau de Oliveira, no entanto, afirmou ter visto o grupo chegando ao local bem mais tarde, por volta das 22h. O testemunho de Irineu não só contrariava a tese mística do número 7 como era um exemplo das dificuldades em estabelecer exatamente o que acontecera naquela noite – tanto por parte da acusação quanto por parte da defesa.

Em sua denúncia de 29 de maio, Diógenes Caetano destacou o evento que deu origem ao trabalho do Grupo Águia no caso – o fato de que, na noite de 7 de abril, Osvaldo Marcineiro e um grupo de pessoas, incluindo Beatriz, Davi e De Paula, teriam ido à casa da família de Evandro para realizar orações e incorporar entidades para ajudar a encontrar o garoto. Essa passagem já foi narrada algumas vezes neste livro, mas vamos analisá-la em detalhes a seguir, então vale recapitular. Horas depois de passarem na casa dos Caetano, Osvaldo e Davi teriam percorrido Guaratuba no carro de Davina e Mario, tios de Evandro. Osvaldo estaria incorporado e, com o auxílio de Davi, teria guiado o caminho até locais onde o garoto poderia estar. Em certo momento, Osvaldo teria dito sentir uma energia diferente num matagal afastado. Dias depois, o corpo seria encontrado naquele mesmo local. Diógenes disse suspeitar de que Osvaldo estivesse tentando fazer nome com aquilo. Como a busca teria ocorrido na madrugada do dia 7 para o dia 8, Osvaldo saberia que o corpo já estava no local. Se o encontrassem, a reputação do vidente cresceria.

Em depoimento de 19 de junho daquele ano, Davina deu mais detalhes sobre a busca, confirmando a maior parte do relato de Diógenes. Foi com base nesse relato que o Ministério Público, na figura do promotor Bittencourt, teria pedido as prisões temporárias de Osvaldo e Davi. Mas havia um problema nas afirmações de Diógenes e Davina: Osvaldo nunca participou daquela busca da madrugada.

Em depoimento no júri de 1998, a tia de Evandro afirmou que "fazia muita confusão entre Osvaldo Marcineiro e Vicente de Paula, e que hoje já sabe distinguir bem", e que na verdade quem a acompanhara nas buscas com Davi fora De Paula, e não Osvaldo, como dissera em junho de 1992 – Davina já havia se corrigido por esse engano naquele mesmo ano, mas só em agosto, depois das prisões. No júri de 2004, Diógenes também afirmou que confundia os dois, que estavam sempre juntos. Além disso, Davina chamava Davi de "Choro", apelido que ninguém confirmava no caso de Davi. Portanto, o depoimento de Davina, que embasou o pedido de prisão de Osvaldo e Davi, estava errado.

Davi confirmava ter feito parte das buscas, mas Osvaldo sempre negou participação. Ele de fato chegara a ir à casa dos Caetano para prestar auxílio espiritual acompanhado de um grupo que, segundo várias testemunhas, incluía Andrea, De Paula, Beatriz, Davi, Antonio Costa e sua esposa Malgarete e duas irmãs de nome Eloísa e Margarete. Essas pessoas teriam chegado ao local depois da meia-noite, a pedido da mãe de Sérgio Cristofolini, Carmelita – que era umbandista, diferentemente do filho. Mas Osvaldo não seguiu com elas nas oferendas pela cidade.

Mais cedo naquela noite, Carmelita estava com Osvaldo e o restante do grupo no terreiro de dona Hortência, conhecida mãe de santo da cidade (a mesma citada como testemunha no relatório da Operação Magia Negra), debatendo uma unificação dos terreiros locais (segundo relatos, isso ocorreria em um terreno doado por Aldo Abagge a Osvaldo, algo nunca comprovado). Conforme o depoimento de Carmelita em 15 de setembro de 1992, o grupo, incluindo um homem de Curitiba chamado Paulinho que viera "ensinar a bater atabaques", chegara à casa de dona Hortência por volta das 21h. Após a meia-noite, terminados os trabalhos, Carmelita foi visitar a família Caetano. Ao saber que o menino ainda estava desaparecido, pediu ajuda ao grupo, que se propôs a "fazer uma corrente de oração na casa da criança".

Andrea Barros, companheira de Osvaldo Marcineiro, deu mais detalhes sobre esse evento em seus depoimentos. Segundo ela, durante a roda de orações, foi De Paula, e não Osvaldo, quem incorporou uma entidade, no caso, Zé Pretinho, para ajudar a trazer respostas. Zé Pretinho teria dito que faria uma "gira" e que deveria voltar a ser chamado mais tarde. De Paula então teria afirmado que estava com fome e que isso atrapalhava o trabalho, e foram todos jantar na casa de Antonio Costa. Na refeição, De Paula bebeu cerveja – algo que a entidade não permitia. Davina encontrou-o poucas horas depois, já de madrugada, acompanhado de Davi. Por ter ingerido álcool, De Paula não conseguiu incorporar a mesma entidade, chamando em seu lugar "Seu Sete da Lira". Andrea disse também que, depois que o trabalho terminou, Osvaldo demonstrou preocupação com o resultado: se Evandro fosse encontrado com vida, os pais de santo receberiam as glórias. Se fosse encontrado morto, seriam desacreditados pela população. Esse relato comprovaria que, preocupado com sua imagem na cidade, Osvaldo tinha interesse em encontrar Evandro vivo.

Vale lembrar que, mais cedo naquela mesma noite de 7 de abril, teriam ocorrido o ritual de sacrifício com Evandro e a chegada do Grupo TIGRE a Guaratuba. Foi nessa noite, portanto, que Diógenes levou para a casa dos Caetano dois repórteres cujo trabalho o assessor de imprensa Paulo Brasil teria tentado impedir. Também nessa noite, depois de tudo isso, Diógenes foi à casa dos Abagge e teria ouvido do prefeito que a polícia pedira para não alardear o caso, ao que Diógenes, após uma suposta tentativa de agressão da parte de Aldo, respondera: "Se essa criança aparecer sem os órgãos, a culpa será de vocês". Em depoimentos, o primo de Evandro sempre afirmou ter dito isso por ter assistido a muitas matérias na TV sobre tráfico de órgãos.

Apesar de repetida à exaustão, a história sobre a tentativa de Paulo Brasil de impedir o trabalho da imprensa nunca foi confirmada, nem mesmo pelos dois repórteres que Diógenes levou à casa dos Caetano, Valter Viapiana e Fernando Cruz, ambos da Rádio Clube. Viapiana disse não se lembrar, e Cruz me contou, em 2018, que "um engenheiro, tio do menino", o levou à casa da família, mas nunca houve tentativa da prefeitura de impedir seu trabalho. Lembrava-se, porém, de que, quando pegavam a balsa para retornar a Curitiba, viram policiais do Grupo TIGRE que lhes falaram para ter cuidado com o que iriam reportar, algo que ele considerava "normal no jornalismo policial". Esse relato corrobora um depoimento do policial Blaqueney Murilo Iglesias, do TIGRE, em 9 de março de 1993. Nele consta que, ao chegarem em Guaratuba, encontraram repórteres e ele recomendou cautela na divulgação.

Para Diógenes, a sequência de fatos seria a seguinte: no início da noite de 7 de abril, Evandro foi sacrificado e seu corpo jogado no matagal. Poucas horas depois, repórteres chegavam a Guaratuba e quiseram falar com os pais de Evandro, mas Paulo Brasil tentou impedi-los. Diógenes então foi à casa de Aldo e o prefeito quase o agrediu. Pouco depois, o grupo de Osvaldo foi à casa de Evandro fazer orações e começou as buscas cujos resultados poderiam garantir notoriedade ao pai de santo.

Há outra incoerência no depoimento de Davina. Ela afirmava que Andrea participara das buscas por Evandro como intérprete da entidade incorporada em Osvaldo (na verdade, De Paula). Entretanto, em seu relato – bastante incriminador contra Osvaldo e os colegas –, Andrea dizia ter ido dormir cedo na noite do dia 7. Sobre essa noite, ela disse que viu as visitas Beatriz Abagge e Antonio Costa saírem de sua casa, e que pouco depois também saíram Osvaldo, De Paula e Davi, mas que foi dormir e por isso não soube quando os pais de santo voltaram. Osvaldo e De Paula estavam vestidos de branco, cor usada para os trabalhos, que aconteciam sempre às terças-feiras.

Neste ponto, precisamos olhar com atenção para as datas. Em seu depoimento ao Ministério Público, Diógenes afirma que foi às 22h do dia 8 de abril, quarta-feira, que o grupo de Osvaldo foi à casa de Evandro. Já Davina disse ao MP que as buscas ocorreram no dia 7, terça-feira. Como Diógenes narrou o que ouviu de Davina, é possível supor que ele tenha se confundido nas datas. Em seu livro sobre o caso Evandro, Diógenes publicou na íntegra seu depoimento ao MP do dia 29 de maio, mas alterou a data de 8 para 7 de abril, corrigindo seu equívoco original.

O fato é que tanto Diógenes quanto Davina relataram os eventos meses após o ocorrido, e os enganos foram essenciais para Diógenes se convencer de que Osvaldo planejara fazer Davina e seu marido encontrarem o corpo, que já estaria lá no dia 7. Vários fatores, porém, vão contra essa hipótese. Para começar, os peritos do Instituto de Criminalística afirmavam que o corpo provavelmente não fora deixado lá muito antes do dia 11, sábado, quando foi encontrado. Além disso, a própria Andrea relatou que Osvaldo comentara que seria importante encontrar a criança com vida, e Davina disse que o pai de santo afirmara, quando incorporado, que Evandro estava vivo.

Quando percebemos a confusão que Davina e Diógenes faziam entre Osvaldo e De Paula, a formação de convicção de culpa torna-se ainda mais frágil. Se tudo isso não bastasse para tornar os relatos dos dois questionáveis, há ainda um outro fator. A busca da madrugada só seria comprometedora se o corpo de Evandro já estivesse no matagal quando ela ocorreu. Contudo, pelos relatos de várias testemunhas, inclusive a mãe de santo Hortência, as orações na casa da família Caetano, assim como a busca, ocorreram na madrugada do dia 6 para o dia 7 de abril – um dia antes da data alegada por Davina e, portanto, um dia antes do suposto ritual na serraria.

Logo, se a acusação afirma que o ritual de sacrifício se deu na noite do dia 7, não haveria corpo no matagal na madrugada do dia 6 para o dia 7, quando De Paula e Davi circularam com Davina e o marido em busca de Evandro.

Lacunas

Osvaldo Marcineiro foi o primeiro a ser preso por causa do relato de Davina. Mas, como vimos, Osvaldo nunca esteve no carro de Davina, Davi nunca teve o apelido de "Chero" e a data dessa busca muito provavelmente está errada, considerando os depoimentos de todas as outras testemunhas da roda de orações. Quando olhamos de perto esses detalhes, vemos que o depoimento de Davina tem um apanhado de equívocos que nunca foram devidamente averiguados pela Polícia Militar ou pelo Ministério Público. Mesmo assim, ele foi a base de todas as prisões. Para Diógenes, as pessoas que afirmam que a busca ocorreu na madrugada de 6 para 7 de abril estariam interessadas em proteger as Abagge, mas essa data foi confirmada até por Andrea, cujos depoimentos, em 10 de julho e 21 de agosto de 1992, foram fundamentais para as acusações do Ministério Público.

O teor dos dois depoimentos de Andrea é similar, mas no segundo ela deu mais detalhes da vida do casal, especialmente desde a chegada deles a Guaratuba, em janeiro daquele ano. No primeiro depoimento, Andrea afirmou que conhecera Bardelli numa ocasião em que pegara carona com Beatriz Abagge até Curitiba num carro dirigido por ele. O gerente da serraria, porém, nunca teria frequentado o centro de Osvaldo Marcineiro. Ela também conta que, no dia 7 de abril, Osvaldo e De Paula dormiram até o meio-dia e depois saíram da casa onde ela morava com Osvaldo, voltando às 18h. Nessa hora, havia um grupo de pessoas na casa, entre elas Davi, Beatriz e Antonio Costa, e os dois últimos saíram uns vinte minutos depois de os pais de santo chegarem. Celina, Bardelli e Cristofolini não estavam presentes, segundo o testemunho. Osvaldo e De Paula voltaram a sair, acompanhados de Davi, e Andrea disse que já estava dormindo quando os dois pais de santo voltaram. No dia seguinte, não notou nenhuma mudança no comportamento de De Paula e Osvaldo, nem roupas sujas de sangue.

Esse primeiro depoimento de Andrea foi prestado perante o delegado Noronha na fase final do inquérito, pouco mais de uma semana após as prisões pelo Grupo ÁGUIA. Naquele momento, parte da imprensa já noticiava, mesmo que timidamente, que parte dos presos alegava ter sofrido torturas. O cenário já era bem diferente no segundo depoimento, em que estavam presentes a juíza Anésia, a defesa e o promotor Cioffi. Nesse momento, todos os sete presos já afirmavam que haviam sido coagidos. Dessa vez, Andrea descreve o comportamento de Osvaldo na época:

> [Na casa da família Caetano,] Osvaldo foi solicitado a informar sobre o desaparecimento da criança incorporando uma entidade, mas se recusou; [já] De Paula, recebendo a [entidade] Zé Pretinho, após olhar para a fotografia do menino desaparecido, afirmou para a tia do mesmo [Davina] que a criança estava bem "na medida do possível", que a criança não estava ferida fisicamente, mas estava mal psicologicamente; que ao retornarem para casa, Osvaldo comentou que De Paula havia deixado cair uma lágrima, completando que isto o preocupava e que alguma coisa não ia bem; que o réu Osvaldo nunca mencionou concretamente quaisquer informações a respeito da situação e paradeiro da criança; que em seguida estiveram jantando em casa de Antonio Costa; que o réu De Paula fez novos comentários a respeito do paradeiro da criança desaparecida, mas Osvaldo se negou a participar e se retirou do recinto dizendo que De Paula não

> estava falando corretamente e nem sequer estava incorporado; que por volta de quatro horas da madrugada se dispuseram a sair à procura da criança; que o réu Osvaldo discordava do comportamento do réu De Paula quanto ao assunto, explicando que é difícil para entidades encontrarem pessoas desaparecidas; que o réu Osvaldo não saiu à procura da criança como fizeram De Paula e Davi, em companhia do tio do menino.

À primeira vista, esse trecho é favorável a Osvaldo. Afinal, confirma não apenas que o depoimento de Davina tinha equívocos graves, como também mostra Osvaldo descontente com as atitudes de De Paula. Mas o que chamou a atenção do Ministério Público foi o relato sobre o dia 7.

> [...] a depoente secretariava o jogo de búzios e preparava comidas de santo todas as terças-feiras; [...] que a maioria das vezes os réus procuravam se vestir todo[s] de branco para os trabalhos; que Osvaldo usava bata azul ou vermelha para as práticas especiais de comida de santo às terças-feiras; que na noite em referência ambos [Osvaldo e De Paula] estavam de branco; [...] que somente na terça-feira havia comida de santo, inclusive com sacrifício de animais, por ser dia de Ogum, santo que abre caminho; [...] que na noite de sete abril, Beatriz, Antonio Costa, saíram logo após o término das oferendas de comida de santo, por volta das dezenove horas, e logo após os réus De Paula, Osvaldo e Davi também se retiraram de casa; que os réus Osvaldo e De Paula estavam vestidos de branco; que nesta noite a depoente terminou de limpar a cozinha e foi dormir, estando exausta por volta das 21 horas.

Esses trechos foram interpretados da seguinte forma pelo Ministério Público: terça-feira era o dia de trabalhos com comidas de santo, que poderiam ser as vísceras de Evandro; além disso, os pais de santo utilizavam roupas brancas na maioria dos trabalhos que realizavam, as mesmas roupas que ela teria visto De Paula, Osvaldo e Davi usando ao saírem de casa por volta das 19h. Andrea foi dormir cedo e não viu a que horas voltaram. Logo, o assassinato de Evandro poderia ter ocorrido das 19h em diante. Era sobre essa lacuna de tempo que o MP precisava se debruçar.

Andrea jamais afirmou que os presos tivessem mencionado trabalhos envolvendo sacrifício humano. Outra parte, porém, foi desfavorável ao pai de santo: o relato de abusos que Andrea teria sofrido. Segundo ela, Osvaldo tinha ciúmes e, por isso, a espancava. Ela afirmou que a incorporação dos santos era, na maioria das vezes, autêntica, mas em certas ocasiões, Osvaldo usaria os santos para obter "comportamentos especiais" dela,

> como manter relação sexual após sofrer espancamento, para acalmar o réu ou mencionar histórias mirabolantes sobre sexo com o depoente [Osvaldo], porque a entidade lhe afirmava que o réu gostava de ouvi-las.

Andrea só não teria se separado dele por medo de vingança por meio das entidades, que poderiam agir contra ela e seus familiares.

Todas as pessoas próximas ao casal afirmavam que eles tinham um relacionamento aparentemente saudável, e por isso o relato causou espanto. É difícil dizer o que ocorreu. Teria Andrea sido coagida pelos policiais e pelo Ministério Público? Ou ela vivia de fato um relacionamento abusivo dentro de quatro paredes e viu no depoimento a oportunidade para ver-se livre dele?

Não consigo deixar de acreditar que Andrea estava sendo sincera ao relatar maus-tratos por parte de Osvaldo. Se foi de fato como ela relatou, ou até pior, não posso dizer. Mas o que posso afirmar é que nunca encontrei um comentário sequer de conhecidos do casal que afirmassem que a história de abuso faria qualquer sentido. Para essas pessoas, a explicação seria outra: assim como Irineu, Andrea teria sido pressionada, ou até ameaçada, a dar um testemunho que prejudicasse Osvaldo. E uma pista para isso estaria num detalhe presente nos autos.

No dia 15 de setembro de 1992, a mãe de Cristofolini, Carmelita, depôs como testemunha de defesa para a juíza Anésia. Ela não apenas era mãe de um dos acusados, como também frequentadora do terreiro e cliente regular de Osvaldo e dona do sobrado no qual ele, Andrea e seu filho residiam. Pelo relato, quando os sete foram presos, Carmelita estava no exterior. Soube das prisões apenas no dia 10 de julho, quando voltou aos Estados Unidos, de onde tinha saído para uma viagem à Europa, retornando ao Brasil no dia 19 de julho. Chegando a Guaratuba, ela foi dar uma olhada no imóvel em que Osvaldo morava. Diz ela:

> Que Andrea e Osvaldo viviam maritalmente e viviam muito bem. Que quando a informante chegou de viagem, encontrou um bilhete de Andrea em cima do sofá, juntamente com um sabonete, uma pasta de dente e uma camiseta, deduzindo a informante que Andrea iria levar para Osvaldo até

> onde o mesmo se encontrava preso, bilhete este que a informante exibe neste ato ao Juízo. [...] Que a informante no pouco tempo que teve sua loja no mesmo prédio da casa de Andrea via a mesma quase todos os dias. Que o tratamento entre Andrea e Osvaldo era bastante carinhoso, e se chamavam entre eles de "gato e gata".

O bilhete encontrado por Carmelita foi submetido a uma perícia grafotécnica com o objetivo de verificar se de fato havia sido escrito por Andrea. Para tanto, ela precisou escrever uma série de frases e palavras para servir de comparação. O resultado da perícia foi anexado aos autos apenas no dia 2 de setembro de 1993. A conclusão: o bilhete tinha sido de fato escrito por Andrea. A mensagem contida nele era curta:

> Gato,
> Te amo muito.
> Vamos tirá-lo daí o quanto antes.

Quando Andrea escrevera esse bilhete? E o que acontecera para que seus sentimentos públicos em relação a Osvaldo tivessem mudado? Essas foram as perguntas que os conhecidos do casal fizeram à época. E são perguntas que até hoje permanecem sem respostas.

De qualquer forma, a descrição do que Andrea teria visto na noite de 7 de abril de 1992 abriu uma lacuna na sequência dos fatos. E ela seria preenchida pelo relato do guardião da serraria Abagge.

As evoluções

Em 1992, Irineu Wenceslau de Oliveira tinha 66 anos. Analfabeto, já completava trinta e seis anos como funcionário da serraria, os últimos catorze como guardião. Tinha uma vida muito simples. Morava de frente para a serraria, que na época não tinha portão. Por isso, podia ver tudo o que acontecia lá dentro.

Como mencionei no início deste capítulo, a primeira coisa que chama a atenção no uso que o Ministério Público fez do testemunho do guardião é o fato de que a denúncia afirma que o ritual teria se dado por volta das 19h30, embora Irineu mencione ter visto o grupo chegando à serraria por volta das 22h, uma diferença considerável. Por volta dessa hora, Bardelli o teria liberado de seu posto sem explicar o motivo. Os sete acusados teriam chegado em dois carros. Outras duas coisas chamam a atenção: Irineu não conhecia todas aquelas pessoas, mas ele as chama pelos nomes, e só veio a citar esses nomes no terceiro depoimento que prestou, no dia 13 de agosto. Ele poderia ter aprendido seus nomes pela TV no intervalo desde o primeiro depoimento, em 3 de julho. Mas essa não parece ser a explicação, ao menos não de acordo com o próprio guardião.

Seu primeiro depoimento, feito ao delegado José Carlos de Oliveira, de Guaratuba, aconteceu no dia seguinte às prisões das Abagge e no mesmo dia em que Bardelli e Cristofolini foram detidos. Àquela altura, Irineu relatava ter presenciado um trabalho na serraria, mas na Sexta-Feira Santa, quase uma semana após o corpo ser encontrado. Também no dia 3 de julho, Sigmar Batista, funcionário que no fim de junho reformara o escritório da serraria (onde teria ocorrido o sacrifício), confirmou ter visto um trabalho naquela Semana Santa. Quando retornamos ao dossiê "Operação Magia Negra", de 7 de julho, vemos que ele informava que Irineu fora dispensado no dia 7 de abril e que ele vira "Celina, Beatriz, Bardelli, Osvaldo e outras pessoas que não conhece". Tendo em vista que até a data do relatório só havia um depoimento de Irineu no processo, o do dia 3, é de se supor que Neves tenha se baseado nele para fazer a afirmação que consta no dossiê. O problema é que, nesse depoimento, Irineu não se refere ao dia 7 de abril, não menciona Osvaldo, não chega a citar Beatriz nominalmente, e a referência a Celina tem outro teor:

> Na Sexta-Feira Santa, o depoente estava trabalhando como guardião. Chegaram no local onde está instalada uma casinha onde eram acendidas velas no interior da empresa Indústria de Madeiras Abagge, um Escorte [sic] Preto e uma Caravan; Que chegou Bardelli, outro homem que não conhece e as duas filhas de Sr. Aldo Abagge e da dona Celina; Que recolheram os carros no pátio, que na época não tinha portão; Que fizeram um trabalho no interior da firma, mais propriamente no interior do barracão onde estão instalados [sic] o maquinário, e posteriormente trouxeram uma vela e colocaram no interior da casinha; Que quem possui as chaves da casinha é o Bardelli [...]; Que guardou bem a data (Sexta-Feira Santa) pois sempre respeitou esta data, pois mantém uma tradição muito antiga.

Conforme depoimentos dos réus, em especial Beatriz, De Paula e Osvaldo, tal trabalho de fato aconteceu. Seria uma espécie de limpeza no ambiente, com o uso de milho e pipoca. Ele fora feito por sugestão de Osvaldo após jogar búzios para Aldo. Osvaldo teria ido, numa noite de janeiro, à casa do prefeito a convite de Beatriz. Havia várias pessoas lá, e todos tiveram sua sorte lida pelo pai de santo enquanto Andrea anotava no caderno quem era atendido e o resultado, como sempre fazia. Era por isso, disseram os réus, que os nomes de Aldo e Celina estavam nos cadernos de Osvaldo.

Em seu depoimento, Andrea confirma que Osvaldo sugerira a Aldo que fosse realizado um trabalho de limpeza na serraria. Por insistência de Beatriz, Aldo aceitou a sugestão, mas apenas três meses depois o trabalho viria a ser feito. Foi então construída a casinha, onde seria depositado um santo protetor de Aldo Abagge e colocadas velas acesas, longe das madeiras da serraria, diminuindo assim o risco de incêndio. Essa seria a explicação da vela queimada encontrada na casinha pelos policiais do Grupo ÁGUIA na manhã de 2 de julho.

Mas nem entre os acusados havia consenso sobre a data desse trabalho. No depoimento em seu julgamento de 2004, De Paula afirmou que achava difícil que tivesse ocorrido numa Sexta-Feira Santa, quando haveria outros afazeres. Era mais provável que tivesse sido numa quinta-feira. De fato, há o relato de outra pessoa, Bruno Stuelp, na época contador da serraria, segundo o qual havia expediente naquele dia – o que corroboraria que de fato o trabalho não ocorreu no feriado. Segundo Stuelp, Bardelli teria avisado que chegaria um pessoal para "fazer um trabalho que desfizesse os trabalhos contra a firma", que passava por dificuldades financeiras. Stuelp teria aconselhado Bardelli a não participar, mas o amigo afirmou que, apesar de ter medo, não podia recusar, pois dependia do emprego. O contador também afirmou que Celina e Beatriz "sempre foram ligadas a trabalhos espirituais", mas que a presença mais constante na serraria era a da filha do prefeito.

Outro detalhe curioso no primeiro depoimento de Irineu: ele se refere a duas "filhas" de Aldo e Celina, mas uma das mulheres que participaram do trabalho de limpeza nada tinha a ver com o casal. Seu nome era Mariel Sanchez, uma argentina que residia em Guaratuba. No dia 10 de setembro de 1992, ela prestou depoimento falando de sua participação. Mariel – que não fazia parte do grupo de Osvaldo, mas fora algumas vezes à casa dele – contou que Andrea a tinha chamado para ajudá-la a preparar as comidas (como canjica e feijão) que serviriam de oferenda. Depois, por volta das 19h, elas foram com Beatriz e Osvaldo até a serraria. Bardelli chegou logo depois com De Paula. Osvaldo, Andrea e De Paula espalharam a comida pelos cantos, acenderam velas, e todos voltaram para casa. Bardelli não teria participado da atividade e, segundo ela, "o guardião permaneceu no local durante as oferendas; não se ausentou e nem foi dispensado". A argentina não tinha certeza do dia em que ocorrera o trabalho, mas lembrava que o corpo de Evandro já havia sido encontrado.

Pelo relato de Mariel, entendemos que o trabalho fora realizado por Osvaldo, De Paula, Andrea, Beatriz e a própria Mariel - todos, disse ela, vestidos "normalmente". Dois homens e três mulheres. Bardelli teria só acompanhado o grupo, sem participar. E só uma filha dos Abagge estava lá, Beatriz. O fato de Irineu dizer que vira "duas filhas", sem nomeá-las, revela duas coisas: ele não se lembrava dos detalhes daquele trabalho e tampouco sabia os nomes das filhas de Aldo e Celina.

O segundo depoimento de Irineu foi tomado em 21 de julho pelo delegado Noronha. Nele, o guardião deu mais detalhes sobre o trabalho na serraria:

> Na sexta-feira, o depoente estava na serraria por volta da[s] 22 horas quando chegou o Bardelli e a Beatriz Cordeiro Abagge em companhia de uma mulher gorda e de dois homens, os quais espalharam farofa nos quatro cantos da serraria e jogaram pipocas na cabeça do depoente e dos demais que se encontravam na serraria; que jogaram algumas velas no interior de uma casinha que foi construída no começo do ano junto ao muro frontal da serraria, cujas velas estavam apagadas; que foi o próprio depoente quem limpou a farofa e as pipocas.

Dessa vez, Irineu nomeia Beatriz e diz que havia mais uma mulher, que poderia ser Andrea ou Mariel. Em vez de repetir que havia apenas "um homem que não conhecia", ele agora cita dois homens. É nesse relato que o guardião cita pela primeira vez um trabalho anterior, no início de abril, o que se adequava melhor à narrativa do relatório "Operação Magia Negra". Celina, Beatriz, Bardelli e mais quatro pessoas teriam chegado por volta das 22h em três carros: a Caravan cinza-claro do gerente e dois carros escuros. Irineu disse não ter visto criança nenhuma. Bardelli então teria descido do carro e dito que ele podia ir descansar. O guardião teria ido para casa, na frente da serraria, e não vira a saída dos veículos. No dia seguinte, assumiu seu posto às 18h e "não pôde notar escavações no terreno da serraria ou manchas em paredes externas, pois além de não ter procurado fazer uma vistoria, não tem acesso ao interior dos escritórios, ou melhor, de dependências fechadas da serraria".

Apesar de esse relato ser mais próximo da versão do relatório, é novamente notável o fato de não citar Osvaldo. Nem sequer diz que era o mesmo homem (ou homens) que vira na Sexta-Feira Santa. Os únicos que ele cita são Celina, Beatriz e Bardelli. Eis que, em 13 de agosto, para a juíza Anésia, Irineu dá seu relato mais detalhado e incriminador. Dessa vez, diz que estava sozinho na serraria quando chegaram, em dois carros (de Celina e Bardelli), os sete acusados, que ele cita pelos nomes, e que seriam os mesmos, com exceção de Celina, do trabalho da Sexta-Feira Santa. Vale reproduzir parte do depoimento:

> que o depoente não sabe a data certa, mas no dia 7 de abril "a casinha" referida na denúncia já se encontrava pronta; que quem tinha a chave dessa "casinha" era o Bardelli, o qual somente mandou fazer um jogo de chaves; que na ocasião em que o depoente foi dispensado não havia portão na serraria, e foi feito há uns dois meses atrás; que o depoente só foi dispensado nessa data, sendo que no dia seguinte trabalhou normalmente; que o depoente trabalha das 18:00 horas do dia até às 6:00 horas do dia seguinte; [...] que reafirma o seu depoimento prestado na Delegacia quando diz que chegou Bardelli e outro homem que não conhece, e as duas filhas de Aldo Abagge e de Dona Celina, isto na Sexta-Feira Santa; que no dia em que foi dispensado, chegaram todos juntos; *que o depoente não sabe o nome das pessoas que lá chegaram, com exceção dos que moram na cidade*; que o depoente conheceu Vicente de Paula Ferreira no dia em que chegou na serraria; que o depoente não chegou a falar com Vicente; [...] que na noite do dia 6 de abril o depoente trabalhou normalmente como guardião a noite toda, e que no dia 7 de abril até as 22:00 horas, quando foi dispensado por BARDELLI; que não viu nada na casa a que se refere a imprensa; que no dia 6 de Abril o depoente trabalhou a noite toda das 18:00 horas até as 06:00 horas do dia seguinte, não tendo ouvido gritos de criança e outros movimentos estranhos; que da rua dá para ver a casa da serraria; que tem uma casa atravessando a rua, uma distância de dez metros; que o depoente já esteve na casa da serraria que uns tempos residiam pessoas, e ultimamente ninguém lá residia; que antes dos fatos a casa era mantida

> com a porta aberta e todos os funcionários entravam e a conheciam; que não viu o acusado Bardelli fazendo outro trabalho com exceção da sexta-feira já mencionada; [...] que o depoente não viu movimento de saída dos veículos e nem se interessou de saber o que as pessoas foram lá fazer; que o depoente conheceu Sérgio no dia já mencionado, ou seja, 7 de abril; *que nenhuma das pessoas lhe foi apresentada na ocasião*; [...] *que foi Bardelli quem informou ao depoente o nome das pessoas que ali se encontravam*; que até o horário em que o depoente permaneceu não viu nenhum movimento na casa, nem gritos de criança, [...] que no dia 7 de abril durante o dia funcionou a Serraria até as 18:00 horas, quando o depoente chegou; que o depoimento do depoente prestado a fls. 131 [primeiro depoimento, de 3 de julho] e lido nesta data é verdadeiro; que quando foi ouvido na Delegacia o depoente só sabia o que ali consta, *que não se referiu ao dia 7 porque a autoridade não perguntou*; [...] que o depoente não sabe esclarecer que, das sete pessoas que ali compareceu[,] qual delas era manca; [...] que quanto as características de Davi, é alto gordo, magro; que uma das pessoas que chegou tinha barba, é o que estava vestido de branco; que Davi é gordo; que Vicente é quase, digo, é mais magro e mais alto que Davi.

Esse relato valia ouro para a acusação. Em diversas de suas peças acusatórias, o promotor Cioffi citou-o, lembrando que Osvaldo, De Paula e Davi confessaram o crime, ocorrido na noite de 7 de abril na serraria, e Irineu confirmava ter visto todos os acusados chegando lá à noite. Logo, pouco importavam as alegações de tortura, pois o depoimento seria a prova de que as confissões eram verdadeiras. Alguns detalhes do depoimento, porém, são curiosos, especialmente quando vistos no contexto de todo o inquérito. Irineu começa citando o nome de todos, mas também diz que não os conhecia e nem sabia seus nomes, e por fim diz que Bardelli lhe teria dito os nomes das pessoas. Ele também diz que as pessoas do ritual ocorrido no dia 7 – ou seja, os sete acusados – eram as mesmas que depois voltaram para um trabalho na Sexta-Feira Santa, com exceção de Celina. Contudo, no primeiro de seus três depoimentos, ele citava nesse trabalho da Semana Santa apenas Bardelli, um outro homem que não conhecia e "as duas filhas do sr. Aldo e da dona Celina". Incoerências assim tornam o testemunho difícil de ser compreendido. Algumas peças se encaixam, outras nem tanto, e há aquelas que substituem outras peças da acusação, como a questão do horário. Afinal, o assassinato de Evandro se deu por volta das 19h30, conforme a denúncia do MP com base nas confissões, ou o grupo só chegou à serraria às 22h, conforme o relato de Irineu?

Uma explicação possível viria dois anos depois, do próprio guardião, em matéria do *Diário Popular* publicada no Natal de 1994:

> TESTEMUNHA DIZ QUE FOI COAGIDA
> A morte do menino em Guaratuba apresenta novos capítulos dentro da Justiça
>
> Não aconteceu como estava programado para anteontem o julgamento dos recursos contra a pronúncia dos sete réus do chamado "Caso Guaratuba". A pedido de um dos advogados de defesa, Anadir de Castro, o juiz presidente da 2ª Câmara Criminal o transferiu para a próxima 5ª feira, na última sessão antes do recesso judiciário. [...]
>
> Uma das testemunhas-chave do processo, Irineu Wenceslau, que constava do quadro de acusadores, nesta semana retificou o seu depoimento em benefício dos réus. Para o advogado Antonio Augusto Figueiredo Basto, um dos defensores, a posição deste senhor de 70 anos e que trabalhou para a família Abagge, como guardião da serraria onde dizem ter acontecido a violência contra o menino, é importantíssima e poderá fazer com que caiam todas as forças da acusação.
>
> O novo depoimento de Irineu seria um dos pontos significativos durante o julgamento de 5ª última e por certo o será na 5ª feira vindoura. Ele contará que foi coagido por policiais a dar a versão de que viu os sete acusados nas dependências da serraria Abagge [...]. O cidadão afirma em termos categóricos que no dia em que teria ocorrido o crime estava hospitalizado. Coloca que na verdade viu alguns dos acusados na serraria, mas dias depois daquele em que teria acontecido o crime.
>
> Quando os viu, conta Irineu, o corpo de Evandro já havia sido encontrado. Disse lembrar bem desses detalhes e não terá dúvidas em relatá-los para o pessoal da Justiça. [...]

O julgamento que estava previsto para aquela época só aconteceria anos depois, mas as novas declarações de Irineu sem dúvida surtiram efeitos no andamento do processo. Para formalizá-las, o guardião registrou em cartório, em 3 de fevereiro de 1995, o que teria ocorrido em seus depoimentos de três anos antes. Segundo ele, durante dois anos tentou contar a repórteres que fora forçado a repetir informações ditadas por policiais que estiveram em sua casa, ameaçaram-no de morte e lhe apontaram uma arma. Declarou ainda que esteve "juntamente com os policiais um homem com uma das mãos defeituosas [sic]". Depois, quando foi depor diante da juíza, Irineu teria levado um atestado, expedido por certo "Dr. Francisco", para provar que, nos dias

6 e 7, estava internado na Santa Casa de Guaratuba. A juíza primeiro teria dito que ele não poderia ser testemunha, mas depois o chamou para depor.

Ao que tudo indicava, as primeiras ameaças teriam ocorrido entre o primeiro depoimento (3 de julho) e o segundo (21 de julho). A menção ao "homem com uma das mãos defeituosas" junto aos policiais parecia uma referência ao promotor Cioffi, que tinha sequela de uma doença da infância. No júri de 1998, em São José dos Pinhais, Irineu foi testemunha de defesa e reafirmou que fora ameaçado. Além dele, também depôs uma mulher de nome Rosa Leite Flora. Ela disse que, em abril de 1992, morava em uma casa dentro da serraria e não vira nada de estranho nas noites de 6 e 7. Diógenes dizia que Rosa estava mentindo, e que só teria ido morar na casa da serraria depois do assassinato de Evandro. Nos autos do processo não há nada que comprove essa afirmação dele.

O depoimento de Irineu no júri de 1998 encerrou sua participação no processo, mas não esclareceu detalhes de seu confuso discurso. A única imagem em vídeo que consegui do guardião da serraria é de uma matéria do SBT, provavelmente de 1997. Nos poucos segundos em que aparece, a jornalista pergunta a ele o que aconteceu de fato. Irineu, idoso, andando arcado pelo punhado de pesadas madeiras que carregava nas costas, repete quase como um murmúrio: "Eu não vi nada. Eu tava no hospital. Eu tava no hospital". Vendo essa cena, a impressão que tenho é de que Irineu foi tragado para um jogo de forças poderosas demais e só queria ver-se livre daquilo. Em 2017, localizei um parente de Irineu que tinha pouco contato com ele. O antigo guardião da serraria Abagge morrera havia alguns anos em Paranaguá, sem deixar filhos.

A comparação dos três primeiros depoimentos de Irineu parece uma chave importante para perceber que havia algo de errado. Afinal, uma criança fora assassinada, e Osvaldo, Davi e De Paula confessaram que o tinham matado na serraria. O que impediria o guardião de falar sobre isso já no depoimento de 3 de julho? Quando, em 13 de agosto, perguntam-lhe por que não mencionara antes aqueles fatos, ele responde "que não se referiu ao dia 7 porque a autoridade não perguntou".

Com as informações que tenho hoje, suponho que tenha ocorrido o seguinte: após as prisões e confissões, Irineu prestou seu depoimento e disse que houve um trabalho na serraria. Mas ele se referia ao trabalho da Sexta-Feira Santa. O capitão Neves deve ter ouvido algo como "o guardião viu um trabalho na serraria", e incluiu a informação no relatório. Ao notar que o relato de Irineu não se encaixava na narrativa do Grupo ÁGUIA, algum policial pode tê-lo ameaçado. Se foi da forma como Irineu dizia, com a presença do promotor Cioffi, não temos como afirmar.

Não é nisso que Diógenes acredita. Para ele, a mudança de relato do guardião teria outra explicação. E isso teria a ver com outra testemunha: Edésio da Silva.

Mas ainda falta para voltarmos a ele.

A festa

É difícil precisar o que aconteceu na noite de 7 de abril de 1992. Há o conflito não apenas entre versões de acusação e defesa, mas também entre os relatos de testemunhas de cada lado. Há discrepância de horários nos relatos de Irineu e Andrea e entre as confissões e os relatos de Diógenes e Davina.

Tomando por base o esforço do Ministério Público em encaixar os elementos mais comprometedores de todas as declarações, teríamos a seguinte sequência de eventos: no fim da tarde, De Paula e Osvaldo saíram de casa, vestidos de branco, com Beatriz. O Grupo TIGRE chegou a Guaratuba e foi à casa do prefeito. Não encontrando a família, os policiais foram à casa dos Caetano. Nesse meio-tempo, Evandro foi sacrificado na serraria, o local foi limpo e o corpo, jogado no matagal. Beatriz voltou para casa, e Celina e Aldo foram a uma festa. Os policiais do TIGRE voltaram para a casa dos Abagge e, dessa vez, encontraram Beatriz. Com Diógenes, dois jornalistas tentaram falar com os Caetano, mas foram interrompidos por Paulo Brasil. Aldo e Celina voltaram da festa e conversaram com os policiais do TIGRE. Mais tarde, Diógenes foi à casa do prefeito e os dois brigaram. Pouco depois, Osvaldo, De Paula, Davi, Beatriz e outras pessoas foram à casa da família Caetano para fazer uma reza e parte deles seguiu numa busca madrugada adentro.

Apesar das incongruências dessa sequência de fatos – evidente, por exemplo, nas versões incompatíveis sobre as buscas de madrugada –, o Ministério Público manteve a convicção da culpa dos sete acusados. E isso provavelmente porque os álibis dos presos e os depoimentos das testemunhas de defesa também eram conflituosos. Vejamos a versão dos acusados para o que houve naquele dia.

No dia 7 de abril, Beatriz acordou tarde, como de costume. Celina recebeu duas amigas, Maria Eloina Stuelp e Maria José da Conceição, que também era secretária de Celina. Às 14h, Beatriz se reuniu com a amiga Eliane Borba, com quem preparava um projeto para a prefeitura. A reunião foi até as 18h30. Já Celina saiu à tarde para uma ronda com Maria José pelas creches da cidade. Também solicitou medidas de segurança nas creches e reuniões para tratar do desaparecimento de Evandro, até perto das 19h. Em seguida, levou Maria José à Associação dos Magistrados e retornou para casa.

Ao chegar, a família – inclusive Beatriz – se reuniu para o café da noite, quando Aldo lembrou que fora convidado para o aniversário de Nelson Cordeiro, conhecido como "Nelson Bode". Celina e Aldo foram se arrumar para a festa, e então chegou o padre Adriano Franzoi, uma visita regular dos Abagge. Era comum Celina pedir ao padre que tentasse fazer Beatriz afastar-se dos interesses místicos. Beatriz, por sua vez, recomendava uma série de livros espíritas ao pároco.

Por volta das 19h30, o vereador Edílio da Silva, líder da bancada de Aldo na Câmara Municipal, passou na casa. Cumprimentou o padre e o prefeito e soube que Aldo iria à festa de Nelson Bode. Edílio ficou pouco tempo ali e, por volta das 20h, já estava na festa de Nelson. Outro vereador, José Travasso, passou na casa do prefeito nesse horário. Cumprimentou o padre, que falava com Beatriz. Tomou um café e viu Aldo e Celina se arrumando para a festa. Deixou a casa assim que o casal saiu para a festa, por volta das 21h30. O padre teria ficado lá conversando com Beatriz.

Os depoimentos de Travasso e Edílio parecem contar a mesma história, mas há diferenças sutis. Edílio diz que chegou à festa de Nelson Bode por volta das 20h, e que o casal Aldo e Celina chegou em seguida. Já Travasso dá a entender que chegou à casa da família às 20h e que eles só foram à festa por volta das 21h30. Em certos momentos, porém, Travasso diz que ficou muito pouco tempo na casa do prefeito, de modo que teria visto o casal sair para a festa mais cedo, entre 20h30 e 21h. Nelson Bode também prestou depoimento. Nele, diz que viu o casal Aldo e Celina chegar às 21h05. Outros convidados confirmam ter visto o casal na festa.

Ou seja, várias pessoas declararam ter visto Beatriz e Celina em casa entre 19h e 20h, horário do suposto ritual, mas os horários não se encaixavam tão bem. Essa discrepância pode ter uma explicação simples: a memória. Afinal, todas essas pessoas estavam narrando eventos ocorridos meses antes. As datas em que cada um deles prestou depoimento foram 10 de setembro (Edílio da Silva), 14 de setembro (Nelson Cordeiro) e 22 de dezembro (José Travasso) de 1992.

Essa explicação não convenceu o Ministério Público. Para a acusação, as discrepâncias de horário eram um indicativo de que as testemunhas mentiam para acobertar a família do prefeito. Como as três testemunhas eram próximas de Aldo e Celina, seria importante o relato de alguém mais isento. Essa pessoa seria o padre Franzoi, que foi chamado diversas vezes para depor e recusou, alegando estar impedido por sua função como líder religioso, responsável por ouvir confissões dos moradores. Em reportagens da época, porém, o padre dizia não se lembrar se estivera com a família naquela noite.

A linha do tempo fica mais difícil de entender quando acrescentamos os relatos do Grupo TIGRE, dos quais o MP também desconfiava. Em 9 de março de 1993, o policial Blaqueney afirmou que no dia em questão ele e outros dois policiais chegaram a Guaratuba em torno das 19h. Descendo da balsa, encontraram jornalistas. Como já expus, esses eram Valter Viapiana e Fernando Cruz. Quando conversei com Fernando, ele disse que se lembrava do encontro, mas que ele ocorrera após terem entrevistado a família Caetano, quando pegavam a última balsa do dia, por volta da meia-noite.

Blaqueney também falou que Paulo Brasil teria levado os policiais do TIGRE até a casa dos Abagge por volta das 20h, quando, de acordo com os vereadores Travasso e Edílio, o casal Aldo e Celina ainda estava em casa. Segundo o policial, no entanto, o assessor desceu sozinho do carro em que eles estavam e, ao bater à porta da casa, foi atendido por um dos filhos de Aldo, que informou que os pais não estavam. Em seguida, foram falar com os Caetano e retornaram à casa dos Abagge por volta das 23h. Aldo e Celina ainda não haviam voltado, mas dessa vez os policiais decidiram aguardar. Entraram e encontraram os irmãos Beatriz, Sheila e Júnior, além do padre Franzoi. O prefeito e a primeira-dama chegaram meia hora depois.

Beatriz e Celina depuseram sobre o caso pela primeira vez em 28 de julho de 1992, em audiência com a juíza Anésia. Beatriz disse que o Grupo TIGRE passara em sua casa por volta das 21h, pouco depois de seus pais terem ido à festa. Embora Blaqueney tenha dito que os policiais não saíram do carro, Beatriz afirmou que os viu chegar. Além disso, segundo ela, os policiais de fato foram à casa da família Caetano, mas não passaram mais de vinte minutos lá, voltando em seguida para aguardar Aldo e Celina.

O último a prestar esclarecimentos foi Paulo Brasil, o que ocorreu só em 23 de abril de 1993. Segundo ele, o Grupo TIGRE chegou a sua casa às 18h30 ou 19h, e todos foram à casa do prefeito. Lá chegando, conforme seu testemunho, ele foi atendido não por um filho do casal, mas pela empregada. Teriam ido, então, à casa da família Caetano, em frente à qual havia uma aglomeração, mas conseguiram tirar o pai de Evandro de lá para conversarem. Depois, voltaram à casa do prefeito, já por volta das 22h ou 23h.

Mesmo para quem defende a inocência das Abagge é difícil montar uma linha do tempo. A que horas o Grupo TIGRE chegou a Guaratuba? A que horas os jornalistas conversaram com Maria e Ademir Caetano? Quanto tempo os policiais ficaram na casa deles? Vinte minutos? Algumas horas? E qual foi o horário da chegada de Celina e Aldo na festa? A pergunta principal é: seria possível que, horas antes de ir à festa, a primeira-dama tivesse participado de um ritual de magia negra com o sacrifício de uma criança? Da casa dos Abagge até a serraria são doze minutos de carro. Saindo de casa às 19h, após pegarem todos os envolvidos no ritual, chegariam lá umas 19h30, horário que consta na denúncia do Ministério Público. O ritual – incluindo o sacrifício e a limpeza do lugar – teria de ter durado no máximo 45 minutos. Da serraria ao matagal onde o corpo foi encontrado são quinze minutos de carro, o que significa que teriam de ter descartado o corpo por volta das 20h15, de forma que às 20h30 chegariam à casa do prefeito e receberiam o padre Franzoi (cuja presença foi confirmada por várias testemunhas, embora não por ele próprio) e os vereadores Edílio e Travasso. O casal teria ido à festa logo que Celina chegou em casa, e o Grupo TIGRE poderia ter passado lá às 21h.

Dado o estado em que o corpo de Evandro foi encontrado, é difícil acreditar que os sete teriam conseguido, em período tão curto, limpar o escritório a ponto de nenhum funcionário perceber qualquer sujeira no dia seguinte. O suposto corte na garganta, as vísceras arrancadas, as mãos decepadas, o escalpo... muito sangue teria espirrado para todos os lados. Alguém notaria alguma coisa. Afinal, não apenas o escritório era de trânsito comum a todos os funcionários, como aquela foi uma semana de trabalho normal, conforme consta no livro de ponto anexado aos autos do processo.

Para Diógenes, o livro de ponto era falso. Segundo ele, todos os funcionários foram dispensados a semana inteira, mas ninguém na serraria confirma esse relato. Nem mesmo Irineu afirmou isso no seu depoimento mais comprometedor, aquele que depois ele desmentiu. Seria possível que todos os funcionários da serraria tivessem medo de relatar suspeitas, mesmo após os sete terem sido presos? Teriam sido cúmplices de assassinos? Após conversar com funcionários, alguns dos quais com a condição de anonimato, não vejo motivo para acreditar em cumplicidade com o crime. A não ser que surjam provas em contrário, tudo indica que a semana de 6 de abril foi uma semana normal de trabalho na serraria Abagge.

A dobradinha

Enquanto os álibis das Abagge foram alvo de escrutínio pelas autoridades, o caso de Airton Bardelli e Francisco Sérgio Cristofolini não recebeu a mesma atenção. De acordo com Bardelli, no dia 6 de abril ele foi a Paranaguá deixar um motor para ser consertado. No dia seguinte, foi buscar o motor e realizar outros afazeres na companhia de sua esposa, seu sobrinho e sua irmã, tendo retornado para casa às 19h30. Todas as pessoas citadas por ele confirmavam sua versão. Cristofolini não precisou o que fez nos dias 6 e 7 de abril, mas afirmou que na época sua rotina era a seguinte: entre as 10h e 14h trabalhava no bar do sogro, à tarde trabalhava com locação de imóveis e à noite voltava a auxiliar no bar. Várias testemunhas confirmaram essa rotina, mas apenas seu sogro foi enfático ao dizer que na semana de 6 a 11 de abril ele realmente estava no seu bar. Na época, o promotor Cioffi considerou essas testemunhas não confiáveis, parte de um esforço para que Celina e Beatriz Abagge fossem inocentadas. E essa convicção tinha a ver com os álibis dos outros três acusados.

Davi dos Santos Soares dizia que, no dia 6 de abril, pegou o ônibus das 19h de Curitiba para Guaratuba, onde chegou por volta das 21h. O relato é corroborado por Andrea, mulher de Osvaldo Marcineiro, que disse tê-lo visto na rodoviária de Curitiba, tendo sido anexados aos autos do processo os bilhetes de ônibus de Davi, atestando que ao menos do sequestro de Evandro ele não teria como ter participado. O artesão afirmou que, na noite seguinte, do dia 7, passou na casa de Osvaldo, com quem foi ao bar Samburá, no centro de Guaratuba. Em companhia dele estariam Antonio Costa, Malgarete, De Paula, Osvaldo, Andrea e Paulo Roberto Molenda Amazonas, o "Paulinho do Atabaque", que viera de Curitiba e se hospedara na casa de Osvaldo naquela noite, além do professor Tristão da Silva Miranda, que estava na mesa ao lado. O grupo teria ficado lá até cerca de 1h.

A mesma história foi contada por Osvaldo e De Paula. Osvaldo acrescentou que mais cedo naquele dia alugara um filme na locadora que frequentava, de nome Happy, na companhia de Paulinho. À noite, no bar, Paulinho teria tocado atabaque, enquanto o grupo comia a famosa dobradinha que levava o nome do restaurante: o prato Samburá, que, de acordo com os acusados, era servido às terças-feiras. Ainda segundo eles, Andrea foi a única que preferiu um x-salada. Andrea, porém, como sabemos, dizia que naquela noite ficara em casa e que vira Osvaldo saindo com Davi e De Paula. Em seu depoimento de 21 de agosto, Andrea reafirmava que não acompanhara o grupo e contava que recebera um telefonema, que parecia corroborar a suspeita de Cioffi de manipulação nos bastidores em prol dos réus:

> a depoente soube da menção do bar em frente da delegacia porque recebeu telefonema de pessoa que não se identificou, mas afirmou ser funcionária do [presídio do] Ahú, de uma jovem, que pediu roupas para o réu Osvaldo e passou o recado em que o mesmo lhe pedia para se lembrar de que estiveram juntos comendo dobradinha e x-salada no bar referido, no dia 7 de abril; que o fato realmente aconteceu, mas em outra data, nunca no dia 7 porque era terça-feira, dia de oferendas, envolvendo compromisso com os clientes; que a depoente recebeu diversos telefonemas, além deste, procedente do Ahú, [em que o] advogado dos réus pretendia con-

> versar sobre alguns pontos com a mesma; que foi ameaçada de chantagem pela irmã do réu [Osvaldo], a qual dizia que possuía gravações sobre a depoente que poderiam prejudicá-la, mas afastou-se logo que soube que os telefones estavam grampeados.

Em seus testemunhos, o empresário Antonio Costa e sua esposa Malgarete confirmavam o encontro no Samburá, mas não sabiam dizer a data. Mesmo que soubessem, não ajudariam Osvaldo e De Paula, já que o MP chegou a desconfiar do casal, e Antonio, pela proximidade com Osvaldo, também era considerado suspeito. Ainda de acordo com o MP, havia indícios de que o empresário ajudava a construir um álibi para Osvaldo. No dia 15 de setembro de 1992, Nelson de Souza, dono da locadora Happy, declarou que Osvaldo nunca tivera ficha em seu estabelecimento e costumava alugar fitas no nome de Costa, vez ou outra "filmes com temas pornográficos e cenas de sexo explícito". Logo, não haveria ficha que atestasse que Osvaldo passara por lá com Paulinho do Atabaque, nome que era frequentemente citado nos álibis em relação ao dia 7.

Paulinho, por sua vez, produziu um dos vários momentos estranhos do processo. Em depoimento no dia 21 de setembro de 1992, ele dizia não ter nada a falar contra Osvaldo e De Paula, mas afirmava nunca ter frequentado o terreiro deles em Guaratuba. Teria apenas tocado atabaque três vezes num outro terreiro que a dupla tinha em Curitiba. Também dizia ter sofrido pressão da defesa para testemunhar em favor dos réus e confirmar a história do bar Samburá. Segundo ele, os advogados haviam lhe dito que Osvaldo sofria na prisão, que era inocente, mas ele respondera que não tinha estado em Guaratuba e que não mentiria em juízo. Para provar ter sofrido essa pressão, apresentou um cartão da advogada Stela Maris Doubek Motta, alegando que ela pedira a ele que entrasse em contato. Os advogados Paulo de Tarso Waldrigues e Luis Carlos Nunes Meister também o teriam pressionado. Stela Maris parece ter sido pega de surpresa pelo que ele disse, como podemos ver na transcrição das respostas de Paulinho a questionamentos dela:

> Sobre reperguntas da dra. Stela Maris respondeu que: Que não fez telefonema por volta de 2:30 da madrugada para a casa da advogada dra. Stela afirmando que estava sendo perseguido por viatura policial nas proximidades de sua casa; Que não pediu para a mesma advogada encaminhá-lo

> a juízo para depor naquele horário; Que jamais comentou, de "jeito nenhum", sobre inocência dos réus; Que sabe informar o endereço da boate Pantera Cor de Rosa [onde De Paula trabalhava em Curitiba], situada no Boqueirão; Que a última vez que esteve em Guaratuba data de três anos atrás; Que seu avô é sócio do Clube dos Oficiais da Polícia Militar, que possui alojamento em Guaratuba, o qual deixaram de frequentar em razão da doença e falecimento da avó nos últimos três anos; Que afirmou para a advogada que seu avô estava adoentado e que temia pela saúde do mesmo se tivesse que vir depor.

Paulinho poderia tanto ter mudado a versão que estava disposto a contar, passando a mentir, quanto enfim ter falado a verdade após quase aceitar a pressão da defesa. A declaração de um taxista chamado Ricardo Cezar Bahl, registrada em cartório no dia 22 de janeiro de 1993, talvez explicasse o que aconteceu. Bahl conhecia Paulinho desde 1989. Eles tinham se conhecido num centro do Boqueirão, mas em 1991 deixaram de se falar porque Paulinho teria passado oito meses em Belo Horizonte com Osvaldo e De Paula. Em dezembro daquele ano, Paulinho o procurou, oferecendo-se para tocar atabaque no terreiro que Bahl frequentava. Ele diz:

> que o Paulo tocou atabaque em meados de dezembro de 1991 até março de 1992, exercendo a função chamada Ogan de Couro. Que no dia 13 de março foi realizada uma festa, no meu terreiro, festa essa [em] que o Paulo se encontrava. Após esta data tornei a vê-lo novamente em 28 de março de 1992, sendo que o novo encontro só foi ocorrer no dia 17 de abril do ano acima referido, para um ritual chamado abertura de corpo (cura), que neste dia (Sexta-Feira da Paixão) o Paulo passou o dia todo em minha companhia, ocasião esta em que inicialmente comentou que durante o intervalo de tempo que deixou de frequentar o meu centro havia ido para Criciúma-SC; posteriormente, ainda neste mesmo dia, fez ainda mais outros dois comentários, ou seja, 1º) – pediu-me para que se alguém perguntasse por que ele havia sumido durante este período entre março e abril/92 era para mim dizer que ele estava no meu terreiro batendo atabaque; 2º) – comentou mais tarde, depois do pedido acima, que não teria ido para Criciúma/SC e sim para Guaratuba/PR, onde havia se hospedado na casa de Osvaldo Marcineiro a convite deste último, que pediu ao Paulo para ir para aquela cidade a fim de ensinar alguns garotos a bater atabaque. Que quando o Paulo retornou para Curitiba se encontrou comigo em um bar 24 horas existente na rua Marechal Floriano, defronte ao Quartel do Boqueirão, onde estava sendo realizada uma roda de samba. Nes-

> ta oportunidade, o Paulo pagou uma cervejada para a turma do samba e mais alguns dos ali presentes, dizendo que teria recebido dinheiro por ter ensinado os meninos de Guaratuba/PR a bater atabaque, sendo que quem pagou as aulas de atabaque para ele foram os garotos de Guaratuba/PR, porque o Osvaldo não pagava mesmo.

Ou seja, Bahl desmentia boa parte dos relatos de Paulinho. Segundo ele, a participação de Paulinho nos terreiros de Osvaldo e De Paula não era distante como ele sugerira, e o próprio Paulinho teria lhe contado que estivera em Guaratuba. O episódio acabou como mais uma das peças que não se encaixam em nenhuma versão dos acontecimentos.

No entanto, outros elementos favoreceram o desmonte, pela acusação, do álibi do bar. Um deles foi o depoimento de Tristão da Silva Miranda, à época professor da Escola Carmem Seara Leite, em Garuva, município a quase 40 quilômetros de Guaratuba. Em declaração prestada em cartório em 15 de setembro de 1992, ele negava ter estado no bar, alegando que estava dando aula no dia. Anos depois, em 9 de outubro de 1996, o diretor da escola enviou um ofício à juíza Anésia afirmando que Tristão trabalhara nos dias 6 e 7 de abril. No dia 6, o livro de ponto registrava sua entrada às 7h47, mas não sua saída. No dia 7, havia entrado às 8h35 e saído às 18h, com um intervalo entre 12h e 13h. Considerando esses horários, como Garuva e Guaratuba são próximas e tendo em vista que o trânsito de moradores entre as duas cidades é bastante comum, seria possível que Tristão estivesse presente na noite de 7 de abril de 1992 no Samburá em companhia de Osvaldo, Davi e De Paula. Ele poderia ter se esquecido do encontro ou mentido, mas o fato é que negava o evento.

Há um fator pouco mencionado sobre o professor nos autos e que pode ajudar a entender o contexto de seu depoimento em 1992. As eleições daquele ano foram em 3 de outubro, e Tristão era candidato a vereador, filiado ao mesmo Partido Democrata Cristão (PDC) de Diógenes. Ao contrário deste, porém, Tristão foi eleito, com 173 votos. Na entrevista que me concedeu em 2016, Diógenes dá sua versão da relação política que mantinha com Tristão naquela eleição:

> DIÓGENES: Tristão da Silva Miranda, esse hoje é o diretor do Detran aqui de Guaratuba, é funcionário da prefeitura. Ele pode até não te receber, sabe? Porque ele sabe que um pronunciamento desses pode fazer ele

perder o emprego. Então Tristão da Silva Miranda foi vereador e agora não é. Foi vereador três, quatro vezes, tentou pra prefeito e daí não conseguiu, mas ele tá ali associado aos mandões da política.

Ao falar dos "mandões da política", Diógenes se referia à família Justus, da qual fazem parte o deputado estadual Nelson, seu filho Roberto, prefeito de Guaratuba desde 2017 (foi reeleito em 2021), e Evani Cordeiro, cunhada de Nelson, que governou a cidade por dois mandatos (2009-2016). Continuou ele:

DIÓGENES: Então ele [Tristão] vai conseguir uma diretoria, no mínimo. Secretaria eu não digo. Ele não vai arriscar jamais perder essa diretoria dando um pronunciamento, né? Mas é uma das pessoas que ouviu o Osvaldo falar, veio falar pra mim. Tristão veio falar pra mim. Agora, é por isso que eu estou tentando não citar nomes, porque eu sei que, se eu citar o nome e você chegar lá, e eles se recusarem a falar pra você, o que vai parecer? Vai parecer que eu estou mentindo. [...]
IVAN: Mas, quando você não faz isso, você parece mentiroso.
DIÓGENES: Mas eu posso parecer, não tem problema. Porque esse é outro motivo que eu não quis dar entrevista pra você, eu falei o quê? "O que que eu ganho com isso?" Elas estão condenada [sic], elas podem espernear como todo mundo. Todo bandido, ele fala que é inocente. Pode espernear, mas não vão conseguir mudar o fato de que eles tão condenados. [...] Agora... agora, eu não posso também – eu sei que você tem o trabalho pra fazer –, mas eu também não posso, pra te salvar, pra que você tenha um bom trabalho, criar uma situação pro Tristão da Silva Miranda, que já falei o nome e não devia ter falado, ele perder o Detran de Guaratuba. [...]

Não fiz campanha [nas eleições de 1992]. Eu fiquei [como] segundo suplente, na época eu peguei 114 votos e o vereador do meu partido que se elegeu [...] pegou 157 votos. Então faltou pouquinho, né? Com duzentos votos tá eleito. Então não consegui me eleger, mas fiquei [de] segundo suplente. Só que não pedi voto pra ninguém, nada. Não subi no palanque, meus próprios colegas já diziam por aí que tinha desistido. Eu tive que ficar quieto senão alimentava a teoria deles [...].
IVAN: Sim, sim. Qual era o partido?
DIÓGENES: Era o PDC. Não escolhi esse por ideologia: "Ó, esse é meu partido", e sim porque era o partido que tava na cidade disponível, né? O presidente era o Tristão da Silva Miranda, esse cidadão aí que hoje tá no Detran ali. [...] Quando ele viu esse movimento grande ali, ele viu que o povo queria que eu saísse prefeito [pelo PDC]. Ele viu que era melhor ele sair candidato pra vereador, daí tentou candidato pra vereador e se elegeu. E daí quiseram melar saco pra prefeito, mas eu também não saí pra prefeito.

> Mas ele também não saiu, ele era presidente do partido. Ele era pra sair, mas ele não quis porque ele tinha perdido na eleição anterior. Então daí nós tudo [sic] saímos vereador: ele se elegeu e eu não.

É difícil de imaginar que esse cenário político não tenha exercido influência no depoimento de Tristão. Faltava menos de um mês para as eleições e ele era do mesmo partido do parente de Evandro que supostamente resolvera o caso. É claro que pode ter falado a verdade ao afirmar que não estava no bar, mas não duvido que, ao buscar lembranças de um evento tão insignificante, sua memória estivesse condicionada a afastar qualquer possibilidade que levasse à inocência dos acusados.

Um dos esforços mais notáveis para desmontar o álibi de Osvaldo, Davi e De Paula foi de um assistente de acusação contratado pela família Caetano, o competente Carlos Airton A. Costa. No dia 16 de setembro, ele anexou onze documentos ao processo, como matérias de jornais e revistas, além dos depoimentos registrados de Tristão da Silva e Nelson de Souza, dono da Happy; uma lista de clientes da locadora demonstrando que Osvaldo não era cliente; e a ficha de locações de Antonio Costa, que provava a proximidade do empresário com o pai de santo. Uma das matérias anexadas era oriunda da edição de agosto de 1992 da tradicional revista *Paraná em Páginas*. Nela aparecia uma foto de Aldo Abagge ao lado de Aníbal Khury. Abaixo da foto, a legenda:

> Os problemas surgidos em Guaratuba, de pleno domínio público, inclusive com reflexos políticos porque se envolveu o prefeito deste município, estão sendo muito comentados. A ligação enorme existente entre Aldo Abagge e o deputado Aníbal Khury – na foto os dois, no gabinete do presidente da Assembleia Legislativa – motivou essas considerações políticas. No último pleito, Aníbal contou com o apoio do prefeito, de quem é velho amigo.

A intenção era sugerir que a família Abagge tinha força política e poderia utilizá-la para manipular o caso. Pelo contexto dos outros anexos, essa manipulação seria perceptível por algumas atitudes suspeitas de pessoas relacionadas à família Abagge. Tal intenção da acusação fica evidente em dois outros anexos. Um deles é primeira página da *Folha de Guaratuba*, cujo dono, segundo Diógenes, era aliado de Aldo. Na edição de 16 a 31 de agosto de 1992, o jornal trazia um aviso:

ESCLARECIMENTO PÚBLICO

O Conselho Editorial deste jornal esclarece aos seus leitores, colaboradores e anunciantes que decidiu não mais divulgar qualquer fato ligado ao caso do desaparecimento do menor Evandro Ramos Caetano, em função das últimas ameaças públicas efetuadas por Diógenes Caetano dos Santos Filho, articulador do movimento registrado há alguns dias, que desrespeita a liberdade de imprensa e o princípio do contraditório.

O outro anexo era uma foto de cinco pessoas sentadas ao redor de uma mesa de piscina. Abaixo dela, datilografado, lia-se o seguinte texto, provavelmente redigido pelo assistente de acusação:

Da esquerda para a direita: PAULO BRASIL, Delegado ADAUTO ABREU DE OLIVEIRA, Delegada Dra. LEILA, Sr. NELSON, Policial do Grupo TIGRE, e Policial BLACKNEY [sic], também do Grupo TIGRE (Tático Integrado de Grupos de Repressão Especial).

Obs.: Foto tirada em abril de 1992, na beira da piscina do Hotel Villa-Real, em Guaratuba, onde estavam hospedados os policiais acima, por oportunidade das investigações do desaparecimento e morte do menor EVANDRO.

A acusação parecia insinuar que a família Abagge tentava cercear a imprensa na divulgação do caso e que estaria havia tempos influenciando o trabalho do Grupo TIGRE.

O golpe final contra os álibis também estava nessa leva de documentos. Era uma declaração em cartório de duas pessoas: Clodoaldo Padilha e sua esposa, Maria Carmen Padilha, donos do bar Samburá. Datada de 16 de setembro, a escritura dizia o seguinte:

E pelos outorgantes me foi dito que são proprietários do Bar e Lanchonete Samburá, desde o mês de setembro de 1992, atendendo diariamente, no horário das 8:00 horas às 21:00 horas, aproximadamente, com exceção das segundas e terças-feiras, quando o estabelecimento encerra as atividades por volta das 19:00 horas. Que além dos pratos variados, servidos à clientela, um deles denominado *"dobradinha", é servido única e exclusivamente às quartas-feiras*. [...] Afirmam os declarantes que *na data de 7 de abril de 1992, terça-feira, não foram servidas refeições de qualquer espécie em seu estabelecimento comercial, principalmente, por inexplicável ausência de clientes, tendo encerrado as atividades da lanchonete por volta das 20:00 horas.*

Assim, dos depoimentos sobre os álibis, a maior parte era em desfavor dos acusados. Para começar, os de Irineu, em 3 e 21 de julho de 1992, e o primeiro de Andrea, em 10 de julho. Depois, em 28 de julho, Osvaldo, Davi e De Paula dão o álibi da dobradinha e falam oficialmente que confessaram sob tortura. Em 13 de agosto, porém, ocorre o terceiro depoimento de Irineu, o mais devastador, e, em 21 do mesmo mês, outro de Andrea, em que ela afirma que havia pessoas tentando fazê-la confirmar o álibi do bar Samburá. Em 11 de setembro, Antonio Costa confirma o encontro no Samburá, mas não a data. Até que, em 16 de setembro, o assistente de acusação Carlos Airton A. Costa apresenta reportagens e declarações que desmontam o álibi de Osvaldo, Davi e De Paula. E, por fim, em 21 de setembro, Paulinho do Atabaque nega que tenha estado no bar Samburá na noite de 7 de abril e afirma que fora pressionado pela defesa a testemunhar em favor dos acusados. Os depoimentos e registros mais favoráveis aos réus só viriam à tona depois – o de Bahl, que colocava em dúvida a versão de Paulinho do Atabaque, em 22 de janeiro de 1993; o de Irineu, dizendo que foi ameaçado, apenas no Natal de 1995; e os horários exatos de aula de Tristão, em outubro de 1996.

Antes disso, porém, outra pessoa apareceu com a intenção de esclarecer o episódio da dobradinha. Seu nome era Marilda Cunha, que prestou declaração em cartório no dia 17 de novembro de 1992, na qual afirmava frequentar o Samburá desde a inauguração. Segundo ela, a dobradinha era servida às terça-feiras até maio daquele ano, quando passou a ser servida às quartas-feiras. Junto a esse depoimento, a defesa anexou uma página da *Folha de Guaratuba* de 1º a 15 de fevereiro de 1992. Nela, aparecia um anúncio:

A CASA QUE VOCÊ ESPERAVA
RESTAURANTE SAMBURÁ
Música ao vivo – Comida caseira – Todas as Terças: Prato Samburá

Anos depois, em 17 de abril de 1998, no júri das Abagge em São José dos Pinhais, Malgarete – que em 4 de dezembro de 1992 confirmara a versão do marido sobre o encontro no Samburá – falou novamente da dobradinha. Ela se lembrava de ter ido ao bar em data próxima aos fatos, mas não garantia que havia sido na semana do crime. Lembrava-se, porém, de ter visto Tristão. E dizia:

> que lido [o] termo de declaração em que o dono do bar assevera não ter tido movimento no dia 7 e fechado antes seu estabelecimento, a depoente não sabe explicar tal afirmação; que no dia da dobradinha estava ventando e muito frio; que a esposa de Clodonaldo [Glodoaldo] procurou o marido da depoente [Antonio Costa], abraçou o mesmo durante a festa do divino que aconteceu em julho, um mês depois do falecimento do seu marido acontecido durante a festa do pescador em junho, que tal Sra. de nome Maria Carmem [sic] Padilha pediu desculpa ao marido da depoente por ter feito confusão em relação ao serviço de dobradinha que seria realizado nas terças-feiras e depois passou para as quartas e que julgava o falecido ter realizado muita confusão em relação a isso e por isso teria morrido com peso na consciência.

Como se vê, os relatos a favor dos álibis apareceram meses ou anos após as prisões. E, mesmo assim, nunca eram sólidos o suficiente. Os depoimentos do casal Costa, por exemplo, não davam certeza da data da dobradinha, enquanto Andrea garantia que não fora no dia 7. Esse evento poderia ter ocorrido até mesmo em alguma quarta-feira de maio, ou numa outra terça-feira de abril. A impressão que tenho é de que a credibilidade do álibi foi colocada em xeque pelos testemunhos de Andrea, que repetidamente afirmou que Osvaldo e De Paula saíram na noite do dia 7 de abril e não lhe contaram aonde foram. Chama a atenção em seu relato também a menção de que Beatriz estaria em sua casa por volta das 18h, fato nunca confirmado por Beatriz nem por outras testemunhas, que asseguravam que a filha do prefeito estava na própria casa naquela hora.

De qualquer forma, os álibis da defesa tentavam explicar o que acontecera no dia 7, data que o MP estabelecia como o dia em que Evandro teria sido sacrificado. Contudo, Evandro desapareceu no dia 6. E é neste ponto que entra a testemunha de acusação mais importante: Edésio da Silva.

O primeiro "Chero"

Em 14 de abril de 1992, oito dias após o desaparecimento de Evandro e três após o corpo ser encontrado, uma mulher de nome Maria Aparecida Ferreira de França Albuquerque prestou depoimento na Subdivisão Antissequestro da Divisão de Segurança e Informações da

Polícia Civil do estado. O responsável por aquela subdivisão na época era Noronha, delegado que meses depois ficaria responsável pelo encerramento do inquérito do caso Evandro. Maria Aparecida contou um estranho episódio que seus filhos Fernando Ferreira França, de 11 anos, e Cleyton Everson Ferreira da França, de 10 anos, teriam vivido perto da data do desaparecimento de Evandro. Segundo ela, eles

> foram seguidos por um elemento desconhecido, com as características seguintes: cabelos longos e ondulados, barba comprida, bigode, moreno, mais ou menos 1,75 de altura, magro, o qual seguiu-os até o colégio [Olga da Silveira], sendo que as crianças, notando que estavam sendo seguidas, passaram a correr; Que a declarante a princípio não se preocupou muito com o episódio relatado pelos menores, porém, naqueles dias sumiu o garoto Evandro, bem parecido com o filho da declarante (loiro e de olhos claros), o qual foi nestes dias encontrado morto e mutilado; Que a declarante pelas características descritas pelos seus filhos considera ser o elemento conhecido por "Chero", traficante morador no Carvoeiro [mesmo local onde o corpo foi encontrado] o homem que seguiu os seus filhos, pois o mesmo é conhecido de ser bem "xarope" quando se acha drogado; Que a declarante passou a ter como suspeito o elemento citado quando soube do lugar em que foi dispensado o corpo de Evandro, ou seja, em um mato que dá acesso ao Carvoeiro; Que se ligar a morte de Evandro a perseguição de seus filhos, com os antecedentes de "Chero" e o local de sua morada, naturalmente passa-se a suspeitar de que seja ele o autor do bárbaro crime; Que a declarante não pode afirmar com certeza, eis que não tem provas, sendo esta suspeita geral na vila em que mora; Que todos os moradores da Vila Miséria falam a mesma coisa, porém têm medo de vir a delegacia e prestar esclarecimento por medo de represália; Que a declarante nesta data apresenta seus filhos menores para submeterem-se à elaboração de retrato falado junto ao Instituto de Criminalística, na expectativa de ver o grave crime solucionado.

Noronha designou um investigador chamado José Henrique Rocha para levantar mais informações sobre Juarez, vulgo "Chero". Era a primeira vez que o apelido aparecia no caso Evandro. Em seu relatório (sem data, mas provavelmente de 15 de abril), Rocha afirmava que fazia dez dias que Juarez não era visto por Guaratuba. Dizia também que o retrato falado era parecido com ele, conhecido por ser traficante de cocaína, e que muitas pessoas acreditavam que ele poderia ser o responsável pelo crime que vitimou Evandro.

No dia 15 de abril, Noronha elaborou um pedido de prisão temporária ao juiz designado para Guaratuba, Wolny Furtado de Andrade. A prisão foi decretada e, no dia seguinte, Juarez foi preso e prestou depoimento ao então delegado titular de Guaratuba, Gilberto Pereira da Silva. Mas, antes de Juarez dar sua versão dos fatos, naquele mesmo dia 16, os irmãos Cleyton e Fernando depuseram para o delegado Gilberto, dando detalhes sobre a perseguição. Reproduzo o depoimento de Cleyton:

> Que dias antes de haver desaparecido seu colega Evandro Ramos Caetano, o informante vinha com seu irmão Fernando em direção da Escola Olga Silveira na Cohapar e, ao chegarem no começo da Vila Esperança, veio um homem barbado, de bigode, estatura mediana, cor moreno, que começou a fazer perguntas ao informante e seu irmão, dizendo que dava balas e dinheiro para ambos; Que, o homem veio acompanhando o informante e seu irmão desde aquela rua vindo dos fundos da Associação dos Fiscais, e quando chegaram próximo da escola já na Cohapar, o informante e seu irmão combinaram de despistar aquele homem, indo ambos por uma rua nos fundos daquela vila e foram para a escola; Que, o informante e seu [irmão] se esconderam para verificar o que aquele homem fazia e notaram que o mesmo ficou procurando ambos; Que, depois que o informante e seu irmão havia[m] entrado na escola, viram quando o citado homem passou em frente da escola; Que, o homem tomou direção a Piçarras ou Carvoeiro; Que, o informante havia brincado com Evandro antes do seu desaparecimento; Que, souberam do desaparecimento de Evandro assim que ele saiu de casa; Que, após haver[em] ocorrido os fatos citados, ao chegar em casa, o informante disse para sua mãe como o homem os perseguiu até a escola.

O teor do testemunho de Fernando, que era colega de sala de Evandro, é similar. Ele acrescentou que os fatos teriam ocorrido por volta de 13h e que ouviu quando o homem disse: "Para, guri, que eu quero te dar balas e dinheiro". Também disse que era a primeira vez que via o homem naquela região e que, depois da aula, ele e o irmão foram para casa acompanhados por um vizinho conhecido por "sr. Sebastião". Após o testemunho das crianças, Gilberto ouviu Juarez, o primeiro suspeito do caso Evandro. O relato, registrado às 17h20, é curto:

> Sem coação física ou moral, na presença das testemunhas Elcio Jorge Celestino e Ubirajara Mendes, funcionários desta Delegacia de Polícia, disse que: No dia de ontem, 15-04-92, o interrogado encontrava-se em sua casa

> no lugar Carvoeiro e disseram que o interrogado teria que viajar para Curitiba a fim de ser ouvido em uma ocorrência de homicídio do menor Evandro Ramos Caetano; Que, chegando em Curitiba, foi até o D.S.I. [Divisão de Segurança e Informações] e posteriormente foi ao COPE [Centro de Operações Policiais Especiais] onde ali pernoitou; Que, foi interrogado naquele órgão sobre os fatos ocorridos em Guaratuba, onde houve um desaparecimento de um menor e foi encontrado já morto em estado de decomposição na rua Eng. Beltrão, distante aproximadamente 800 metros da casa onde reside o interrogado; Que, disse o interrogando, que estava trabalhando e não praticou nenhum delito dessa natureza; Que, conhece o pai do menor Evandro, Sr. Ademir, que já foi seu vizinho, quando morava [com] seu patrão, o *Sr. Edésio*, em frente do Estaleiro do Português; Que, retornou no dia de hoje [16] para Guaratuba; Que, perguntado sobre o fato de haver procurado abordar dois meninos próximo da Escola Olga Silveira e oferecer dinheiro e doces, disse que tais fatos nunca ocorreram; Que, afirma o interrogando que trabalha todos os dias como marceneiro e com isso sobrevive; Que, fazem [sic] mais de dez anos que o interrogado é [viciado] em "maconha", sustentando seu vício com o salário que recebe; Que, fazem [sic] mais de oito dias que o interrogado cortou sua barba, que estava bastante grossa ou meio rala por ser cor castanho-escuro.

Nesse depoimento para o delegado Gilberto, Juarez alega ter sido interrogado em Curitiba no dia 15 de abril de 1992, mas não há registro desse testemunho nos autos do processo. Mas pelo menos duas coisas chamam a atenção. Primeiro, o fato de ele ter sido dispensado como potencial suspeito. Os motivos da decisão do delegado não estão claros no inquérito. Em brevíssimo ofício do dia 20 de abril, dizia apenas que dispensava Juarez após "acareação entre dois menores, os quais foram perseguidos por um homem com as características do custodiado, porém não foi constatado ser o mesmo". Nos cinco dias em que Juarez ficou detido, não há registro de que Gilberto tenha interrogado outras pessoas para verificar seu álibi, tampouco se esclarece se, durante a acareação, Juarez foi ou não colocado diante dos irmãos para ser identificado. No entanto, como pudemos atestar no inquérito de Leandro Bossi, Gilberto não tinha o costume de registrar todos os passos de suas investigações.

Mais à frente, o retrato falado feito a partir das descrições dos irmãos França acabaria sendo utilizado pelo Ministério Público como prova contra Osvaldo, conforme mencionado no capítulo 2. De fato, havia semelhanças entre o retrato falado e Osvaldo. Contudo, isso sugeriria que Osvaldo teria perseguido as duas crianças, não que ele teria sequestrado Evandro. E a possibilidade de ser ele o perseguidor nunca foi sequer levantada. Para a acusação, bastou pegar um desenho, tirá-lo de seu contexto original e montar um quadro acusatório convincente para a opinião pública em 1992.

A segunda coisa que chama a atenção é que o depoimento de Juarez foi a primeira vez em que Edésio da Silva foi citado no inquérito. De acordo com Diógenes no júri de 2005, Edésio também tinha o apelido de "Chero", e tal confusão teria sido o motivo de o Grupo TIGRE não ter ido ao Chero certo, conforme já relatei no capítulo 3. Quando o promotor Markowicz pergunta ao engenheiro o que provaria que o Grupo TIGRE, da Polícia Civil, estava sendo ludibriado, ele diz:

> O Paulo Brasil, assessor de imprensa, desde o primeiro momento que eles chegaram lá, ele estava sempre acompanhando esse pessoal do Grupo TIGRE. Era o guia que levava aos locais, né? Houve alguns fatos ali que começaram a mostrar que havia um certo comprometimento. Houve um comentário que chegou, no terceiro ou quarto dia na casa do Ademir, de que um tal de "Chero" teria presenciado um carro, Kadett azul, no local do sequestro, no momento do sequestro, por ali assim... [...] Tudo que chegava nós anotava [sic], nos horários, tal, e passávamos pro Grupo TIGRE. E aí voltamos, depois de ter passado pro Grupo TIGRE, voltamos uns dias depois [para] saber o que que deu aquela conversa. E eles disseram "não, o Paulo Brasil nos levou até o Chero, mas ele não sabia nada, não disse nada, disse que não conhece nada". *Então, na realidade o Paulo Brasil tinha levado para um outro Chero, que mais tarde a gente ficou sabendo que esse que sabia alguma coisa se chamava Edésio. E aquele que foi levado para o Paulo Brasil se chamava Juarez.* Claro, ele não ia saber nada. A Polícia Civil estava sendo engabelada. Engabelada por gente ligada à prefeitura. E quando eles estavam hospedados no Hotel VillaReal, naqueles 45 dias, numa manhã apareceu o Voyage deles com para-brisa quebrado. [...] Naquele instante, chega a Celina Abagge [...]. E mandou o Joia, o chefe da garagem da prefeitura, lá em Joinville, buscou um para-brisa, deu sem cobrar nada para eles. Alguns dias depois, o motor do Voyage branco da Polícia Civil fundiu. Ela colocou os carros dela à disposição do Grupo TIGRE, e eles chegaram a investigar. [...] Então a gente vê que a Polícia Civil se envolveu com eles de uma forma que acabou em momento nenhum chegando até eles, né? Porque inclusive intimidava as pessoas. As pessoas que podiam dar alguma informação vendo a polícia, andando com o carro da sequestradora... ela acaba não contando nada, e foi [o] que aconteceu com o Chero. Porque mais tarde, quando a gente procura ele,

> ele não estava no dia que nós fomos lá. Mas quando eu levei o pessoal do Grupo ÁGUIA daí ele estava. Eu apresentei eles ali, né, e me retirei. E ele daí conta pro Grupo ÁGUIA que ele não procurou o Grupo TIGRE porque o Grupo TIGRE estava andando com o carro da Celina, ele ficou com medo de ir lá e falar alguma coisa e acharem que ele tava inventando e ele sofrer as consequências.

É importante esclarecer a confusão que Diógenes fez no relato transcrito aqui. Quem levantou a suspeita acerca de Juarez não foi o Grupo TIGRE, tampouco alguém da família Caetano, mas sim Maria Aparecida, mãe de Cleyton e Fernando. Além disso, pelo que consta nos autos, nenhum policial do Grupo TIGRE conversou com Juarez. Tudo indica que Maria Aparecida, possivelmente temendo que lhe acontecesse algo, como deixou explícito em seu depoimento, foi a Curitiba e falou diretamente com Noronha, o então responsável pela Subdivisão Antissequestro na D.S.I. Noronha mandou um investigador a Guaratuba para levantar informações sobre Juarez, pediu um mandado de prisão temporária, levou Juarez a Curitiba e, por fim, o delegado Gilberto o interrogou. Logo, a documentação disponível mostra que não faz sentido a suposição de que uma confusão entre "Cheros" tivesse sido intencionalmente causada por Paulo Brasil.

Apesar disso, de mero figurante, mencionado apenas como o chefe do primeiro suspeito preso em Guaratuba, em alguns meses Edésio se tornaria um dos personagens mais importantes do caso.

A manhã de 6 de abril

A audiência do dia 28 de julho de 1992, comandada pela juíza Anésia, foi a primeira vez em que todos os sete presos deram seus álibis. Na ocasião, Beatriz Abagge afirmou que fora torturada para confessar que sequestrara Evandro, conforme consta na fita cassete. Um indício a seu favor era o fato de que na fita ela alegava que apenas ela e sua mãe tinham sequestrado Evandro, por volta das duas da tarde do dia 6 de abril, embora a mãe de Evandro relatasse que seu filho havia sumido pela manhã. Na audiência, Beatriz também argumenta que não teria como ter sequestrado Evandro de manhã, visto que "levantou-se por volta das onze e meia, ocasião em que chegou à residência da interrogada Eliane Borba Matos". Eliane era a amiga com quem Beatriz preparava, para a prefeitura, o projeto de um centro de terapia ocupacional para crianças.

No dia 10 de setembro, Eliane foi chamada a depor como testemunha de defesa. Por seu relato, porém, no dia 6 de abril ela não estava em Guaratuba, e sim em Curitiba, para onde ia quinzenalmente fazer um curso de especialização. Teria ficado na capital naquele dia devido a um estágio e voltou a Guaratuba no ônibus das 19h, com a filha e o marido. Na terça, 7 de abril, deu aula pela manhã no Colégio 29 de Abril e, por volta de 11h30 ou 11h45, passou na casa de Beatriz, que ainda dormia.

O fato de Eliane desmentir a versão de Beatriz para o dia 6 era, para o Ministério Público, prova de que Beatriz mentira sobre aquele dia. Em sua defesa, Beatriz explicou que os encontros com a amiga na época eram usuais, por isso supunha que teriam se visto também naquela data. A partir de então, Beatriz começou a dizer que passara aquela manhã dormindo - um álibi mais fraco, mesmo que corroborado por Maria José da Conceição, então secretária particular de Celina Abagge, que afirmava ter acordado Beatriz perto do meio-dia no dia 6. Para o MP, a proximidade da funcionária com a família Abagge tornou a narrativa da defesa ainda mais frágil.

Celina, por sua vez, afirmava que naquela segunda-feira fora a Curitiba, pois marcara uma consulta com seu dentista, Vilmar Arruda Garcia, para realizar procedimentos só possíveis no consultório dele na capital. A marcação da consulta foi confirmada em depoimento do dentista, mas havia um problema: o compromisso não fora anotado na agenda, segundo ele, por ser um encaixe. Para agravar a situação, Celina e Vilmar disseram que o encontro acabou não acontecendo. De acordo com a primeira-dama, ela e o marido se atrasaram para sair de Guaratuba, e então ela ligou para o consultório informando que não iria mais. Em vez disso, ao chegarem a Curitiba, teriam ido ao cemitério para colocar flores no túmulo do pai de Aldo, cujo aniversário de falecimento era naquela data. Teriam voltado a Guaratuba apenas à noite, mas um pouco antes de pegarem a estrada teriam recebido em seu apartamento de Curitiba a visita de Carlos Cunha Neto. O ex-noivo de Beatriz visitara o casal para devolver a aliança de noivado, que acabara de ser desfeito. O próprio Cunha Neto narrou esse encontro, que, no entanto, não foi considerado relevante, dado que Evandro desaparecera pela manhã e a distância entre Curitiba e Guaratuba podia ser percorrida em cerca de uma hora e meia.

Diante da fragilidade dos álibis para o momento do desaparecimento de Evandro, o relato de Edésio tornou-se uma poderosa arma na mão da acusação. Nas alegações finais do Ministério Público acerca da pronúncia dos réus, datada de 13 de agosto de 1993, o promotor Cioffi dizia que os testemunhos de Edésio e de Irineu confirmavam o teor das confissões. E continuava:

> O primeiro (Edésio) afirma ter visto, na manhã de 6 de abril de 1992, por volta das 9:30 horas, no interior do veículo pertencente à Beatriz Abagge, transportando o menor Evandro, a quem conhecia há algum tempo. Inequívoca, portanto, a participação de Osvaldo no sequestro do garoto.

O primeiro depoimento de Edésio ocorreu mais de um mês após as prisões, quando ele foi arrolado como testemunha de acusação, no dia 13 de agosto de 1992. Antes disso, ele fora citado por Juarez e, de maneira misteriosa, na denúncia do Ministério Público, assinada por Cioffi em 21 de julho de 1992. Nesse documento, ele era relacionado como uma das testemunhas que o MP tinha interesse que prestasse depoimento. Isso chamou a atenção da defesa. Afinal, como o nome de Edésio fora parar nessa lista embora ele nunca tenha aparecido na fase de inquérito?

O curioso aparecimento de Edésio como testemunha talvez possa ser entendido pelo relato de Diógenes no júri de 2005. De acordo com ele, a família Caetano teria ficado sabendo que "um certo Chero" vira algo relacionado ao sequestro. Diógenes teria descoberto qual dos vários "Cheros" da cidade tinha informações e levado os policiais do Grupo ÁGUIA, da Polícia Militar, até ele. No entanto, no relatório "Operação Magia Negra", datado de 7 de julho, Edésio não aparece como testemunha. Deve-se supor que o esforço de Diógenes para encontrá-lo deve ter ocorrido entre 7 e 21 de julho, quando é assinada a denúncia do MP. Logo, Cioffi deve ter ficado sabendo de maneira informal o teor das informações que Edésio poderia fornecer e decidiu arrolá-lo como testemunha para as audiências que aconteceriam já na primeira metade de agosto.

Mas um elemento tornava a presença de Edésio ainda mais peculiar: ele era irmão de Edílio da Silva, vereador e líder da base de Aldo na Câmara – o mesmo que testemunhara a favor das Abagge, dizendo que na noite de 7 de abril as vira em casa, antes de Aldo e Celina saírem para a festa de Nelson Bode.

O relato de Edésio

O depoimento do marceneiro naval Edésio foi gravado em vídeo e está anexado ao processo. Das audiências daquele dia, é o único depoimento registrado e anexado em sua integralidade. De todos os outros, sobraram apenas as transcrições reduzidas a termo. Em uma sala pequena, sentado de frente para a juíza e sua escrivã, Edésio estava rodeado pelo promotor Cioffi, pelo assistente de acusação contratado pela família Caetano e por uma equipe de pelo menos sete advogados de defesa. Além deles, entrando pelas janelas, várias câmeras de TV filmavam as sessões daquele dia. Na gravação, Edésio afirma ter visto as Abagge no carro de Beatriz entre 9h20 e 10h do dia 6 de abril. Ele contou que naquele dia precisava comprar, numa loja de material de construção perto da escola de Evandro, itens para a reparação de barcos de clientes. No caminho, ao passar de bicicleta pela rua onde o menino morava, teria cruzado com um carro escuro e visto Celina e Beatriz nos bancos da frente. Segundo Edésio, quando o carro passou por ele, a 80 metros da casa do garoto, ele viu o rosto de Evandro pressionado contra o vidro e percebeu que havia um homem ao lado, mas não conseguiu identificá-lo.

Para o Ministério Público, o homem devia ser Osvaldo Marcineiro, cujo álibi também era fraco: após ter ido a uma festa no dia 5, teria passado a manhã seguinte dormindo. Osvaldo também afirmara ter ido a um evento na companhia de Paulinho do Atabaque, que, como sabemos, negou que estivesse em Guaratuba naquele período. A acusação levantou também a possibilidade de o homem ser De Paula. Como álibi, De Paula disse que estava em Curitiba e que fora para Guaratuba somente na segunda à noite. Chegou a mostrar os bilhetes de ônibus, mas eles não tinham seu nome. Além disso, argumentou o MP, mesmo que fossem dele, seria possível que estivesse em Guaratuba pela manhã, que tivesse voltado a Curitiba à tarde e retornado ao litoral à noite.

A cena não teria chamado a atenção de Edésio naquele momento pois "ninguém podia imaginar [...] que tais pessoas fariam mal algum à criança". Apesar disso, Edésio dizia ter certeza de que era Evandro no carro, pois fora vizinho da família e o conhecia bem. Também dizia conhecer as Abagge, embora não soubesse identificar a marca do carro. Ele só teria voltado a pensar no que vira dias depois, ao saber do desaparecimento de Evandro, e teria passado a comentar a situação com conhecidos.

Ainda assim, por que Edésio só iria ser ouvido oficialmente pelos investigadores em julho, depois que o caso já havia sido supostamente desvendado? No primeiro depoimento, sua justificativa foi a de que não falara nada antes por medo, uma vez que seu amigo Juarez fora até preso em abril após ser envolvido na história. Também acreditava que a Polícia Civil era próxima dos Abagge, e ficara sabendo que o prefeito tinha dois rádios de polícia em casa – fato que veio a público só depois da prisão dos acusados. Quando os suspeitos foram presos, Edésio enfim foi à delegacia, porque soube que um delegado de Curitiba estava lá. Este, porém, não quis ouvi-lo, segundo Edésio. Ele não cita o nome do delegado, mas deve ter sido Luiz Carlos de Oliveira. No fim, quem o levou à Polícia Militar foi Diógenes, que teria ficado sabendo dos relatos de Edésio. Este último teria, então, falado com a PM e o promotor Barouk. Se isso de fato ocorreu, não foi registrado nos autos.

Para o MP, esse relato não apenas colocava as Abagge na cena do sequestro como apontava a proximidade da família com a Polícia Civil. Vemos no vídeo que, ao perceber o peso do depoimento de Edésio, os advogados de defesa passam a fazer perguntas. Primeiro, querem saber quão bem ele conhecia a família Caetano. Ele responde que muito bem, pois tinham sido vizinhos. E então um dos advogados dispara: "Se você era amigo da família, de longa data, conhecia o menino, você viu uma mãe sofrendo por meses e nunca falou nada para nenhuma autoridade?".

Para mim, esse é o ponto-chave do depoimento de Edésio. Por mais que a proximidade do Grupo TIGRE com a família Abagge tivesse se tornado pública, isso só ficou evidente semanas após os policiais chegarem à cidade. Antes disso, o próprio Diógenes afirmava ter contato direto com os delegados Adauto Abreu e Leila Bertolini, para quem repassava informações. Se Edésio tinha receio de falar com a polícia mesmo no início, por que não encontrou algum modo de notificar a família, que conhecia tão bem, ao ver o sofrimento de Maria após a descoberta do cadáver do filho?

Tais argumentos da defesa eram fortes, mas os advogados exploraram outro caminho. Em certo ponto, um dos defensores pergunta a Edésio se ele já foi preso alguma vez. Relutante, ele acaba dizendo que sim, por posse de maconha. Perguntam, então, quem o levara para aquela audiência. Depois de hesitar, ele cede: foi o Diógenes. Estava montado o quadro para desqualificá-lo: era um amigo drogado de Diógenes, não merecia atenção. Os advogados passam a adotar um tom quase de deboche. Os ataques ficam tão intensos, que a juíza Anésia, claramente irritada, interrompe. "O passado da testemunha não está sob julgamento", afirma.

Se por um lado Edésio trazia informações importantes para a acusação, por outro ele era um alvo fácil para a defesa. Sua história tinha buracos, a situação era conveniente para Diógenes, e ficara claro que Edésio não resistia à pressão. É visível, no depoimento, como ele se abala com os ataques dos advogados. Mas, então, veio dezembro.

O gravador

Depois desse depoimento, a situação de Edésio tomou um rumo inesperado. Em dezembro de 1992, um primo dele, Arildo da Silva, o procurou e ofereceu 40 milhões de cruzeiros (cerca de R$ 40 mil em valores atualizados) para que ele alterasse o depoimento dado à Justiça. Edésio respondeu que precisava pensar. Dali em diante, diversas vezes Arildo teria voltado a visitar o primo, insistindo por uma resposta. Em janeiro de 1993, o tom da cobrança teria subido, e Arildo teria dito que, caso se recusasse a mudar seu testemunho, Edésio poderia ser vítima de flagrante armado por posse de drogas.

Edésio então pediu conselho a um professor de sua namorada, que era estudante de direito, e resolveu registrar uma conversa com Arildo usando um pequeno gravador de bolso. Nas conversas gravadas, pergunta ao primo, insistentemente, quem o ameaçava. "Quem é o personagem?", questiona. "Você não vai me apresentar o personagem? Eu preciso saber quem ele é, preciso ficar esperto. Vai que eu o vejo na rua, preciso me proteger." Ele tenta convencer Arildo de que ele também está em perigo. O primo acaba concordando em levar Edésio para falar com a pessoa por trás da oferta.

Em 16 de março de 1993, nova gravação. Edésio se encontra com Arildo e com João Batista Pessoa dos Santos Filho, o "Joca", o tal "personagem". Joca conta que está trabalhando na reforma da casa de Aldo Abagge e que está ganhando muito bem. É uma reforma grande, que envolve troca de janelas – o que indica que talvez ainda fossem reparos necessários após a invasão motivada pelas prisões. Joca diz a Edésio que ele também pode ficar muito bem de vida e ambos riem.

Joca tenta apresentar caminhos alternativos para Edésio. Diz que todo o caso já caiu por terra (o que era mentira), mas que ainda precisam desmontar a única testemunha de acusação restante, Edésio (mentira também: havia ainda os relatos de Irineu e Andrea). Que ele podia chegar a um juiz e dizer que estava drogado, que vira coisas. Joca reforça que, se o marceneiro mudar o testemunho, os Abagge vão ajudá-lo. "Tudo será feito dentro da lei. Tem um monte de advogado e juiz naquela família", ele fala algumas vezes. Até que o tom fica ameaçador. Joca conta que é procurado em vários estados, que já matou muitas pessoas e não se importa em matar mais. Diz que cada pessoa tem um preço, inclusive Edésio. O efeito dessa conversa é curioso. Parece que os dois se conhecem razoavelmente bem, e que Edésio ri das bobagens que Joca fala. Mesmo assim, durante todo o papo, Edésio deixa claro: "Mas não vi eles matando. Tudo o que vi foi elas levando o menino. O que fizeram com ele eu não sei".

Essa impressão de intimidade pode ser falsa. Afinal, Edésio estava se arriscando ao gravar o encontro e talvez estivesse rindo de nervosismo – o que poderia acontecer se descobrissem o gravador? É importante colocar em perspectiva o que está em jogo. Edésio recebeu uma proposta para ganhar muito dinheiro, recusou e começou a ser ameaçado de morte. Em vez de se dobrar, decidiu gravar as coações e tentar descobrir o mandante.

Em certo ponto, Edésio diz que gostaria de falar com a pessoa que poderia ajudá-lo, e então Joca o apresenta João Carlos Anderson, sobrinho de Celina Abagge. Anderson repete boa parte das mentiras de Joca: que o caso está encerrado, que está tudo nas costas de Edésio, que ele será desmentido a qualquer momento, que será mais fácil se ele ceder, que os Abagge podem ajudá-lo no processo. Edésio parece inclinado a aceitar a oferta e chega a perguntar qual seria o procedimento. "Vamos fazer o seguinte", diz Anderson na gravação, "vamos agora para Curitiba. A gente conversa com nossos advogados e já resolvemos tudo isso agora mesmo."

Edésio enrola, os homens insistem, ele enrola mais um pouco, e no fim sai de lá ileso e com a gravação. Com a fita, Edésio conseguiu fazer os três homens serem presos, inclusive seu primo, e mostrar que estava sendo coagido e que, mesmo assim, manteve-se fiel ao seu relato. Em seus depoimentos, tanto Joca quanto Anderson afirmaram que agiram por conta própria e que Aldo Abagge nada tinha a ver com a tentativa de suborno nem com as ameaças. Ficaram seis meses detidos e nunca mais importunaram Edésio.

Restava saber por que Anderson, Joca e Arildo haviam feito aquilo, algo que a acusação via como um claro sinal da estratégia da família Abagge de coagir testemunhas para sustentar versões favoráveis aos réus, enquanto a defesa argumentava que Anderson tentara resolver o caso por conta própria, usando os meios que julgara necessários, por ter certeza da inocência das parentes.

Esse episódio serve como uma síntese do caso inteiro: as convicções sobre a culpa ou a inocência nesse processo parecem se formar não por méritos das partes, mas por absurdos feitos pelos opositores. Aqueles que julgam que os sete são culpados o fazem muitas vezes não pelas provas materiais do crime, mas por episódios como esse, que dão combustível para a acusação. Afinal, se já havia o temor de pressão dos Abagge no caso, a partir da gravação de Edésio ela se materializa e se esparrama por todo o processo. Um exemplo: será que a mudança no depoimento de Irineu, que no Natal de 1995 passou a dizer que fora ameaçado para testemunhar contra as Abagge, fora um "episódio Edésio" que deu certo para os acusados? Conhecendo o histórico dos depoimentos do guardião, não creio ser o caso. Ainda assim, era um prato cheio para a acusação.

Mas a participação de Edésio ainda não tinha acabado. Ele desempenharia um último e fundamental papel no processo.

No dia 16 de abril de 1998, Edésio da Silva prestou testemunho em São José dos Pinhais durante o júri de Beatriz e Celina. Quase seis anos após as prisões, seu depoimento era um dos mais esperados.

Edésio abre explicando que, com exceção de Osvaldo Marcineiro, conhecia bem todos os réus, pois fora colega de escola de Airton Bardelli e Sérgio Cristofolini, além, é claro, de conhecer as Abagge como figuras públicas com quem tivera contato no passado. Curiosamente, ele não cita Davi e De Paula, mas, se não conhecia Osvaldo, que era novo na cidade, era ainda menos provável que conhecesse De Paula, que nem sequer residia em Guaratuba.

Em seguida, Edésio relatou o que teria visto na manhã do dia 6 de abril de 1992:

> [...] entre 09:00 e 10:00 horas da manhã, o depoente estava de bicicleta, e que passou pelo lado da bicicleta do depoente um Escort azul dirigido por Beatriz, que do lado estava Osvaldo Marcineiro (muito magro) e atrás estava[m] De Paula e Celina; que o depoente não conhecia De Paula nesse momento.

Sentado diante da juíza Marcelise, Edésio mudara o relato de agosto de 1992. Naquela ocasião, ele dissera que tinha visto Beatriz e Celina na frente, e um homem que não conseguia reconhecer no banco de trás, junto com Evandro. Agora, dizia que havia dois homens e que eles seriam Osvaldo, no banco da frente, com Beatriz, e De Paula, atrás, com Celina. Essas mudanças foram levantadas pelos advogados. E foi assim que Edésio se explicou:

> Que na época do fato não lembrava direito de quem estava dirigindo o veículo e que com o passar do tempo lembrou-se; [...] que à época dos fatos testemunhou que havia duas mulheres na parte da frente do carro e um homem atrás, sendo que nesta data afirmou a existência de um casal na frente e outro atrás conforme mencionado; que o depoente, referindo-se ao fato de haver mencionado ter reconhecido Vicente de Paula na parte de trás do carro, assevera que após tê-lo visto muitas vezes em jornal pode depois do transcurso de tempo reconhecer que era a pessoa [...] que estava na parte de trás do carro [...]; que o depoente assevera que não precisou se abaixar na bicicleta para reconhecer as pessoas que estavam atrás no carro.

A cada declaração, Edésio acrescentava elementos novos aos citados no primeiro testemunho. Respondendo a outra pergunta da defesa, chegou a dizer "que sabe quem é Diógenes Caetano e que não tem lembrança dessa pessoa ter lhe procurado em casa e falado [a] respeito dos fatos ou lhe levado a algum lugar". Isso era uma contradição clara. Em 1992, ele não apenas dissera que Diógenes o procurara para perguntar o que sabia, como também afirmara que o engenheiro o fizera conversar com o promotor e depois ir até o fórum para depor. Quando a defesa apontou essas contradições, ele explicou que se passara muito tempo desde os eventos e podia estar confundindo os detalhes.

Naquela época, antes da reforma do Código de Processo Penal, era permitido que os jurados julgassem quem eles acreditavam que havia prestado falso testemunho. Naquele julgamento, 25 pessoas prestaram depoimento, incluindo Beatriz e Celina. Das 23 que sobraram, dez depuseram como informantes, isto é, eram pessoas próximas das rés e que, portanto, estariam dispensadas de cumprir compromisso com a verdade. Os treze depoentes restantes foram julgados pelos sete jurados presentes. De todos eles, por 5 a 2, Edésio foi o único que consideraram ter prestado falso testemunho.

As falsas memórias

O trabalho da defesa em ressaltar as contradições de Edésio não era o único fator que explicava por que a grande testemunha de acusação de repente passara a ser percebida pelo júri como mentirosa. Em grande parte, isso se deveu à maneira como a imprensa havia começado a tratar o caso. Enquanto as matérias de 1992 eram sensacionalistas a ponto de exibirem trechos explosivos da estranha fita de confissão das Abagge, em 1996, dois anos antes do júri, a jornalista Vania Mara Welte recebera um Prêmio Esso de jornalismo por suas reportagens no *Hora H* que colocavam em dúvida o trabalho do Ministério Público e do Grupo Águia. Agora, outra tese começava a ganhar corpo: a de que todo o caso era uma armação de Diógenes Caetano dos Santos Filho, inimigo político de Aldo Abagge.

Analisando com a distância que só o tempo permite, realmente chama a atenção, no episódio Edésio, o fato de ele aparecer de surpresa.

Não consigo entender como ele passou meses, de abril a julho, vendo o sofrimento dos pais de Evandro sem nunca ter falado nada. O que não significa que tenha mentido. Assim como em relação a Diógenes, não duvido que ele acredite em cada palavra que diz. Isso também não garante que seja verdade.

Quando leio o testemunho de Edésio de 1998, tendo a pensar que ele é um exemplo do que pesquisadores chamam de falsas memórias. Acredito que vários personagens do caso Evandro construíram algumas memórias falsas a partir de suas experiências pessoais, dos relatos da imprensa e das conversas na cidade. E isso ocorreu tanto do lado da defesa quanto do da acusação. No caso de Edésio, parece-me que isso fica mais evidente no trecho a seguir, que reproduzo novamente:

> Que na época do fato não lembrava direito de quem estava dirigindo o veículo e que *com o passar do tempo lembrou-se*; [...] que o depoente, referindo-se ao fato de haver mencionado ter reconhecido Vicente de Paula na parte de trás do carro, assevera que *após tê-lo visto muitas vezes em jornal* pode depois do transcurso de tempo reconhecer que era a pessoa.

Nossa memória não funciona como um grande arquivo, do qual puxamos informações puras quando precisamos. Os pedaços de memória são reinventados a cada vez que são narrados. Em uma palestra no TEDGlobal 2013, a pesquisadora Elizabeth Loftus, referência nesse campo de estudo, afirmou: "Muitas pessoas acreditam que a memória funciona como um gravador digital, mas décadas de pesquisa mostraram que não é o caso. A memória é mais como uma página da Wikipedia – você pode mudá-la, e outras pessoas também podem." Com o passar do tempo, à medida que tentamos lembrar coisas que aconteceram no nosso passado, os detalhes vão sendo preenchidos por elementos que estão à disposição da nossa mente ou ao nosso redor. Quantas vezes você não se lembra de uma cena de infância e, ao ver uma foto da ocasião, percebe que a cor de sua roupa não era a que você lembrava, ou até mesmo que as pessoas eram diferentes da sua imagem daquele dia? A verdade é que estamos constantemente construindo nossas recordações – e, portanto, quem somos e o que vivemos.

Isso tudo é fascinante em discussões filosóficas e psicológicas, mas num caso criminal tem implicações graves. E é por esse motivo que o testemunho e as confissões são considerados as provas mais frágeis. Não duvido de que Edésio tenha visto um carro dirigido por duas mulheres, com um homem e uma criança no banco de trás. Também não duvido de que essa criança fosse Evandro. Mas, nos mais de três meses que demorou para divulgar sua versão, as lacunas de sua memória podem ter sido preenchidas involuntariamente por elementos fabricados. Para alguns que creem na inocência dos sete acusados, haveria uma explicação ainda mais radical: Edésio teria mentido a mando de Diógenes. Como já afirmei, não creio que Diógenes seja essa mente brilhante que tantas vezes a defesa tentou montar, capaz de elaborar um ardil tão complexo contra a família Abagge.

De certa forma, uma investigação criminal funciona como uma grande memória coletiva, em que investigadores buscam montar um quebra-cabeça em que a imagem total não é exatamente conhecida e as peças só se encaixam com esforço e vontade dos responsáveis por manipulá-las. O fiel da balança dessa construção da memória deveria ser o Ministério Público. De acordo com o artigo 129 da Constituição Brasileira de 1988, o MP não é uma instituição meramente acusatória. Entende-se que o MP deve ser também responsável por "promover, privativamente, a ação penal pública, na forma da lei". Para tanto, é necessário que o promotor analise minuciosamente os elementos contidos no processo, de forma a não apenas averiguar a resolução de crimes, mas também garantir que a investigação e seus elementos se encaixem de maneira satisfatória.

Definitivamente, não foi o que ocorreu no caso Evandro. Ao contrário: os promotores sempre selecionaram trechos mais convenientes de depoimentos para formar a tese de culpabilidade dos acusados, ignorando elementos contraditórios até nos relatos mais incriminadores. Isolados, os depoimentos de Andrea, Davina, Irineu e Edésio são fortes. Mas, colocados lado a lado, só se encaixam quando se ignoram detalhes cruciais. Quando isso vira método dos promotores, é preocupante.

Outro indício dessa seletividade está na escolha das testemunhas. O MP nunca convocou nenhum dos policiais do Grupo ÁGUIA para testemunhar nos júris. Embora a convocação não fosse obrigatória, seria comum num caso do tipo arrolá-los para indagar como foi a investigação, como e o que descobriram, que provas obtiveram, com quais caminhos e hipóteses trabalharam. São perguntas importantes num júri que nunca foram devidamente feitas, exceto no júri de 2005, quando Bardelli e Cristofolini foram julgados em Curitiba. Mesmo assim, isso ocorreu de um jeito inesperado: Valdir Copetti Neves depôs como testemunha arrolada pela defesa. Suas explicações, porém, não convenceram os jurados.

Naquele júri de 1998, o aparente desespero do MP em arrolar testemunhas que ajudassem a acusação era tamanho que foi relacionado um homem cujo nome só havia aparecido uma vez no processo. Ele se chamava Jorge Juliano Peres, mais conhecido em Guaratuba como "Jorge Banana". A primeira menção oficial a ele no processo é uma declaração prestada em cartório no dia 1º de outubro de 1997. Morador de Guaratuba havia oito anos, ele contava que, num feriado, fora pescar no mangue do rio Mirim quando um tronco chamou sua atenção. Parecia uma caixeta, árvore de madeira leve e porosa. Quando tentou alcançar o tronco, veio junto um saco plástico, semelhante a um saco de cal. Ao verificar o que havia dentro,

> *foi surpreendido com a existência de uma mão*, que lhe parecia ser de uma criança, estando deformada, como que em estado de putrefação, observando também a existência do que aparentemente seria[m] pedaços de vísceras e de cabelos loiros, os quais exalavam forte odor e com a presença de muitas moscas, ficando, com a descoberta, bastante impressionado.

Jorge Banana pensou que era um feto abortado e deixou o local. Retornou por insistência de sua mulher, mas não encontrou o saco, pois a maré havia subido. Mais de um mês depois, ao assistir a um programa policial no qual se comentava a morte de Evandro, foi falar com a polícia. Com soldados do Corpo de Bombeiros e um delegado de Curitiba "que usava barba", mas cujo nome ele não lembrava, tentou encontrar o saco, mas as buscas foram em vão. Mesmo assim, foi ouvido na delegacia de Guaratuba e chegou a dar entrevista para a TV. Quando foi arrolado como testemunha de acusação, a defesa questionou. Se o relato era tão importante, não deveria ter sido registrado antes? O testemunho de Jorge Banana é um ataque à figura de Oliveira, o delegado da capital que usava barba e que defendia a inocência das

Abagge. Seria uma prova de que ele não teria feito um bom trabalho propositalmente, talvez por sua amizade com Aníbal Khury, dando pouca importância ao relato de uma testemunha fundamental. Por outro lado, há indícios de que Jorge Banana era conhecido do promotor Cioffi pelo menos desde julho de 1992, como vemos nessa matéria da *Tribuna do Paraná* do dia 29 daquele mês:

> Outro detalhe que enriquece o processo e incrimina os acusados é o depoimento espontâneo de um pescador, morador de Guaratuba. Esta pessoa, cujo nome não foi divulgado, procurou o promotor de Justiça de Guaratuba e contou que em 20 de abril (13 dias após a morte de Evandro), quando navegava por um canal que passa nos fundos da serraria onde foi realizado o ritual, encontrou num banco de areia um saco transparente de cal. Curioso, aproximou-se e mexeu com o remo para ver o que havia dentro, encontrando o couro cabeludo de uma pessoa com cabelos claros e duas mãos, que pelo tamanho indicavam ser uma criança.

Tendo em mãos um relato tão espetacular, por que o MP não chamou Jorge Peres para prestar um depoimento formal? E por que seu nome só apareceu em outubro de 1997, às vésperas do júri em São José dos Pinhais, quando foi arrolado como testemunha de acusação? No final de 2016, eu conversei com o pescador. Após narrar a história contada aqui, perguntei se ele era amigo de Diógenes. Ele disse que sim, tanto do pai quanto do filho. De longa data. Mais uma vez, isso pode significar tudo ou nada. Depende daquilo em que você está disposto a acreditar.

11. Um corpo em julgamento

O julgamento de Celina e Beatriz Abagge teve início no dia 23 de março de 1998. Àquela altura, assim como os outros acusados, as duas estavam em prisão domiciliar, depois de quase quatro anos em regime fechado - no caso delas, de julho de 1992 a março de 1996. Nos seis anos anteriores, as "bruxas de Guaratuba" haviam recebido grande atenção midiática, e não foi diferente no julgamento. Todos os olhos estavam voltados para o destino das mulheres que haviam mexido com o imaginário do país. O palco do drama era o Foro Regional de São José dos Pinhais, da Comarca da Região Metropolitana de Curitiba. Além dos motivos oficiais para a transferência de Guaratuba para aquela comarca, não é difícil imaginar que, extraoficialmente, houvesse pressão sobre a juíza Anésia após as acusações de parcialidade em diversas etapas do processo. Afinal, além da nunca explicada ausência da juíza no fórum no dia da prisão das acusadas, Osvaldo e Davi alegavam que ela estivera presente quando eles foram torturados.

A mudança de jurisdição não agradou à promotoria, que acreditava que Aníbal Khury poderia atuar para emplacar um juiz favorável às Abagge. Não faltaram insinuações de que Khury tinha influência sobre Marcelise Weber Lorite, mas isso nunca foi confirmado. O que se sabe é que a jovem juíza Marcelise tinha em mãos o caso mais importante de sua carreira, diante de um tribunal lotado.

Desde 1992, as Abagge tinham trocado algumas vezes de advogados. Em 1998, como já mencionado, elas eram representadas por advogados de renome na cena paranaense, incluindo o ex-promotor Ronaldo Botelho e o experiente Osmann de Oliveira, aos quais se juntaram Figueiredo Basto e equipe, que já defendiam Osvaldo, Davi e De Paula. A acusação contava com quatro promotores, mais um assistente contratado pela família Caetano, sob a liderança do promotor Celso Ribas, lembrado até hoje, por sua poderosa oratória, como o "Príncipe" do Ministério Público do Paraná.

O julgamento, que colocaria frente a frente duas bancas preparadas para destrinchar as milhares de páginas dos autos de processo e escrutinar dezenas de testemunhas, prometia ser complexo. Mas ninguém estava preparado para os trinta e quatro dias exaustivos que o transformariam no júri que ficou conhecido como o mais longo da história do Brasil - um período que já começaria com uma polêmica envolvendo as confissões dos acusados.

Os meandros do julgamento

As fitas cassete, como citei no capítulo 7, eram peça central da defesa de Figueiredo Basto. E, com o reaparecimento da gravação por meio do jornalista Ari Soares dos Santos, quando o julgamento das Abagge começou, a juíza Marcelise pôde analisar esse material, cuja similaridade de conteúdo foi atestada após comparação com as transcrições existentes e que foi anexado aos autos.

Tendo em vista que nem a fita nova tampouco a antiga haviam passado por perícia oficial, a defesa realizou uma análise pericial por iniciativa própria. Esse trabalho identificou diversos cortes na gravação, o que, segundo os advogados, corroborava a tese de que os acusados haviam sido torturados e as fitas, editadas para omitir as torturas. A promotoria argumentou que esses cortes poderiam ter sido inseridos pela própria defesa e pediu um laudo de autenticidade e fonética forense, que ficaria pronto apenas em 1999, não sendo, portanto, utilizado no julgamento.

Apesar de constantemente mencionada pela defesa, a suspeita de tortura acabou ocupando um papel mais auxiliar do que central no julgamento. Afinal, convencer o júri de que as confissões haviam sido obtidas sob tortura e de que as gravações seriam a prova disso exigia uma argumentação complexa. Essa era apenas uma das teses da defesa, que vinha com várias frentes. Desde 1992, a hipótese de que o corpo não pertencia ao menino circulava na imprensa e no imaginário paranaense. A defesa mergulharia fundo nessa tese, usando os mínimos detalhes técnicos para lançar dúvidas acerca da identidade do corpo. Não havendo vítima, não haveria crime e as rés seriam absolvidas.

Segundo os advogados, o reconhecimento do corpo fora feito às pressas, sem as precauções necessárias. E depois, quando a Polícia Civil e o Ministério Público foram questionados sobre equívocos supostamente ocorridos, teriam recorrido a manipulações processuais para ocultar os erros.

Um dos documentos mais mencionados pela defesa nessa linha argumentativa foi um "trabalho pericial" assinado por Arlindo Blume e datado de 6 de dezembro de 1993. Feito a pedido dos advogados das Abagge, na época Corrêa Filho e Drummond de Carvalho, tinha o objetivo de "comprovar a inexistência da prova material". Em cem páginas, Blume se debruçava sobre diversos aspectos do cadáver, criticando o trabalho do IML, que considerava apressado e pouco detalhado.

O transporte

Como vimos no início do livro, o reconhecimento do corpo se deu em cinco etapas: o reconhecimento das roupas e de objetos da cena, a identificação do corpo pelo pai do garoto, o exame de necropsia, o exame de arcada dentária e, por fim, o exame de DNA. A defesa levantou problemas no reconhecimento desde a primeira etapa. Afinal, até policiais do Grupo TIGRE acreditavam que a cena poderia ter sido montada, uma vez que a chave parecia ter sido posicionada para ser encontrada e o chinelo surgiu dias depois, como se também tivesse sido plantado lá. Se fosse uma armação, o sequestrador de Evandro poderia ter tirado a bermuda do garoto e colocado no corpo de outra criança para despistar. É a partir do transporte do cadáver, porém, que as versões da defesa e da acusação se tensionam mais.

O corpo foi encontrado por volta das 10h por dois funcionários de um aterro, Lázaro Marchetti e Daniel Miranda, que, junto com o morador Euclídio Soares dos Reis, informaram a polícia. Por volta das 12h, curiosos e policiais já estavam no local e foi requisitada a presença de peritos do Instituto de Criminalística para o exame de levantamento do corpo. Às 13h30, chegou ao local o perito Antonio Carlos Lipinski, que tirou fotos e redigiu o laudo. Após o registro oficial, o corpo foi encaminhado ao IML de Paranaguá, a cerca de uma hora de Guaratuba.

Em depoimento em 5 de dezembro de 1992, Fernando Francisco S. Pirath, funcionário do IML de Paranaguá, afirmou que o corpo chegou por volta de 17h30, levado em um veículo da funerária Medianeira por Cesar Samuel Ruppel, "sobrinho do proprietário da empresa". No carro estaria outro homem de cujo nome Pirath não se lembrava, mas que, ao que tudo indica, seria Ademir Caetano, pai de Evandro. Conforme o livro de registros de IML de Paranaguá, porém, o corpo chegou às 19h40. É provável que Pirath tenha se confundido, já que ele narrava o fato oito meses após ter ocorrido.

Também em dezembro de 1992, Cesar Joarez Faria Branco, um dos médicos-legistas do instituto na época, prestou depoimento. Disse que foi chamado ao IML assim que o corpo chegou, na tarde de 11 de abril. Quando entrou, encontrou dois delegados de Paranaguá – Valmir Soccio e Otacílio Bovolin –, além do funcionário Pirath e dois outros homens, que diziam ser o pai e o tio do garoto. O trecho a seguir de seu depoimento seria amplamente explorado pela defesa:

> O declarante pôde observar que era um corpo *de um adolescente*, ou de menos idade, o qual já estava em decúbito dorsal sem vestes, e em estado de decomposição; o declarante não chegou a tocar nesse corpo, tendo feito apenas um exame visual; que, nesse intervalo de tempo, chegaram outras pessoas, o dr. Adauto e sua esposa, dra. Leila [delegados do Grupo TIGRE] que também adentraram ao recinto; que, no exame visual feito, o declarante notou que àquele corpo faltava alguns órgãos, intratoráxicos e intra-abdominais; que foi determinado pelo declarante que aquele corpo fosse removido para Curitiba, a fim de que fosse feita uma melhor perícia, visando a colheita de melhores dados; que essa decisão foi de consenso com os delegados dali presentes; que foi feita uma tentativa para reconhecimento daquele corpo, entre o pai e o tio que ali estavam, tendo notado o declarante que aquele que se dizia pai parecia "ser tímido", não falava muito, era mais reservado, *enquanto que o que se dizia tio, o que era mais falante, pressionava no sentido de que houvesse o reconhecimento, tendo usado até mesmo a expressão "olha como ele tem a bunda arrebitada, é teu filho"*; que, depois dessas ponderações, aventou-se a possiblidade de que poderia ter-se uma melhor identificação através da dentista; que foi entrado em contato com a dentista, em Guaratuba, e o declarante não ficou no Instituto até a chegada dessa pessoa, e ficou sabendo por informações de que esta tinha afirmado ser a pessoa de quem estavam levantando a hipótese.

Nessa parte do depoimento, portanto, o médico-legista não afirma que o corpo seria de uma criança de 6 a 7 anos, mas de um adolescente ou de alguém com "menos idade". Além disso, relata que um tio "muito falante" teria insistido para Ademir reconhecer o corpo como sendo de Evandro. A defesa não chegou a afirmar claramente, mas sempre deu a entender que esse tio seria Diógenes.

Diógenes e Ademir sempre negaram essa versão. De fato, não há outros registros de que Diógenes tenha acompanhado Ademir a Paranaguá. E, segundo Ademir, ele reconheceu o filho graças a certas características físicas, em especial uma pequena marca em forma de meia-lua nas costas (apesar do avançado estado de putrefação, algumas áreas das costas estavam mais bem preservadas). O delegado Oliveira, por outro lado, mencionou algumas vezes uma foto das costas do corpo em que não era possível identificar marca alguma. Essa foto não faz parte do laudo de exame de levantamento de cadáver, mas constava nos arquivos do Grupo TIGRE e no já citado trabalho pericial de Arlindo Blume.

Tive acesso a essa foto e, de fato, não consegui ver a marquinha. Contudo, Ademir nunca explicou onde exatamente estava esse sinal. Além disso, a qualidade da fotografia não era das melhores, e olhar a foto de um corpo e um corpo pessoalmente são experiências bem diferentes quando procuramos detalhes específicos que apenas um pai seria capaz de reconhecer.

O trajeto do corpo até chegar ao IML de Curitiba também levantaria dúvidas. O cadáver foi liberado para ir à capital naquela mesma noite, por volta das 20h40, e a distância de carro entre Paranaguá e Curitiba é de cerca de uma hora e meia. Quem conduziu o carro foi o mesmo motorista que levara o corpo de Guaratuba para Paranaguá, Cesar Samuel Ruppel. Contudo, no livro do IML de Curitiba consta que o corpo deu entrada apenas às 7h35 da manhã do dia seguinte, 12 de abril. Como o procedimento padrão é registrar a entrada de todo cadáver quando chega, não importando o horário, a defesa insinuava motivos escusos para a demora do registro de entrada.

Essa linha de argumentação foi adotada desde fins de 1992 por Magnus Victor Kaminski, um dos primeiros advogados de De Paula. Em ofício de março de 1993, Kaminski escreveu que lhe chamava a atenção um detalhe sobre as roupas do cadáver. Afinal, em Guaratuba o corpo estava vestindo uma bermuda, mas, segundo relatos de funcionários do IML de Paranaguá, ele teria chegado lá nu, e nenhum funcionário dizia ter tirado suas roupas. O mais estranho era que o laudo de necropsia, que começou a ser elaborado na manhã de 12 de abril, registrava que o corpo estava vestido.

As incertezas sobre o que ocorreu nas onze horas entre a saída do corpo do IML de Paranaguá e sua entrada no IML de Curitiba só aumentavam. Por isso, Kaminski decidiu procurar Ruppel. Para o espanto do advogado, o motorista, de 27 anos, havia morrido no dia 23 de outubro de 1992. Kaminski comentou, em seu ofício, ter conversado com pessoas que conviviam com Ruppel, que afirmaram que o motorista apresentara "sono súbito" e que tivera momentos de "súbito desmaio, sem mais nem menos, em meio a conversas ou então durante a refeição, nos três ou quatro dias anteriores à sua morte". Quando passou mal pela última vez, chegou a ser socorrido e levado para a UTI da Santa Casa de Misericórdia de Guaratuba, mas morreu vinte minutos depois.

Kaminski suspeitava de que Ruppel fizesse parte de uma conspiração e que tivesse sido assassinado por envenenamento como queima de arquivo. Afinal, "aos 27 anos, não se espera morte súbita que não acidental", escreveu o advogado, estranhando ainda que a *causa mortis* tenha sido "embolia cerebral, hipertensão arterial, obesidade". Em ofício de 6 de abril de 1993, o escrivão Ivan T. Duarte, da delegacia de Guaratuba, respondeu a Kaminski que até aquela data não havia investigação de homicídio de Ruppel.

A acusação dizia que as explicações para essas incertezas eram simples. Acerca da demora da entrada do corpo no IML de Curitiba, o mais provável era que ele tivesse sido entregue na noite de 11 de abril, mas registrado na manhã do dia seguinte, após a chegada dos médicos-legistas. É o que se depreende de uma declaração assinada pela mãe do motorista, Hilda Ruppel, em 17 de novembro de 1993. De acordo com ela, seu filho foi visitá-la na manhã de 12 de abril, um domingo, e na ocasião contou ter transportado de Paranaguá para Curitiba, na noite anterior, o corpo de uma criança de Guaratuba em avançado estado de decomposição. Porém, prosseguiu ela, o cadáver não foi registrado na hora, e por isso Cesar telefonou para a funerária em Paranaguá. A empresa teria instruído o motorista a retornar a Guaratuba e, no dia seguinte, ir a Curitiba buscar o cadáver. Quando chegou ao IML da capital no 12, informaram-lhe que o corpo só seria liberado para o funeral em alguns dias.

Já a suspeita sobre a morte de Cesar foi esclarecida pelo médico que lavrou o atestado de óbito, Luis Sérgio dos Santos Marques, no júri de 1998. Naquela ocasião, ele afirmou que as suposições de Kaminski não tinham fundamento. O motorista, apesar de jovem, pesava cerca de 120 quilos e "estava sentindo muita dor de cabeça nos últimos tempos e cansaço". Não havia sinais de envenenamento.

Por fim, sobre a divergência a respeito das roupas do corpo, não há uma explicação definitiva. É provável que tenha havido um lapso de memória dos funcionários do IML de Paranaguá, mas é impossível ter certeza. Para as suspeitas de Kaminski fazerem sentido, seria necessário um acordo entre uma grande quantidade de pessoas dispostas a falsificar a identidade do corpo a fim de, meses depois, a promotoria e a polícia armarem uma acusação contra a família Abagge. É provável que Kaminski tivesse um objetivo mais simples: demonstrar que a cadeia de custódia – ou seja, o cuidado para garantir que o corpo não seria adulterado – não foi respeitada e que, portanto, enganos poderiam ter ocorrido. A defesa voltaria depois a essa argumentação, especialmente no júri de 1998 em São José dos Pinhais.

O perito criminal e o médico-legista

Um dos momentos mais importantes do julgamento das Abagge foi a divergência entre duas autoridades sobre o corpo. De um lado, o perito criminal Arthur Conrado Drischel; do outro, o médico-legista Francisco Moraes e Silva.

Drischel foi uma das primeiras testemunhas de defesa a falar, no dia 3 de abril de 1998, e seu depoimento levou cerca de doze horas. Ele havia se tornado importante para a estratégia da defesa após uma das matérias de Vania Mara Welte no *Hora H*, na qual dizia ter dúvidas sobre a forma como fora feita a identificação do corpo. Na época, ele trabalhava no IC de Curitiba e fora responsável, com Antônio Carlos Lipinski, por assinar o laudo de levantamento do cadáver. Porém, ao contrário de Lipinski, Drischel não foi ao local onde encontraram o corpo, por isso assinou como segundo perito, dando apoio a Lipinski. Ele só viu o corpo no IML de Curitiba, durante o exame de necropsia, na condição de observador, já que não era médico e, portanto, não tinha condições de participar de procedimentos do tipo. Nos dias seguintes, chegou a ir a Guaratuba para observar outros aspectos do local onde o corpo estava, especialmente o solo e as folhagens do terreno. Com base nisso, Drischel afirmou que a folhagem no chão voltou ao estado normal rapidamente depois que o cadáver foi levado. Isso indicaria que ele não estava lá havia muito tempo. Logo, o assassinato do garoto não poderia ter ocorrido ali, conclusão reforçada pela ausência de sangue no entorno.

No julgamento, Drischel disse também ter ficado com a impressão de que o corpo condizia com o de uma criança não de seis anos, mas de uns doze. Além disso, nas fotos tiradas por Lipinski no local, o cadáver vestia uma bermuda que ia até a metade da coxa. Em uma foto de Evandro em vida, a mesma bermuda ia até o joelho. Segundo o perito, o corpo encontrado era maior e, portanto, não era de Evandro. Por fim, Drischel afirmou que a rigidez cadavérica era superior à de alguém morto há cinco dias e que alguns pontos davam a impressão de congelamento, enquanto outras partes pareciam ter queimaduras por gelo. Em outras palavras, o corpo parecia ter sido descongelado de um necrotério.

A defesa usaria esse depoimento para argumentar que a cena fora montada por uma pessoa (ou pessoas) para encerrar o caso de desaparecimento de Evandro. O garoto poderia ter sido sequestrado por uma organização de tráfico internacional de crianças, algo que estava no imaginário nacional desde os anos 1980, quando se descobriram quadrilhas como a de Arlete Hilu, conhecida por negociar principalmente crianças do sul do país com as características de Evandro. Outra hipótese da defesa era de que o caso tivesse sido montado para incriminar a família Abagge.

As suspeitas do delegado Oliveira, como sabemos, também sinalizavam para esses dois caminhos. O delegado sempre dizia suspeitar de que o corpo encontrado era, na verdade, de Leandro Bossi, que teria sido sequestrado para atender ao pedido de um casal estrangeiro que buscava uma criança loira de olhos claros. Contudo, algo teria acontecido e Leandro não teria chegado vivo até essa família. Por isso, para substituí-lo, o bando teria raptado Evandro e jogado o corpo de Leandro no mato com a roupa de Evandro. Para dificultar a identificação, teriam retirado os olhos, o couro cabeludo, as mãos, os dedos dos pés e os órgãos internos. Esse corpo teria sido guardado numa geladeira por dois meses, o que explicaria as supostas queimaduras de gelo apontadas por Drischel.

O trabalho pericial de Blume foi usado pela defesa para levantar outras dúvidas acerca da identidade do corpo. O documento informava que o cadáver fora encontrado em estágio avançado de putrefação, o que não seria condizente com o corpo de Evandro, desaparecido havia apenas cinco dias. No laudo, Blume criticava o IML por não ter analisado as larvas presentes no cadáver, já que uma análise do tipo de larva poderia fornecer informações precisas sobre o tempo decorrido desde a morte. Por fim, o trabalho de Blume afirmava que parte das lesões do cadáver poderia ter sido causada por animais, e não necessariamente por atos humanos, como o laudo de necropsia sugeria. Drischel não acreditava nessa hipótese, mas ela seria usada pela defesa e seria discutida pelo júri.

No dia 7 de abril, quatro dias após o depoimento de Drischel, chegou a vez de o médico Francisco Moraes e Silva depor como testemunha da acusação. Ao lado de Carlos Roberto Ballin, ele fora responsável pelo exame de necropsia no IML de Curitiba. Seu testemunho impressiona não apenas pelo nível técnico das perguntas feitas por acusação e defesa, mas especialmente pela duração: foram mais de cinquenta horas de depoimento, distribuídas em quatro dias. Ao contrário de Drischel, Moraes e Silva não tinha dúvida de que o corpo era de Evandro, afirmando até achar desnecessário o exame de DNA, já que a necropsia e o exame de arcada dentária eram bastante conclusivos.

Moraes e Silva também discordava de Drischel quanto ao tamanho do corpo, que, segundo ele, era perfeitamente condizente com o de um menino de 6 anos como Evandro. Para o médico, a metodologia de “camboteamento” que Drischel dizia ter utilizado para medição do corpo é que deveria ser questionada. O que Drischel chamou de “camboteamento” consistia em pegar uma régua de 30 centímetros que ia sendo “camboteada” – ou seja, media-se um pedaço de 30 centímetros do corpo, marcava-se aquele lugar, colocava-se a régua naquele novo ponto, e assim se procedia até ter a medida do corpo inteiro. Esse método, de acordo com Moraes e Silva, não deveria ser usado para medir cadáveres e poderia resultar em "erros terríveis". A própria mesa do legista já tem uma régua lateral, que forneceria uma medição mais fidedigna. O médico explicou também que um corpo deitado em estado de putrefação avançada não teria uma estatura confiável por causa dos inchaços em decorrência de gases acumulados. Por isso, a medição correta deveria ser feita pelo fêmur – e o resultado dela foi condizente com a altura de um garoto da idade de Evandro.

Um erro de medição não explicaria, é claro, a questão da bermuda nas duas fotos, mas vale prestar atenção a três detalhes. Primeiro, crianças crescem rápido, e não é mencionada a data da foto em que Evandro, ainda vivo, aparece usando o calção. Segundo, por estar sem os órgãos internos, é como se o cadáver estivesse sem cintura. Por isso, a bermuda subiu um pouco, até onde ficava seu umbigo. Além disso, ela estava amassada, o que dá a impressão de que seria menor. Quanto à alegação de que o corpo estaria em estado de putrefação muito avançado para o tempo desde o desaparecimento de Evandro, o médico afirmou que o cadáver apresentava características que atestariam morte recente, como uma vermelhidão costumeira dos primeiros dias. Entretanto, o cadáver também tinha marcas que corresponderiam às de um corpo guardado em um local fechado por alguns dias, como um porta-malas ou um freezer desligado, o que teria resultado no aceleramento do processo de decomposição. Ou seja, parecia o cadáver de alguém que morreu num local fechado, como um quarto, e foi encontrado dias depois, já que o confinamento num ambiente isolado pode acelerar a putrefação.

Embora discordassem do tempo decorrido desde a morte, em um ponto Drischel e Moraes e Silva estavam de acordo: dada a avançada putrefação, o corpo não poderia ter sido jogado no matagal na noite do dia 7 de abril, como afirmava a acusação.

A concordância entre o perito criminal e o médico-legista parava aí. Moraes e Silva tinha severas críticas ao perito, assim como ao trabalho de Arlindo Blume. Um dos exemplos mais evidentes dizia respeito aos cortes no corpo. Ao analisar a continuidade do corte ao redor do tórax e da barriga, Drischel argumentava que parecia resultar de um talho contínuo produzido por um instrumento cortante afiado, como um bisturi, e teria sido realizado pelas mãos de uma pessoa habilidosa em cortes de corpos, como um cirurgião. A mão de alguém hesitante teria produzido talhos não regulares, dando um aspecto de "rasgado" na pele. Moraes e Silva era radicalmente contra essa conclusão. A fim de provar seu argumento, descreveu como as costelas do lado direito haviam sido seccionadas. Para ter acesso aos órgãos internos daquela região, alguém que conhecesse anatomia faria uma incisão sobre uma cartilagem mais ao centro do peito. Contudo, as costelas foram seccionadas lateralmente às cartilagens, o que seria um procedimento tecnicamente errado. Ainda de acordo com o médico, o corte na cartilagem era comum em autópsias havia pelo menos cem anos. Dessa forma, era improvável que a pessoa que realizou as lesões soubesse o que estava fazendo.

O depoimento do médico-legista foi um dos mais densos e difíceis de acompanhar, dada a quantidade de termos técnicos e detalhamentos. Justamente por isso, o médico passava confiança no que dizia. Em 2004, quando foi convidado para depor no julgamento de Osvaldo, Davi e De Paula, seu depoimento foi bem menos longo (apenas duas horas), mas passava a mesma autoridade. Nessa ocasião, apesar de afirmar repetidamente que o corpo era de Evandro, Moraes e Silva diria, a respeito da confissão de Celina gravada na fita cassete, que "a descrição da ré não corresponde ao que o laudo registra", principalmente quando ela descreve que o pênis e os pés da criança teriam sido cortados.

Voltando ao julgamento de 1998, aos olhos dos jurados, esse embate entre peritos devia ser curioso. Afinal, como dois especialistas que trabalharam no caso tinham impressões tão diferentes acerca do processo de identificação? E por que a divergência só apareceu após as prisões? Como argumentava a promotoria, Drischel fazia afirmações muito fortes ao questionar a identificação do corpo, mas ele não era médico, tampouco manipulara o corpo. Nem sequer chegara a vê-lo no local onde foi encontrado. Para piorar, já havia um teste de DNA confirmando a identidade do corpo. Para que a hipótese de erro na identificação fosse verdadeira, seria um caso de conspiração que envolveria muitos agentes ou uma sequência de erros poucas vezes vista na história da medicina legal. Diante da credibilidade do depoimento de Moraes e Silva, algo significativo teria de acontecer para que os jurados passassem a duvidar da identidade do corpo. E aconteceu.

Animais

Durante seu depoimento, Drischel narrou uma discussão que teria ocorrido na ocasião do exame do corpo entre a equipe de localistas, formada por ele e Lipinski, e os médicos-legistas, Moraes e Silva e Ballin. Os dois grupos divergiam sobre a causa da maior das lesões do cadáver. Drischel a descrevia como um talho contínuo, não um "saca-bocados", como ele descreveu lesões feitas por animais necrófagos. De fato, o corpo sofrera lesões causadas por animais, especialmente nos punhos. Os animais tiveram acesso aos punhos porque, pelo laudo de necropsia, as mãos haviam sido amputadas por instrumento corto-contundente, como um facão ou um machado. Mas a chamada "grande lesão" seria contínua demais para ser fruto da ação direta de animais.

Segundo Drischel, não era assim que a equipe de médicos-legistas entendia o cenário. Para eles, animais teriam atacado também aquela região, o que significaria que alguns dos cortes mais visíveis não teriam sido produzidos por ação humana. Por causa dessas divergências, as duas equipes teriam se reunido no gabinete do diretor da Polícia Civil, José Maria de Paula Correia, para discutir qual explicação seria mais precisa. No fim, Drischel e sua equipe teriam convencido a equipe de necropsia, que registrou que as lesões foram provocadas por ação humana.

Moraes e Silva, porém, negou que tal divergência tivesse ocorrido, assim como negou que a reunião no gabinete do delegado-geral tivesse esse motivo. De acordo com ele, fora uma reunião apenas para apresentação dos laudos. A oportunidade de esclarecer o motivo da reunião chegou no dia 20 de abril de 1998, quando depôs José Maria de Paula Correia. Em uma matéria do *Hora H* dois dias depois do depoimento, Vania Mara Welte narrou o que aconteceu:

> Nos primeiros trinta minutos de depoimento à juíza Marcelise Lorite, na segunda-feira, o ex-delegado da Polícia Civil do Paraná, José Maria de Paula Correia, deitou por terra o que disse o médico-legista Francisco

Moraes e Silva sobre a reunião convocada por Correia em seu gabinete. [...] Diferente do que disse Moraes e Silva, ambos afirmam que o encontro entre médicos-legistas e peritos criminais foi provocado por divergências existentes nos laudos, após as perícias e exames que os profissionais realizaram no cadáver da criança.

"Preocupados e chocados com o terrível estado do cadáver, nos perguntávamos: O que teria produzido aquelas lesões no corpo daquela criança? Mas os médicos-legistas do IML e os peritos criminais do Instituto de Criminalística não concordavam nos laudos. Francisco Moraes e Silva insistia que as lesões teriam sido provocadas por saca-bocados (mordidas de animais necrófagos), enquanto os peritos, como Arthur Drischel, diziam que os cortes tinham sido feitos por instrumentos cortantes", afirmou José Maria.

O ex-delegado-geral declarou que na reunião realizada em seu gabinete houve argumentações técnicas diversas: "Era necessário harmonizar as posições de legistas e peritos para oferecer melhores subsídios aos delegados que trabalhavam nas investigações", explicou. O depoente disse que, no final, Moraes e Silva se convenceu dos cortes por instrumentos cortantes, ao observar as costelas do cadáver.

Apesar de Moraes e Silva e a odontolegista Beatriz Sottile França terem afirmado no Tribunal do Júri que o perito Arthur Drischel não esteve presente à reunião convocada pelo então delegado-geral, Correia o citou entre as pessoas que estiveram naquela reunião.

O ex-delegado-geral ainda se recordou que, naquela reunião, a odontolegista Sottile iniciou uma discussão sobre a identidade da criança por meio da arcada dentária. "Mas, naquele momento, também se discutiu a possiblidade de realizar um exame de DNA porque o perito Arthur Drischel se manifestava contrário ao que se apresentava naquele encontro", reforçou.

Tenho a impressão de que foi nesse momento que o teste de DNA deixou de importar no julgamento. Até então, tínhamos duas autoridades técnicas divergindo. O ex-delegado-geral da Polícia Civil vinha para desempatar. Quando conversei com José Maria, hoje aposentado, ele me disse não ter dúvida da identidade do corpo e de que a identificação fora feita corretamente. Mas reafirmou que a discussão em seu gabinete ocorreu. Aproveitei para pedir que ele me confirmasse um detalhe. Vania Mara Welte havia me contado que ele se emocionara durante o depoimento. Teria começado a chorar e pedido perdão às rés diante do júri, pois dizia acreditar na inocência delas.

Ele confirmou que isso ocorreu.

No dia 12 de abril, antes do depoimento do delegado, outra personagem envolvida nos exames do corpo depôs perante o júri: a odontolegista Beatriz Sottile França. No mesmo dia, seis anos antes, França havia produzido o laudo de exame de arcada dentária como parte da necropsia. Como vimos no capítulo 1, a indisponibilidade das fichas odontológicas de Evandro dificultou a identificação. Por isso, Adaira Kessin Elias, dentista do garoto no INAMPS, foi chamada a auxiliar a identificação e reconheceu restaurações que teria feito no garoto. Apesar do relato de Adaira corroborar a identificação, França insistiu em verificar as fichas do menino. Como ele era atendido pelo INAMPS, elas só poderiam ser acessadas durante a semana. Então, a dentista de Evandro assinou o auto de reconhecimento no IML de Curitiba e comprometeu-se a entregá-las assim que possível.

No júri de 1998, França explicou o que ocorreu em seguida: passado um tempo que não soube precisar, recebeu a visita do marido de Adaira, que lhe trazia "três ou quatro" fichas de Evandro. Pôde confirmar algumas das informações da dentista, como a restauração atípica e uma extração de dente feita cerca de um ano antes de o garoto morrer. O estado e o tempo de cicatrização da parte da arcada de onde o dente fora extraído também condiziam com o relato de Adaira. Após verificar as fichas, França tirou cópias delas, devolveu-as ao marido de Adaira e lhe pediu que as enviasse via ofício judicial, ou seja, por intermédio da comarca de Guaratuba, para que o procedimento fosse registrado pelos meios oficiais. Dessa vez, as fichas demoraram consideravelmente. Chegaram no dia 3 de dezembro de 1992, seis meses após as prisões, quando o debate sobre o corpo já estava acalorado.

Além da demora, causou estranhamento que, em vez das três ou quatro fichas mostradas antes, tenham aparecido onze. Uma delas, a de número 10, parecia claramente adulterada, conforme relato de França, que notou que o papel era diferente dos demais e que havia "borrões" no espaço onde a ficha era numerada. Para piorar, essas fichas teriam sido encaminhadas pelo capitão Neves. Não havia motivo para a participação da PM, visto que esse assunto envolvia a comarca de Guaratuba e o IML.

Apesar de complicado, podemos resumir o imbróglio das fichas odontológicas em torno de dois pontos: a restauração atípica e um dente de leite que Adaira afirmava ter extraído cerca de um ano antes de o corpo ter sido encontrado.

Nos documentos, os dentes são identificados seguindo um sistema de numeração por quadrantes desenvolvido pela Federação Dentária Internacional. Os dentes permanentes superiores (maxila ou maxilar superior) do lado direito do paciente (ou esquerdo de quem vê) são numerados de 11 a 18, sendo 11 o incisivo central, bem na frente, e 18 o terceiro molar, no fundo da boca; os dentes do outro lado vão de 21 a 28. No maxilar inferior (mandíbula), os quadrantes são invertidos: o lado esquerdo do paciente (ou direito de quem vê) é numerado de 31 a 38 e o outro, de 41 a 48. Essa numeração é válida para a dentição permanente. Na dentição decídua (dentes de leite), em uma criança, os quadrantes são numerados de 5 a 8, seguindo a mesma ordem: superior direito, superior esquerdo, inferior esquerdo e inferior direito do paciente. Como os decíduos só vão de 1 a 5, são identificados como 51, 52, 53... até o 85.

O laudo do exame odontológico de identificação do caso Evandro, realizado em 12 de abril, registra as seguintes informações repassadas por Adaira para França:

> Do reconhecimento dos arcos dentários: – [...]. A presença da dra. Adaira para reconhecimento deveu-se ao fato de não ter registro dos tratamentos dentários realizados, porque atendia o menor Evandro no Ambulatório do Instituto Nacional de Previdência e Assistência Social (INAMPS), que não faz registro individual de seus pacientes. Examinando os arcos dentários, a dra. Adaira reconheceu os arcos dentários e todas as restaurações que realizou nos dentes decíduos e permanentes, registrando a presença dos dentes 16, 26 e 46 íntegros e a restauração recente do dente 36. Afirmou ter *extraído o dente 64 há um ano*, aproximadamente, e reconheceu a "presença dos incisivos centrais decíduos superiores e dos incisivos centrais permanentes inferiores". Após, preencheu e assinou um termo de reconhecimento técnico, onde confirmou que todos os trabalhos restauradores foram por ela realizados nos arcos dentários do menor Evandro Ramos Caetano, pois que fora sua única cirurgiã-dentista.

O problema desse relato surge quando ele é comparado a um pequeno trecho anterior do laudo, no qual França descreve a arcada dentária do corpo:

> Descrição dos arcos dentários: tanto nas maxilas como na mandíbula, presença de dentes decíduos e dentes permanentes. Os permanentes com coloração normal própria, e os decíduos apresentando uma pigmentação rosada diferentes de sua cor normal. Dentes em bom estado de conservação. Arco superior: - Hemiarco direito: dente 16 - íntegro; dente 55 - com restauração amálgama nas superfícies ocluso-palatina; dente 54 - ausente - alvéolo ósseo fechado; dente 53 - íntegro; dente 52 - ausente - alvéolo ósseo aberto; dente 51 - íntegro. Hemiarco esquerdo: dente 61, 62 e 63 - ausentes - alvéolos ósseos abertos; *dente 64 - restauração amálgama nas superfícies ocluso-mesial*; dente 26 - íntegro.

Como percebemos no trecho em itálico do laudo, Beatriz França afirma que o corpo tinha o dente 64 - isto é, o quarto dente de leite da maxila esquerda - com uma restauração. Contudo, no relato oral feito de memória, Adaira alega que o dente 64 havia sido extraído cerca de um ano antes. Além disso, Adaira relatou a presença dos incisivos centrais superiores decíduos. Em contrapartida, França descreve o dente 61 como ausente (incisivo central superior decíduo).

Para os advogados de defesa, esse seria um dos indícios mais fortes de que havia problemas no processo de identificação. Na melhor das hipóteses, ele teria sido feito de maneira displicente e, por isso, precisava ser contestado. Na pior, significaria que o corpo não era de Evandro. Segundo a odontolegista em diversos depoimentos, a explicação era simples: um erro de datilografia. Adaira teria relatado ter extraído o dente 54. Embora não seja isso que está escrito no documento, as fotos da arcada de fato mostram a ausência do dente 54, o que seria a prova do erro datilográfico. Essa explicação, porém, não satisfez a defesa. Para não haver distorção no que foi dito, reproduzo o registro exato do momento do depoimento, no júri de 1998, em que França busca refazer a linha do tempo:

> No dia 02/12/1992 foram enviadas ao fax do Instituto Médico-Legal quatro cópias de fichas de tratamento dentário do menor Evandro.
>
> No dia 02/12/1992 foi enviado ao Instituto Médico-Legal um fax aos cuidados do diretor do Instituto Médico-Legal constando timbre do Poder Judiciário e escrito "aos cuidados do Diretor" sem, entretanto, o referido fax contendo quatro fichas ser acompanhado de ofício do Juízo.
>
> Dentre essas fichas constava a ficha que registrava a extração do dente 54 e uma das fichas era duplicada.

No dia 03/12/1992, foi encaminhado o ofício de número 752/92, da lavra da dra. Anésia Edith Kowalski. Este ofício foi encaminhado ao Instituto Médico-Legal, por outro ofício datado de 04/12/1992 de nº 158/92, da lavra do capitão Valdir Copetti Neves.

Ambos se faziam acompanhar de onze fichas originais, sendo a décima "adulterada".

No dia 09/12/1992, o diretor do Instituto Médico-Legal remeteu ao Juízo de Guaratuba ofício de número 1911/92 solicitando original da ficha de extração e demonstrando a "adulteração da ficha 10".

Em 17/12/1992, o Juízo de Guaratuba enviou ofício ao Diretor do Instituto Médico-Legal de número 808/92 que se fazia acompanhar da décima segunda ficha, ou seja, a ficha em que constava o dado de extração do dente 54.

França contou que, quando viu as fichas pela primeira vez, trazidas pelo marido de Adaira, conferiu a data do registro, que condizia com a extração do dente de leite que a dentista de Evandro afirmava ter feito cerca de um ano antes. Se a extração fosse recente, ainda haveria uma cavidade no osso onde ficava o dente, o que não foi encontrado pelo raio X do exame odontológico legal. Depois, quando chegaram por fax as fichas originais - onze, uma das quais adulterada, num papel de textura diferente, e outras borradas e ilegíveis -, em nenhuma delas constava a extração do dente 54. O Juízo de Guaratuba foi informado da adulteração e, após alguns dias, uma décima segunda ficha foi enviada, dessa vez contendo a extração. Agora havia outro problema: a extração não teria sido feita um ano antes, mas em 23 de janeiro de 1992. França, então, repassou essa informação ao diretor do IML, que chegou a abrir um inquérito para investigar o caso. A odontolegista depôs no inquérito, mas não soube qual foi o resultado da investigação, que tampouco é citado no processo do caso Evandro.

Apesar dos problemas, França reorganizou as fichas, separando quais seriam confiáveis e quais não, e redigiu um segundo laudo complementar, comparando o corpo com as doze fichas. De acordo com esse documento, datado de 28 de dezembro de 1992, apenas um quarto delas era legível: as de número 6, 7 e 8, que tratavam da restauração do dente 75 (segundo molar decíduo do maxilar inferior esquerdo), da restauração do dente 36 (primeiro molar inferior esquerdo permanente) e da extração do dente 54 (primeiro molar superior direito decíduo). Por fim, na conclusão do laudo complementar, França afirma que "os registros de tratamentos dentários contidos nas fichas clínicas em nome de Evandro Ramos Caetano correspondem aos tratamentos odontológicos encontrados na arcada dentária do cadáver dado como sendo o de Evandro Ramos Caetano".

Apesar da convicção da odontolegista, não é difícil imaginar que esse imbróglio todo tenha alimentado as teorias de que Adaira faria parte de uma conspiração contra os Abagge. Dois fatos jogavam contra a dentista. Primeiro, quando o corpo ainda estava no IML de Paranaguá, no dia 11 de abril, ela fora chamada para tentar identificar no corpo algum trabalho que teria feito em Evandro. Ou seja, viu a boca do garoto antes de conversar com França e poderia ter notado as extrações, a restauração atípica e outros procedimentos, que depois teria descrito para a odontologista como se falasse de memória. O segundo elemento era que, nas eleições de 1992, Adaira foi eleita vereadora pelo PMDB, mesmo partido do então governador Roberto Requião, rival de Aldo.

A promotoria, é claro, considerava o relato de Adaira confiável e que a própria manipulação das fichas odontológicas seria fruto da força da família Abagge ou de seus aliados. Além disso, argumentava que os questionamentos sobre o processo de identificação do corpo só teriam começado após as prisões, como estratégia de defesa. Se tudo fosse de fato maquinação de Diógenes Caetano, ele, que nem sequer conseguiu se eleger como vereador em 1992, seria um estrategista genial, capaz de preparar uma artimanha envolvendo um corpo falso, uma dentista corrupta e conspiradores no IML de Curitiba e em um laboratório em Belo Horizonte.

A defesa atacaria também outro elemento do laudo odontológico: a questão dos dentes rosados, registrada por França, que seria indício de uma morte violenta por asfixia mecânica. Ela se baseava, entre outros estudos, em um produzido pelo departamento de odontologia legal da Unicamp. Esse estudo corroborava o laudo da necropsia, que descrevia uma área de putrefação avançada em torno do pescoço da criança. Para a defesa, havia uma informação faltando: nem os médicos-legistas nem a odontolegista especificaram o tipo de asfixia – afogamento, esganadura, sufocação direta, sufocação indireta etc. Os legistas teriam se baseado em elementos frágeis e se concentrado não na *causa* da morte, mas sim na *consequência* da morte, um "erro crasso", no olhar da defesa.

Moraes e Silva rebateu essa acusação explicando que o estado de putrefação era avançado demais para fazer afirmações mais precisas. Ademais, a ausência de órgãos internos impedia um exame mais preciso sobre a *causa mortis*. Por isso, preferiu usar a designação mais ampla de "asfixia". Conversei sobre os dentes rosados com alguns peritos, que me afirmaram que a tese que os relaciona com morte violenta é bem aceita. Embora não pudesse ser usado como prova definitiva, naquelas condições, era um bom indício de asfixia.

De minha parte, embora não tenha dúvidas de que o corpo seja de Evandro, vejo sérios problemas de redação no exame de necropsia, só esclarecidos posteriormente. Porém, como tentei mostrar no capítulo 9, o teste de DNA parece definitivo. Por três meses, antes das prisões, ninguém havia questionado a identidade do corpo. Concordo com os promotores quando afirmam que as dúvidas lançadas sobre a identificação do corpo faziam parte de estratégia da defesa.

Durante anos, os advogados de defesa pediram que o corpo de Evandro fosse exumado. Todos os juízes responsáveis pelo caso negaram o pedido, alegando que já havia provas suficientes de que o corpo era do garoto. Para Markowicz, com quem falei em 2017, havia um motivo escuso para essa insistência da defesa. O MP, para minha surpresa, desconfiava de que o corpo atualmente enterrado no cemitério de Guaratuba não fosse o de Evandro. O corpo dele teria sido enterrado, mas depois alguém o teria substituído. Com a exumação, portanto, a identificação com o DNA de Evandro daria negativo porque seria feita em *outro* corpo. Como me explicou Adel El Tasse, advogado de Beatriz Abagge em 2011, se o túmulo de Evandro tivesse sido violado, seria fácil comprovar a adulteração. O Ministério Público não teria nada a perder. No entanto, entendo a recusa dos juízes em autorizar a exumação. Ela apenas alimentaria mais uma teoria da conspiração em um caso já repleto delas.

Como se nota pelos autos do julgamento, a tese de que o corpo não era de Evandro foi o principal argumento da defesa. Além dela, a defesa explorou as teses de não autoria e de que as prisões foram ilegais e as confissões, obtidas sob tortura. O promotor então responsável pelo caso, Celso Ribas, manteve a argumentação de seu predecessor, Cioffi, de que tudo ocorrera dentro das normas, o Grupo ÁGUIA fizera um bom trabalho e os questionamentos eram só estratégia da defesa. Como prova, afirmou que as confissões de Osvaldo, Davi e De Paula condiziam com o estado em que o corpo fora encontrado. Ele citava a questão da asfixia. Apesar de cada um atribuir a pessoas diferentes a autoria da asfixia, a descrição feita pelos acusados corresponderia, segundo o promotor, ao laudo do IML. Outro exemplo seria o corte nas costelas. De Paula e Osvaldo alegavam que o primeiro começara a cortar o corpo por um lado e Celina o impedira "porque queria o coração, e o coração era do outro lado", e por isso, passaram a cortar em outra direção. Para a promotoria, a descrição era condizente com o formato em V dos cortes naquela região. Provavelmente realizados por uma serra, haviam seccionado duas costelas inferiores de cima para baixo e as superiores no sentido contrário. Para a acusação, a existência ou não de cortes no pescoço e no pênis era irrelevante diante desses detalhes.

Foi nesse ponto que o perito Drischel voltou a ser fundamental para a defesa. Retomando o que dissera ao jornal *Hora H* em julho de 1997, Drischel afirmou, no júri de 1998, que, poucos dias antes das prisões, ele fora visitado por três policiais militares à paisana, talvez do Grupo ÁGUIA, que pediram uma cópia do laudo de exame de levantamento de cadáver para ajudá-los na investigação. Drischel disse ter feito comentários superficiais sobre o laudo e, pelo que se lembrava, entregara apenas suas anotações sobre a cena do crime, e não as fotos do local e do corpo.

Essa é uma questão curiosa: até aquele momento, os policiais civis do Grupo TIGRE, que investigaram por meses o caso, fizeram isso sem acesso aos estudos técnicos, até porque nem o exame de levantamento de local de corpo nem a necropsia e o exame de arcada dentária estavam prontos. Isso sem dúvida dificultava o trabalho e os impedia de formular hipóteses sobre o *modus operandi* do assassino ou dos assassinos. Todos os pedidos para o recebimento de tais documentos que o TIGRE fez enquanto comandou a investigação, de abril a julho de 1992, foram negados.

No dia 2 de julho de 1992, portanto, depois da visita de policiais militares à casa de Drischel, que teria ocorrido no final de junho, o promotor Bittencourt elaborou um pedido para ter acesso aos laudos. O pedido foi acolhido pela juíza Anésia em 9 de julho, mesmo dia em que o delegado Noronha pediu urgência para receber esses documentos. No dia seguinte, 10 de julho, o escrivão da Polícia Civil Marcos Basso do Nascimento recebeu a resposta do IML de Curitiba informando que o laudo de necropsia já não estava mais lá desde 30 de junho, data em que teria sido entregue ao promotor Celso Carneiro Amaral, que tomara a denúncia de Diógenes em 29 de maio.

Para a defesa, isso era mais um indício de irregularidade. Conforme afirmaram diversos peritos que testemunharam no processo, o usual em casos criminais é que os laudos sejam enviados aos responsáveis pelo inquérito, que, antes das prisões, eram os delegados do Grupo TIGRE e o promotor Bittencourt. Por que o laudo de necropsia foi enviado a outro promotor? O MP alegava que o procedimento fugira do usual devido às circunstâncias extraordinárias do caso. Como havia a suspeita de que o Grupo TIGRE estivesse sendo ludibriado pelos Abagge, foi necessário acionar um segundo grupo policial, que manteve em sua posse todo o material de inteligência produzido sem chamar atenção. Isso explicaria não apenas por que o laudo de necropsia teria sido encaminhado ao promotor Amaral, mas também por que PMs teriam ido à casa de Drischel pouco antes das prisões. Com base nos autos processuais, não é possível confirmar a versão de Drischel sobre a ida dos policiais a sua casa. Contudo, consta no processo que, no dia 30 de junho, um dia antes das prisões, o delegado Gilberto, de Guaratuba, enviou para a juíza Anésia o laudo de levantamento. Coincidentemente, no mesmo dia o laudo de necropsia foi enviado ao promotor Amaral.

A partir dessas informações, a defesa construiu uma hipotética sequência de eventos para reforçar a tese de que as confissões teriam sido obtidas sob tortura. Tudo começaria em 29 de maio de 1992, quando Diógenes fez sua denúncia ao promotor Amaral, em Curitiba. No dia 12 de junho, o MP solicitou auxílio à PM para averiguar as informações de Diógenes. Uma semana depois, em depoimento a Bittencourt, Davina narrou a busca por seu sobrinho na madrugada do dia 7 para o dia 8, feita com Osvaldo Marcineiro e Chero (Davi), quando passaram perto do local onde o corpo viria a ser encontrado. No dia seguinte, com base no depoimento de Davina, o MP pediu a prisão temporária de Osvaldo e Davi. Os mandados foram expedidos pela juíza Anésia no dia 30 de junho. No mesmo dia, o laudo de necropsia foi enviado ao promotor Amaral e o laudo de levantamento do cadáver chegou ao delegado Gilberto, que o encaminhou à juíza.

Para a defesa, isso significava não apenas que as confissões tinham sido obtidas sob tortura, mas também que os policiais tinham manipulado os presos para que descrevessem o crime de acordo com o que os agentes do Grupo ÁGUIA liam nos laudos técnicos. Segundo Drischel e os advogados das Abagge, isso explicaria por que alguns dos presos usaram, nas confissões, termos técnicos raramente empregados, ainda mais por pessoas não ou pouco escolarizadas. Osvaldo, por exemplo, afirmou, no depoimento dado na madrugada de 2 para 3 de julho, que "o corte feito para a retirada dos órgãos foi transversal". O uso do termo "transversal", para eles, indicaria que Osvaldo estaria repetindo um texto que lhe seria ditado. Porém, tanto no laudo de levantamento quanto na necropsia o termo aparece pouco. E, quando aparece, não é no sentido presente na confissão de Osvaldo.

Um dos exemplos mais citados pelos que acreditam nessa tese da defesa é o uso do termo "asfixia mecânica" – o termo exato empregado no laudo de necropsia – em vez de expressões orais como "esganar" ou "apertar o pescoço". Contudo, não consegui confirmar o uso de "asfixia mecânica" em nenhum depoimento dos acusados. Ao contrário: no depoimento em que Osvaldo menciona o corte "transversal", ao acusar De Paula de ter asfixiado o menino, ele diz "estrangulou" ao menos seis vezes. De Paula, por sua vez, diz que Cristofolini segurou "com força o pescoço".

Até mesmo as contradições das confissões, que vimos no capítulo 5, poderiam ajudar a desacreditar essa tese da defesa. Se os torturadores dispunham dos laudos de necropsia e de levantamento do corpo, como afirmava a defesa, por que deixaram os presos alegarem ter cortado o pescoço e o pênis do garoto, lesões não descritas pela perícia? Talvez não tivessem tido tempo para ler com atenção o laudo de necropsia, que detalhava as condições do corpo, e tivessem se concentrado no exame de levantamento, mais genérico. Ou poderiam ter tido dificuldade em entender a linguagem demasiado científica de Moraes e Silva e Ballin.

Dito isso, vale a pena nos determos em um termo específico que consta no documento assinado por Drischel e Lipinski. Junto com o laudo, havia doze fotos anexadas do cadáver no local onde foi encontrado, todas acompanhadas de legendas. A primeira mostra o corpo visto de cima, com o calção todo sujo (provavelmente de sangue), de braços abertos, rosto virado para a direita. As pernas estão abertas, a direita esticada e a esquerda dobrada, com o pé apontando também para a direita. Na legenda, lê-se:

> fotografia parcial do local, enfocando o corpo da forma como o mesmo se encontrava por ocasião do exame; notando-se a ausência de ambas as mãos, do couro cabeludo e parte da camada dérmica da face, *parte frontal do tórax* e abdômen e respectivas vísceras.

Variações do termo destacado, "parte frontal do tórax", aparecem algumas vezes nos depoimentos formais prestados por De Paula e Davi na madrugada de 2 para 3 de julho em Matinhos. É difícil imaginar os acusados empregando essa expressão, mas também é possível presumir que sua inclusão tenha sido obra do escrivão que tomava o depoimento. Pode-se imaginar, por exemplo, De Paula indicando com o dedo no próprio peito como fora cortado o corpo da criança, e o delegado ditando para o escrivão: "do lado direito na parte frontal do tórax". Cabia a cada jurado tirar sua conclusão.

Havia ainda um mistério menor acerca do corpo: o sumiço de uma fita VHS que documentaria as circunstâncias em que o corpo foi encontrado no matagal, produzida, segundo Moraes e Silva e Beatriz, pelo Grupo TIGRE, provavelmente por Adauto Abreu ou Leila Bertolini. Não se sabe se foi dessa gravação que se extraíram as imagens exibidas na época pelas redes de televisão, que tiveram o cuidado de não exibir o corpo, ou se as equipes de TV que foram ao local conseguiram fazer suas próprias imagens. De qualquer forma, essa fita, que teria sido útil para esclarecer dúvidas, não estava anexada ao processo nem ao inquérito. Para os que acreditam que a Polícia Civil era manipulada pela família Abagge, o sumiço da fita teria sido proposital ou, no mínimo, prova da incompetência dos policiais.

Por fim, discutiu-se se o corpo exalava ou não cheiro, se ele estaria mole demais ou não, com aspecto ou não de ter sido recentemente descongelado. Essas discussões baseavam-se em impressões de testemunhas relatadas meses depois de o corpo ser encontrado, quando a identidade do cadáver começou a ser questionada. Apesar disso e apesar do exame de DNA, elas se somaram a todas as questões expostas neste capítulo para que os jurados tivessem dúvidas acerca da identidade do corpo.

O resultado

Após mais de um mês de exaustivo julgamento, os jurados tiveram de responder a quinze perguntas sobre a culpa dos réus. As perguntas eram formuladas pela juíza Marcelise a partir das diretrizes legais com a concordância da defesa e dos promotores na sua redação final. Os sete jurados deveriam votar "sim" ou "não" para cada quesito. Diferentemente do sistema judicial dos Estados Unidos, no qual os doze jurados discutem entre si suas impressões até que cheguem a uma decisão unânime, no sistema penal brasileiro os jurados não discutem entre si e votam individualmente. Eles devem responder "sim" ou "não" a cada quesito e prevalece o voto que atingir a maioria. Nos dias de hoje, a recomendação é que, nos tribunais de júri, o juiz ou a juíza não leia todos os votos, encerrando a contagem assim que se atinge a maioria e registrando um placar de quatro a três em todos os casos. Contudo, em 1998 essa prática ainda não estava em vigor, e a juíza Marcelise leu todos os votos dos jurados.

No primeiro quesito, o júri devia responder à seguinte questão: "No dia 7 de abril de 1992, por volta das 19h30, no interior de uma serraria situada na localidade de Mirim, no município e comarca de Guaratuba, foram feitos em Evandro Ramos Caetano os ferimentos descritos no laudo cadavérico de fls. 214/229 dos autos?". Como era um julgamento duplo, os jurados tinham de votar duas vezes. Ambas as rés, Beatriz e Celina Abagge, foram consideradas inocentes. Curiosamente, no caso de Celina, o "não" venceu pelo placar de 4 a 3, enquanto para Beatriz foi de 5 a 2.

Como esse quesito determinava todos os demais, a votação gerou um efeito dominó, e os outros catorze quesitos tiveram "resultado prejudicado", isto é, nenhum deles teve sua votação registrada. Apesar de o resultado não indicar de qual informação da pergunta – dia, horário, local, descrição dos ferimentos – os jurados discordavam, à luz do julgamento pode-se inferir que os jurados concluíram que o corpo encontrado não pertencia a Evandro. Ainda assim, é difícil afirmar qual dos argumentos da defesa foi aceito pelos jurados. A acusação, é claro, não se deu por satisfeita. Imagens de arquivo mostram o promotor Celso Ribas esmurrando a mesa do tribunal assim que o resultado foi proferido. De acordo com relatos da época, ele saiu do fórum chorando de ódio.

Logo após o julgamento, a equipe de defesa das Abagge foi ao programa policial *Grito da Cidade*, da Bandeirantes paranaense, para explicar a estratégia de defesa. Lá, reafirmaram boa parte da sua fundamentação: a alegação de tortura, as adulterações na fita cassete, os estupros que Beatriz teria sofrido e a suposição de que o corpo não era de Evandro Ramos Caetano. Inconformado, Celso Ribas iria ao programa em pelo menos duas ocasiões. Diante das câmeras de TV, rebateu todas as alegações dos advogados de defesa e, ao final, deixou um recado: o MP iria recorrer da decisão do júri.

Conversando com jornalistas, promotores e advogados que acompanharam o caso durante os quase trinta anos em que tramitou na Justiça, notei um consenso de que o primeiro quesito teria sido mal formulado. Se tivesse sido separado em duas perguntas, talvez a promotoria não pudesse pedir a anulação do julgamento, ou talvez a absolvição tivesse repercutido nos outros processos, derrubando as acusações contra os cinco homens. Realmente, há um duplo sentido no quesito. Os jurados podem ter entendido tanto que o corpo não era de Evandro quanto que aquele corpo era, sim, dele, mas que as Abagge não realizaram crime nenhum. Isso, por sua vez, implicaria admitir a tese de que elas teriam sofrido tortura, já que há uma fita de confissão das mulheres. O certo teria sido dividir em dois quesitos: 1) Celina e Beatriz Abagge produziram em Evandro Ramos Caetano os ferimentos descritos no laudo cadavérico de fls. 214/229 dos autos? 2) O corpo encontrado com os ferimentos descritos no laudo cadavérico de fls. 214/229 dos autos era o de Evandro Ramos Caetano?

Tendo a achar que o Ministério Público entraria com recurso em qualquer cenário, mas, em vez de citar o laudo de DNA (como ocorreu), os promotores provavelmente alegariam que os votos dos jurados teriam se baseado nas alegações de tortura, que não eram corroborados pelos laudos de exames de lesões corporais. Os promotores não pareciam querer desistir facilmente desse caso, como veríamos nos anos seguintes. Para o Ministério Público do Paraná, não parecia haver alternativa a não ser a condenação de todos os acusados.

Os outros julgamentos e outros fins

Terminado o julgamento das Abagge, havia ainda cinco outros réus a serem julgados. O que as autoridades deveriam fazer agora? A investigação deveria ser reaberta, considerando que o corpo não seria de Evandro? O corpo deveria ser exumado para novo teste de DNA? Evandro deveria passar a figurar nos cartazes de crianças desaparecidas? As equipes de defesa dos réus tentaram de todas as maneiras que eles fossem soltos e o caso, reaberto. Nada disso ocorreu.

Em 1999, Osvaldo, Davi e De Paula finalmente seriam julgados. Desta vez, o juiz seria Marco Antonio Antoniassi, também em São José dos Pinhais. Houve ainda mudanças nas equipes de acusação e defesa. Pelo Ministério Público, Celso Ribas e boa parte de sua equipe tinham sido substituídos pelos promotores Markowicz (que chegou a auxiliar Celso Ribas em 1998), Dicesar Augusto Krepsky e José Geraldo Gonçalves. Na defesa, Figueiredo Basto havia deixado o caso após o julgamento das Abagge e sido substituído por Álvaro Borges Júnior. O julgamento, porém, durou poucos dias. Em certo momento, Borges Júnior teve uma pergunta indeferida pelo juiz. Alegando cerceamento de justiça, abandonou o plenário. A sessão teve de ser interrompida, e um novo julgamento dos três viria ocorrer apenas em 2004, dessa vez na Segunda Vara do Tribunal do Júri de Curitiba, sob o comando do juiz Rogério Etzel. Àquela altura, ao contrário dos outros homens que aguardavam julgamento, Osvaldo estava preso em regime fechado devido a um caso de estelionato.

Antes disso, em setembro de 2003, o recurso do MP foi enfim atendido, e o Tribunal de Justiça do Estado do Paraná anulou o júri que absolveu as Abagge por considerar que os votos dos jurados foram contrários às provas dos autos, isto é, à identificação do corpo. Contudo, antes que o novo júri fosse marcado, o promotor Celso Ribas morreu, em fevereiro de 2004. Aos 46 anos, ele foi vítima de edema pulmonar decorrente de trombose. Conforme me relataram amigos dele, sua saúde piorou consideravelmente após o término do júri de 1998, do qual ele saíra absolutamente frustrado.

Dois meses depois da morte de Ribas, começou, em abril de 2004, o julgamento de Osvaldo, Davi e De Paula. Agora, os réus eram representados por Borges Júnior e Haroldo César Nater, e a promotoria era composta por Markowicz e Lúcia Inez. Como havia o risco de que o julgamento fosse anulado caso também questionasse a identidade do corpo, a defesa baseou-se nas teses de não autoria do crime, ilegalidade das prisões e confissões obtidas sob tortura.

Após seis dias de julgamento, os jurados consideraram os três réus culpados. Osvaldo, à época com 43 anos, e De Paula, com 54 anos, foram condenados a vinte anos e dois meses de prisão. Já Davi, então com 42 anos, foi absolvido do crime de sequestro, mas considerado culpado pelo homicídio. Por isso, teve uma pena menor: dezoito anos e oito meses de prisão. Assim que a sentença foi pronunciada, o juiz Rogério Etzel determinou a prisão preventiva dos três homens, que saíram do tribunal algemados, com destino ao presídio. A tese de que o corpo não era de Evandro não chegou a ser descartada e aparecia timidamente em momentos específicos, mas claramente passou a ser uma coadjuvante, em vez de uma narrativa eloquente como no júri de 1998 das Abagge.

Analisando os autos desse julgamento, especialmente os vídeos dos depoimentos das testemunhas, percebe-se a dificuldade da defesa em criar uma narrativa convincente para provar as torturas e a ilegalidade das prisões. Isso fica claro no depoimento de Isabel Kugler Mendes, autora do dossiê "Tortura Nunca Mais?", como vimos no capítulo 5. Também podemos ver, nas gravações, que Davi se confundia e precisou ser ajudado diversas vezes pelos seus advogados para confirmar datas e explicar eventos. Acabava passando a impressão de estar mentindo. Além disso, não ajudou o fato de Osvaldo estar, naquele momento, preso por outro caso, acusado de estelionato, envolvendo a venda de um carro usado. De Paula foi o mais convincente, mas seu desempenho diante do júri não bastou.

A defesa ainda tentou confrontar, em embates enérgicos, a principal testemunha de acusação, Diógenes Caetano, que depunha pela primeira vez num tribunal do júri. Mas a promotoria estava preparada, soube aproveitar as inconsistências da defesa e o nervosismo dos acusados e conseguiu a condenação dos três homens.

Em junho de 2005, Bardelli e Cristofolini finalmente enfrentaram o júri, também na 2ª Vara. O juiz e os promotores eram os mesmos do julgamento de 2004, mas dessa vez Nater representava Cristofolini, enquanto Matheus Gabriel Rodrigues de Almeida assumiu a defesa de Bardelli. O julgamento durou cinco dias. As acusações contra Bardelli e Cristofolini sempre foram consideradas as mais frágeis, já que não havia registro de confissão deles, tampouco elementos materiais. Além disso, os dois nunca foram muito explorados pela imprensa, o que os tornava personagens menos sombrios no imaginário popular. A defesa concentrou-se em questionar a legalidade das prisões, e a maneira encontrada foi inusitada: convocou como testemunha Valdir Copetti Neves, capitão do Grupo ÁGUIA em 1992. Nenhum policial que participara das prisões jamais havia sido convocado nos júris pela promotoria, como seria de se esperar num caso desses.

Em seu depoimento, Neves foi ora confuso, ora vago. Repetia duas expressões: "Faz muito tempo, não me lembro" e "Não participei das prisões diretamente, apenas coordenei a operação". Quando exibiram a fita VHS de 2 de julho de 1992, que o mostrava na serraria com Osvaldo, ele afirmou: "Sim, sou eu", mas voltou a dizer que não lembrava bem. Parecia estar a todo momento se esquivando. Mas o elemento determinante de sua participação foi outro. Logo no início, ele informou não estar bem de saúde por tudo o que vinha lhe ocorrendo. Meses antes, Neves fora preso preventivamente na Operação Março Branco, acusado de formação de milícias armadas no interior do Paraná. Segundo a Polícia Federal, ele estava envolvido também em esquemas de tráfico internacional de armas, que seriam usadas na segurança privada de fazendeiros e em conflitos em ocupações do Movimento dos Trabalhadores Rurais Sem Terra. Neves era acusado ainda de tortura e homicídio. Em 1999, já havia sido acusado de envolvimento num esquema ilegal de interceptações telefônicas contra cooperativas do movimento, o que levaria o Brasil a ser condenado, em 2009, na Corte Interamericana de Direitos Humanos da Organização dos Estados Americanos (OEA). Na época da prisão de Neves, em 2005, Roberto Requião era novamente o governador do Paraná e, depois da repercussão da Operação Março Branco, extinguira de vez o Grupo ÁGUIA. Por tudo isso, durante todo o depoimento, que durou uma hora, um policial federal ficou sentado atrás da cadeira de Neves.

Aproveitando-se desse fato novo, a defesa juntou aos autos do processo uma fita VHS contendo uma hora e 35 minutos de matérias de TV com trechos da Comissão Parlamentar Mista de Inquérito (CPMI) aberta na Assembleia Legislativa do Paraná para investigar o caso. Em várias matérias, milicianos presos afirmavam que Neves era o cabeça das milícias e detalhavam as operações dos grupos e os métodos de tortura. Embora sua defesa tenha alegado inocência e afirmado que as acusações eram parte de uma conspiração para persegui-lo, Neves foi condenado, em 2009, a dezoito anos e oito meses de prisão, mas recorreu em liberdade. O processo correu em segredo de Justiça e, em maio de 2018, Neves foi condenado em segunda instância, em decisão do desembargador federal João Pedro Gebran Neto, do Tribunal Regional Federal da 4ª Região (TRF-4). Neves podia ainda recorrer às instâncias superiores, mas isso não chegou a acontecer. Em 29 de outubro daquele ano, foi executado em sua fazenda na região de Ponta Grossa com treze tiros na cabeça e no tórax. A Polícia Civil logo prendeu quatro homens que seriam responsáveis pelo assassinato. A motivação seria uma dívida deles com o policial.

Em 2017, conversei brevemente com Neves. Eu queria fazer uma entrevista para o podcast para que contasse sua versão dos acontecimentos de 1992. Ele me fez uma proposta: conversaria comigo desde que eu aceitasse escrever sua biografia. Pedi um tempo para pensar e, meses depois, respondi que não tinha interesse, pois ia contra o princípio da isenção. Ainda assim, reforcei o convite para a entrevista, mas nunca obtive resposta.

No julgamento de 2005, Bardelli e Cristofolini foram absolvidos. O MP recorreu da decisão e perdeu na segunda instância. Recorreu, então, ao Superior Tribunal de Justiça, alegando que, durante o julgamento, Nater, advogado de Cristofolini, havia lido uma matéria jornalística que não estava anexada aos autos. No dia 10 de abril de 2013, o STF aceitou o recurso. O resultado do júri foi anulado, mas um novo julgamento não chegou a acontecer, visto que o crime já havia prescrito.

Quando entrevistei Markowicz em 2017, o promotor disse que chegara a acreditar que o segundo julgamento das Abagge jamais ocorreria. Adiamento após adiamento, o crime completaria vinte anos em 2012, quando prescreveria e, portanto, seria arquivado. Mas, em 27 de maio de 2011, Beatriz Abagge entrou na 2ª Vara do Tribunal do Júri de Curitiba para ser novamente julgada por um corpo de jurados, presididos pelo juiz Daniel Ribeiro Surdi de Avelar. Como já tinha passado dos 70 anos, idade em que, pela legislação brasileira, o prazo para prescrição cai pela metade, Celina não foi julgada. Os promotores eram os mesmos dos julgamentos de 2004 e 2005, Lúcia Inez e Markowicz, enquanto a defesa de Beatriz Abagge foi assumida por Adel El Tasse e sua equipe.

Pelas imagens existentes do julgamento, o plenário estava lotado de curiosos, na maioria defensores de Beatriz, alguns usando camisetas com mensagens de apoio. Dois momentos merecem destaque. Primeiro, os aplausos que o delegado Oliveira arrancava da plateia, o que exigia constante intervenção do juiz. O segundo momento é aquele em que Beatriz pede que o plenário seja esvaziado antes de prestar seu depoimento, ficando presentes apenas uma advogada da equipe de El Tasse, o juiz, os promotores e os jurados. Isso porque foi a primeira e única vez em que ela narrou com detalhes como teriam sido as torturas. Ao contrário de seu relato em 1998, dessa vez Beatriz entrou em pormenores, descrevendo inclusive violências sexuais.

A estratégia de El Tasse era relativamente parecida com a de 1998. Ele alegou que as prisões tinham sido ilegais e as confissões, obtidas sob tortura. Surpreendentemente, tentou de novo provar que o corpo não era de Evandro. Para isso, contava com novo depoimento de Drischel e dois pareceres, do médico forense Zulmar Vieira Coutinho, de Santa Catarina, e do médico parecerista Alecsandro de Andrade Cavalcante, de Maringá.

O parecer de Cavalcante apontava falhas na necropsia e no exame de arcada dentária e dava especial atenção à relação estabelecida entre a "asfixia mecânica" e o fenômeno dos dentes rosados. De acordo com o médico, a necropsia era incompleta, não analisava as estruturas profundas do pescoço e, portanto, não comprovava a asfixia mecânica. Além disso, disse ele, "autores brasileiros e estrangeiros são concordantes de que tal achado [dentes rosados] é insuficiente para firmar a causa morte de um cadáver como sendo em consequência de asfixia mecânica" em qualquer de suas modalidades. Por fim, Cavalcante criticava a descrição das demais lesões, lembrando o que ele chamou de "aula de medicina-legal" do professor Moraes e Silva no primeiro julgamento, em que o médico-legista aventava a possibilidade de aquelas lesões terem sido provocadas por animais.

No entanto, foi para provar que Beatriz sofrera torturas que El Tasse anexou um dos documentos mais interessantes desse novo julgamento. Assinado pelo especialista em medicina legal Jorge Paulete Vanrell, de São José do Rio Preto, o laudo de nove páginas trazia uma análise detalhada dos polegares de Beatriz. O médico buscou cicatrizes que poderiam ter sido produzidas pelos choques elétricos sofridos em Guaratuba e constatou, comparando com fotografias da época da prisão, que a ré ainda tinha as marcas registradas em 1992 no exame de lesões corporais realizado no IML de Curitiba. Em meio a uma profusão de termos técnicos, o perito afirmou que a lesão de Beatriz exibia uma "marca de Jelineck", que é produzida pelo aquecimento de "instrumento filiforme" por meio de "energia elétrica industrial não letal (choque elétrico de baixa voltagem)". O parecer continuava:

> Este tipo de lesões era observado quando se colocava uma laçada de "fio elétrico descascado" em cada polegar da vítima, o fio era então torcido para fixá-lo e, no local da torção, com a passagem iterativa da corrente de baixa voltagem, se formava uma lesão, grosseiramente circular, que, na hora, apresentava as características das marcas de Jelineck, amplamente conhecidas em Medicina Legal.
>
> Ao depois, e com o correr do tempo, [as] referidas marcas desapareciam deixando apenas sinais hipercrômicos, em função da pigmentação própria do integumento da pessoa.

A conclusão era que as marcas correspondiam às sevícias que Beatriz descrevera ter sofrido "em sessão de tortura destinada à obtenção de dados de forma ilícita". Apesar da argumentação da defesa, no dia 28 de maio, Beatriz foi condenada a vinte e um anos e quatro meses de prisão. O julgamento, desta vez, foi surpreendentemente rápido para um caso tão complexo: demorou apenas dois dias. Dentre vários fatores, contribuiu para essa celeridade uma reforma no Código de Processo Penal em 2008, que tornava os tribunais do júri mais ágeis. Uma matéria postada no dia 30 daquele mês no site do MP do Paraná resume o resultado do julgamento:

> Os jurados, quatro mulheres e três homens, consideraram Beatriz culpada, rejeitando, num primeiro momento, a tese de defesa de que o corpo não era de Evandro Ramos Caetano. A defesa também negou a participação da acusada no crime, mas essa tese foi igualmente rejeitada pelos jurados. O júri popular também respondeu negativamente à pergunta genérica de se absolviam a ré, bem como reconheceu o homicídio triplamente qualificado por motivação torpe (promessa de recompensa a terceiro), meio cruel e porque a vítima foi morta quando se encontrava indefesa. A pena também foi aumentada porque o crime foi cometido contra pessoa menor de 14 anos.

Mais uma vez, é difícil precisar o que foi determinante nos votos dos jurados. Segundo algumas versões que ouvi, a equipe de El Tasse não estava muito bem preparada. Outras pessoas sugeriram que um caso tão complexo não poderia ser perfeitamente compreendido pelos jurados em apenas dois dias. Beatriz pôde recorrer em liberdade, mas, em 2012, seu recurso foi recusado em segunda instância. Em 2016, o caso ainda tramitava nos órgãos superiores, até que um evento histórico no sistema judiciário brasileiro o afetou diretamente. Em 17 de fevereiro daquele ano, o STF decidiu, por sete votos a quatro, que os juízes poderiam determinar que pessoas condenadas em segunda instância começassem a cumprir suas penas antes do trânsito em julgado. Em decorrência disso, em 8 de abril de 2016, um mandado de prisão foi expedido no nome de Beatriz. Na época, ela era representada por Luciano Borges e Samir Mattar Assad. Além disso, depois de sua segunda condenação, ela havia se matriculado no curso de bacharelado em direito do Centro Universitário Campos de Andrade (Uniandrade), em Curitiba. Com isso, trabalhou na sua própria defesa em conjunto com seus advogados. Ela foi, inclusive, aprovada no exame da Ordem dos Advogados do Brasil (OAB) em 2016, mas, por ter sido condenada em um processo penal, não foi autorizada a receber a carteira profissional.

Após a decretação de sua prisão, Beatriz e seus advogados entraram com um pedido de perdão de pena, com base no indulto assinado pela então presidente Dilma Rousseff no final de 2015. Beatriz alegava que atendia aos critérios lá expostos, como já ter cumprido parte da pena (entre 1992 e 1998), ser mulher e ter uma filha menor de idade. Por conta desse recurso, seu mandado de prisão foi suspenso temporariamente. Mas, como o pedido de indulto demorou a ser analisado, um novo mandado de prisão foi expedido, em 3 de junho de 2016. Cinco dias depois, os jornais paranaenses noticiaram que Beatriz era considerada foragida, pois ainda não havia se apresentado à polícia. Beatriz diz que estava em casa e que bastava terem ido até lá para encontrá-la. Procurado pela imprensa, Assad afirmou que o novo pedido de prisão era ilegal, já que uma liminar concedida pelo Tribunal de Justiça do Paraná havia cassado a decisão do júri e determinado que o juiz da Vara de Execuções Penais (VEP) de Curitiba analisasse o indulto da pena. "Eles estão descumprindo essa liminar. O juiz da VEP não analisou, devolveu o processo para o Tribunal do Júri e o mesmo juiz decretou a prisão de novo. Estamos buscando na Justiça um novo *habeas corpus* para sanar essa ilegalidade", afirmou ele para a *Folha de Londrina*, em matéria publicada no dia 8 de junho.

Em 16 de junho, o indulto de Beatriz Abagge foi finalmente concedido, e ela não precisaria mais cumprir um novo tempo de prisão. O processo, porém, ainda teria um último capítulo. No ano seguinte, o MP do Paraná entrou com um recurso tentando reverter o indulto de Beatriz. Perdeu na primeira instância, recorreu, perdeu na segunda, recorreu novamente. Até que, em 24 de agosto de 2018, o Superior Tribunal de Justiça recusou o recurso. O indulto não teria mais como ser desfeito.

Esse foi o meu sinal verde. Após cerca de três anos de pesquisa, em 31 de outubro de 2018, Dia das Bruxas, publiquei o primeiro episódio da quarta temporada do podcast *Projeto Humanos*, *O caso Evandro*, que deu origem a este livro.

Desde 1992, muitos dos personagens que apareceram de alguma maneira nas investigações ou nos julgamentos envolveram-se em outros casos criminais de maior ou menor repercussão. Em vários deles, alegaram ser alvos de perseguição ou vítimas de injustiças. Muitas vezes, o caso Evandro era usado para fundamentar tanto defesa quanto acusação nesses outros casos. Em outros momentos, os novos casos é que alimentavam as estratégias das defesas ou da acusação no caso Evandro, como aconteceu com Valdir Copetti Neves, citado neste capítulo, cuja prisão preventiva no âmbito da Operação Março Branco foi explorada pelos advogados de Bardelli e Cristofolini em 2005.

Um dos personagens dignos de nota, nesse sentido, é o delegado João Ricardo Kepes Noronha, que presidiu o inquérito e as investigações pela Polícia Civil depois das prisões pelo Grupo ÁGUIA da Polícia Militar, em 1992. Em 2000, uma Comissão Parlamentar de Inquérito (CPI) na Assembleia do Paraná investigava denúncias de narcotráfico. No dia 2 de março, Noronha teve sua prisão decretada com base em um relatório produzido por Neves. A acusação principal era de que ele e outros policiais extorquiam dinheiro de traficantes. O grupo usaria informantes para atrair traficantes, que eram presos em flagrante, e então os policiais cobrariam para os soltarem.

Na época com 41 anos, Noronha tinha uma carreira sólida. Alegando sofrer perseguição política, ficou foragido por um mês. Em 2004, em um processo de improbidade administrativa, todos os policiais foram absolvidos pelo Conselho da Polícia Civil e pela 4ª Vara da Fazenda Pública. Por falta de provas, a absolvição foi pedida pelo próprio Ministério Público. Na época da acusação, Roberto Requião, então candidato ao governo do estado, chegou a chamar Noronha de "bandido" na TV, o que levou o ex-delegado a entrar com uma ação indenizatória contra o político, que acabou ganhando. Por conta desses eventos, Noronha aposentou-se da polícia em 2006 e voltou a advogar.

Em abril de 2013, o delegado Luiz Carlos de Oliveira foi preso com 98 mil dólares no âmbito da Operação Vortex, do Grupo de Atuação Especial de Combate ao Crime Organizado (Gaeco), que investigava um esquema de corrupção dentro da Polícia Civil. O dinheiro do Oliveira seria fruto de propinas pagas mensalmente por donos de lojas de autopeças e ferros-velhos envolvidos em desmonte de carros roubados, entre outras irregularidades. Foram denunciadas vinte e três pessoas, sendo quatro delegados, quinze investigadores, um agente de apoio e três comerciantes. Oliveira alegou que não havia provas que o ligassem à denúncia. Em 2018, de fato, ele foi inocentado de todas as acusações.

Outro que se envolveu em polêmicas depois do caso Evandro foi o médico-legista Francisco Moraes e Silva, signatário, junto com Carlos Roberto Ballin, do laudo de necropsia do corpo de Evandro e uma das figuras centrais do julgamento das Abagge em 1998, especialmente por ter defendido, em 1992, que “havia perfeita correspondência entre as descrições contidas nos depoimentos prestados [confissões] com as lesões descritas no laudo”. O médico sofreu algumas acusações sérias com o passar dos anos, das quais vale a pena mencionar quatro.

De acordo com matéria da *Folha de Londrina* de 4 de fevereiro de 2000, Moraes e Silva foi acusado de assediar mulheres que foram ao IML de Curitiba para se submeter a exames para atestar violência sexual. Ao menos duas delas eram adolescentes. Naquele mesmo mês, a *Folha de S.Paulo* noticiou que ele fora afastado da direção-geral do IML por supostas irregularidades na emissão de atestados de óbito de vítimas de acidentes de trânsito. O esquema serviria para fraudar o seguro obrigatório que indeniza familiares de vítimas. Segundo uma matéria de 5 de julho da revista *IstoÉ*, também de 2000, Moraes e Silva - que, de acordo com a reportagem, era conhecido como “Chico Louco” - faria parte de um esquema de venda de partes de corpos de indigentes para universidades de Curitiba. Por fim, em setembro de 2015, a fisiculturista Renata Muggiati morreu ao cair da janela de seu apartamento em Curitiba. Moraes e Silva e um outro médico-legista, Daniel Colman, fizeram a necropsia, que afirmava que ela morrera em decorrência da queda. Contudo, após exumação do corpo, uma junta médica determinou que ela fora antes asfixiada, e só então jogada do apartamento. Com isso, seu então namorado, o médico Raphael Suss Marques, tornou-se o principal suspeito. Em junho de 2018, os legistas foram denunciados pelo Ministério Público.

As juízas envolvidas no caso, embora tenham sido acusadas de parcialidade ou de ser influenciadas por terceiros durante suas atuações no caso, não se envolveram em polêmicas dignas de nota a ponto de terem sido usadas por qualquer parte que fosse. Anésia Edith Kowalski se aposentou em meados dos anos 2000 e faleceu em 1º de fevereiro de 2021. Marcelise Weber Lorite se aposentou pouco depois do júri de 1998, após sofrer uma trombose que deixou sua fala prejudicada.

Os últimos dias de Aldo Abagge

Desde julho de 1992, quando sua mulher, Celina, e sua filha Beatriz foram presas, Aldo Abagge trabalhou nos bastidores, fazendo tudo o que lhe era possível para tentar provar que elas eram inocentes. Ele acreditava que o corpo encontrado em Guaratuba em 11 de abril de 1992 não era de Evandro e contratou uma série de investigadores particulares que o ajudariam a desvendar onde estaria o garoto. As buscas foram em vão.

Durante o período em que Celina e Beatriz estiveram presas em regime fechado, por quase quatro anos a partir de 1992, Aldo desenvolveu uma úlcera nervosa que acabou evoluindo para um câncer. Em dezembro de 1995, quando ele estava prestes a morrer, sua esposa e sua filha foram autorizadas a visitá-lo no hospital, acompanhadas por policiais militares. De acordo com o relato das mulheres, ele já estava bem fraco, mas se recusava a desistir. Foi então que Beatriz lhe disse:

"Sua última pista estava correta. Encontraram o Evandro naquela fazenda."

"Você acha que eu sou bobo? Por que, então, tem tantos policiais aqui fora?"

"Eles estão fazendo nossa proteção, pai. A imprensa está toda lá fora, querendo falar com a gente. Mas nós estamos livres."

Pouco tempo depois disso, Aldo morreu.

De acordo com Celina, ele não acreditou no que sua filha lhe disse.

12. Sete segundos

Depois de apurar durante anos sobre o caso Evandro, cresceu em mim a suspeita de que ele gira muito em torno do que aconteceu nos primeiros dias de julho de 1992, em especial na noite em que Osvaldo Marcineiro foi preso. Teriam os policiais do Grupo ÁGUIA levado Osvaldo para o quartel de Matinhos, onde ele prestou depoimento diante do promotor Samir Barouk, no qual delatou todos os outros envolvidos? Ou teria ele sido sequestrado e torturado durante toda a madrugada de forma a ceder a confissão? E, se foi torturado, a confissão foi ditada para encaixar na narrativa dos policiais ou ele a inventou na hora?

Vamos recapitular brevemente as versões de Osvaldo. Depois da confissão, durante as acareações do dia 11 de julho, ele e De Paula assumiram a responsabilidade pelo desaparecimento de Leandro Bossi, alegando que a criança fora entregue a uma mulher argentina no aeroporto de Guaratuba. No dia 12, o delegado Oliveira foi falar com Osvaldo no presídio e, a portas fechadas, o pai de santo lhe disse que estava sendo torturado. Nas acareações do dia 13, Osvaldo passou a afirmar que estava sendo forçado a confessar sua participação tanto no desaparecimento de Leandro quanto na morte de Evandro. Os policiais também o teriam obrigado a atribuir às Abagge o mando do crime. De acordo com as defesas, o Grupo ÁGUIA estava tentando fazer com que os depoimentos corroborassem as denúncias de Diógenes contra as Abagge e o depoimento de Davina, com fatos que nunca foram provados.

O que sempre me incomodou nessa parte da história foi a questão de Leandro Bossi. Nos autos, há realmente o registro de que Osvaldo alegara, em 11 de julho, ter sequestrado o garoto. Contudo, três dias antes, a *Tribuna do Paraná* estampara na sua capa: "Bruxo confessa que assassinou o outro menino: o pai de santo Osvaldo Marcineiro detalhou tudo à polícia. Depois da confissão, voltou atrás e passou a negar a morte de Leandro Bossi". Estranhamente, Osvaldo parecia ter confessado duas versões diferentes do desaparecimento de Leandro Bossi,

Em depoimento no júri de 2005, quando Bardelli e Cristofolini foram julgados, Diógenes Caetano repetiu a versão do que acontecera a Leandro Bossi, a mesma que relatara ao jornal *Hora H* em 1996. De acordo com ele, Leandro fora sequestrado por Cristofolini durante um show de Moraes Moreira. Diógenes só teria se dado conta de que presenciara o sequestro tempos depois, quando a extinta rede de TV OM teria exibido uma fita de confissão de Osvaldo. Essa história parecia conveniente demais. Por anos, essa fita pareceu ser obra da fantasia de Diógenes. Eu mesmo, quando li os autos do processo, tive essa impressão, já que ninguém com quem conversei confirmava se a fita existia. O arquivo da antiga TV OM, atual da CNT, não dispunha de matérias tão antigas. Nem o repórter Gladimir Nascimento, que teria feito a reportagem, se lembrava dela.

Só em 2019, quando tive acesso ao inquérito de Leandro Bossi, pude ver os depoimentos do repórter e de Diógenes sobre as fitas. Durante anos eu procurara o inquérito, que ninguém sabia se estava na Polícia Federal ou em Guaratuba. Com a ajuda do promotor Markowicz, descobri que o SICRIDE tinha uma cópia dele. A delegada encarregada na ocasião, Patrícia Conceição Nobre Paz, me permitiu tirar uma cópia, e pude verificar algumas informações que eram apenas mencionadas no processo do caso Evandro. Nos autos do caso Evandro, a existência da fita era citada pelo capitão Neves, que afirmava que ela fora entregue ao secretário Favetti. O secretário, por sua vez, dizia que todo o material que obtivera havia sido repassado à Polícia Civil, encarregada de finalizar o inquérito.

O que me chamava a atenção era que Osvaldo nunca foi formalmente acusado de assassinar Leandro, tanto que o caso ainda está em aberto como desaparecimento. Nas mais de 1.300 páginas do inquérito, vemos que a principal suspeita era que Leandro teria sido vendido para o exterior, conforme os suspeitos haviam afirmado nas acareações. Após as alegações de tortura, porém, essa suspeita esfriou.

De acordo com Diógenes, a fita nunca foi anexada porque na época o encarregado do inquérito era o delegado Oliveira, que o engenheiro acusava de ter se corrompido para salvar as Abagge. Essa versão nunca me convenceu. Afinal, se o conteúdo da fita fosse tão incriminador, alguém teria pedido que ela fosse anexada aos autos.

Ademais, nas acareações, os suspeitos passaram a dizer que tinham sequestrado Leandro para vendê-lo.

Eu precisava encontrar a fita.

Após meses de pistas e becos sem saída, cheguei a uma pessoa que tinha um pacote com onze fitas minicassete. Essa pessoa, a quem passei a chamar de Fonte, já que, por segurança, pediu para se manter anônima, me entregou o pacote e afirmou desconhecer o conteúdo das gravações. A maior parte dessas fitas era irrelevante ao caso. Mas duas delas eram importantes.

Em uma delas, havia a confissão de Osvaldo Marcineiro acerca do assassinato de Leandro Bossi. No total, esse trecho tinha em torno de dois minutos, que transcrevo a seguir:

OSVALDO: [...] do órgão [inaudível]...

INTERROGADOR 1: Aonde que foi feito isso?

OSVALDO: Foi na... próximo à baía... ali...

INTERROGADOR 1: Que vocês mataram ele ali?

OSVALDO: Sim, senhor.

INTERROGADOR 1: E daí?

OSVALDO: E foi jogado na baía.

INTERROGADOR 1: Aonde mais ou menos ali?

OSVALDO: Na... e o Sérgio pôs na frente da moto que levou. Não sei bem onde que ele jogou, mas foi perto da baía, perto do... um pouco antes do ferryboat, por ali.

INTERROGADOR 1: Vocês colocaram ele dentro de alguma coisa ou jogaram ele assim?

OSVALDO: Foi colocado ele num... dentro de um sa... dum saco.

INTERROGADOR 1: Saco do quê?

OSVALDO: Acho que era saco de, de. ...

INTERROGADOR 1: "Acho que" não...

OSVALDO: Era saco assim, não era saco, um saco... eu não sei o saco... um saco preto, um saco... o Sérgio tinha o saco, trouxe o saco.

INTERROGADOR 1: Tá. Estava você...

OSVALDO: Estávamos eu, De Paula, o Sérgio e o Davi.

INTERROGADOR 1: Tá. Quem que... quem que matou o guri?

OSVALDO: Quem matou, quem apertou o pescoço, foi o Davi que estrangulou ele. E o De Paula cor... não... não sei se foi cortado, eu sei que foi cortado. O De Paula cortou a parte da... da veia dele.

INTERROGADOR 1: E daí o que vocês fizeram?

OSVALDO: Só fez, só foi cortado isso, eu só sei só.

INTERROGADOR 1: Tá, e o sangue, vocês pegaram?

OSVALDO: Não, foi jogado com tudo, sacrificado com tudo pra jogar pra abrir os caminhos do mar.

[corte]

INTERROGADOR 2: Qual seria o objetivo desse sacrifício?

OSVALDO: Esse era pra abrir os caminhos da agência. O trabalho pro Sérgio e pro Davi. Era pra abrir os caminhos deles.

INTERROGADOR 2: Como que era o nome dessa criança?

OSVALDO: É Le... Leandro... Leandro Bossi, Boris...

INTERROGADOR 1: Quantos anos tinha mais ou menos essa criança?

OSVALDO: Acho que 10, 11 aninhos. Não sei bem a idade dele.

INTERROGADOR 1: E com que roupa que ele tava vestido?

OSVALDO: Tava com uma calça jeans e uma camisetinha meio listrada.

INTERROGADOR 1: Que horas eram mais ou menos quando vocês pegaram ele?

OSVALDO: Olha, eu não tenho certeza... Acho que eram umas seis horas da tarde talvez...

INTERROGADOR 1: Então, antes de começar o show ou depois do show? Esse show foi de dia ou de noite?

OSVALDO: Não, acho que foi na hora do show, sim. Foi sim, na hora tava começando o show. Na hora do show.

INTERROGADOR 1: Você lembra quem que era o artista?

OSVALDO: Quem era o...

INTERROGADOR 2: O artista.

OSVALDO: Acho que era... Alc... não tenho certeza, que eu não assisti o show... Eu não assisti exatamente o show... Acho que era Alceu Valença, não tenho certeza.

[corte]

Nesse ponto, Diógenes tinha falado a verdade: a fita em que Osvaldo confessava a morte de Leandro Bossi existia. E finalmente entendi por que ela não foi anexada ao inquérito de Leandro Bossi. Porque nessa mesma fita, e também na outra que mencionei, havia outras gravações relevantes para os casos Evandro e Leandro.

As fitas novas

A partir do momento em que falaram das torturas, Osvaldo, Davi, De Paula, Beatriz e Celina repetiam que os policiais gravavam constantemente o que diziam com um pequeno gravador. Contudo, os únicos registros anexados ao processo eram as fitas VHS dos dias 2 e 3 de julho e a fita cassete com a confissão das Abagge, no início da qual aparece, de maneira inexplicável, Osvaldo. Para a promotoria, era falsa a afirmação dos réus de que havia gravações além daqueles vídeos e da fita cassete. Mas as fitas que recebi provam que os acusados falavam a verdade.

Diante da importância desse material, e para evitar que ele voltasse a se perder, tomei alguns cuidados. Primeiro, enviei as fitas ao Instituto Brasileiro de Peritos (IBP), em São Paulo, para que fossem digitalizadas na presença de uma escrivã, que elaborou uma ata notarial do processo. A escrivã atribuiu aos arquivos digitais gerados uma assinatura eletrônica, anotada na ata, atestando que eles correspondem exatamente ao conteúdo das fitas minicassete. Antes de enviar ao IBP, porém, fiz minhas próprias digitalizações, a partir das quais iniciei um longo processo de apuração e contextualização. Analisei todos os relatos em que os presos descreviam as sessões de tortura para ter ideia da ordem provável em que os áudios foram gravados. Também analisei os depoimentos de policiais do Grupo ÁGUIA que constam no inquérito que investigou as alegações de tortura. Esse trabalho me tomou alguns meses. Acreditando ter chegado a uma explicação lógica de tudo, no dia 10 de março de 2020, publiquei o episódio de número 25 do podcast *O caso Evandro*, revelando o conteúdo das fitas e disponibilizando trechos para *download*. Dessa forma, garantia que esse novo episódio da história não se perdesse. Das duas fitas importantes que citei, suprimi apenas um trecho de seis minutos e 39 segundos da segunda fita, no qual dois moradores de Guaratuba aparentemente conversavam ao telefone sobre o caso. Tudo sugere que era uma conversa grampeada. O conteúdo do diálogo não é incriminador e as pessoas não eram suspeitas do caso, por isso omiti esse trecho e não vou revelar a identidade dos envolvidos.

Os interesses envolvidos nesse trecho da conversa ao telefone parecem ser mais importantes do que o conteúdo dela. Por que a gravação estava lá? Se as fitas eram de algum policial do Grupo ÁGUIA, como ele tivera acesso a material resultante de uma interceptação telefônica, método de investigação que não faz parte da competência da PM? E por que aquelas pessoas teriam sido gravadas? Algumas pessoas com quem conversei disseram acreditar que muita gente em Guaratuba tinha suas conversas telefônicas interceptadas na época, quando um telefone em casa ainda era artigo de luxo. As gravações, a princípio, poderiam ter sido feitas pela Polícia Federal para investigar tráfico de drogas na região. E, como já expus, a casa de Stroessner seria o QG da Polícia Federal em Guaratuba. Isso aparentemente condiz com relatos de Davi, que alegou que, entre sessões de tortura na casa do ex-ditador paraguaio, quando lhe tiravam a venda, conseguia ver uma série de telefones. Alguém teria lhe dito que eram telefones feitos para ouvir conversas dos moradores de Guaratuba. Se isso for verdade, é possível que tenha sido por meio da aproximação com a Polícia Federal que o Grupo ÁGUIA conseguiu essa gravação. Mas isso é especulação.

No total, as duas fitas têm cerca de duas horas e oito minutos de gravações, quase todas inéditas, produzidas pelo Grupo ÁGUIA de 1 a 3 de julho de 1992. Pela boa qualidade do áudio, as fitas podem ser as originais ou cópias diretas. As gravações não estão numa ordem clara, dando a impressão de que o operador manipulava o gravador sem se preocupar com uma coerência temporal. É possível identificar diversos cortes, e não raras vezes o operador começa gravando a fita pelo lado B.

Foi analisando os depoimentos dos acusados para tentar entender a ordem das gravações que cheguei a uma primeira conclusão: a gravação de Osvaldo Marcineiro confessando ter matado Leandro Bossi provavelmente era a última daquela série. Ao que tudo indica, a primeira vez que ele diz ter matado Evandro está no trecho a seguir, que dura cerca de um minuto. Começa com Osvaldo já ofegante, respondendo a uma pergunta feita antes de começarem a gravar.

OSVALDO: Marcineiro.
INTERROGADOR: Quantos anos tem?
OSVALDO: Eu tenho 30 anos.
INTERROGADOR: Como que é o nome do teu pai?
OSVALDO: Eduardo Marcineiro.
INTERROGADOR: E o nome da tua mãe?
OSVALDO: Leopoldina Martins Marcineiro! [ofegante]
INTERROGADOR: Você mora onde?
OSVALDO: Eu moro agora em Guaratuba, aqui... morava em Curitiba...
INTERROGADOR: Rua?
OSVALDO: Rua Monsenhor Lamartine, númer... Ai! [grita] Número 62! [ofegante]
INTERROGADOR: Tá bom. Então, o que você tem pra contar a respeito... do...

OSVALDO: ... da criança?

INTERROGADOR: ... da criança...

OSVALDO: Tá... fui eu que ma... matei a criança!

INTERROGADOR: Como é que você fez?

OSVALDO: Ah, eu pe... eu peguei a criança e acabei... eu tava meio atrapalhado e acabei matando ela, eu matei, daí...

INTERROGADOR: De que jeito?

OSVALDO: Eu estrangulei ela [ofegante] ... eu estrangulei ela...

INTERROGADOR: Com quê?

OSVALDO: Com... com a cinta...

INTERROGADOR: E daí?

OSVALDO: Aí ela... morreu... Ela... Eu fui apertando o pescoço, apertando o pescoço... ela acabou morrendo...

INTERROGADOR: De que jeito?

OSVALDO: Sufocada, sem fôlego, sem nada.

INTERROGADOR: E daí que que você fez?

OSVALDO: Daí eu acabei jogando ela no mato.

INTERROGADOR: Não, mas o que que você fez?

OSVALDO: Joguei ela no mato ali...

INTERROGADOR: Por que que você matou ela?

OSVALDO: Eu não sei mesm... diz que eu tinha... não sei por quê... talvez, não, não sei dizer... eu que matei... fui eu....

[alguém diz algo inaudível no fundo]

[corte]

É chocante, ao ouvir esse trecho, perceber a voz ofegante de Osvaldo, algo que não se espera de um interrogatório policial, e o momento em que ele, quando diz seu endereço, dá um grito de dor. Além disso, causa estranhamento, nessa aparente confissão, o fato de Osvaldo dizer ter matado sozinho Evandro no mato, estrangulando-o com uma cinta, mas não conseguir dar um motivo para isso. Para piorar, a versão que Osvaldo dá nesse trecho, que suponho ter sido gravado no dia 1º de julho, é muito diferente da existente nas confissões gravadas em vídeo na manhã do dia 2, assim como das declarações prestadas no quartel da Polícia Militar de Matinhos na madrugada de 2 para 3 de julho.

O que eu chamo de "primeira sessão" continua, e Osvaldo dá mais detalhes do que teria ocorrido com Evandro:

[diálogo cortado e inaudível]

OSVALDO: [inaudível] Tava eu, que me deu essa coisa na cabeça, cabei... fazendo...

INTERROGADOR 1: De que jeito? Como é... aonde você encontrou a criança?
OSVALDO: Encontrei ela tava andando na rua.
INTERROGADOR 1: *Onde?*
OSVALDO: Eu não sei o nome duma rua ali pra cima, ali.
INTERROGADOR 1: E daí?
OSVALDO: Próximo da casa dela.
INTERROGADOR 1: E daí?
OSVALDO: [quase chorando] Aí eu acabei pegando ela e acabei levando ela e matei ela...
INTERROGADOR 1: No que que você levou?
OSVALDO: Levei na, no, no, no... na mão, empurran...
INTERROGADOR 1: Ahn?
OSVALDO: ... puxando ela...
INTERROGADOR 1: E daí?
OSVALDO: Aí eu matei ela.
INTERROGADOR 1: Hã hã. [tom negativo]
OSVALDO: Foi... foi isso, amigo, eu matei...
INTERROGADOR 1: Quem que tava junto com você?
OSVALDO: Ai! [grita] Peraí, amigo!
[alguém fala algo incompreensível ao fundo para Osvaldo]
INTERROGADOR 1: Quem que tava junto com você?
[Osvaldo parece ofegar]
INTERROGADOR 1: Hm?
OSVALDO: Eu tava... eu tava sozinho.
INTERROGADOR 2: Não.
OSVALDO: Tava...
INTERROGADOR 1: E aí você levou aonde?
OSVALDO: Levei no mato e matei...
INTERROGADOR 1: Não... isso é mentira.
OSVALDO: É verdade, amigo.
INTERROGADOR 1: Claro que não...
OSVALDO: É verdade, sim, senhor...
INTERROGADOR 1: Não, não foi isso, não.
OSVALDO: Foi isso, sim.
INTERROGADOR 1: Não, não foi você que matou.
INTERROGADOR 3: Que dia que vocês...
OSVALDO: Fui eu que matei, sim.
INTERROGADOR 2: Que dia que você matou ela?
OSVALDO: Foi dia, eu não lembro o dia. Foi...
INTERROGADOR 2: Que dia da semana?
OSVALDO: Também não lembro o dia da semana certo assim. Foi acho que...
INTERROGADOR 2: Que horário você matou ela?
OSVALDO: Eu acho que era... acho que à noite.

INTERROGADOR 2: À noite?

OSVALDO: É...

INTERROGADOR 2: Aonde que você matou ela?

OSVALDO: Eu matei no... no... no mato ali...

INTERROGADOR 3: Não, no mato não foi.

OSVALDO: Foi, foi no mato, foi, eu levei ela pro mato, estrangulei ela no mato.

INTERROGADOR 2: E por que que você levou a criança no mato e estrangulou?

OSVALDO: Não sei, me deu uma... uma loucura da cabeça e eu fiz...

INTERROGADOR 1: Não.

OSVALDO: Foi, amigo.

INTERROGADOR 1: Mentira.

[corte]

Entre um corte e outro, essa primeira sessão é composta de dez trechos que totalizam dezessete minutos e quarenta e oito segundos. Não é possível dizer onde ela foi realizada, mas acredito que podemos pelo menos afirmar que foi feita algumas horas após a prisão de Osvaldo. No começo, a voz dele está tensa e ofegante. Em outros pontos, ele está claramente sem ar. "Quero sentar um pouco, por favor. Deixa eu respirar um pouco, eu volto a falar", diz em certo momento. Em outro, pede: "Posso levantar a cabeça um pouquinho? Tá me doendo o pescoço". Diversas vezes, após suas respostas, os interrogadores afirmam que ele está mentindo, e então a gravação é interrompida, como se ele não estivesse dizendo o que os policiais teriam mandado que ele falasse. Ao retornar à gravação, Osvaldo adiciona mais nomes e detalhes. Antes de uma dessas interrupções, ele pede: "Não faz isso, por favor, eu tô falando tudo, eu tô cooperando". Quando a voz dele volta, está ofegante.

O primeiro nome que ele menciona é o de Beatriz Abagge, cujo carro ele afirma ter usado para sequestrar Evandro. O interrogador pergunta se o garoto havia sido morto no carro. Osvaldo fica confuso. Insiste que mataram "no mato", ou "numa casinha lá perto". Em seguida, ele inclui Celina na trama: "A mãe dela [de Beatriz] tava junto [...] Daí cortamos ela pro diabo e entregamos o sangue dela". É difícil acreditar que um pai de santo chamaria, por vontade própria, Exu ou qualquer um dos orixás de "diabo". O último a ser citado é De Paula. Nesse ponto, Osvaldo começa a mudar a história. Agora, Evandro teria sido sequestrado por De Paula e Beatriz, não mais por ele, Osvaldo.

Na confissão filmada na manhã do dia 2 de julho, o pai de santo diria que apenas quatro pessoas participaram do ritual: ele, De Paula, Beatriz e Celina. Na madrugada seguinte, no depoimento no quartel de Matinhos, passaria a dizer que foram os sete. Minha impressão é que, a cada nova "confissão", ele inseria mais detalhes. Eu já tinha essa impressão antes de ter acesso às fitas minicassete. Depois de escutá-las, ela se confirmou. Parece bastante claro, nessa primeira sessão, que Osvaldo estava inventando detalhes. Primeiro ele estava sozinho, depois incluiu Beatriz, Celina e De Paula. Uma hora foi ele quem tirou os órgãos; outra foi Celina; outra ainda, De Paula. Horários mudam. Quando perguntam o local do crime, ele diz que foi no mato, depois que foi em uma casa perto, depois que não foi ele quem levou a criança. A serraria não aparece uma vez sequer. Primeiro, ele afirma ter matado Evandro sozinho porque estava bêbado. Mais adiante, na última versão dessa primeira sessão, De Paula teria dado a ideia do ritual. Osvaldo chega até a esboçar incluir Aldo Abagge entre os envolvidos diretos.

Não fica claro em que medida os policiais direcionavam o que Osvaldo dizia. Quando alegou ter sido torturado, afirmou que os torturadores queriam que ele falasse os nomes de Beatriz e Celina. A impressão que tenho ao ouvir essas fitas é um pouco diferente: os interrogadores parecem não acreditar que ele teria feito tudo sozinho e continuam a torturá-lo. Em algum momento, o nome de Beatriz aparece – talvez como o primeiro que vem à mente de Osvaldo para satisfazer o desejo dos policiais, ou talvez incitado por perguntas dos interrogadores, com base nos depoimentos de Diógenes e Davina. Depois de algum tempo, Osvaldo inclui Celina na história. Se há algo que essas fitas nos contam é que houve muita invenção e dor, mas nada indica a existência de um rígido roteiro predeterminado, como Osvaldo dizia ser ditado durante as torturas. Não parece que desde o começo os torturadores já soubessem onde queriam chegar.

Ao final dessa primeira sessão, há ainda um pequeno trecho que parece confirmar outra acusação de Osvaldo: a de que teria sofrido choques para dizer que havia usado técnicas de sacrifício de animais no corpo do menino.

INTERROGADOR: Tá, me diga uma coisa... quando vocês vão fazer um sacrifício, num animal, quais são as partes de um animal que se corta[m]?

OSVALDO: É a parte do pescoço...
INTERROGADOR: E o que mais?
OSVALDO: É a... a... a veia do pescoço, principal dela...
INTERROGADOR: Hm...
[conversa inaudível de fundo]
[corte]

Ao contrário dessa primeira sessão de gravação, em que Osvaldo parece ainda tatear o que os interrogadores gostariam que ele falasse, na segunda ele aparece, desde o primeiro trecho, com a voz mais firme e dá uma versão mais próxima daquela que depois ficaria registrada na fita VHS. Assim como no vídeo, ele acusa apenas quatro pessoas: ele mesmo, De Paula, Beatriz e Celina. Não cita Davi, Bardelli nem Cristofolini. A segunda sessão tem onze minutos e 26 segundos, dispostos em oito trechos separados por cortes. Embora diga com mais segurança a versão de que os quatro teriam retirado os órgãos do menino num ritual com o intuito de melhorar a vida financeira e o poder político da família Abagge, insiste que tudo teria acontecido no mato, dando a entender que o crime teria sido cometido perto de onde o corpo foi encontrado. Até que, no último trecho dessa segunda sessão, Osvaldo diz: "... uma casinha na serraria do Aldo, na frente da serraria do Aldo. Eu acho que foi mudado pra lá, foi levado pra lá essa... isso, pra dar proteção lá".

A serraria finalmente aparece, mas não da mesma maneira da confissão final. A narrativa era mais ou menos a seguinte: na noite de 7 de abril de 1992, De Paula fora à casa de Osvaldo e perguntara se ele precisava de dinheiro. Diante da resposta afirmativa, De Paula chamara o amigo para participar de um trabalho naquela noite. Então, Beatriz e Celina os levaram no seu Escort, em cujo porta-malas estava Evandro, já morto. Foram ao terreno baldio, onde cortaram o garoto no ritual, e colocaram seus órgãos e genitália numa tigela, que ficaram no terreno, perto de alguma árvore. Depois de um tempo, essa tigela foi levada para a casinha na serraria. Essa versão, bem diferente da primeira, parece preliminar àquela que Osvaldo daria em depoimentos oficiais. Por isso, parece-me seguro supor que a "confissão" em vídeo gravada na casa de Stroessner, em 2 de julho, foi feita após as gravações dessa fita minicassete.

Essa fita também confirma que, como insistiam os advogados de defesa, a declaração de uma página assinada por Osvaldo, sem a presença de escrivão, supostamente na madrugada de 1º para 2 de julho, na qual ele confessaria o crime perante o promotor Barouk, é falsa. Não fazia sentido Osvaldo ter delatado todos os sete como cúmplices, mas dois deles não terem seus pedidos de prisão expedidos. Essas fitas, então, gravadas nos dias 1º e 2 de julho, derrubam todas as justificativas dadas pelos policiais militares, pelos promotores e até pela juíza Anésia. Foi a omissão desse material que permitiu que as mentiras sobre a participação dos acusados no crime se sustentassem e fossem repetidas durante o processo.

O que mais me assombra nisso tudo é uma percepção de que os policiais sentem que estão fazendo um bom trabalho, que basta apertar um pouco mais para Osvaldo falar a "verdade". Seguindo a lógica perversa de que é por meio da violência que se faz um assassino confessar, os policiais talvez nem considerassem aquilo tortura, mas um método de investigação. Um motivo para eu imaginar que os policiais acreditavam estar desvendando o caso, e não impondo um roteiro predefinido, como afirmavam as defesas, é o detalhe da genitália de Evandro. Osvaldo diz que o menino foi emasculado, e nós sabemos pelo laudo de necropsia que isso não é verdade. Mas os policiais não o corrigem. O mesmo ocorre na descrição do corte do pescoço.

Não tenho dúvidas de que o pai de santo já era considerado culpado antes de qualquer "investigação" feita por aqueles policiais. Talvez Beatriz Abagge também fosse um alvo, talvez não. Se fosse para apostar, eu diria o seguinte: no meio da tortura, ficou claro para Osvaldo que os policiais queriam que ele falasse outros nomes, pois não acreditavam que ele havia feito tudo sozinho. Quando disse o nome de Beatriz, seja por ter sido um nome que lhe ocorreu, seja porque as perguntas dos policiais o direcionaram a isso, a coisa avançou. E daí começou uma bola de neve, que continuaria crescendo com a soma de outros depoimentos, revelados ou não pelas autoridades.

As fitas de Davi e de Paula

De Paula e Davi sempre afirmaram ter sido gravados enquanto eram torturados, mas essas gravações nunca apareceram e o MP nunca levou a alegação a sério. As fitas, todavia, provam que eles falavam a verdade. Quando De Paula foi preso em Curitiba, na tarde do dia 2 de julho, os policiais pareciam já ter uma versão bem fechada do assassinato. Por isso, agora sim, podiam ditar exatamente o que ele devia falar. No total, os trechos da fita com De Paula contam doze minutos e dez segundos. Logo no primeiro segmento, de 26 segundos, De Paula menciona a serraria e diz que participaram do ritual "o Sérgio" (Cristofolini) e "o Bardelli". O trecho é interrompido pelo rádio, de onde sai uma voz dizendo "ÁGUIA Um", o que indicaria que as fitas são do ÁGUIA.

Esse trecho nos dá uma peça que faltava: como Cristofolini entrou na história. Osvaldo nunca o menciona, e as "confissões" de Davi sempre foram muito vagas. Na fita cassete das Abagge, Beatriz acusa Bardelli de ter cuidado do pagamento. Com essas novas fitas, descobrimos que muito provavelmente foi De Paula quem deu o nome de Sérgio Cristofolini.

Mas por que ele citou Cristofolini? Como De Paula morreu em 2011, de câncer, no Complexo Médico Penal de Pinhais, na Grande Curitiba, jamais poderá explicar. Lembremos, porém, que ele não morava em Guaratuba, embora fosse para lá de vez em quando, ficando na casa de Osvaldo. Não conhecia bem a cidade e tinha contato com poucas pessoas, no geral frequentadores dos terreiros, como Antonio e Malgarete Costa, Andrea e a mãe de Sérgio, Carmelita, que era cliente de Osvaldo – além do próprio Sérgio Cristofolini, vizinho de Osvaldo.

No trecho seguinte da gravação, De Paula dá mais detalhes do ritual, que afirma ter ocorrido na serraria. Como Osvaldo, ele diz que teriam cortado a garganta e o coração, mas são as divergências que chamam atenção. Na sua versão, quem sequestrou Evandro foram Beatriz e Cristofolini. Além disso, Osvaldo, tendo sido contatado para fazer o trabalho, teria convidado De Paula para participar do serviço, ou seja, o exato oposto do que Osvaldo dissera em sua segunda sessão de gravações. Os policiais pedem mais detalhes do ritual e das condições do corpo do menino. Como as respostas de De Paula parecem não satisfazer os interrogadores, é possível perceber a irritação na voz deles, até que um diz, antes de um novo corte: "Entrouxa a cabeça desse cara pra baixo".

Quando De Paula volta, agora num trecho de 23 segundos, está sem fôlego. Ele explica que os órgãos do garoto teriam sido colocados num alguidar. Ao fundo, pouco antes de uma nova interrupção, ouve-se alguém falando: "Peraí que vai descer um", seguindo de um apito. Da primeira vez que ouvi esse pedaço, supus que era o apito da balsa e que eles estavam esperando para embarcar. Mas, segundo De Paula, após ser preso em Curitiba, ele foi levado direto para Matinhos, parando no caminho para ser torturado, e não pegaram a balsa. Por isso, é mais provável que seja o apito de um trem em alguma ferrovia no caminho entre a capital e o litoral, ou a buzina de um caminhão ou ônibus.

Nos dois trechos seguintes, os policiais parecem aceitar melhor o que ele fala. De Paula nomeia os sete que seriam acusados e afirma que foi ele quem degolou a criança. Diz também que recebeu 5 milhões de cruzeiros, que Osvaldo recebeu 7 milhões e que os outros também foram pagos, mas ele não sabia dizer o valor.

Davi, por sua vez, foi preso no mesmo dia que Osvaldo e, como ele, teria sido torturado na chácara. Os trechos da gravação em que aparece totalizam pouco mais de doze minutos e trazem pouca coisa diferente da versão da fita VHS gravada na manhã de 2 de julho na casa de Stroessner, em que afirma ter feito o papel de observador no ritual. Contudo, há um trecho específico, de cerca de dois minutos, que suponho ter sido gravado na noite do dia 2, ou mesmo no dia 3, quando os presos foram levados para Curitiba, em que fica claro que os policiais querem que ele confesse que os acusados eram responsáveis pelo desaparecimento de outras crianças.

> [voz alterada]: ... a gringa...
> DAVI [ofegante]: Eu não sei que trabalho que foi que o... que ele fez pra ele. Sei que a gringa na... na temporada deu 550 dólares pra ele.
> INTERROGADOR 1: Pra quem?
> DAVI: Pro Osvaldo.

INTERROGADOR 1: Pra fazer que trabalho?

DAVI: Eu não sei que trabalho que ela foi, mas eu sei que... que ainda todo mundo ficou espantado, diz: "Poxa, aquela gringa [inaudível] fez trabalho pra ela... e ela veio e deu 550 dólares, né".

INTERROGADOR 1: Foi no dia que sumiu o Guilherme?

DAVI: É, foi perto do Carnaval, né?

INTERROGADOR 1: É?

DAVI: Aham... Agora... é só isso que eu sei dessa parte.

INTERROGADOR 1: Daonde que é essa gringa?

DAVI: É da... da... da Argentina. Ele tem o endereço dela.

INTERROGADOR 2: Ele tem o endereço dela?

DAVI: Ele tem o endereço dela.

INTERROGADOR 2: Como é que é o nome dessa gringa?

DAVI: Eu não sei. É ele que sabe. Porque eu só... Eu sei que ele recebeu esse dinheiro porque ele falou. Mas eu digo: "Que você fez pra ela?", e ele: "Ah, eu fiz uns trabalhos aí pra ela, deu certo dela fechar um negócio numa rede de banco na Argentina". A... aí a... Ah, tá, acho que eles jogaram no mar a... o... eu lembro que ele diz que eles fizeram um pacotão e jogaram no mar, ali na baía.

INTERROGADOR 1: Quem que fez o pacotão?

DAVI: O Osvaldo... saiu no carro.

INTERROGADOR 2: Jogaram um pacotão?

DAVI: É, jogaram um pacote na... na... na baía.

INTERROGADOR 2: Mais tarde ele comentou alguma coisa com você do Guilherme?

DAVI: Não... Do Guilherme, não. Eu sei que nessa época do Lhigue [erra o nome do menino]... do Guilherme sumiu, ele fez esse trabalho pra menina. Se era um trabalho grande, né?

INTERROGADOR 2: E jogou no mar um pacotão?

DAVI: É, um pacotão.

INTERROGADOR 1: Quem que jogou o pacotão no mar?

DAVI: O Osvaldo.

INTERROGADOR 1: O Osvaldo e quem?

DAVI: Osvaldo... o Osvaldo e o De Paula, né?

INTERROGADOR 1: E quem mais?

DAVI: Não, nã... é... que nem eu fa... foi ali na feira mesmo. Eles encostaram o carro ali, foram num canto lá e jogaram. Aí que o...

INTERROGADOR 1: Quem que viu ele jogando o pacotão no mar?

DAVI: Quer ver, foi... Ah, o pessoal da feira ali. Quer ver... que jogou... quer ver uma coisa... É, o... eu não vou... posso dizer, assim precisamente, quem, mas eu sei que... que nem... Vocês querem saber do Guilherme, né? É, a informação que eu tenho é essa: que, na época que o Lhigue... Guilhi... que o Guilherme sumiu, essa gringa pediu um trabalho, que é mais ou menos parecido com esse do... da política... é um trabalho grande, eu acho que deve ser feito assim... e aí recebeu tudo, aquele monte de dinheiro...

INTERROGADOR 1: Hm... e daí?

DAVI: Aí é isso, né?

INTERROGADOR 1: E esse seu... Você acha que esse pacotão que eles levaram...

DAVI: É, pode ser do Guilherme, porque ele não apareceu, né?

INTERROGADOR 1: Não apareceu?

DAVI: Uhum. Pode ter colocado pedra, alguma coisa, pra ir pro fundo d'água, né?

O Guilherme a que o policial se refere é provavelmente Guilherme Caramês Tiburtius, o garoto de Curitiba que virou símbolo do movimento de pais e mães de crianças desaparecidas. Só que Guilherme desapareceu no dia 17 de junho de 1991, e não perto do Carnaval, como sugere Davi. Quem sumiu perto do Carnaval foi Leandro Bossi. E Davi não se confundiu. Ela sabia muito bem que estavam falando de Guilherme, já que, no fim desse trecho, ele pergunta: "Você quer saber do Guilherme, né?". Talvez essa tenha sido a sorte de Davi: errar a data. Se tivesse falado que o trabalho fora feito em junho ou "no ano passado", talvez ele e os outros tivessem mais um caso nas costas.

De qualquer forma, fica claro que os policiais, ou por sadismo, ou por incompetência, em vez de investigar os desaparecimentos, só queriam confissões. Em parte, conseguiram. Por conta desses áudios de alguns minutos, conseguimos ter uma pequena noção das sessões de tortura de Osvaldo, Davi e De Paula, que devem ter levado horas. Não é de surpreender que logo em seguida, entre os dias 2 e 3, os três tenham confessado oficialmente o crime, no quartel de Matinhos. Sem advogados.

Esse material parecia colocar um ponto final em um dos maiores mistérios do caso Evandro: a alegação de tortura. Mal sabia eu que havia uma gravação ainda mais importante naquele grupo de fitas. Havia uma outra versão da fita de confissão das Abagge.

Os trechos omitidos

A primeira coisa que me chamou atenção quando encontrei nas fitas minicassete uma nova versão da confissão das Abagge foi a qualidade do áudio. O som estava limpo, sem os ruídos de fundo da fita anexada ao processo do caso Evandro. Como expliquei no capítulo 7, a existência desses ruídos era compreensível, já que a versão original fora perdida e a cópia anexada ao processo em 1998 vinha do acervo de um jornalista. A cópia de uma fita sempre tem qualidade inferior à sua fonte e, para piorar, é provável que o repórter tenha conseguido sua cópia colocando um microfone em frente a um gravador durante uma entrevista coletiva. Como o áudio da nova fita é cristalino, acredito que, se não for a fita original, é uma cópia direta.

Depois da surpresa com a qualidade do áudio, fiz o cotejo do seu conteúdo com as quatro versões das confissões: a fita anexada aos autos do processo; a transcrição realizada pelo Grupo ÁGUIA para o relatório "Operação Magia Negra", assinado por Valdir Copetti Neves, de 7 de julho de 1992; a transcrição feita pelo IC da Polícia Civil do Paraná, datada de 20 de julho de 1992; e o relatório de perícia fonética da fita anexada aos autos, datado de 27 de setembro de 1999. Usei, como base de comparação, a transcrição do ÁGUIA, por ter sido feita pelas mesmas pessoas que gravaram a fita nova. Se houvesse algum trecho diferente ou omitido, eu saberia que a alteração fora produzida pelos policiais, e não pela defesa, como o MP chegou a sugerir. Quando eu identificava algum trecho inédito ou modificado, eu o comparava com a transcrição feita pela Polícia Civil e com a fita anexada aos autos. Por fim, conferia se a modificação era mencionada pelo relatório da perícia de 1999.

A fita nova já começa com um trecho parcialmente inédito. Nele, é possível ouvir um interrogador dizendo: "Que horas você levou o guri lá na casa do Osvaldo?", ao que Beatriz responde: "Entre 2h e 3h". Na fita anexada aos autos do processo, ouve-se apenas o fim do nome de Osvaldo sendo dito pelo interrogador, seguido pela resposta de Beatriz. A pergunta, porém, consta na transcrição do Grupo ÁGUIA, que chega a incluir uma fala anterior de Beatriz: "Bem, é o jeito de falar, eles mandam, eles fazem lavagem cerebral, eles...". A frase também aparece na degravação da Polícia Civil, mas levemente diferente. Ou seja, o início da fita nova é mais completo do que a gravação anexada ao processo, mas ainda tem um trecho inicial faltando, o que pode indicar que a fita nova também seja uma cópia manipulada.

Um dos momentos mais curiosos dela é o trecho em que Beatriz descreve como as vísceras de Evandro teriam sido colocadas na casinha. Ele consta em todas as gravações e transcrições. Mas há diferenças significativas. Na fita nova, há um silêncio de quase um minuto, em que se ouvem apenas alguns sons de fundo. Em certo ponto, é possível escutar uma conversa bem baixa, que não consegui tornar mais audível. Minha hipótese é que esse intervalo não existia na gravação original, mas alguém gravou um período de silêncio sobre esse trecho para apagar o conteúdo original.

Há outra diferença. Nas duas fitas, a gravação é interrompida exatamente no mesmo momento, quando Beatriz diz: "Então eles colocaram, assim que eu, que eu vi...". No entanto, na fita do processo, ela volta a falar em seguida, dizendo seu nome e idade e descrevendo o ritual. Na fita nova, há esse longo silêncio que mencionei e a voz de Beatriz volta bem depois, quando ela diz: "Eu assino já, até", conforme a imagem a seguir. Um dos interrogadores então diz: "Eu não quero que você assine, eu só quero que você fale a verdade". Esse trecho consta também na fita anexada no processo.

Mas por que, afinal, quem manipulou a fita quis apagar um trecho inteiro que já constava na transcrição do Grupo ÁGUIA? O que havia a esconder?

Pergunta : E daí ...

BEATRIZ : E daí, nós três, né?. Porque o De Paula que estava fazendo. Os três seguraram. Pronto!

Pergunta : E o De Paula o que fazia, o que ? Que partes ele cortou da criança ?

BEATRIZ : Eu não vi ele cortar as partes, eu só vi ele cortar isso... O pescoço, pra sangue.. Eu não vi ele cortar as partes. Ele estrangulou a criança e abriu o pescoço. Pronto !

Pergunta : E daí ?

BEATRIZ : Foi isso que a gente podia ver, foi só isso, os outros, a outra parte... Pode perguntar pros dois... Que a gente não podia ver.

Pergunta : Que vocês não podiam assistir ?

BEATRIZ : É . Senão não ia dar certo o trabalho.

Pergunta : E os restos ? O que vocês fizeram daquela tigelinha que tava com as coisas, com as partes da criança lá na fábrica ?

BEATRIZ : Ficou na mão do Osvaldo.

Pergunta : E daí ?

BEATRIZ : Aí eu não sei o que ele fez ...

Pergunta : mas ficou lá dentro naquela igrejinha... Naquela casinha ali ?

BEATRIZ : Ficou dentro da casinha, então eles colocaram, assim que foi que eu vi...

Pergunta : Teu nome ?

BEATRIZ : Beatriz Cordeiro Abage

Pergunta : Quantos anos ?

BEATRIZ : 28 anos.

Pergunta : Então pode contar a história porque caiu a casa, não tem o que segure mais. Vamos ver aonde que está o material? Onde esconderam tudo ?

BEATRIZ : Nós pegamos a criança, eu e minha mãe. Pegamos a criança e aí levamos... passamos na casa do Osvaldo, e levamos a criança pra um quartinho na fábrica. Esta criança ficou lá na fábrica até às 7 horas mais ou menos. Daí eu e minha mãe pegamos o Osvaldo e o De Paula, apí começaram os trabalhos. Eu e minha mãe cada uma segurou em uma mão da criança, e o Osvaldo segurou embaixo as pernas... E daí o De Paula estrangulou, cortou o pescoço...abriu... E aí ele não permitiu mais que a gente visse, porque ele era o pai-de-santo. Ele não permitiu... Pode perguntar lá...

Pergunta : Isto é verdade, o que você está falando ?

BEATRIZ : é totalmente a verdade. Eu assino.

Pergunta : é verdade mesmo? Verdade verdadeira? Posso confiar em você ? Você confirma tudo isso?..

BEATRIZ : é verdade verdadeira. Pode... Eu assino onde vocês quiserem, na justiça... Eu assino já até...Se querem que eu assino...

Pergunta : Eu não quero que você assine, eu só quero que você fale a verdade.

BEATRIZ : ....

Pergunta : Onde vocês levaram a criança ?

BEATRIZ : Pegamos no carro. Pronto!

Pergunta : Que carro ?

BEATRIZ : No meu carro.

Pergunta : Que carro é o teu?

BEATRIZ : Um SCORT

Pergunta : Que cor?

BEATRIZ : Cinza.

Pergunta : Que placa ?

BEATRIZ : hummm...CH2993...

Pergunta : Quem estava com você no carro?

BEATRIZ : Eu e minha mãe.

Pergunta : Quem dirigia ?

BEATRIZ : Eu.

Reprodução da transcrição que consta no relatório "Operação Magia Negra", de 7 de julho de 1992. O retângulo destaca o trecho de 1 minuto e 21 segundos que consta na fita anexada aos autos, mas que na fita nova tem 1 minuto e 28 segundos, incluindo um trecho em silêncio. No grifo, tem-se o trecho que, na fita nova, é preenchido por silêncio. Ao que parece, ele foi gravado por cima da fita original. É nesse trecho que há sete segundos a mais na fita do que na anexada aos autos.

Para tentar desvendar o mistério, comparei a duração do trecho que vai de quando o interrogador diz: "E daí?" até quando ele diz: "Só quero que você fale a verdade". Na fita anexada ao processo, esse trecho todo tem cerca de um minuto e 21 segundos. Já na fita nova, o tempo que corresponderia a esse mesmo trecho, incluindo a parte que fica em silêncio, é de um minuto e 28 segundos. Sete segundos a mais. É um tempo considerável. O que será que havia nesses segundos extras?

Há uma pista na fita anexada ao processo. Quando a voz de Beatriz volta após o corte, antes de ela dizer seu nome, ouve-se uma voz de homem terminar de dizer uma palavra com o final "eiro". Na transcrição do Grupo ÁGUIA, esse trecho foi alterado. De acordo com o documento, o interrogador teria feito a pergunta: "Teu nome?". A discrepância foi percebida pelo IC da Polícia Civil. Coloco a seguir os dois trechos tais como apareceram em cada degravação, para comparação. Primeiro, o do Grupo ÁGUIA, e depois o do IC da Polícia Civil:

> BEATRIZ: Ficou dentro da casinha, então eles colocaram, assim que foi que eu vi...
> PERGUNTA: Teu nome?
> BEATRIZ: Beatriz Cordeiro Abagge.
> PERGUNTA: Quantos anos?
> BEATRIZ: 28 anos.

> — Ficou dentro da casinha, então eles colocaram sem que eu vi, que eu visse...
> [choro]
> — ... Não precisa chorar...?
> — Beatriz Cordeiro Abagge.
> — ... Não seja por acaso.
> — Conte, conte a história? Quantos anos tem?
> — Vinte e oito.

A segunda degravação, a do IC, é mais próxima do áudio, mas também contém mais trechos do que a fita do processo. Nela, não é possível ouvir claramente a frase "Não precisa chorar", como aparece na fita nova. Supondo que nesses sete segundos cortados conseguiríamos ouvir a pergunta do homem inteira e que a fita nova seja a única mais próxima da original que restou, a informação se perdeu para sempre. E, se eu estiver certo, esses segundos extras deviam ser tão incriminadores que os envolvidos na gravação decidiram cortar a frase do processo e apagá-los da fita original.

Além desse, identifiquei outros dois trechos que estão na fita de 1998, mas não na nova. Aqui, vale uma das máximas do processo todo: às vezes, as coisas ausentes falam mais do que as presentes.

Os cinco trechos

No entanto, o mais impactante são os trechos inéditos, dos quais destaco cinco. E aqui foi imprescindível o uso do laudo pericial feito em 1999, a pedido do MP, na fita anexada aos autos.

No primeiro trecho, de acordo com a transcrição do Grupo ÁGUIA, um dos interrogadores pergunta: "A faca, o material, está aonde?", ao que Beatriz responde: "Na sala". Na fita do processo, a resposta de Beatriz está nitidamente cortada, e o som que ela pronuncia parece um P, não um S. Estranhamente, em um erro grosseiro, o laudo pericial não apontou o corte nesse trecho. Na fita nova, esse pedaço é claro. A pergunta é a mesma da transcrição, mas agora conseguimos ouvir a resposta de Beatriz inteira: "Tudo com o De Paula". Não consigo entender o motivo pelo qual os policiais cortariam esse trecho e trocariam "De Paula" por "sala". Será que achavam difícil provar que a faca e os "materiais" estariam com De Paula, que morava em Curitiba e em cuja casa não foi feita busca e apreensão? O que queriam esconder?

O corte do segundo trecho inédito também não foi detectado pela perícia, apesar do pico nítido de volume e de a fala do interrogador começar na metade. Na transcrição do Grupo ÁGUIA, esse trecho é o seguinte:

PERGUNTA: Que hora era isso?
BEATRIZ: Não sei, porque a gente... Eu não olhei no relógio... Depois já era noite...
PERGUNTA: Você não está querendo falar....
BEATRIZ: Não! Eu tô falando! Tô falando...!
PERGUNTA: Você não está querendo falar...

Na fita do processo, ouve-se claramente um corte após Beatriz falar "era noite". Quando a gravação retorna, ouve-se um interrogador falando algo como: "... nossa sessão, você não tá querendo falar, né", ao que Beatriz responde, em tom de desespero: "Não! Eu tô falando! Tô falando!". Como se nota, o Grupo ÁGUIA omitiu as palavras "nossa sessão". Na degravação do IC, por sua vez, a frase vira: "E vocês levaram pra onde?". Não faz sentido. Na fita nova, a fala que antecede o desespero de Beatriz é nítida. Após ela dizer que "já era noite", ouve-se o interrogador falar: "Olhe, menina, acho que nós vamos ter que *continuar* na nossa sessão".

A palavra destacada é dita de forma meio atropelada. Nas primeiras vezes que ouvi, ao perceber um som sibilado, como um S, imaginei que a frase pudesse ser: "Vamos te assassinar na nossa sessão", que parecia tirada de um livro policial de péssima qualidade. Mostrei o trecho para muitas pessoas, que disseram ouvir "continuar", sem o som de S no meio da palavra. Acho que é a interpretação que faz mais sentido. Houve, porém, quem entendesse "trucidar", uma gíria comum no Paraná, ou ainda "te suicidar". A palavra "continuar" é a versão que parece menos aterrorizante, mas, seja qual for a palavra correta, dá para entender o motivo de o Grupo ÁGUIA ter deliberadamente omitido essa fala. Afinal, que tipo de sessão teria de ser retomada para que Beatriz falasse?

No terceiro trecho inédito, a degravação da Polícia Militar registra o seguinte:

BEATRIZ: Tá bom... Eu...

PERGUNTA: Outra coisa... Você é prisioneira minha, e eu vou levar você pra Curitiba... Se você confirmar...

BEATRIZ: Onde... Eu quero ver a minha mãe...

PERGUNTA: Depois você fala com tua mãe... Se você confirmar direitinho, então não tem erro. Tá bom?

A versão do IC tem algumas pequenas diferenças, mas em essência é a mesma coisa:

— Tá bom, eu mostro a você...

— A outra coisa, você é prisioneira minha, vou levar você para Curitiba, se você não...

— Minha mãe vai?

— Não, depois você fala com sua mãe. Se você confirmar direitinho, certo.

Nenhuma das transcrições é muito precisa. É um diálogo intenso, em que as vozes se sobrepõem, mas isto foi o que pude entender na fita do processo:

BEATRIZ: Tá bom, eu boto tudo no papel.
INTERROGADOR [interrompendo-a no meio da palavra "boto"]: E outra coisa, escuta, você é prisioneira minha, eu vou levar você pra Curitiba. Se você não...
[corte]
BEATRIZ: ... minha mãe [incompreensível, talvez "vai"]?
INTERROGADOR [interrompendo-a]: Não, depois você fala com a tua mãe. Se você confirmar direitinho...

Dessa vez, o laudo pericial identificou um corte na fala do interrogador e no início da resposta de Beatriz. Na fita nova, finalmente entendemos o que havia ali:

INTERROGADOR [interrompendo Beatriz]: E outra coisa, escuta, você é prisioneira minha, eu vou levar você pra Curitiba. Se você não confessar direitinho que nem você tá falando pra mim aqui...
BEATRIZ: ... sim...
INTERROGADOR: ... chega na hora você mudar a história...
BEATRIZ: ... aham...
INTERROGADOR: ... você vai conversar comigo de volta.
BEATRIZ: ... tá. E a minha mãe confirma que e... eu... posso falar com a minha mãe [incompreensível, talvez "vai"]?
INTERROGADOR [interrompendo-a]: Não, depois você fala com a tua mãe. Se você confirmar direitinho [...]

Há aqui uma ameaça bem clara: "Se você não confessar direitinho [...] você vai conversar comigo de volta", que foi intencionalmente suprimida.

O quarto trecho inédito é o final da fita, quando Celina já está presente. De acordo com a transcrição do Grupo ÁGUIA, a fita encerrava com uma fala dela:

CELINA: Eu não vi, porque eles não gostam de mostrar pra gente... Porque a gente debochava deles...
PERGUNTA: Mas guardavam dentro do quê?
CELINA: ...

A degravação do IC parece ser mais correta. Em vez de Celina falar "pra gente", ela na verdade diz "pra mim". Como era o final da fita, o laudo pericial não apontou o corte, mas na fita nova percebemos que o diálogo continuava:

> CELINA: Eu não vi porque eles não gostam de mostrar pra mim porque eu sempre... debochava deles...
> INTERROGADOR 1: Mas é guardado dentro do quê?
> [silêncio por quatro segundos]
> INTERROGADOR 2: Confesse direitinho que eu vou te ajudar. Aproveite que você tá tendo essa chance [incompreensível].
> CELINA [interrompendo]: É que e... eu não...
> INTERROGADOR 2 [falando mais alto]: Você pode chegar lá e negar tudo o que você tá dizendo aqui, mas eu vou te levar, só isso. Agora, se você for uma mulher inteligente, tá sabendo que a pedido de companheiros, certo, eu vou te ouvir e vou te deixar ir. Aí você vai arrumar advogado, teu marido etc. e tal...
> BEATRIZ: Não, nós vamos confessar...
> INTERROGADOR 2 [mais alto ainda]: Eu quero sem conversa lá. Depois vocês vão comigo. Eu tenho... eu tô com a prisão decretada pra mim conduzir vocês, eu já pedi...
> [corte seguido de silêncio]
> MULHER AO FUNDO [provavelmente Beatriz]: SOCORRO!
> [corte]
> INTERROGADOR 2: ... vocês já sabem disso. Né? Vocês são minhas prisioneiras. Então vocês estão... depende do que vocês disserem lá. Tá bom?
> BEATRIZ: [incompreensível]
> INTERROGADOR 2 [falando alto]: E sem...
> [corte]
> INTERROGADOR 3: Você que deu dinheiro pro Bardelli, pro... pro Osvaldo, ou foi o Bardelli? Qual dos dois?
> INTERROGADOR 2: Me conta aqui que [incompreensível].
> INTERROGADOR 3: Você ou o Bardelli?
> [vozerio incompreensível no fundo]
> INTERROGADOR 3: Hã?
> CELINA: Fui eu que dei [incompreensível].
> INTERROGADOR 3: Foi você? Da sua mão ou...
> [corte]

No finalzinho, antes do último corte, Celina diz que foi ela quem pagou pelo trabalho, contradizendo Beatriz, que pouco antes tinha dito que Bardelli teria feito os acertos. As duas estavam claramente inventando, falando qualquer coisa para ficarem logo livres do que acontecia ali.

E, então, há o quinto trecho. Deixei por último, mas ele está no início da fita, quando Osvaldo aparece brevemente. Na transcrição do Grupo ÁGUIA, lê-se:

PERGUNTA: Quem matou a criança daí? Quem cortou?
BEATRIZ: Foi o De Paula.
PERGUNTA: Quem matou?
BEATRIZ: O De Paula.
PERGUNTA: E daí?
BEATRIZ: Daí o Osvaldo e o De Paula que fizeram os trabalhos...
PERGUNTA: Quem tirou o sangue da criança?
BEATRIZ: O De Paula.

A degravação do IC é mais precisa e completa:

— Quem matou a criança daí? Quem cortou?
— O De Paula, pronto.
— Não. Quem matou?
— O De Paula.
— Hê, ê.
— Daí o, o Osvaldo e o De Paula que fizeram os trabalhos.
— Quem que tirou o sangue da criança?
— Foi o De Paula.

Como em outros trechos, aqui Beatriz fala "pronto", como se cedesse para ser deixada logo em paz. De acordo com o laudo pericial, há um corte entre a segunda vez que Beatriz diz "De Paula" e a pergunta "E daí?" do interrogador.

Na nova fita, descobrimos o que foi cortado:

INTERROGADOR: Quem matou a criança, daí? Quem cortou?
BEATRIZ: O De Paula, pronto.
INTERROGADOR: Não, quem matou?
BEATRIZ: O De Paula.
INTERROGADOR: Quem cortou?
BEATRIZ [quase sussurrando]: ... ai, meu Deus, isso não é verdade...
INTERROGADOR: Osvaldo!
OSVALDO: Oi?

INTERROGADOR [dirigindo-se a Osvaldo]: Quem que ajudou a segurar a criança?

BEATRIZ [falando baixinho para si mesma]: ... eu tô inventan... eu tô inventando isso...

OSVALDO [com voz abatida]: ... todos nós ajudamos a segurar, o De Paula cortou...

BEATRIZ [baixinho]: ... eu tô inventando tam...

INTERROGADOR: Não! Que você tá inventando...?

BEATRIZ: Não, nada, nada... eu tô falando sozinha...

[corte]

No dia 2 de julho, após terem sido retiradas à força do fórum pela manhã, o primeiro advogado a falar com as Abagge foi Silvio Bonone. No depoimento que prestou no inquérito de investigação de torturas, no dia 11 de dezembro de 1992, Bonone afirmou que, quando as Abagge reapareceram à tarde no fórum, ele foi impedido pelos policiais de falar com elas. Na barca para Curitiba teria acontecido a mesma coisa. Ele só conseguiu falar com elas no quartel de Matinhos, já no início da noite. De acordo com ele, assim que pôde falar com Beatriz, ela lhe narrou tudo o que acontecera: que fora torturada e que a forçaram a gravar uma confissão falsa num gravador. O depoimento diz, ainda, que Beatriz tentara enviar mensagens por meio da fita cassete para que percebessem que ela estava sendo coagida, mas que as mensagens foram, em sua maioria, detectadas. Uma das poucas que passaram foi o momento em que Beatriz disse estar buscando "justiça" para sua família, já que não faria sentido pedir justiça por meio de um ritual macabro.

Agora que temos a fita sem esses cortes, sabemos o que de fato houve. De fato, Beatriz, de forma muito corajosa, buscou de várias maneiras registrar que estava sendo coagida. Só que a fita foi adulterada.

Depois das fitas

Quando comecei a apurar e contar esta história, eu não me imaginava fazendo parte dela. Minha ideia sempre foi, e ainda é, analisar toda informação possível para tentar entender os fatos registrados nos autos. Durante minha pesquisa, o processo de Guaratuba foi meu critério para tudo. A cada informação recebida a respeito de personagens envolvidos, eu me perguntava: isso consta direta ou indiretamente nos autos? Se não contasse, "não existia". Era minha régua para saber o que deveria entrar no podcast e o que ficaria de fora.

E daí apareceram as fitas.

Veio a dúvida: como tratar o que ainda não foi registrado? Como verificar algo que ficou para trás, que foi escondido por tanto tempo? Que ecos dessas informações se podem perceber nos autos? Comecei ouvindo as fitas. Uma, duas, cem vezes. Não sei dizer quanto as ouvi. Talvez fosse capaz de citar todo o conteúdo de cabeça.

Familiarizado com o conteúdo, vasculhei nos autos o que poderia comprovar sua veracidade, assim como sua localização no tempo e no espaço. Para além dos horrores que aquelas vozes traziam, a informação dada pelo advogado Bonone, constante nos autos, de que Beatriz tinha inserido em seu "depoimento" mensagens escondidas foi a que mais mexeu comigo. Só conseguia me lembrar de ela dizendo "isso não é verdade", num quase sussurro. Lembro-me nitidamente do momento em que ouvi esse trecho pela primeira vez. Pausei o áudio, larguei o fone na mesa, saí de meu escritório tremendo. Encontrei minha esposa na sala e disse: "Eles foram torturados. É tudo verdade".

Até então, eu achava o caso estranho. Naquele momento, ele tornou-se uma maldição.

Após meses de apuração e estudo, como mencionei, as fitas foram exibidas e publicadas com uma profunda análise no episódio 25 do podcast *O caso Evandro*, em 10 de março de 2020. Nesse dia também ocorria a última diária de gravações da série audiovisual de mesmo nome que o Globoplay estrearia em 2021. Como eu já estava com esse material havia meses, tinha sugerido para a equipe de produção um final: que alguns dos personagens dessa história ouvissem trechos das fitas novas enquanto as câmeras captassem suas reações. A ideia foi aprovada, e nos dedicamos a pensar na melhor maneira de fazer isso – quais trechos mostrar para quem, que perguntas fazer... Quase no fim da diária, com as últimas gravações ocorrendo, publiquei o episódio no podcast.

Entre as pessoas que gravaram naquele dia, ouvindo os trechos novos, estavam as Abagge. Eu estava na sala de espera do médico da minha esposa, aguardando a consulta dela, quando meu telefone tocou. Eram Celina e Beatriz, emocionadas, agradecendo. Elas pareciam ter dificuldade para encontrar as palavras certas. Celina perguntou: "E agora? O que fazemos com isso?". Respondi: "Agora é com vocês".

Se ao telefone elas soavam aliviadas, em frente às câmeras, pegas de surpresa – quando ainda não sabiam que aquelas fitas tinham sido localizadas –, a reação foi outra. Ouvir aqueles trechos de gravação fez ambas reviverem as lembranças mais duras das sessões de torturas. "Queria tocar isso numa praça pública em Guaratuba", diz Celina, ao final, com a voz embargada.

Além das Abagge, também ouviram os áudios perante as câmeras Davi dos Santos Soares, Airton Bardelli, o advogado de defesa Antonio Augusto Figueiredo Basto e o promotor Paulo Sérgio Markowicz de Lima. Não acompanhei as gravações, mas a Glaz, produtora da série, e o Globoplay tiveram a gentileza de me enviar o episódio editado para que eu pudesse ver as reações do envolvidos.

Davi pediu para ser gravado de costas em seus depoimentos para a série. Ele já cumpriu a pena que lhe foi imposta – ficou mais de sete anos preso antes de ser condenado, totalizando onze anos e oito meses – e conseguiu reconstruir sua vida. É compreensível sua escolha de, tantos anos depois, preferir não ter o rosto exibido na TV. Depois de ouvir as fitas, ele ressalta sua esperança de que a justiça seja feita e diz que só não se tornou uma pessoa má porque se "pegou a Deus".

Bardelli – cuja voz não aparece nas fitas, gravadas antes de ele ser preso – reconhece em Osvaldo e nos outros a dor que lhe é familiar. O ex-gerente da serraria permaneceu mais de quatro anos em regime fechado, e outros dois em prisão domiciliar. Depois de absolvido, em 2005, saiu de Guaratuba e foi em busca de novos caminhos. Depois de escutar as fitas, sua voz fica embargada e seus olhos úmidos ao descrever as sessões de tortura, lembrando que os torturadores não deixavam marcas no corpo, mas sim "no coração".

Em sua gravação, Figueiredo Basto diz que o ar chegou a lhe faltar com o que ouviu. Em certo ponto, olha para a câmera, apontando o indicador, e, numa mensagem direta ao Ministério Público e ao judiciário, diz: "Vocês sabiam que [o áudio original] estava guardado com alguém e nunca tiveram coragem de mostrar. Vocês sabiam".

Mais reticente, o promotor Markowicz começa dizendo não notar nada necessariamente errado ali. Mas a postura neutra se mantém só até o trecho em que um dos torturadores diz a Beatriz algo como: "Nós vamos ter que continuar a nossa sessão". Nesse momento, Markowicz admite ao diretor Aly Muritiba, que conduz as conversas, que isso, sim, é estranho. "Sessão de quê? De cinema que não é."

Quanto aos demais acusados, De Paula morreu em 2011 e Osvaldo e Cristofolini não quiseram participar da série. Cristofolini, absolvido em 2005, pôde refazer sua história mais cedo. Osvaldo, condenado em 2004, não teve a mesma sorte. Ele nunca quis conversar sobre o caso, numa tentativa de deixar tudo isso para trás. Respeitei sua decisão. O que posso dizer é que, assim como Davi, ele já cumpriu a pena que lhe foi imposta.

Até o momento em que escrevo estas linhas, não sei se Osvaldo tem conhecimento da descoberta dessas fitas. Sei que ele ainda tem contato com Davi. Torço para que tenha sido informado de que a verdade veio à tona, ou que algum dia venha a saber disso.

Quando o leitor estiver lendo estas páginas, a série provavelmente já terá estreado então as cenas, bastante fortes, podem ser vistas no Globoplay.

Pouco após o final das gravações, Figueiredo Basto ofereceu seus serviços às Abagge para dar entrada num pedido de revisão criminal, sem qualquer custo. Parte de sua equipe passou o ano de 2020 estudando o caso e as fitas que obtive. Em fins de março de 2021, Basto me contou que deveria entrar com esse pedido já no mês seguinte.

Lidar com novas nuances de antigas dores não foi um processo simples. Seja pela quantidade de informações que é preciso entender, seja pelo medo de cometer injustiças, é complexo dizer que sentimentos um trabalho desse tipo evoca. Por um lado, uma criança foi morta, outra desapareceu, e é difícil acreditar na ideia de que alguma justiça foi feita. Por outro, quero crer que meu trabalho pode trazer algum alento para outras vítimas desta história.

Numa história com tantas injustiças, respeitar as dores de quem se viu envolvido numa trama que roubou parte de suas vidas é o único caminho possível.

13. Outros caminhos

Depois do que vimos até aqui, deve estar claro que um dos maiores problemas do caso Evandro são as teorias conspiratórias em que diferentes grupos acreditam. Quando falam do caso, todos os envolvidos exibem uma dose de ceticismo e atribuem desdobramentos da história a influências políticas - imaginárias ou reais - ou interesses pessoais. Neste capítulo, vou apresentar outros caminhos investigados na busca pelo assassino de Evandro Ramos Caetano, especialmente a partir do trabalho iniciado pelo Grupo TIGRE da Polícia Civil entre abril e julho de 1992, e apontar quais parecem fazer sentido e quais não. Antes, porém, precisamos definir o que sabemos sobre essa história.

A primeira coisa que eu sei é que os sete acusados são inocentes. As fitas microcassete que obtive são prova mais do que suficiente disso. Não há evidências materiais de participação de nenhum deles no desaparecimento de Evandro. Todos os testemunhos e as confissões foram feitos sob tortura, coação ou em condições suspeitas, que sugerem fabricação de memórias.

A segunda é que o corpo encontrado é de Evandro Ramos Caetano. Apesar das possíveis falhas na necropsia, o exame de DNA não deixa margem para dúvidas.

Terceiro ponto: Diógenes, talvez motivado por desavenças políticas, atrapalhou as investigações. Por defender que a família Abagge, aliada de Aníbal Khury, faria parte de uma seita satânica, por diversas vezes desqualificou testemunhas que poderiam trazer informações importantes.

O que nos leva ao quarto ponto. Ao contrário do que pensavam diversas autoridades, especialmente o Ministério Público, não havia seita satânica. Foi tudo um delírio coletivo. Vamos falar, ao final deste livro, sobre a recorrência da tese do satanismo em casos de investigações policiais.

Quinto ponto: há diversos indícios de interferência política no caso. Contudo, eles ocorreram *após* as prisões. Muitos esforços foram realmente feitos – inclusive muitos questionáveis – para tirar os acusados da prisão, e muitas acusações de interferência não foram nem investigadas.

O sexto ponto é que, apesar de também conter uma série de equívocos, o trabalho do Grupo TIGRE é o melhor material para analisar as outras possibilidades de resolução.

Sétimo ponto: apesar das especulações de que a morte de Evandro estaria ligada ao tráfico de órgãos, suspeita comum no jornalismo policial de então, até especialistas da época diziam que essa era uma possibilidade remota. Transplantes de órgãos são procedimentos complicados e bastante vigiados no Brasil, exigindo uma série de testes de compatibilidade, e os órgãos têm vida curta. Algo assim exigiria o envolvimento de tantas pessoas que dificilmente elas passariam despercebidas.

O oitavo ponto é que o corpo de Evandro não apresentava indícios de abuso sexual. O Grupo TIGRE chegou a investigar a participação de abusadores sexuais e buscou informações sobre casos do tipo na cidade. Contudo, o TIGRE não teve acesso ao laudo de necropsia, que só apareceu no momento das prisões dos acusados pelo Grupo ÁGUIA. Apesar de não haver indícios materiais que sustentem essa hipótese, como ela foi pouco explorada, acabei não a descartando por completo.

Nono e último ponto: as prisões realizadas pelo Grupo ÁGUIA destruíram a possibilidade de o caso ser solucionado, já que todos os depoimentos e declarações posteriores que poderiam acrescentar informações relevantes foram contaminados pelas torturas e pelas teorias conspiratórias.

A investigação interrompida

Uma das principais pistas que guiaram o Grupo TIGRE durante os primeiros meses de investigações, em 1992, antes da reviravolta promovida pela investigação do Grupo ÁGUIA, foi o relato de um Opala preto visto nas imediações de onde o corpo de Evandro fora encontrado, como contei no capítulo 1. A informação sobre o carro partiu de um dos poucos moradores daquela região da cidade, o lenhador Euclídio Soares dos Reis, a primeira pessoa a quem os dois homens que encontraram o cadáver relataram o que tinham visto naquela manhã de 11 de abril.

O primeiro depoimento de Euclídio data de 13 de abril. Em curto relato, ele conta que, dias antes, policiais tinham passado na sua casa perguntando sobre o sumiço de uma criança e que, por isso, assim que soube do cadáver, deduziu que era da criança desaparecida. O segundo depoimento foi dado uma semana depois, no dia 20. Dessa vez, Euclídio citou várias pessoas que vira nas redondezas, entre elas João Passos, o "Baio", que o lenhador disse ter visto no dia 6, data em que Evandro sumiu, ou no dia seguinte. Segundo ele, Baio dissera que estava ali para cortar bambu e, duas horas depois, reaparecera buscando ajuda para carregar as varas cortadas. Acompanhado do amigo Alceu Antonio Bacil, que confirmaria o relato, Euclídio deu uma volta de carro para ver se o carregamento estava pronto, e então eles viram um conhecido, Roberto Pontes, o "Filho do Maloca", levando as varas.

Entre essas duas datas, no dia 15 de abril, existe um relatório do Grupo TIGRE, elaborado por Blaqueney Murilo Iglesias, pelo qual "Euclídio [...] nos informou que avistou nas proximidades [de] onde foi achado o corpo da pequena vítima um veículo Opala de cor escura" – algo que ele não relatara ainda em depoimento oficial. O documento continua dizendo que Euclídio viu o veículo mais de uma vez, a última em alta velocidade e com duas ou três pessoas dentro (mas, como estava escuro, ele não tinha certeza). Os policiais explicam ainda terem ficado sabendo, depois, que Osvaldo possuía um Opala preto. Segundo outros relatórios do Grupo TIGRE, porém, essa informação viera de Diógenes. Nunca foi comprovado que o pai de santo tivesse um Opala preto, algo que Osvaldo sempre negou.

De qualquer forma, Euclídio parece ter sido um informante constante, de maneira tanto oficial quanto oficiosa, do Grupo TIGRE. Ele é citado com frequência nos relatórios que se encontram em um apenso batizado pelos advogados de defesa como "Dossiê X". Por algum motivo, esse apenso ficou de fora do processo após as prisões. Durante o julgamento, a defesa alegou que esse material fora retirado de propósito, enquanto a promotoria afirmava que boa parte do conteúdo estava de posse de agentes do Grupo TIGRE e que eles demoraram a entregar.

Quando o fizeram, o material entrou como um anexo do volume 10 do processo – por isso foi numerado com o algarismo romano X. Em outras palavras, por um bom tempo, nem mesmo o MP teria profundo conhecimento desse material.

Tudo indica que esse apenso foi entregue à Justiça pelo policial Blaqueney em 1993, quando depôs em juízo. No entanto, nem o delegado Noronha, que assumiu o inquérito após as prisões, tinha conhecimento do conteúdo do dossiê. Entre os elementos, havia mais fotos do corpo de Evandro no matagal, além de materiais que comprovavam que o TIGRE levantara suspeitas em relação a Osvaldo, alimentadas por informações de Diógenes e depois abandonadas. É também no Dossiê X que aparece o relato dos irmãos França, o qual deu origem ao retrato falado que levaria à prisão de Juarez José da Silva, primeiro suspeito no caso, e depois seria atribuído a Osvaldo Marcineiro.

Chama atenção no dossiê uma página em cujo cabeçalho se lê, datilografada em vermelho e com letras maiúsculas, a palavra "suspeitos", junto a duas fotos que parecem polaroides. Na de baixo, há um homem sentado numa cadeira, com o rosto na sombra, e a legenda: "João Passos – 'Baio'". Na de cima, um homem magro de bigode, de camisa listrada, sorri para a câmera. É Euclídio.

Em depoimento no júri de 2004, o então delegado do Grupo TIGRE Adauto Abreu explicou que Euclídio era seu principal suspeito porque sempre "trazia desinformações", informações soltas, com descrições detalhadas, mas pouco conclusivas. É provável que Adauto tivesse em mente principalmente o terceiro e último depoimento de Euclídio no inquérito do TIGRE, datado de 24 de abril de 1992. É um dos maiores depoimentos do processo inteiro; sem dúvida, o maior anterior às prisões. Em quatro páginas datilografadas com letra pequena e entrelinha apertada, Euclídio menciona formalmente pela primeira vez o Opala. Diz que no dia 9 de abril, quinta-feira, por volta das 19h30, o carro passou pela rua Engenheiro Beltrão em direção ao local onde o corpo foi deixado e que ficou lá entre meia hora e uma hora e meia, mas que não conseguiu ver a placa – embora tenha visto duas pessoas dentro. Fala, ainda, que isso ocorrera também na segunda e na terça-feira.

Nas quatro páginas seguintes, Euclídio menciona pessoas que teria visto no terreno baldio, entre elas, Baio. Para Adauto, parecia que Euclídio tentava desviar a atenção de si mesmo, mas ao menos uma das pessoas confirmou ter estado no terreno. Um caçador chamado Idalício afirmou ter passado ali na quinta-feira com cães de caça. Para as defesas, se o corpo tivesse sido deixado na terça, como afirmava a acusação, seria difícil que os cães não o tivessem localizado na quinta – portanto, o corpo teria sido depositado lá na sexta-feira, um dia antes de ser achado. Isso explicaria por que, segundo o laudo, o estado da terra e das folhagens indicava que o corpo não devia estar lá havia mais de um dia.

Em seu livro *A verdadeira história do caso Evandro*, de 2010, Diógenes Caetano narra que, após as prisões, Euclídio foi com sua mulher, Cecília, e seu filho à casa dele e contou ter sofrido uma tentativa de assassinato da qual só conseguira escapar porque conhecia bem o matagal da região. Pediu a Diógenes que chamasse os policiais do Grupo ÁGUIA, pois não confiava na Polícia Civil nem nos PMs de Guaratuba, mas os agentes do ÁGUIA disseram não poder ajudar. Teria sido nesse contexto que Diógenes ofereceu a Euclídio e sua família a casa dos fundos como moradia temporária – segundo o livro, Euclídio estava sendo assediado a ponto de ser visitado duas vezes por dia pelos policiais. Nesse ínterim, Euclídio separou-se de Cecília e, dias depois, deixou a casa de Diógenes. Para ajudá-lo, o engenheiro lhe deu um pouco de dinheiro e alguns engradados de cerveja, o que, segundo Diógenes, teria sido o suficiente para Euclídio abrir um pequeno bar.

Diógenes defendia que o objetivo do Grupo TIGRE era incriminar Euclídio a fim de acobertar as atividades da suposta seita satânica. Ele chega a sugerir, em seu livro, que a chegada a Guaratuba do menino Diogo seria parte de uma conspiração para implicar Euclídio – e o próprio Diógenes – no sequestro de Leandro Bossi, mas sem dar indícios que embasassem essa suspeita. Apesar das declarações parecerem fantasiosas, em pelo menos duas ocasiões, na década de 1990, sua amizade com Euclídio gerou outras suspeitas relacionadas ao caso Evandro. Para falar sobre isso, precisamos avançar um pouco no tempo.

O incêndio

Alípio dos Santos, de 47 anos, era vigia da serraria Abagge desde maio de 1992. Em 13 de fevereiro de 1993, quase um ano após a morte de

Evandro, ele prestou depoimento na delegacia de Guaratuba sobre algo que ocorrera naquela madrugada. O filho de um amigo aparecera na serraria para pegar carona de barco até Cubatão. Por volta das 4h45, Alípio preparava o barco nos fundos da serraria quando apareceu um indivíduo de máscara, que deixava ver apenas seus olhos. O homem lhe apontou uma arma, disse que ia amarrá-lo e que era parente de Evandro. Foi quando Alípio viu um segundo encapuzado, que ajudou o primeiro homem a prender Alípio e o outro com cordas. Um dos invasores pegou um galão de gasolina e ateou fogo na serraria, antes de saírem numa canoa em direção à baía.

Os dois homens conseguiram se soltar e correram à casa de Irineu Wenceslau de Oliveira, funcionário da serraria – o mesmo que fora testemunha no caso Evandro – que morava em frente e os ajudou a apagar o fogo. Depois narraram o ocorrido ao gerente da serraria, José Travasso – o ex-vereador da base de Aldo Abagge que viria a depor em favor das Abagge no júri de 1998 e que, àquela altura, tinha substituído Airton Bardelli, que estava preso, na gerência da serraria. Em seu depoimento, dias depois, Travasso disse suspeitar de três pessoas: Euclídio, Ademir (pai de Evandro) e um cunhado de Ademir, que ele não nomeou. O motivo da suspeita era curioso: os três o haviam cumprimentado numa lanchonete na noite anterior ao incêndio.

No mesmo dia, também prestou depoimento João Carlos Anderson, sobrinho dos Abagge, que trabalhava na serraria – e que viria a ter a prisão temporária decretada no mês seguinte por tentar coagir Edésio, aquele que afirmava ter visto Celina e Beatriz sequestrando Evandro em abril de 1992. Em seu relato, o sobrinho dos Abagge afirmou que, na manhã do incêndio, Travasso lhe contara que os encapuzados usavam roupas escuras. Um deles seria "alto, magro" e o outro, "baixo e atarracado, meio gordo", usava "uma bota sete léguas". Anderson lembrou que naquela madrugada vira, num bar, dois homens de roupas escuras: Euclídio, descrito como "o braço direito de Diógenes", e Lauri Ramos, o "Filho da Tereza". Lauri era primo de Evandro.

Com isso, a polícia interrogou Lauri e Euclídio. Lauri negou ter ido ao bar ou visto Euclídio no dia do incêndio. Euclídio contou ter ido sozinho, numa noite de fevereiro, ao "bar do Toninho", tendo visto Travasso sentado a uma mesa. Deixou o local por volta das 23h, sem ter visto Lauri, e foi para casa. Lembrou que vestia calça preta, camisa vermelha e sapatos pretos, e negou envolvimento no incêndio, do qual teria ficado sabendo na manhã seguinte por comentários de moradores – pelo qual, segundo ele, diziam que Anderson, o sobrinho de Aldo, era o responsável.

As investigações não avançaram. Em agosto de 1994, a promotora Elaine Sanches pediu o arquivamento do inquérito, autorizado por Ivo Faccenda, juiz substituto. Euclídio estava livre da suspeita de ter incendiado a serraria. Mas logo voltaria a ser alvo da polícia.

O pacote

Em 2 de março de 1995, Euclídio foi preso em flagrante após uma denúncia de que vendia drogas em seu bar. Fazendo-se passar por cliente, um policial lhe pediu cocaína e Euclídio lhe trouxe algumas buchas. O policial se identificou e lhe deu voz de prisão.

Delegado de Guaratuba na época, Douglas Carlos Possebon e Freitas tomou o depoimento de Euclídio, acompanhado do advogado. Euclídio alegou que as buchas de cocaína eram de um rapaz que lhe prometera uma comissão, informação confirmada por Angela Machado dos Reis, com quem o dono do bar era casado havia seis meses. No auto de apreensão, consta que foram apreendidos no bar "37 pacotinhos envoltos em plásticos transparentes contendo material em pó, cor branca, cocaína". Euclídio ficou preso, e Angela foi liberada.

Num novo depoimento dias depois, ela deu o nome completo do rapaz citado por Euclídio, Anderson Correia Santiago. Disse que o casal arrendara o bar dois meses antes e alugara um quarto para Anderson, "o qual, segundo soube, é realmente traficante de cocaína". Contou também que seu nome não era Angela, mas Maria da Luz Machado, e que mentira por causa da "pressão da autoridade policial". O mais importante no novo depoimento, porém, não eram as revelações, mas o contexto em que ocorreu: Euclídio sumira da delegacia sem o conhecimento da esposa (que ia lá todos os dias para levar café e cigarros, chegando a dormir uma noite com ele) e de seu advogado.

Em depoimento de maio de 1995, o policial Messias dos Santos Oliveira assumiu ser um dos responsáveis por tirar Euclídio da delegacia de Guaratuba. Atendendo a uma ordem, no dia 9 de março, ele e um colega levaram o lenhador à Delegacia de Antitóxicos de Curitiba, comandada por Kiyoshi Hattanda, para reconhecer o tal Anderson. Esperaram na Antitóxicos o delegado Possebon, que chegou às 14h com o delegado Hattanda, quando encaminharam o réu a uma sala. Messias, que teria entrado na sala apenas uma vez, disse não ter ouvido a conversa com Euclídio. Às 17h, segundo o policial, apareceu no local o delegado Oliveira, que investigara o caso Leandro Bossi em 1992. O que Oliveira, que não era da Antitóxicos, fazia naquela delegacia?

Messias diz que foi encarregado de levar Euclídio de volta a Guaratuba às 23h, embora estranhasse a transferência de alguém cuja prisão em flagrante já fora comunicada à Justiça. Além de não ter sido judicialmente autorizada ou registrada, segundo Messias, nem sequer houve reconhecimento. Ao final de seu depoimento, o policial disse ao representante do Ministério Público ter recebido apenas uma ordem verbal de Possebon para a transferência.

Após o depoimento de Messias, Possebon prestou uma declaração para esclarecer o motivo da transferência. Explicou que Euclídio lhe pedira uma conversa na qual requisitara regalias, como dormir fora da delegacia. Possebon, que havia interrogado Euclídio sobre o incêndio na serraria logo que chegara a Guaratuba, no ano anterior, resolveu aproveitar para voltar a inquirir o preso sobre o caso, conforme declarou. Perguntou se era verdadeira a história que Euclídio contara na ocasião, de que apenas passara num bar para tomar um refrigerante e voltara para casa, e então o preso, segundo ele, negou o que dissera antes. Afirmou que havia ido pescar com Diógenes e que o engenheiro o convidara a ir à empresa de Aldo, mas que Euclídio recusara.

Possebon então teria passado a perguntar sobre o caso Evandro, pois tinha a impressão de que o lenhador não dissera a verdade no inquérito e sabia que, àquela altura, Diógenes era alvo de inquéritos que investigavam crimes contra a honra, um deles ajuizado pela delegada Leila Bertolini. Foi nesse ponto que o delegado Possebon explicou por que ligou para Nelson Sabbagh, chefe da Divisão de Crimes contra o Patrimônio e superior direto do delegado Oliveira: achara interessantes as declarações de Euclídio e tinha a informação de que Oliveira presidia o caso Evandro.[15]

Este é um dos pontos mais estranhos do caso Evandro. Existe, nos autos do processo, um depoimento prestado por Euclídio no dia 9 de março de 1995, na Delegacia de Antitóxicos. É um longo relato de sete páginas, e seu conteúdo, do qual destaco alguns trechos a seguir, é surpreendente:

> Que no dia nove de abril do ano de [1992], o declarante residia no Bairro Jardim Jiçara, na rua Piquiri, quase esquina com a rua Engenheiro Beltrão, e neste dia por volta das 19h aproximadamente, encontrava-se [...] amarrando os bois na entrada de sua casa, quando [da] chegada de um veículo Fiat/Panorama, de cor verde-escuro, com dois ocupantes, que identificou [...] como sendo o Diógenes Caetano Dos Santos Filho (condutor) e o Paulinho Magueira ou Paulo Basil;[16] que Diógenes, que conduzia o veículo pela rua Engenheiro Beltrão, fez uma manobra colocando o veículo de ré numa picada, deixando à mostra somente a frente do veículo; que os dois não perceberam a presença do declarante, que ficou o tempo todo observando a movimentação dos dois; que o porta-malas do veículo foi aberto e de seu interior foi retirado um pacote volumoso; que Diógenes e Paulinho ficaram por cerca de uma a uma hora e meia no mato e o declarante ficou agachado sem que fosse percebido; que quando o veículo saiu já estava escuro; [...] que assim que o veículo se distanciou, o declarante entrou no mato para saber o que Diógenes e Paulinho tinham deixado, tendo que penetrar no mato por cerca de dez metros da picada; que como o mato é ralo e era noite clara, não tardou a encontrar o volume que estava enrolado em jornais e o declarante pôde ver inicialmente fora deste invólucro um pé pequeno e já percebeu tratar-se de um humano.

Como era noite e estava assustado, segundo o depoimento, Euclídio não percebeu se havia sangue no jornal e saiu com pressa. No dia seguinte, resolveu falar com Diógenes. "Eu vi você pondo aquele pacote lá. E agora, o que você vai fazer?", teria dito. Diógenes teria respondido: "Euclídio, venha morar aqui que te dou o que você quiser para

15 Esse é um erro comum entre pessoas da época: Oliveira nunca presidiu o inquérito do caso Evandro. O caso estava com o Grupo TIGRE e, depois das prisões feitas pelo Grupo ÁGUIA da PM, foi fechado pelo dr. Ricardo Kepes Noronha. Oliveira era, na verdade, o delegado da comarca de Guaratuba na época das prisões.

16 Repeti aqui a grafia exata do documento original. Contudo, é provável que ele tenha querido dizer "Paulinho Mangueira ou Paulo Brasil". Brasil era o assessor de imprensa da prefeitura de Guaratuba. Morador de Guaratuba, Paulinho Mangueira não tinha sido ligado ao caso Evandro até esse depoimento.

não abrir o bico". O lenhador acabaria aceitando a proposta, segundo o depoimento. O relato segue com Euclídio dizendo que naquela sexta, dia 10 de abril de 1992, foi jogar dominó na casa de um amigo e, por volta da meia-noite, viu o Fiat Panorama verde-escuro passar de novo na direção de onde o corpo fora jogado, com Diógenes e Mangueira dentro. O veículo teria voltado após cerca de trinta minutos.

A descrição de Euclídio sobre quando Daniel e Lázaro encontraram o corpo traz detalhes importantes: ele diz ter notado, ao chegar lá, que o cadáver não estava mais envolto em jornais e que exalava mau cheiro. Depois de detalhar o estado do corpo (com os braços abertos, sem mãos, couro cabeludo, olhos, dedos dos pés, o pênis e testículos), diz ter notado em volta um pouco de sangue e tido a impressão de que alguém o teria lavado, "pois a pouca quantidade de sangue que escorria lhe pareceu ter sido diluída em água, tal qual um animal (porco) depois de morto e lavado fica escorrendo um resíduo sanguíneo diluído em água".

Durante o tempo em que viveu nos fundos da casa de Diógenes, o lenhador afirmou ter presenciado Diógenes pagando diversas vezes despesas do Grupo ÁGUIA. Em uma dessas ocasiões, teria visto o engenheiro entregar um cheque a dois policiais, que ele identificou como "Lima" e "Romário" (possivelmente Romálio). Para arcar com as despesas dos policiais, Diógenes teria chegado a vender uma casa e ido a Curitiba, na companhia de Euclídio, para vender uma moto. Tanto gasto, contou Euclídio, incomodava a mãe do engenheiro, Irene, que não entendia tanto empenho, levando em conta que Evandro era primo distante de Diógenes.

Em outra parte interessante do relato, Euclídio explica os motivos de Diógenes para "toda esta trama contra as pessoas que estavam presas": a separação de seus pais por causa de Celina. O final do depoimento é a versão de Euclídio (uma delas) para o dia do incêndio:

> Que o declarante em certa oportunidade fora procurado por Diógenes para uma pescaria, e que o declarante se predispôs a acompanhá-lo desde que fosse trocar de roupa, o que foi feito; que [...] nesta oportunidade o declarante apanhou em sua residência a sua namorada Odete, tendo-a deixado num aniversário de uma colega num salão de baile do Toninho, no bairro do Canela; que dali dirigiram-se a Piçarras, onde deixaram o veículo Fiat/Panorama, cor verde-escuro, de cuja placa o declarante não se

> recorda, no pátio da residência do pai do Diógenes, sem que as pessoas da residência percebessem a chegada de ambos; que dali se dirigiram para a baía, onde pegaram um barco a remo, e onde, Diógenes remando, se dirigiram aos fundos da serraria do senhor Aldo Abagge; que o declarante perguntou a Diógenes: "o que você veio fazer aqui?", tendo Diógenes respondido que iria "tocar fogo na serraria"; que o declarante disse-lhe então: "você pode toca[r] fogo sozinho, que eu vou embora"; que o declarante [...] ficou na canoa, enquanto que Diógenes ateou fogo na serraria, tendo o declarante apenas visto o fogaréu; que o declarante lembra-se bem que Diógenes estava vestindo uma calça jeans e uma jaqueta de cor preta, e sobre a cabeça usava um capuz de lã de multicolor, de forma que aparecia[m] somente os seus olhos; [...] que logo a seguir, Diógenes voltou correndo para a canoa, não tendo o declarante mais visto o galão com óleo diesel misturado com gasolina que o Diógenes levara para a serraria; que em face disto, o declarante não teve mais dúvidas de que o fogo que vira [da] canoa fora provocado por Diógenes; que o declarante não pode afirmar quanto tempo Diógenes ficou na serraria, no entretanto [sic] parceou ficar por dez minutos; que era uma noite escura, mais ou menos entre uma e meia e duas horas da manhã e não chovia; [...] que o declarante gostaria de encerrar sua declaração, mencionando que todos os fatos imputados às sete pessoas sobre a acusação de sacrifício de criança "Menino Evandro" não passam de uma farsa e de uma trama diabólica elaborada e executada por Diógenes Caetano dos Santos Filho.

Esse depoimento tornou-se um marco para a defesa. Afinal, uma das primeiras testemunhas do caso Evandro relatava agora ter visto Diógenes jogando no mato o corpo de uma criança. De quebra, descrevia o principal acusador da família Abagge como arquiteto de uma complexa trama, capaz de forjar o assassinato do próprio primo. O depoimento poderia, ainda, comprovar uma linha de investigação adotada pelo delegado Oliveira no inquérito de Leandro Bossi. Em depoimentos, o delegado contou que, certa vez, olhou os registros de chamadas telefônicas dos pais de Evandro. Esse procedimento não consta nem no inquérito de Leandro nem nos autos do caso Evandro, mas Oliveira disse que era um procedimento comum, bastando pedir à companhia telefônica os registros.

Em uma data próxima ao desaparecimento do garoto, havia uma chamada incomum vinda de Aruba. A partir disso, o delegado desenvolveu a tese de que Evandro estava vivo e tinha sido levado para lá. O corpo então teria sido "montado" por Diógenes para incriminar as Abagge. A fim de seguir essa pista, Oliveira chegou a viajar para Aruba. Mas não encontrou nada.

O depoimento de Euclídio renderia outras discussões. Em julho de 1996, o *Hora H* publicou uma matéria de Vania Mara Welte com a chamada: "'*Eu vi.' Uma testemunha contou à polícia que viu Diógenes Caetano desovar o corpo de um menino*". Dentro do jornal, a matéria tinha o título: "Um homem viu tudo". A repórter fazia um resumo do depoimento, que poderia reverter o caso inteiro. Mas a matéria era de mais de um ano após o testemunho de Euclídio, e aparentemente a polícia não suspeitava de Diógenes. Além disso, os sete réus continuavam presos, prestes a ir a júri. O que teria acontecido? A própria reportagem, feita a partir de uma cópia do depoimento, esclarece: "Estranhamente, as declarações dele não constam no inquérito nem no processo contra os sete acusados de assassinato do pequeno Evandro Caetano". A repórter tampouco encontrou processos contra Euclídio que justificassem a ida do lenhador à Delegacia de Antitóxicos em 1995.

Consultando os autos do caso Evandro, encontrei a data em que o depoimento foi anexado: 7 de novembro de 1997, entregue pelo advogado de defesa Antonio Figueiredo Basto, que na época ainda representava apenas Osvaldo, Davi e De Paula. Na ocasião, o processo já estava com a juíza Marcelise, em São José dos Pinhais. Só consegui uma explicação para o mistério envolvendo esse depoimento de Euclídio quando obtive uma cópia do inquérito policial que o investigou por posse e venda de cocaína. Para entender o caso, devemos voltar ao dia 9 de março de 1995, quando sua esposa foi encontrá-lo na delegacia de Guaratuba e descobriu que ele não estava mais lá.

As assinaturas

Enquanto Euclídio era levado para Curitiba num procedimento irregular, sua esposa e seu advogado buscavam entender o que acontecia. Pedro Ivo Machado, o advogado, tentou entrar com um pedido de *habeas corpus* no mesmo dia, mas não encontrou Possebon, que estava em Curitiba. Euclídio retornou a Guaratuba na madrugada do dia 10 de março de 1995. Horas depois, seu pedido de *habeas corpus* foi aceito e ele foi liberado. Antes, porém, deu outro depoimento, em que denunciou ter sido coagido pela Polícia Civil e apresentou uma versão diferente da que consta no depoimento de sete páginas.

Por volta das 15h, relatou ele, chegou na Antitóxicos o delegado Oliveira, que liderou o interrogatório, abordando a apreensão de cocaína e apresentando sete presos para que o lenhador apontasse se algum era Anderson – Euclídio disse que não. Depois, Oliveira teria intimidado Euclídio a assinar uma declaração dizendo ter ajudado Diógenes a armar o desaparecimento de Evandro. De acordo com o depoimento, o delegado ainda o acusou de ter participado com Diógenes do incêndio na serraria e ameaçou pendurá-lo no pau de arara. Euclídio disse que não cedeu, embora o interrogatório tenha durado até 21h30, com intervalos em que era vigiado por Messias, enquanto os delegados reuniam-se na sala ao lado. Então, eles saíram e, durante o jantar, Euclídio teria ouvido de Messias que, se assinasse a declaração, ganharia um dinheiro para "acertar a vida" e ficaria livre do processo por tráfico. Às 23h, deixaram a delegacia e passaram na residência de Possebon, em Curitiba. Foram então para Guaratuba, tendo conseguido pegar a balsa das 4h.

Todo o processo é estranho: a falta de autorização judicial para a transferência de Euclídio, a ausência de registro do procedimento de reconhecimento de Anderson, o suposto depoimento, a volta na madrugada. Há pelo menos duas versões do que aconteceu. Na primeira, Euclídio foi pego em flagrante e, para ser solto, ofereceu informações que julgava valiosas sobre o caso Evandro, mas depois negou. Na segunda, Euclídio foi coagido por policiais civis a livrar as Abagge.

Seja a verdade qual for, dois detalhes chamam a atenção no documento. A princípio, ele estava dando a declaração em Curitiba. Contudo, lê-se logo no início que era 9 de março de 1992, em Guaratuba. Além disso, no campo do local no formulário, o escrivão preencheu: "na sala do cartório desta Delegacia de Polícia [...], onde se achava presente o Doutor Delegado de Polícia...". O escrivão deveria preencher o espaço em seguida com o nome do delegado, mas o campo está em branco.

Os advogados de defesa também chamaram a atenção para o fato de que, ao fim do documento, constam os nomes dos presentes, algo incomum. O documento, escreveu o escrivão, "vai devidamente assinado pela autoridade, pelo declarante, pelo senhor corregedor dr. Hamilton Soares Canfield, pelas testemunhas Pedro Salgado [...], e Nirival do Munhoz Sanches". Abaixo, há uma série de assinaturas, entre elas a de Oliveira, que não é citado no documento. É possível reconhecer a assinatura de Euclídio, que bate com a dos depoimentos de abril de 1992, o que nos leva a perguntar se ele assinou sem ler, se assinou uma folha em branco ou, se tendo falado verdade ou mentira, se arrependeu.

A denúncia de Euclídio levou à abertura de um pedido de providências, cujo objetivo era tentar entender o que acontecera em Curitiba. Messias e Possebon, como vimos, negaram a coação e afirmaram não ter acompanhado o que se passou na delegacia da capital. Faltava ouvir os outros envolvidos. A juíza Anésia requisitou que fossem inquiridos os delegados Oliveira, Hattanda e Sabbagh, a quem Oliveira era subordinado. Um desses pedidos data de 14 de junho de 1995, mas foi apenas dois anos depois, em 11 de abril de 1997, que os três deram suas versões dos fatos.

Oliveira explicou que foi chamado à Antitóxicos para acompanhar o depoimento de Euclídio porque o conhecia da investigação do caso Leandro Bossi. Disse que requisitara ao corregedor da Polícia Civil, Hamilton Soares Canfield, que acompanhasse o interrogatório, garantindo que Euclídio não sofresse coação. Canfield não chegou a prestar depoimento formal no processo, mas a repórter Vania Mara Welte conseguiu uma declaração em que ele confirmava ter ido "testemunhar a lisura do ato" e verificar se Euclídio não estava sendo coagido ou torturado. A presença do corregedor é, de fato, um argumento a favor da lisura do procedimento. Para a promotoria, porém, indicava interferência política – eles suspeitavam da relação entre a família Abagge, Aníbal Khury e Canfield.

Chefe de Oliveira, na época trabalhando na Delegacia de Estelionato, Sabbagh confirmou a versão da investigação de tráfico de drogas e afirmou ter autorizado a transferência de Euclídio, mas havia uma contradição. Possebon havia afirmado que, preso em Guaratuba, Euclídio começara a falar sobre o caso Evandro, e que então ele comunicara o fato a Sabbagh, que demonstrara interesse em ouvir o lenhador. Mas agora Sabbagh dizia que o pedido para ouvir Euclídio tinha vindo do próprio Oliveira, e que só depois de permitir a transferência do preso para Curitiba ele descobrira que não fora autorizada pela Justiça. Já o corregedor, segundo Sabbagh, teria sido chamado "em razão de ter Euclides [sic] feito menção a fatos relacionados às crianças de Guaratuba". No entanto, o delegado não soube dizer se Euclídio começara a depor antes da chegada do corregedor.

O último a dar sua versão foi o delegado Hattanda. Segundo ele, a transferência se devia a um "trabalho sigiloso" relacionado ao tráfico de drogas, para o qual não sabia se havia autorização judicial. Estando ocupado com a oitiva de outros presos, em nenhum momento ele teria presenciado o interrogatório. Tampouco sabia se o depoimento começara antes de o corregedor chegar, já que sua sala de trabalho ficava em outro andar. Só depois, em conversa com Oliveira, teria ficado sabendo que o caso de Euclídio não estava relacionado a um grande carregamento de drogas. Em nenhum momento Oliveira teria lhe falado do desaparecimento de crianças ou do envolvimento dos Abagge.

O resumo da ópera é que ninguém quis se comprometer, talvez porque todos soubessem que o procedimento havia sido irregular. O depoimento de Euclídio não surtiu o efeito que se poderia esperar, mas o assunto voltou quando Oliveira foi interrogado no júri das Abagge em 1998. Primeiro, ele negou que Canfield tivesse chegado no meio do depoimento de Euclídio. Aparentemente, essa informação estava em alguma declaração do corregedor, que não consegui localizar. Os advogados, então, perguntaram se "algum colega seu teria prestado declarações de que todo o relatado seria uma armação". Oliveira respondeu que Hattanda "teria sido chamado à presença do promotor Cioffi de Moura para assinar declaração", afirmando que a oitiva de Euclídio fora combinada em reunião na casa do deputado Aníbal Khury, na presença de Oliveira e do delegado-geral, Toleb Baleche. Oliveira, embora reconhecesse ser amigo de Khury, negou que a reunião tenha acontecido e afirmou ter ouvido boatos sobre essa declaração de Hattanda, com quem chegara a brigar por esse motivo. E concluiu, dizendo que "gostaria que o deputado e inclusive o delegado-geral dr. Toleb viessem a plenário e falassem a respeito dos fatos".

Se a declaração de Hattanda existe, eu não consegui encontrar. No entanto, a menção ao documento dá uma ideia das teorias que circulavam na época acerca do depoimento de Euclídio.

* * *

Ao fim, Euclídio foi condenado por posse de drogas. Seu mandado de prisão foi emitido em 15 de julho de 1998 pelo novo juiz de Guaratuba, Paulo Antonio Fidalgo, e ele cumpriu pena em regime fechado, comutada depois para aberto e substituída por trabalho voluntário.

Por ocasião de sua prisão, Euclídio voltou a ser interrogado pelo juiz, quando deu outra versão para a apreensão de drogas em sua casa. Dessa vez, negou tudo, dizendo que fora coagido pela polícia a assumir a culpa pela posse da droga. É importante lembrar que, na fase de inquérito, mesmo acompanhado de advogados, nem ele nem sua companheira haviam negado que ele tivesse relação com a venda da droga. Diziam, sim, que a cocaína pertencia ao tal Anderson, que, estranhamente, parece nunca ter sido ouvido no inquérito. Além disso, uma testemunha foi essencial para a condenação de Euclídio. Em depoimento em 15 de outubro de 1998, um homem chamado Osvaldo Zioli Júnior disse que, na época, era usuário de cocaína e chegou a comprar com Euclídio. Afirmou também que presenciou o dia em que dois policiais entraram, pediram drogas e deram voz de prisão.

O único que corroborou a nova versão de Euclídio foi Diógenes. Em 30 de março de 1999, ele afirmou em depoimento que soubera, pela companheira de Euclídio, que "estaria sendo feita uma montagem de prova para servir de acusação" contra Euclídio e Diógenes "em rumoroso caso [...] em que eram acusados integrantes da família Abagge". Com conhecimento dos delegados Oliveira e Hattanda, os policiais teriam plantado a droga no bar para constranger Euclídio a prestar falso testemunho. Com base nessa declaração, a defesa de Euclídio persistiu na tese de flagrante armado, mas as provas e os testemunhos contra ele eram fortes. Ainda assim, a tese de coação apareceu todas as vezes que entrevistei fontes sobre essa história.

Após anos de procura, localizei Euclídio no final de 2019. Ele se recusou a me conceder uma entrevista longa, mas disse que nunca deu depoimento em Curitiba e que a cocaína fora plantada no bar por Possebon. Quando perguntei como a assinatura dele constava no depoimento, ele falou que era "mentira" e não quis dar mais explicações. No mesmo ano, entrevistei Possebon. Ele repetiu o que consta nos documentos oficiais: que Euclídio foi preso em flagrante, que na delegacia passou a dizer que tinha informações sobre o caso Evandro e pediu regalias em troca de informações.

Não sei quanto há de verdade em cada versão, mas o suposto relato de Euclídio na Antitóxicos não faz sentido. Ele dá detalhes que simplesmente não se encaixam, como o de que o corpo estaria "sem o pênis e sem os testículos", ao mesmo tempo em que diz que "em volta do corpo e no calção havia um pouco de sangue". Pelas fotos que temos, o calção teria impedido Euclídio de ver se o cadáver estava ou não emasculado. Por fim, a trama que narra Diógenes jogando o corpo no mato é mirabolante demais. Por mais que eu tenha divergências com ele,[17] não consigo acreditar que seria responsável pelo desaparecimento do primo, tendo montado um corpo com as roupas dele e passado anos tentando incriminar os Abagge, mobilizando o Ministério Público e as Polícias Militar e Federal, além de figuras políticas, tudo inspirado por um suposto desejo de vingança contra Celina.

Isso significa que Euclídio foi coagido por Oliveira, Possebon e outros policiais sob a influência de políticos como Khury? Também acho difícil. Possebon era um delegado em início de carreira e Khury tinha relação com delegados de gerações anteriores da Polícia Civil. Já o caso de Oliveira era diferente. O próprio delegado diz que, nessa época, se tornara amigo do deputado. O Ministério Público nunca acusou formalmente Khury de interferir na investigação, mas, com base na amizade entre o político e o delegado, usou essa dúvida durante o julgamento. Minha descrença em relação à tese de interferência política se baseia no seguinte: se fosse para montar uma história que inocentasse as Abagge, seria mais inteligente fazer Euclídio confessar ter matado Evandro – afinal, ele era o suspeito principal do Grupo TIGRE –, ou talvez dizer que viu pessoas diferentes dos acusados saindo do Opala preto e jogando um pacote no mato. Mas, quando Euclídio supostamente diz ter visto Diógenes em pessoa jogando o corpo no mato, tudo torna-se conveniente demais.

---

17 Durante o período de publicação dos episódios do podcast *O caso Evandro*, do *Projeto Humanos*, Diógenes postou comentários no site alegando que eu lhe negava direito de resposta, distorcendo fatos e editando seus comentários, entre outras acusações. Quando expliquei que era impossível eu editar comentários postados por ele, Diógenes disse que deveria estar sofrendo ataque de algum *hacker*. Pedi-lhe que me concedesse uma nova entrevista ao final do podcast, na qual poderia falar tudo o que quisesse, sem edições, mas ele recusou. Ofereci então tornar públicos todos os e-mails que trocamos. Ele aceitou a proposta, e os e-mails estão disponíveis em www.projetohumanos.com.br/o-caso-evandro/direito-de-resposta-de-diogenes-caetano-dos-santos-filho. Nosso contato encerrou-se depois disso.

Quando reflito sobre esse depoimento, sempre me lembro de Adauto, no júri de 2004, comentando os motivos para Euclídio ser o suspeito número um no caso Evandro. De acordo com ele, sempre que era interrogado, o lenhador dava muitas informações, sobre várias pessoas, e muitas delas eram confirmadas. Era óbvio que ele sabia mais do que queria contar e, a cada nova conversa, confundia mais os investigadores, com relatos que terminavam em becos sem saída. Na avaliação de Adauto, era como se Euclídio desse pistas falsas para desviar de si a atenção da polícia.

Diante das versões conflitantes, não temos como saber os motivos por trás do depoimento de Euclídio. Consigo imaginá-lo inventando informações para se safar da prisão, juntando em uma narrativa dois boatos fortes na época: que o corpo não era de Evandro e que tudo era armação de Diógenes. No entanto, ao chegar a Guaratuba e descobrir que seu advogado conseguira um *habeas corpus* para libertá-lo, ele pode ter ficado com medo das consequências e passado a dizer que fora coagido. Em nossa breve conversa, Euclídio não admitiu ter dado o depoimento acusando Diógenes. Ao contrário, insistiu que queriam armar contra ele, desde a época da investigação do Grupo TIGRE, e que Diógenes só o ajudou. Como Diógenes dizia acreditar que os responsáveis eram Osvaldo e seu grupo numa aliança macabra com a família Abagge, ele teria ajudado Euclídio por considerá-lo inocente.

Não sei dizer se Euclídio é o assassino. Fora seus depoimentos confusos e o fato de morar perto do local onde o corpo foi encontrado, o mesmo matagal onde foi localizada a ossada de menina, não há indícios convincentes contra ele. Apesar de o Grupo TIGRE ter considerado o lenhador o principal suspeito e escrutinado sua vida por três meses, não juntou nada de incriminador. Se não conseguiram fazer isso logo após encontrar o corpo de Evandro, imagine quase trinta anos depois.

Mas essa não foi a última vez em que a amizade de Euclídio e Diógenes entrou na história. Um último capítulo ainda estava por vir.

O incêndio ressurge

O inquérito que investigava o incêndio na serraria Abagge deveria ter sido encerrado em agosto de 1994, quando foi arquivado. Mas, em 6 de maio de 1998, o então delegado do SICRIDE, Harry Carlos Herbert, percebeu que havia no inquérito de Leandro Bossi, sob sua tutela, quatro depoimentos que diziam respeito ao incêndio. Encaminhou as peças relevantes à delegacia de Guaratuba. Coincidência ou não, Beatriz e Celina Abagge haviam acabado de ser absolvidas no júri de 1998.

O primeiro depoimento era de Nelson Rubens Mazanek, homem que tinha uma lanchonete em Guaratuba e fora citado lateralmente algumas vezes no caso Evandro. Em 27 de outubro de 1993, perante Agenor Salgado Filho, delegado de Guaratuba quando foi encontrada a ossada de menina, Mazanek afirmou que fora procurado cinco dias antes por uma amiga, Odete, que vivia com Euclídio. Odete estava apavorada, segundo seu relato, e lhe pedira emprego e abrigo, revelando que, no dia do incêndio, Euclídio saíra com Diógenes e, ao voltar, estava sujo de barro e cheirando a óleo diesel. Dizendo suspeitar que ele estivesse envolvido no caso, ela contou estar disposta a prestar declarações. Na manhã seguinte, no entanto, voltou atrás, alegando medo de que Euclídio fizesse algo contra seu filho.

No mesmo dia desse depoimento, uma mulher chamada Marilda Cunha deu uma declaração similar ao delegado Agenor. Contou que, a pedido de Mazanek e por ser amiga de Odete, procurou-a, oferecendo ajuda, mas que Odete recusou-se a falar, parecendo "apavorada".

Essa história parecia ter sido deixada de lado, até que, no dia 23 de setembro de 1994, Odete deu sua versão para Possebon, que assumira havia pouco a delegacia de Guaratuba. Nesse depoimento, repete a história de que Euclídio fora pescar com Diógenes e voltara sujo e com cheiro de óleo, mas adiciona que ele afirmou que Diógenes o mandara incendiar a serraria. Disse que ele colocou fogo nas roupas na manhã seguinte e passou a ameaçá-la de morte.

Poucos dias depois, em 28 de setembro, Euclídio deu um depoimento – o quarto relativo ao caso presente no inquérito de Leandro Bossi – em que respondia às alegações da ex-companheira. Ele contou que Diógenes fora à sua residência às 19h30 e o levara para uma volta na cidade. Passaram na casa de Diógenes, onde tomaram café e ficaram por meia hora. Às 21h30, foi ao salão de baile em que Odete estava, conversou com ela e saiu. Diógenes o aguardava no carro. No entanto, segundo ele, em momento nenhum Diógenes o chamou para pescar, "pois naquela noite saíra de casa com roupa de passeio". Ficaram no carro em frente ao salão do baile, escutando música, até que, às 23h, ele foi chamar a namorada. Então, Diógenes levou o casal até a casa de Euclídio. À meia-noite, ele e ela já estariam dormindo. Apenas três dias depois, Diógenes teria lhe contado do incêndio.

À primeira vista, o relato de Euclídio não parece nada suspeito. Ele nega envolvimento no incêndio e dá a Diógenes um álibi. Contudo, no seu primeiro depoimento depois do incêndio, em 9 de março de 1993, ele dissera ter ido ao bar sozinho, sem citar Odete ou Diógenes. Depois que esses quatro depoimentos do inquérito de Leandro Bossi foram encaminhados à delegacia de Guaratuba, Euclídio voltou a ser suspeito do incêndio na serraria. E, dessa vez, levava junto Diógenes.

Em março de 1999, José Antônio Lucchesi, delegado de Guaratuba, chamou Euclídio para um novo depoimento. O lenhador apareceu com seu advogado e deu uma declaração curta, reafirmando o depoimento de 1994. Diógenes depôs meses depois, em agosto. É importante explicar que, em 1999, o cenário em Guaratuba era diferente do de 1992. Para muita gente, o corpo não era de Evandro; as Abagge, absolvidas no ano anterior, eram inocentes; e o engenheiro articulava acusações falsas. Para piorar, circulavam boatos sobre o testemunho de Euclídio na Antitóxicos incriminando Diógenes. Além disso, não fazia muito tempo, o engenheiro testemunhara em defesa de Euclídio no caso do flagrante de cocaína, afirmando que a prisão tivera como objetivo coagir o lenhador a acusá-lo e, com isso, livrar as Abagge. É provável que, em agosto de 1999, Diógenes suspeitasse que certas pessoas não poupavam esforços para prendê-lo. Num depoimento curto nessa ocasião, o primo de Evandro curiosamente negou o relato do próprio Euclídio, dizendo não conhecer Odete nem ter tido contato com o amigo naquele dia, pois estava numa festa na Colônia dos Fiscais de Guaratuba.

Cerca de dois meses após Euclídio sair da prisão pelo caso da cocaína, ele e Diógenes se tornaram réus pelo incêndio. Seriam julgados no final de 1999 e no início de 2000, em Guaratuba. Diógenes, já réu, voltou a ser interrogado em dezembro de 1999. Repetiu o teor do depoimento anterior, alegando nem saber dizer qual era o envolvimento de Euclídio no caso todo. Oito dias antes, Euclídio também prestara depoimento, em Araucária, onde residia, e mais uma vez mudara sua versão. Segundo a nova narrativa, na hora do incêndio ele e Diógenes estavam pescando na baía. Devemos lembrar que, segundo Odete, Diógenes o convidara a uma pescaria para aliciá-lo para o crime contra a serraria. Euclídio, porém, continuou negando o delito.

As testemunhas de acusação depuseram em março de 2000: Mazanek, Odete e Marilda. Além deles, foram convocados Alípio, vigia da serraria, e o rapaz que fora amarrado com ele. Todos ratificaram seus relatos anteriores. Odete, além disso, disse que chamara sua atenção o fato de Euclídio ter voltado com um revólver na cintura, e relatou que recebera ameaças de morte. Em maio e junho de 2000, foi a vez das testemunhas de defesa. Quatro pessoas confirmaram o álibi de Diógenes de que na madrugada do dia 13 de fevereiro de 1993 ele estava numa festa.

Em agosto, a defesa pediu que fosse anexado ao processo uma matéria da *Folha de Londrina* intitulada "Polícia tentou reverter caso Evandro", do dia 4 de maio de 1995. O texto narrava o estranho depoimento de Euclídio na Delegacia de Antitóxicos e contava que

> dois policiais civis do Paraná [Possebon e Messias] estão sendo acusados de transferir ilegalmente o preso Euclides [sic] Soares dos Reis, 36 anos, de Guaratuba para Curitiba e de obrigá-lo a assinar documento assumindo a culpa pelo assassinato do menino Evandro Ramos Caetano.

A matéria também dizia que Oliveira pressionara Euclídio a confessar a autoria da morte do menino e que, em abril daquele ano, os delegados Hattanda e Possebon haviam sido transferidos de seus cargos "sem maiores explicações". O objetivo era claro: sugerir que Diógenes e Euclídio sofriam perseguição política da Polícia Civil. Chegaram a requisitar que a juíza Anésia fosse chamada a depor, mas o pedido foi indeferido.

O álibi de Diógenes era sólido. Em maio de 2002, o promotor encarregado pediu a absolvição dos réus no caso do incêndio devido à "grande incerteza quanto à presença e participação dos acusados nos fatos apresentados na denúncia". Em agosto, a denúncia foi julgada improcedente. Sobre as investigações do Grupo TIGRE a respeito de Euclídio, o que sei é que ele teve uma série de problemas com a lei, mas nunca houve prova contra ele no caso Evandro. Seus relatos são confusos, o que, para alguns, o torna suspeito, mas ele também pode ser visto como um homem assustado que apenas tentou sobreviver no meio de uma história muito maior que ele.

As testemunhas do Grupo Tigre

Voltemos, então, aos três meses de investigação do Grupo TIGRE no caso Evandro. As informações eram registradas pelo policial Blaqueney Murilo Iglesias, chefe da investigação, que ficava mais tempo em Guaratuba do que seus superiores. Seus relatórios eram encaminhados para Leila Bertolini, que os compartilhava com Adauto Abreu. Infelizmente, a maioria desses relatórios não tem data, e as informações foram repassadas de maneira não oficial. Por isso, para tentar determinar o período em que foram escritos, comparei as informações dos relatórios com os depoimentos tomados na época. É possível apenas especular qual é a data aproximada dos relatórios.

Como de praxe, os investigadores primeiro levantaram casos mais ou menos similares ao de Evandro na região. Num de seus primeiros registros, de 9 de abril de 1992, ou seja, antes mesmo de o corpo aparecer, mencionaram o desaparecimento, em fevereiro, de Leandro Bossi. É praticamente a única vez que o nome de Leandro aparece nos relatórios do Grupo TIGRE, dando a impressão de que nunca houve um esforço dos investigadores em verificar se os dois casos eram relacionados. Também pode ter havido uma questão de divisão de inquéritos. Afinal, Guaratuba tinha um delegado, Gilberto Pereira da Silva, e o inquérito de Leandro Bossi estava em suas mãos. É de se supor que o Grupo TIGRE e a equipe de Gilberto conversassem, mas não sabemos como era a troca de informações.

Além da informação sobre Leandro, o primeiro relatório informa que na cidade existia uma mulher "japonesa", "chegada em terreiros espíritas", que seria parente de Arlete Hilu, a famosa traficante de crianças do Paraná e de Santa Catarina na década de 1980. Essa "japonesa" nunca mais foi citada, mas a referência aos "terreiros espíritas" me faz suspeitar de que essa teria sido uma das primeiras informações passadas por Diógenes ao Grupo TIGRE. Em diversos depoimentos, os investigadores afirmaram que Diógenes tentava ser um informante. Todas as menções, nos relatórios, a Osvaldo Marcineiro ou a suspeitas de "magia negra" e "ritual satânico" vieram de Diógenes. A "japonesa" talvez fosse Andrea, companheira de Osvaldo. Ela tinha traços que poderiam ser entendidos como orientais, e mais de uma vez ouvi pessoas referirem-se a ela como japonesa. Contudo, nunca foi comprovado que tivesse parentesco com Hilu. Se a tal japonesa não era referência a Andrea, mas sim a outra pessoa, essa suposta pista nunca foi aprofundada.

A investigação do Grupo TIGRE seguiu, até que, em 14 de abril, três dias após o corpo ser encontrado, apareceu uma testemunha, Eli Gonçalves da Silva, um garoto de 16 anos. Seu depoimento, colhido pelo delegado Gilberto, é uma peça intrigante. A transcrição é um pouco confusa:

> [...] no dia 07-04-92, terça-feira, quando o informante caminhava próximo da Escola Joaquim Mafra, no Bairro Canela, pela rua Joinville, em direção do ginásio da Cohapar às 19:00 horas, apareceu um menino aparentando 7 anos de idade, o qual tinha características de cor morena, cabelos lisos, meio longo, com suas roupas apresentando-se sujas, o qual indagou do informante se estava indo para a direção da Cohapar, sendo confirmado que sim, e naquele momento o menino citado disse que queria acompanhá-lo na direção da Cohapar; Que, no trajeto, o menino disse que um homem que conduzia uma carroça convidou-o para irem até o posto de gasolina comprar botijão de gás e como não tinha no posto, que era no centro, foram na direção da praia, afirmando que estava ele mais alguns colegas; e que o citado carroceiro levou-os para um local que disse não saber onde fica, e que o carroceiro disse que iria trazê-los outro dia; que o menino disse que a casa onde permaneceram não foi contado onde ficava e que havia uma espingarda e algumas roupas em cima da cama, e afirmou o menino que ele conseguiu fugir daquela casa com outros colegas quebrando os vidros da casa onde estavam guardados e fugiram para um local e que o carroceiro fugiu também para um mato após haverem o menino e seus colegas fugido; que o menino perguntou ao informante se havia um menino que estava desaparecido, sendo confirmado pelo informante que sim, e diante do [que] foi confirmado ao menino, de que havia um desaparecido, ele disse ao informante que quando ele estava na casa ouviu quando o carroceiro disse que o menino desaparecido ele iria levar no outro dia às 11h, não afirmando para onde [...]; que, após haver o menino contado essas afirmativas ao informante, ao chegarem em frente da casa de Evandro, que estava desaparecido, o menino entrou naquela casa de Evandro, pelo

> portão da frente, e após o mesmo entrar na casa, o informante seguiu em frente para estudar no colégio que fica ali próximo; que, ao retornar da aula, à noite, às 23 horas aproximadamente, o informante levou ao conhecimento de seus pais que havia presenciado com aquele menino [sic] e no outro dia o informante foi trabalhar na marcenaria e contou ao seu patrão sr. João o que se sucedeu no dia anterior, pedindo ao seu patrão que nada comentasse [...]; seu patrão, sr. João, disse ao informante que procuraria avisar as autoridades policiais sem [...] envolver o nome do informante; que outro dia o informante foi procurado pelo tio do menor Evandro para procurar saber das informações que o informante soube daquele menino, sendo contado ao tio de Evandro como ocorreram os fatos narrados por aquele menino; que, o informante diz que aquele menino não é conhecido daquele bairro e nunca o viu por perto daquela escola municipal, onde o encontrou; que o informante procurou ajudar a fazer busca para localização de Evandro.

Em um relatório não datado, Blaqueney comenta o depoimento, anotando que Eli "encontrou um menino bastante apavorado e correndo no bairro Cohapar". Esse menino, junto a outra criança, teria escapado de uma casa, mas um "terceiro menino loiro" ficara. Os policiais passaram a sair com Eli por Guaratuba, tentando encontrar o garoto, até que o pai proibiu a saída do adolescente. Pais e mães temiam que acontecesse com seus filhos o que ocorrera com Evandro e com Leandro, e esse temor era alimentado por boatos sobre a existência de uma seita satânica na qual estariam envolvidos policiais e políticos. Restou apenas um retrato falado que Eli ajudou a produzir sob hipnose.

Apesar dos esforços da polícia e da população nas buscas, essa criança misteriosa nunca foi encontrada. Em depoimento no júri de 1998, Leila Bertolini afirmou suspeitar de que Eli tivesse fantasiado os fatos, mas não explicou o que fundamentava essa impressão. Blaqueney parece ter insistido na pista. Ele enviou à juíza Anésia um requerimento, presente no Dossiê X, para que a polícia levasse Eli a escolas onde a criança pudesse ser reconhecida. Como o ofício não tem data, e como não encontrei resposta formal da juíza, não é possível dizer se as buscas feitas com o garoto ocorreram com a devida autorização legal ou se foram fruto de boa vontade dos pais.

No mesmo dia do depoimento em que Eli deu a pista sobre o homem da carroça, os irmãos Cleyton e Fernando França afirmaram ter sido perseguidos por

> um elemento desconhecido, com as seguintes características: cabelos longos e ondulados, barba comprida, bigode, moreno, mais ou menos 1,75m de altura, magro, o qual seguiu-os até o Colégio [Olga da Silveira], sendo que as crianças, notando que estavam sendo seguidas, passaram a correr.

Também foi produzido o retrato falado do suspeito, aquele retrato que levou à prisão de Juarez, liberado poucos dias depois.

Ainda assim, há no Dossiê X um cartaz não datado com um retrato falado e os dizeres:

> Retrato falado do indivíduo suspeito da morte do menino Evandro Ramos Caetano.
>
> Características: moreno claro, aprox. 1,75m de altura, barba cerrada.
> Idade: aprox. 30 anos.
> O mesmo sempre oferece doces e até dinheiro para as crianças.
> Qualquer informação ligar para Delegacia de Guaratuba fone: 442-1202
> Ou para polícia militar fone: 190.

O Grupo TIGRE parecia, nesse momento, formar uma linha de investigação: o suspeito podia ser um carroceiro ou andarilho com as características físicas divulgadas no cartaz e no retrato falado. Nessa época, surgiram rumores sobre trabalhadores que teriam sido vistos roçando perto da casa de Evandro quando ele desapareceu. Os investigadores descobriram que o trabalho terminou no dia 8 de abril, dois dias após o garoto sumir. Um relatório de 19 de abril informa que o serviço fora feito por um homem chamado Izildo e por seus filhos, e que Izildo fora visto com um andarilho chamado apenas de "Ivo". Os policiais perguntaram sobre Izildo e seus filhos na vizinhança.

Ademir Caetano, pai de Evandro, afirmou desconhecê-los, mas um vizinho informou que vira os roçadores, que seriam moradores antigos de Guaratuba e "pessoas de bem". Outra moradora afirmou que ela e o marido tinham visto "duas pessoas de foice na mão, na quarta-feira após o crime, paradas, conversando", e que o marido poderia reconhecer o roçador, que era "loiro, alto e tinha uma tatuagem no ombro", e que o outro era "morador de Guaratuba, andarilho e se chama Ivo". Embora Ivo nunca mais tenha sido mencionado, tudo indica que os policiais procuravam novas testemunhas.

Nesse mesmo relatório, os investigadores citam outra informante, aparentemente interrogada de maneira informal: Rachel Machado

 Duarte, de 17 anos, que trabalhava como empregada doméstica perto da casa da família Caetano. Ela afirmou "categoricamente que viu o menor Evandro passando em frente a sua casa no dia do desaparecimento junto com duas crianças", sendo um menino "moreno claro, cabelos curtos puxados para trás" e "outro menino loiro". Na verdade, como vemos em registros posteriores, isso teria ocorrido na frente da casa de sua patroa - Silmari, na época esposa de Edson Cristofolini, irmão de Sérgio Cristofolini -, e não na dela. Para Diógenes, a relação com os Cristofolini indicava que Rachel era uma testemunha plantada por Celina Abagge, algo que nunca foi provado.

Ao que tudo indica, já na semana do ocorrido, Rachel contara para familiares de Evandro e para policiais que vira a vítima naquela manhã, mas seu primeiro depoimento oficial é de 24 de junho, mais de dois meses após os fatos. A jovem deu mais detalhes ao depor como testemunha de defesa em 18 de abril de 1998, no júri das Abagge. Contou que conhecia Sérgio Cristofolini e os outros denunciados apenas de vista. Segundo seu depoimento, entre 10h e 11h, quando preparava o almoço, ela viu três crianças da mesma idade, das quais só conhecia Evandro, indo na direção oposta à da casa dos Caetano, chutando uma bola. O menino estava de chinelos, bermuda e camiseta. Uma das crianças, também de chinelos, estava sem camisa, e a outra, descalça.

À noite, ela soube que Evandro desaparecera e foi prestar depoimento, no dia seguinte, para uma juíza "loira" - depoimento que, se foi dado, ou não foi registrado, ou não foi anexado aos autos. Depois, segundo a transcrição do depoimento do dia 18 de abril, ela "foi procurada por pessoas que realizaram diligências [...] no sentido de localizar as crianças no colégio". Alguns dias depois, o pai da vítima esteve na casa onde ela trabalhava e perguntou se era verdade que Rachel vira Evandro.

Se seus relatos forem verdadeiros, Eli e Rachel são as testemunhas mais importantes do caso Evandro. Ambos mencionam "três crianças", e seus depoimentos foram dados logo após o desaparecimento. Por outro lado, se Leila Bertolini estiver correta quando sugere que o testemunho de Eli e o retrato falado produzido a partir dele são fantasiosos, é possível que ele tenha sido influenciado pela versão de Rachel, a primeira a comentar na cidade ter visto os três garotos. As buscas pelo paradeiro dos outros dois, com a ajuda de Rachel, nunca deram em nada.

Havia, porém, uma maneira de verificar se as narrativas de Eli e Rachel batiam. No júri das Abagge, o promotor Celso Ribas tentou descobrir, afinal, se ela reconhecia o retrato falado feito a partir do depoimento de Eli como sendo o de uma das crianças que acompanhavam Evandro. Ela disse não reconhecer. Como argumentei em outros momentos, os anos entre fato e relato podem alterar as memórias das testemunhas. Assim, pode ser que Rachel não o tenha reconhecido porque sua memória falhou ou porque o retrato não era tão exato assim. No entanto, em um dos relatórios sem data do Grupo TIGRE, no qual consta uma série de nomes de possíveis suspeitos (em sua maioria, pessoas com históricos de abuso sexual), existe menção a uma criança que ela teria identificado.

> Vagner Renato Levek [...] o irmão do mesmo foi reconhecido quase 100% por Raquel como o mesmo menino que estava andando com Evandro no dia de seu desaparecimento (diálogo mantido com os pais da criança e com a mesma, a qual não confirmou estar em companhia de Evandro).

No depoimento de 1998, Rachel citava esse fato dizendo que "identificou uma pessoa como tendo a feição da pessoa que acompanhava Evandro, mas que não identificou essa criança com certeza".[18] Aparentemente, assim como no caso de Eli, a família quis proteger uma potencial testemunha valiosa.

Há ainda um detalhe que chama a atenção. Rachel afirmou ter ouvido "que um *barbudo* havia sequestrado três crianças e que uma fugiu". Em seu relato, porém, Eli não descreve o carroceiro citado pelo menino misterioso como "barbudo". Contudo, essa informação consta no relatório do Grupo TIGRE: "Esse menino e o outro conseguiram fugir do interior da casa onde existia *um elemento barbudo*". O relatório também aponta semelhanças entre os relatos de Eli e dos irmãos França.

Afinal, os relatos de Rachel, de Eli e dos irmãos França contam a mesma história ou são peças de quebra-cabeças diferentes? Quem es-

18 Até o momento em que escrevo estas linhas, em junho de 2020, tentei contato com a família Levek, sem sucesso. Passados quase trinta anos dos eventos, não tenho grandes esperanças de que algo novo apareça. No geral, meu ceticismo baseia-se na seguinte ideia: nesses anos todos que se passaram, se alguém tivesse visto tudo o que aconteceu e tivesse uma informação que mudaria tudo ao falar, já o teria feito. Torço para estar errado.

taria falando a verdade? Quem estaria fantasiando? O que os policiais não estavam conseguindo enxergar? Onde quer que estivesse a verdade, as prisões de julho de 1992 enterraram qualquer possibilidade de descobri-la. Mas podemos, mesmo assim, tentar entender melhor essa misteriosa figura do carroceiro.

O carroceiro e o andarilho

Além de Osvaldo, que meses depois seria ligado ao retrato falado produzido a partir dos testemunhos dos irmãos França, ao menos quatro homens se pareciam com o registro: Juarez (o primeiro preso), o andarilho Ivo (que nunca foi localizado), Euclídio (que Adauto considerava o principal suspeito) e Baio, o homem que Euclídio disse ter visto na época e que aparecia, com o próprio Euclídio, como um dos principais suspeitos. Sobre isso, Leila Bertolini comentou o seguinte no júri de 1998:

> Havia um suspeito de apelido Baio e [...] um carroceiro de apelido Maloca, uma pessoa de apelido Barba [Euclídio] que morava perto do local; [...] também era suspeito um roceiro de cana [possivelmente Izildo] que havia cortado mato dois dias antes próximo ao local onde foi encontrado o cadáver.

Ela concluía que "não havia um suspeito efetivo da prática do crime". Conversando com moradores, os policiais souberam dos homens que tinham sido vistos roçando o mato e transportando uma carreta. Um dos informantes fora Euclídio, como já vimos. Além de Baio, ele disse ter visto o carroceiro Roberto Pontes, filho de um certo "Maloca". Como Pontes era chamado de "filho do Maloca", é possível que Leila tenha se confundido e o suspeito fosse o filho, e não Maloca.

Baio devia dinheiro a um bar da cidade cujo dono, Waldir Sales, comprara um terreno e precisava cercá-lo com varas de bambu. Pediu a Baio que conseguisse as varas para ele e disse que deduziria da dívida o valor do serviço. De acordo com Baio, ele foi ao bambuzal, perto do matagal, num sábado, provavelmente no dia 28 de março. Cortou as varas com um machado de Euclídio, a quem conhecia, e no mesmo dia avisou a Sales que indicaria um homem que poderia fazer o frete das varas porque tinha uma carreta: Roberto Pontes. De acordo com Baio e Pontes, Sales aceitou a oferta e o transporte aconteceu na semana seguinte, provavelmente na terça-feira, dia 31.

Alguns detalhes da versão de Baio, porém, não batiam com os relatos de outras testemunhas. Primeiro, vários moradores diziam que ele não fora apenas uma vez lá, num sábado, como afirmou em depoimento. Um deles, Alceu, amigo de Euclídio, afirmou que Baio "passou várias vezes pelo local" na semana do desaparecimento. Numa delas, disse que ia buscar maracujá, mas, como chovia, voltou de mãos vazias. Em outra, foi cortar varas "antes do almoço". Alceu também alegou ter visto "um carroceiro moço, moreno claro, o qual passou pela sua casa de tarde e depois de algum tempo [...] voltou com a carroça carregada de varas".

Diversos relatos como esse, acrescidos de atitudes que o Grupo TIGRE considerava estranhas, tornaram Baio e Roberto Pontes suspeitos. Leila explicou a suspeita em seu depoimento de 1998, dizendo que, quando lhe mostrou a sandália de Evandro, encontrada dias depois do corpo, Baio "não olhava para a sandália" e "ficou muito nervoso e apavorado", enquanto Pontes, ao ser levado ao local do crime, tentou fugir. Pontes explicou, num depoimento em abril de 1992, essa tentativa de fuga. Segundo ele, ficara envergonhado por ter caído de um cavalo, "tendo em vista que várias pessoas estavam presentes", e por esse motivo foi andando mais rápido para casa. De qualquer forma, depois de 25 de abril, data do último depoimento do Baio, não há mais menções a eles nos relatórios. A sensação que tenho é que o Grupo TIGRE levantou muitas pistas nos primeiros vinte dias de investigação. Perto do fim de abril, porém, há cada vez menos materiais e informações juntadas ao inquérito. Em maio, os investigadores praticamente só juntaram fichas de potenciais suspeitos que nunca foram citados por testemunhas, mas tinham fichas criminais. Em junho, houve esforços para convencer a mãe de Rachel a permitir que a garota desse um depoimento formal, mas só. Diante disso, é compreensível a frustração de Diógenes e de outros parentes quanto ao rumo das investigações.

Então, no início de julho, a Operação Magia Negra, do Grupo ÁGUIA, efetuou as prisões. Estranhamente, foi também no dia 7 desse mês aquele que parece ter sido o último depoimento tomado pelo

Grupo TIGRE. Nessa época, o delegado Noronha devia estar finalizando o inquérito da Polícia Civil. Talvez a data estivesse errada e o depoimento, tomado por Leila Bertolini, fosse na realidade de 7 de junho, mas não há como confirmar. Além disso, ele foi tomado em Curitiba, e não em Guaratuba, o que talvez seja um indício de que o Grupo TIGRE já não estivesse no litoral. O depoente é um homem chamado Ricardo Pascoal França, que fornece as últimas informações que encontrei nos autos sobre o carroceiro ou o andarilho suspeitos. O mais interessante é que não se refere a Evandro, mas a Leandro Bossi, cujo desaparecimento nessa data já estava sendo investigado pelo delegado Oliveira.

Ricardo havia sido, até dezembro de 1991, recepcionista no Hotel VillaReal, onde costumava ver Leandro, que às vezes acompanhava a mãe no trabalho. O recepcionista também morava perto dos Bossi, no bairro do Canela. Alguns dias antes do desaparecimento do garoto, conforme o relato, Ricardo o viu correndo quando voltava do Mercado Capivara. Pelo que lembrava, o garoto vestia bermuda e, atrás dele, havia um homem negro, magro e alto. O homem, que empurrava um carrinho de catar papel, acelerou o passo atrás do garoto, até chegar a um cruzamento. Então, largou o carrinho e continuou perseguindo o menino, que já quase virava outra esquina. Em certo momento, o catador virou-se e avistou Ricardo, então deu alguns passos para trás, fingindo que catava papel, embora no local só houvesse mato. Apesar disso, Ricardo seguiu seu caminho.

Isso teria ocorrido em alguma data antes do show do Moraes Moreira – Ricardo tinha certeza disso porque, pouco tempo depois do show, ele foi morar em Curitiba. Alguns dias após ter visto Leandro correndo do catador de papel, ficou sabendo, por sua sogra, de seu desaparecimento. Em seu depoimento, Ricardo afirmou que reconheceria o homem e que sabia quais locais ele frequentava.

Há certas características desse depoimento que justificam meu ceticismo em relação à ideia da participação de um carroceiro no crime. Em relatório do FBI feito pelo agente Kenneth Lanning na década de 1980, sobre o qual logo falaremos mais, são mencionadas lendas urbanas que costumam aparecer em investigações e acabam tomando tempo dos policiais. Entre elas está a figura do *stranger danger*, uma expressão popular no mundo anglófono para alertar as crianças do perigo (*danger*) de falar com estranhos (*strangers*). Essa figura costuma ser descrita como um "homem velho e sujo com capa de chuva amassada" que comete abusos sexuais. É semelhante, no Brasil, aos boatos de crianças raptadas pelo "homem do saco", não raramente identificado também como um carroceiro.

Eu nasci em 1983, então perdi as contas de quantas vezes ouvi esse tipo de boato e outras lendas urbanas, como a de um "Opala preto sequestrando crianças". Não sei dizer se essas narrativas têm algum fundo de verdade e, apesar de meu ceticismo, também não posso garantir que as informações sobre o catador e o carroceiro sejam descartáveis no caso Evandro, ou mesmo se houve influência de lendas urbanas nas investigações. Não é raro que investigadores ignorem evidências por acharem inconcebível a culpa de parentes enquanto buscam por "velhinhos sujos de capa de chuva amassada".

Não creio que foi o que aconteceu no caso Evandro. Parece-me que os policiais do Grupo TIGRE no mínimo seguiram as pistas que tinham de maneira responsável. Como podemos ver no Dossiê X, os policiais levantaram potenciais suspeitos e casos criminais que acreditavam ter similaridade com o caso Evandro. Uma lista de nomes foi feita e suas fichas criminais, analisadas, mas muitas dessas pessoas não chegaram a ser formalmente interrogadas. Muitos dos potenciais suspeitos tinham álibis confiáveis, outros estavam presos e outros pareciam ser meras lendas urbanas. Tendo em vista o risco de reacender falsas acusações, optei por nem citar os nomes desses indivíduos. Se alguma autoridade tiver interesse em retomar tais linhas de investigação, basta recorrer aos autos.

Há ainda outra hipótese, envolvendo uma personagem que apareceu ocasionalmente neste livro: Arlete Hilu. Em uma matéria reproduzida nos autos do caso Evandro – possivelmente de uma edição do início de 1995 da *Folha de Londrina*, mas a qualidade da cópia não permite ter certeza –, em que se relata que Irineu, o guardião da serraria em 1992, teria sido coagido a testemunhar contra os acusados, o jornalista Edson Fonseca diz que o advogado Figueiredo Basto teria "provas suficientes para provar a inocência destas sete pessoas". Logo em seguida, aparece o seguinte trecho enigmático:

> Outra novidade no caso apresentada por Figueiredo Basto é a declaração de Diorli José Beza, preso no último dia 28 de abril em Guaratuba. Segundo Beza, os dois meninos desaparecidos, Leandro Bossi e Evandro Ramos Caetano, teriam sido raptados por Leandro Facco, integrante da quadrilha de Arlete Hilu, que traficava crianças. Beza teria ouvido Facco confessar o rapto e que teria morto [sic] um dos meninos por chorar demais. Leandro e Evandro seriam levados para o estado de Pernambuco, onde seriam vendidos a um fazendeiro por US$ 7 mil, sendo que um deles estaria vivo até a entrega do fazendeiro.

Tentei contato com Leandro Facco, mas, quando encontrei essa reportagem, em 2019, ele já havia morrido. Outras pessoas da quadrilha de Arlete Hilu com quem conversei não puderam me confirmar essa história. Consegui localizar Diorli José Beza, que me confirmou cada palavra e explicou que, na década de 1990, dividiu cela com Leandro Facco, que, num momento de desabafo, disse ser o responsável pelos dois casos. Ainda de acordo com Beza, nenhuma autoridade lhe procurou para saber mais informações. Ao consultar Figueiredo Basto sobre isto, o defensor me relatou que essa informação não deu em nada porque não havia nenhuma outra evidência. Em resumo, era a palavra de Beza contra todo o resto.

Uma outra "seita satânica"

Na manhã de 18 de junho de 2020, o ex-policial militar Fabrício Queiroz foi preso. Próximo do presidente Jair Bolsonaro e ex-assessor do senador Flávio Bolsonaro – filho mais velho de Jair –, Queiroz era procurado havia meses por suspeitas DE encabeçar um esquema de "rachadinha" na Assembleia Legislativa do Estado do Rio de Janeiro (ALERJ) na época em que trabalhara no gabinete de Flávio, quando este era deputado estadual. O ex-policial foi encontrado numa chácara no município de Atibaia, pertencente ao então advogado do filho do presidente, Frederick Wassef.

Eu tinha passado a madrugada anterior trabalhando neste livro e fui me deitar às 7h. Fui acordado às 10h30 pelas notificações do celular. Alguém tinha buscado o nome de Wassef em arquivos de jornais e encontrado a seguinte notícia de 25 de julho de 1992, do *Jornal do Brasil*:

DELEGADO PEDE PRISÃO DE "BRUXOS"

CURITIBA – O delegado Luiz Carlos de Oliveira apresentou ontem à Justiça de Guaratuba o pedido de prisão temporária do argentino José Teruggi, com base na declaração feita pelo bruxo à sua mulher, Valentina de Andrade, em fita de vídeo apreendida pela polícia. Supostamente incorporado por um espírito, Teruggi ordena à mulher que mate uma criancinha. A gravação foi feita apenas quatro dias antes do desaparecimento do menino Leandro Bossi, de 8 anos, em Guaratuba. Leandro desapareceu em 15 de fevereiro – quando o casal e 40 seguidores já estavam na cidade litorânea – e depois de ter sido visto conversando com Valentina, cuja prisão foi decretada há uma semana.

Também foi solicitada a prisão temporária do advogado Frederick Wassef, o único da seita LUS. Além de Valentina, que estava hospedada no Hotel VillaReal, em Guaratuba, ele seria o divulgador da seita. No endereço em Atibaia, interior de São Paulo, que forneceu ao hotel, a polícia paulista não encontrou ninguém. A polícia espera na terça-feira resposta da consulta ao escritório da Interpol em Buenos Aires.

Era esse o motivo das centenas de mensagens que recebi. Afinal, eu já havia publicado 25 episódios do podcast *O caso Evandro*, e até revelado as novas fitas que comprovavam as torturas, mas não havia citado Wassef, Teruggi, Valentina, enfim, nenhum dos suspeitos citados na matéria. A curiosidade dos meus ouvintes aumentou quando descobriram que Valentina de Andrade seria a líder de um grupo místico chamado Lineamento Universal Superior – ou apenas LUS – e que era acusada, junto a outras seis pessoas, de ter participado de "rituais satânicos" envolvendo emasculação e assassinato de ao menos seis garotos na cidade de Altamira, no Pará, entre 1989 e 1993, caso que ficou conhecido como "Os emasculados de Altamira".

Eu tinha meus motivos para não ter falado disso nos primeiros 25 episódios do podcast. O principal era que essa revelação seria feita nos últimos episódios, como gancho entre a história de Valentina e o caso de Altamira, meu próximo grande projeto. O segundo era que, se há algo que o caso Evandro me ensinou, foi a tomar cuidado antes de tirar conclusões sobre "seitas satânicas". Queria ter o máximo de informações sobre o caso de Guaratuba, na ordem em que ocorreram, e é o que apresento a seguir.

Como narrado neste livro, nos primeiros dias de julho de 1992, os sete presos no caso Evandro deram depoimentos conflitantes entre si.

A discrepância mais evidente estava entre os que assumiam a autoria do crime – De Paula, Davi e Osvaldo – e os que alegavam sofrer tortura. Hoje, sabemos que os três primeiros também eram vítimas de tortura e por isso continuavam confessando – motivo inclusive para terem assumido responsabilidade no caso Leandro, que teria sido entregue a uma "loira gorda gringa" no aeroporto de Guaratuba, conforme relato de Osvaldo. No dia 12, o delegado Oliveira foi ao presídio para falar com os acusados e investigar sobre a "gringa" suspeita. É importante lembrar que, naquele momento, a versão oficial era a de que havia uma seita matando crianças, que poderia ter membros além dos sete presos. A "loira gorda gringa" poderia fazer parte dela.

Guaratuba sempre recebeu, na temporada de verão, visitantes da Argentina e do Paraguai. O local para iniciar as buscas parecia óbvio: o Hotel VillaReal, o melhor da cidade, onde trabalhava Paulina Bossi, que sempre levava o filho para o trabalho. No dia 15 de julho, Oliveira interrogou o gerente do hotel, Jayme Luiz Wendhausen. Wendhausen contou que haviam se hospedado ali, em três ocasiões, o argentino José Teruggi e sua esposa, Valentina de Andrade, às vezes com o filho. Na primeira vez, entre 15 e 18 de fevereiro, foram sozinhos, para conhecer o balneário. Hospedaram-se novamente de 11 a 29 de março e, por fim, entre 7 e 20 de abril. Durante a primeira dessas três estadias, Leandro sumiu, e a terceira foi próxima ao desaparecimento de Evandro. No dia 15 de fevereiro, antes de desaparecer, Leandro estivera no hotel por volta do meio-dia. O gerente continua contando que:

> todos os dias dessa permanência reuniam-se em frente ao hotel aproximadamente 80 pessoas [na última estadia do casal, seriam cerca de quarenta] e isso por volta das 07h, as quais enquanto aguardavam que o casal descesse faziam a limpeza de uma certa área da praia em frente ao hotel, e somente quando esses chegavam é que começavam um ritual parecendo estar fazendo uma oração [...] essas pessoas faziam um altar de flores e papel laminado, passando o dia todo nesse ritual.

O casal era tratado por todos no grupo como "Papa" e "Mama" e era protegido por três pessoas, uma delas chamada Salvador Meluso. Ainda pelo relato do gerente, no último dia, todos postaram-se de mãos dadas de frente para o mar, então os homens entraram na água até a cintura, tiraram o calção, com o qual acenaram, vestiram-se e voltaram para a areia. Depois as mulheres fizeram o mesmo. Suas atividades chamavam a atenção dos demais banhistas, a ponto de uma repórter ter sondado o gerente para saber mais sobre o grupo. A repórter aguardou a chegada de Valentina, que teria explicado que eles eram "adoradores do diabo". Depois, Mama deu a ela um exemplar de seu livro e disse que aceitaria dar uma entrevista após a leitura. Depois de alguns dias, a repórter disse ao gerente que tivera coragem de ler apenas duas páginas. As pessoas do grupo disseram a ela que a "seita" funcionava como um congresso, com delegados enviados de diferentes províncias argentinas, e que era conhecida até na Europa, mas o "povo brasileiro ainda não estava preparado para saber a respeito". Wendhausen conta que havia pelo menos um brasileiro: Frederick Wassef.

O delegado Oliveira me contou que havia comentários sobre "uns argentinos meio estranhos no Hotel VillaReal" quando Leandro sumiu. Assim, em 15 de julho de 1992, a Polícia Civil foi à casa de Valentina em Londrina, no norte do Paraná, para uma busca e apreensão. Recolheu fitas VHS, fitas cassete, cadernos, agendas, cartazes, desenhos, armas e munições. Os materiais em áudio e vídeo levariam algum tempo para ser analisados, mas os desenhos e alguns escritos chamaram a atenção dos policiais, em especial o livro escrito por Valentina de Andrade, *Deus, a grande farsa*, publicado em 1985. Em sua capa, havia a estranha figura de um bebê com duas cabeças.

O livro fortalecia a hipótese de que Valentina estava envolvida em uma "seita satânica" que podia ser responsável pelo desaparecimento de Leandro e Evandro e da qual Osvaldo e seu grupo talvez fizessem parte. Os desenhos apreendidos aumentaram as suspeitas. Neles, era possível ver figuras demoníacas e crianças parecendo ser estranguladas, ou mesmo mutiladas, com expressões como "A verdade sobre Deus", "atenção", "enforcado", "golpeado", "coganado", todas em espanhol. A última imagem é o desenho de uma figura humana feito a caneta. Em seu corpo, há setas indicando alguns de seus órgãos internos. De acordo com as informações do inquérito de Leandro Bossi, embaixo estava escrito: "Confirmação 27-06-87 (sábado) 9,40 + –".

Além dos desenhos e do livro de Valentina, foi encontrado um papel com anotações sobre matérias de TV que narravam os eventos de Guaratuba:

14-07-92 – Canal 05 – Ritual Satânico em Guaratuba
Responsáveis pelo sacrifício do menor Evandro
Aldo Abagge – prefeito
esposa – Celina Abagge
Osvaldo Marcineiro – bruxo

Investigação desaparecimento: Leandro Bossi – garoto desaparecido que seria levado ao exterior. Coincidência ou não, na mesma época um grupo de argentinos ligados a uma seita religiosa esteve por várias vezes aqui em Guaratuba, segundo testemunhas, eles realizavam rituais de adoração em frente ao mar sempre das 7 horas da manhã às 7 da noite coincidindo mais uma vez com o nº cabalístico que vem sendo relacionado desde o início à morte de Evandro Ramos Caetano, sacrificado no dia 7 de abril por 7 pessoas às 7 horas da noite.

14-07-92 – Canal 3
No dia 15 de fevereiro, quando Leandro sumiu, um argentino líder de uma seita desconhecida hospedou-se com a mulher neste hotel em Guaratuba (apareceu no vídeo a ficha do hotel preenchido com o nome), o casal voltou a hospedar-se outras vezes, inclusive no dia 7 de abril, quando morreu Evandro Caetano. O casal era reverenciado por dezenas de seguidores também argentinos, o gerente do hotel lembra que o grupo evitava o contato com outras pessoas e passava o dia todo na praia rezando.

Também a seita desconhecida está na mira destas investigações e para isto vai ser preciso a ajuda dos policiais do Paraguai, Uruguai e Argentina.

O delegado dizendo: nós temos que investigar quem faz parte desta seita, quais são os rituais, qual é o intuito disto.

[no final da folha:]
Em Guaratuba, em que M.P. se hospedaram com irmãos.

Se assistiu ao noticiário sobre o Ritual Satânico que dizem que vão investigar essa seita na Argentina.

O líder de uma seita desconhecida hospedou-se com sua mulher neste hotel em Guaratuba, apareceu ficha do hotel com nome do [termina]

Além da busca e apreensão, segundo reportagens da época, a Polícia Civil também encontrou materiais da chamada "seita LUS" na rodoviária de Londrina com uma mulher que seria membro do grupo e caseira de Valentina. Seu nome era Elisabeth Weigert e, de acordo com a reportagem da revista *Veja* de 29 de julho de 1992, estava prestes a despachar uma mala para a Argentina. A mala continha fitas de vídeo, "um rifle, três pistolas e quatro camisolões de cores vistosas, com capuzes pontudos combinando, semelhantes aos usados pelos adoradores do diabo nos incontáveis filmes de terror classe B produzidos pelo cinema".

Antes disso, porém, no mesmo dia do depoimento do gerente do VillaReal, Oliveira requisitara à juíza de Guaratuba a prisão temporária de quatro membros do grupo: Valentina de Andrade, José Teruggi, Antonio Salvador Meluso e Frederick Wassef. A juíza decretou a prisão temporária apenas de Valentina e Meluso. A primeira estava na Argentina e foi considerada foragida. Em matérias de TV, o delegado-geral da Polícia Civil do estado, José Maria de Paula Correia, dizia estar em contato com a INTERPOL. O único detido foi Meluso, no dia 16 de julho. Os detalhes de sua prisão não constam no inquérito de Leandro Bossi, mas a imprensa afirmou que ele estava na casa de Valentina, trabalhando como caseiro. (Vendo em retrospecto, acho mais provável que Meluso e Elisabeth estivessem apenas hospedados na casa de Valentina, como tantos outros seguidores do LUS faziam.) Se as reportagens estiverem corretas, sua prisão ocorreu junto com a busca e apreensão na casa.

De posse dessas evidências, Oliveira precisava descobrir se Valentina tivera contato com Leandro ou sua família antes de o menino desaparecer. Para isso, o delegado tomou um depoimento de Paulina no dia da prisão de Meluso, na presença do promotor Cioffi. A mãe de Leandro contou que, por volta das 9h30 do dia 15 de fevereiro, o menino saiu do hotel e foi trocar de roupa em casa. Ela sabia que ele chegara a passar em casa pois a roupa que usava de manhã estava lá. Quando o menino já estava desaparecido, ela pediu ajuda para Valentina, que estava no hotel, por acreditar que a Mama tinha poderes. Valentina teria dito que conhecera Leandro e sabia "com certeza [que ele] não estava no Paraguai". Disse que poderia ajudar a encontrá-lo, mas não naquele dia.

No dia seguinte à prisão, Oliveira interrogou Meluso, que narrou parte da história do LUS. Meluso conhecia Valentina e Teruggi havia cerca de cinco anos, quando passara a frequentar o Lineamento Universal Superior, fundado por Valentina em Buenos Aires. Em fevereiro de 1992, encontrou Teruggi na sede do grupo e pediu permissão para passar férias na casa deles no Brasil. Meluso chegou na segunda quinzena de fevereiro a Londrina, onde os líderes do grupo já estavam. Em abril, os três foram a Guaratuba, e ele hospedou-se em uma pousada com umas trinta e cinco pessoas, enquanto o casal foi para um hotel de frente para o mar.

Segundo Meluso, o grupo estava na cidade para veranear. Apesar de todos pertencerem à "entidade", não teriam feito rituais nem conferências. Durante o dia, ficavam na praia, jogando vôlei, e reuniam-se no hotel à noite. Normalmente, esses encontros incluíam crianças acompanhadas dos pais, mas naquela ocasião só participaram maiores de 18 anos. Depois de uma semana em Guaratuba, ele teria retornado de ônibus a Londrina, hospedando-se sozinho na casa de Teruggi, que ficou com o grupo por mais uma semana em Guaratuba. Quando Valentina chegou a Londrina, contou a ele que vira a mãe de uma criança que procurava pelo filho desaparecido. Inteiraram-se do caso pela TV, segundo o relato, e Valentina comentou que acontecera "algo feio" com a criança, um fato "terrível".

No dia 4 de julho, Valentina e Teruggi avisaram que iriam a Buenos Aires e que, se ele precisasse de algo, podia procurar pelos vizinhos, e que eles telefonariam quando chegassem à capital argentina. No dia 14, por volta das 12h, Meluso recebeu um telefonema de Teruggi, que afirmou que retornaria no dia 21 ou 22 daquele mês. O delegado, então, perguntou se Meluso podia explicar os materiais apreendidos na casa de Teruggi. O preso afirmou que só Valentina podia dar mais informações, mas sugeriu que os desenhos teriam sido enviados por integrantes do LUS para a capa do livro *Deus, a grande farsa*. Também disse que o papel com as anotações sobre o noticiário da TV fora entregue a ele por uma tal senhora Ana, moradora de Londrina, após o telefonema de Teruggi.

No dia 21 de julho, cinco dias após ser preso, Meluso foi liberado. Sem fornecer nenhuma informação que chamasse a atenção da polícia, ele não interessava mais às investigações, e Valentina ainda não havia sido encontrada.

Eu li o livro *Deus, a grande farsa*. A tese dele é a seguinte: Valentina seria uma espécie de médium ou profetisa que, nos anos 1980, estivera em contato com uma inteligência extraterrestre que lhe passara uma série de ensinamentos. Entre eles, a ideia de que o "Deus" da cultura judaico-cristã seria um "deus falso", que usava seus poderes para enganar a humanidade e se passar pelo "Ser Supremo". No entanto, haveria uma entidade acima desse "Deus", que seria a verdadeira Divindade, de fora do planeta Terra – logo, extraterrestre. Essa inteligência superior teria o nome de Zuita, com a qual Valentina tinha contato quando a entidade era incorporada por José Teruggi.

Como muitos livros que se propõem a revelar verdades ocultas a partir das visões de profetas, o de Valentina tem diversas afirmações enigmáticas. Um trecho bastante difundido nos jornais naquele ano de 1992, escrito em maiúsculas no livro, era o seguinte:

> Eu, Valentina de Andrade, lanço em favor de inocentes outro brado de alerta através deste livro denominado: Deus, a grande farsa:
>
> Acautelem-se com as crianças. Elas são instrumentos inconscientes da grande farsa denominada Deus, e seus nefandos colaboradores.

Para muitos jornalistas, esse era mais um indício de que Valentina odiava crianças.

Mas havia um material que causaria mais assombro do que o livro. No dia 23 de julho, o delegado José Maria convocou uma entrevista coletiva para mostrar trechos de uma das fitas VHS apreendidas, gravada em Londrina. Nela, via-se Teruggi, sem camisa e com um bigode basto. Valentina abraçava-o, usando um lenço na cabeça e o que parecia ser um maiô. A câmera os enquadra dos ombros para cima, de perfil. Em alguns momentos, Teruggi vira-se para a câmera e podemos ver seu rosto. O de Valentina, quase de costas para a lente, raramente aparece. Ela olha apenas para Teruggi, que incorporava o "Paizinho", uma das entidades com quem Valentina se comunicava.

Valentina ri, levanta os braços, abraça-o novamente. Teruggi faz caretas e fala de forma estranha. A maior parte do diálogo é incompreensível, mas é possível entender que ela agradece ao argentino – ou à entidade – por tudo o que já ganhou dele. Na entrevista coletiva, a polícia chamou a atenção para um trecho em que, no meio de sua fala confusa, Teruggi diz: "Mate a criancinha que eu te pedi. Ela é a riqueza energética". Depois de rir, Valentina responde: "Claro... já desperta pra vida com toda a riqueza e energia". No canto do vídeo, é possível ver a data da gravação: 11 de fevereiro de 1992, quatro dias antes de o casal chegar a Guaratuba. Quatro dias antes de Leandro desaparecer.

Essa fita VHS virou pauta no Brasil inteiro, dando gancho a longas matérias sobre o casal e a "seita LUS". Na matéria da *Veja*, o grupo de Valentina chega a ser comparado com Charles Manson e seus seguidores e com o culto suicida de Jim Jones. Outra matéria, de José Louzeiro, na *Manchete* de 8 de agosto, traz em página dupla a foto de uma mulher nua deitada sobre um manto preto, segurando um crânio que tampa seu púbis. Ao seu redor, dois homens ajoelhados trajando robes pretos e segurando tochas. A chamada e o conteúdo são tão sensacionalistas quanto a ilustração. A legenda de uma foto descreve assim o veraneio do casal: "À praia, como convém, Valentina de Andrade e José Teruggi curtiam a vida e arquitetavam rituais". Em outras passagens, a reportagem diz que pessoas juravam ter visto os seguidores de Valentina "pedindo sangue", que ela teria um filho "afeminado" que "beijava todos os homens do LUS na boca", que "policiais se impressionaram com a quantidade de malas [pesadas que levaram a Guaratuba] e sugerem que Valentina e Teruggi também traficam órgãos humanos" e, por fim, acompanhando, uma foto de Valentina cercada de pessoas sorridentes, pois "sob aplausos, [a] sacerdotisa de satã exercitava o seu carisma no society". Segundo a polícia, os sacrifícios tinham um objetivo: "a manutenção do status a preço de sangue". A matéria ainda cita supostas ligações de Valentina "com o bruxo Osvaldo Marcineiro e seus parceiros de feitiçarias" e menciona crianças mortas em Goiás e no Maranhão, encontradas "com os braços amarrados e os testículos arrancados", reforçando a ideia de seitas satânicas sacrificando crianças pelo Brasil.

Do sul ao norte

Oliveira aproveitou o impacto da exibição do vídeo de Valentina e Teruggi na TV e voltou a pedir, em 24 de julho, que a juíza de Guaratuba emitisse mandados de prisão temporária para Teruggi e Wassef. Em resposta, Anésia requisitou o vídeo, que só recebeu dias depois. Nesse meio-tempo, no dia 30 daquele mês, Frederick Wassef viajou de São Paulo para Curitiba e prestou depoimento diante de Cioffi, que, apesar de ser o responsável pelo caso Evandro, também acompanhava os desdobramentos do caso Leandro Bossi. Wassef afirmou que, assim que soube que estava sendo procurado pela Polícia Civil do Paraná, tomou a iniciativa de pedir a seus advogados que entrassem em contato com Oliveira para prestar depoimento, independentemente de intimação oficial. Contudo, Wassef alegou que o delegado disse não ter "interesse em ouvi-lo, sem que houvesse antes uma decisão judicial sobre a decretação ou não da prisão temporária do declarante". Mesmo assim, ele foi a Curitiba e voltou a tentar contato com o delegado, o que não foi possível pois Oliveira estaria em Guaratuba. É importante lembrar que, nessa época, a relação entre Cioffi e Oliveira já era tensa, especialmente quando os assuntos eram as alegações de tortura no caso Evandro e a identidade do corpo.

Anésia jamais decretou as prisões de Teruggi e Wassef, como chegara a fazer com Valentina e Meluso. Ela explicou o motivo em entrevista ao jornalista Luiz Diegues, do argentino *Clarín*, publicada em 2 de agosto. Um resumo da entrevista foi publicado uma semana depois pelo jornal paranaense *Correio de Notícias* com o título "Fui coagida pela polícia, diz juíza" e o subtítulo: "Em entrevista ao jornal *Clarín*, de Buenos Aires, juíza do caso Evandro critica polícia e diz que decretou prisão por ter sido ludibriada". No texto, ela diz que a Polícia Civil do Paraná teria dado informações falsas para que ela decretasse a prisão preventiva de Valentina, por insistir que ela era responsável pelos desaparecimentos, mas que não havia provas disso.

A matéria dá a entender que a juíza achava que Oliveira e Correia queriam livrar as Abagge e os outros acusados e jogar a culpa em Valentina e seu grupo. Na entrevista completa no jornal argentino, ela afirma não ter dúvida de que os sete presos eram os responsáveis pelo caso Evandro, com o qual o caso Leandro não teria nenhuma relação. O que convenceu a juíza de que Valentina e seu grupo eram vítimas de armação foi a descrição feita por Osvaldo em sua "confissão" no presídio. Ele alegou ter entregado Leandro Bossi a uma "gringa loira e gorda", descrição que não combinava com a brasileira Valentina, que não era loira e era magra.

Apesar disso, em 4 de agosto, a juíza pediu a Oliveira que ele informasse ao juízo o que ocorrera com os mandados de prisão contra Valentina e Meluso, que ele requisitara semanas antes. Em outras palavras, ao menos de acordo com os autos, a juíza não sabia nem que Meluso havia sido detido e prestado depoimento, nem que Valentina era considerada foragida. No dia seguinte, em novo ofício, Oliveira respondeu já ter informado que Meluso fora liberado, citando um ofício que não consta nos autos. Pode ser que tenha se perdido, pode ser que nunca tenha existido.

Nas semanas que seguiram, Oliveira interrogou e fez acareações com os sete acusados no caso Evandro. Foi também nesse período que a calçada em frente à loja de Antonio Costa foi quebrada. A suspeita de participação de Valentina e do LUS ia sendo esquecida.

Pouco mais de um mês após ter tomado o depoimento de Wassef, e após Anésia já ter declarado que não tinha interesse em prender ninguém do LUS, a defesa de Valentina requisitou que seu pedido de prisão temporária, emitido em 16 de julho, fosse revogado, e afirmou que ela e o marido comprometiam-se a comparecer perante as autoridades para prestar declarações. Em 3 de setembro, Cioffi recomendou que a juíza aceitasse a requisição, alegando que o MP desejava apenas tomar declarações de ambos. Nesse mesmo ofício, o promotor afirmou que até aquela data ainda não havia recebido a degravação da fita de vídeo.

Em 9 de setembro, Anésia revogou em definitivo a prisão temporária de Valentina. Em sua decisão, a juíza acrescenta dois elementos àqueles que apresentara na entrevista ao *Clarín*. Primeiro, o fato de todos os sete acusados do caso Evandro negarem envolvimento no desaparecimento de Evandro e de Leandro. Embora o inquérito que investigava o assassinato de Evandro já tivesse sido encerrado, os depoimentos desse caso influenciavam as decisões relativas ao caso Leandro. O segundo elemento é mais interessante. A juíza afirma que, apesar de todo o alarde da imprensa, nenhum dos materiais apreendidos na casa de Valentina foi anexado ao inquérito do caso Leandro. Os desenhos, que circularam bastante nos jornais da época, só foram juntados meses depois da operação. Naquele início de setembro, Anésia ainda não os havia visto pessoalmente.

Naquele mesmo dia 9, Cioffi emitiu um parecer para a juíza sobre Oliveira, que estaria sendo displicente e teria deixado de "juntar aos autos farto material apreendido por sua congênere de Londrina-PR na residência do 'casal Teruggi', [...] consoante publicamente noticiado pela imprensa escrita, falada e televisada". O promotor mencionou a recusa do delegado em receber Wassef e anexou o depoimento que tomou do advogado. Em 18 de setembro, a juíza acolheu o parecer do MP e pediu ao corregedor da Polícia Civil que fosse designado um novo delegado para Guaratuba, pedido feito formalmente em 22 de setembro. Dois dias depois, o corregedor Wesley Domingos Cury respondeu chamando a atenção para a repercussão internacional do caso e afirmando que Oliveira fazia seu trabalho seguindo preceitos legais. Em outras palavras, nada mudaria. Até que, em 28 de setembro, por iniciativa própria, Oliveira pediu desligamento do caso Leandro Bossi, alegando que o MP estava distorcendo fatos e ocultando informações, o que o impedia de conduzir seu trabalho.

Foi também nesse dia que a degravação da fita de vídeo com Teruggi e Valentina foi enfim anexada ao inquérito. No documento, consta que o pedido de análise fora feito ao Instituto de Criminalística em 28 de agosto. A transcrição tem noventa e uma páginas, mas o trecho que interessa está na página 18. Segundo Isac Nunes Cordeiro, o tradutor juramentado que conseguiu decifrar o que dizia o argentino Teruggi incorporado pela entidade "Paizinho", foi isso que o casal conversou no único trecho em que se fala de "criancinha" e "riqueza energética":

> TERUGGI: Não sei se Zuita está sabendo.
> VALENTINA: Pois é, então tem que contar tudo para ele...
> TERUGGI: E tampouco às vezes sabe muitas coisas.
> VALENTINA: Pois é, eu sei disso.
> TERUGGI: Mas eu tenho minhas suspeitas que ele sabe.
> VALENTINA: Ele deve desconfiar alguma coisinha.
> TERUGGI: É...
> VALENTINA: Porque ele é meio assim desconfiado, né.
> TERUGGI: Mas já começou a dar os primeiros passos.
> VALENTINA: É, isso com a ajuda de quem?
> TERUGGI: Papai que está aqui.
> VALENTINA: Mas não falou que é criancinha...
> TERUGGI: Mas tem criancinhas que são experientes.
> VALENTINA: Ah, ah...
> TERUGGI: É a riqueza energética...
> VALENTINA: Claro, já desperta pra vida com toda riqueza, com toda sabedoria...

A frase "mate a criancinha que eu te pedi" nunca foi dita – era "mas tem criancinhas que são experientes". Os policiais e os jornalistas da época ouviram o que queriam ouvir.

No dia 5 de outubro, mesmo dia em que os desenhos finalmente foram anexados aos autos, Valentina e Teruggi prestaram depoimento ao novo delegado do caso, dessa vez em Curitiba, na presença do advogado do casal, Arnaldo Faivro Busato Filho, e de Cioffi. Seus depoimentos são longos, mas importantes para esclarecer o que aconteceu naqueles meses.

Valentina conta que foi apresentada pelo ex-marido, Roberto Olivera, aos ensinamentos do "grupo crítico de estudos" LUS, que teria respostas para as "dúvidas da humanidade". O grupo atuava apenas em Buenos Aires e ela viajava em busca de "lugares bonitos para levar os associados ou filhos", normalmente em baixa temporada. Nesses momentos, o grupo, segundo ela, jamais fazia oferendas. Eles apenas "depositavam flores", com as quais faziam desenhos na areia da praia para simbolizar o amor por Valentina. Foi isso que levou Teruggi e ela a Guaratuba em 13 de fevereiro, quando ficaram num outro hotel. Ficaram uma noite, seguindo viagem pelo litoral catarinense, e retornaram a Guaratuba dois dias depois, dessa vez hospedando-se no VillaReal.

Foi nessa primeira estadia no VillaReal que ela conheceu Paulina. Quando, em abril, voltou lá, dessa vez com "associados", estava com o marido no refeitório quando foi abordada pela mãe de Leandro. Paulina queria saber se ela "lia a sorte", relatou o desaparecimento do filho e deixou seu nome e endereço anotados, caso Valentina precisasse contatá-la, mas, ao deixar o hotel, a líder do LUS devolveu a anotação dizendo que, se tivesse notícia do paradeiro, telefonaria. Segundo Valentina, ela nunca viu Leandro ou outra criança com as características do menino. Lembrava, porém, que, quando esteve hospedada pela primeira vez no VillaReal, houve um show de "um cantor que lhe disseram ser Moraes Moreira", que ela chegara a ver no hotel. O delegado quis saber se ela conhecia os acusados do caso Evandro, e Valentina afirmou que não conhecia ninguém no balneário. Em entrevistas à TV na época, Oliveira disse que um ex-policial federal argentino, residente em Londrina, afirmara já ter investigado Valentina na Argentina por suspeita de envolvimento em mortes de crianças. Oliveira nunca citou o nome desse policial, mas Valentina foi questionada sobre um ex-policial argentino chamado Ubaldo Domingo Miguel Nunez, que também afirmou não conhecer.

Sobre as roupas apreendidas na rodoviária de Londrina, ela alegou terem sido confeccionadas em 1984 e enviadas de Buenos Aires para a sua casa, em Londrina, para serem usadas em uma dança em que uma de suas "filhas" deveria simbolizar as "trevas". Com a divulgação do suposto envolvimento dela com rituais de magia negra, Elisabeth Weigert, que morava com Valentina em Londrina, resolvera depositar as roupas no guarda-volumes da rodoviária de Londrina. Valentina afirmou também que não sabia se as armas apreendidas, que seriam de Teruggi, eram registradas.

Ela esclareceu ainda que os desenhos achados em sua casa eram "propostas dos filhos ou associados para a nova capa de seu livro", e que o desenho em que se lia "Confirmação 27-06-87 (sábado) 9,40 +–" fora desenhado pelo médium Zé Pretinho, incorporado por uma entidade que mostrou os locais onde Roberto, seu ex-marido, sentia dores. Valentina havia sido, até 1990, auxiliar desse médium, que incorporava médicos como Napoleão Laureano – oncologista brasileiro que morreu em 1951 – num centro espírita em Presidente Prudente, no estado de São Paulo.

Quanto às fitas encontradas em seu apartamento, ela deu a seguinte explicação. Desde 1987, Teruggi incorporava entidades sem nomes que traziam "ensinamentos". Quando incorporado, alterava o tom de voz, ora mais forte e grossa, ora mais fina. Por isso, quando as entidades enviavam a Teruggi sinais de que pretendiam incorporar, o casal se dirigia a um quarto qualquer, onde instalava um gravador e, se possível, uma câmera de vídeo para documentar a sessão e não perder toda a conversa. Essas fitas às vezes eram exibidas nas reuniões da associação. Valentina informou, ainda, ter contratado um perito, Ari Fontana, para ir a Buenos Aires preparar um laudo particular sobre alguns trechos das gravações divulgados pela imprensa. Por fim, ela explicou não ter voltado para o Brasil – tornando-se foragida – por causa do "momento", aconselhada por um amigo.

Mas onde entra Frederick Wassef, que, quase trinta anos depois, voltaria ao noticiário? Segundo o depoimento de Valentina, Wassef era um admirador do LUS e de seu livro. Ela disse que, ao adquirir sua obra, o homem passou a procurá-la e demonstrar interesse nos pensamentos do grupo, tendo ido à casa dela em Londrina e, a seu convite, à Argentina para conhecer melhor o LUS. Em uma das estadias em Guaratuba, em março ou abril, Frederick teria se juntado aos demais "filhos", mas sem dar nenhuma contribuição ou ser encarregado de trabalhar ou divulgar o pensamento do grupo.

O depoimento de José Alfredo Teruggi corrobora as informações da esposa, além de explicar como funcionava o grupo. Segundo ele, os associados pagavam suas despesas nas viagens e faziam uma caixinha para os "menos privilegiados", além de contribuir, quando podiam, com uma mensalidade de doze dólares, entregue ao casal. O casal ministrava cursos na Argentina, embora nunca o tivesse feito no Brasil. O grupo, presidido por Carlos Calvo, veterinário morador de uma província de Buenos Aires, teria duzentos e cinquenta associados na Argentina, além de "correspondentes" no Brasil. A renda de Teruggi, explicou ele, não advinha das mensalidades, usadas para pagar os custos do LUS, mas de uma gráfica e de uma fazenda de cereais na Argentina. Teruggi também explicou a reação do casal à investigação da polícia paranaense. Segundo ele, um advogado amigo da família, chamado Nei, tinha orientado Elisabeth a retirar da casa deles objetos de valor ou que pudessem parecer comprometedores. Depois de saber da forma como a polícia ingressara na casa e da prisão de Meluso, o advogado também o teria orientado a aguardar que a situação esfriasse para se apresentar às autoridades.

De certa forma, esses depoimentos encerraram esse estranho capítulo do caso Evandro, ou melhor, do caso Leandro Bossi. Para dar o ponto final, em 14 de outubro daquele ano, foi a vez de Wassef depor. Dos quatro suspeitos cujas prisões temporárias Oliveira havia requisitado, Wassef era o único que ainda não explicara o que fazia em Guaratuba naquele período. O advogado contou que, no final de 1988, comprou numa banca de jornais um exemplar de *Deus, a grande farsa*. O livro despertou sua curiosidade, o que o fez enviar uma carta para um número de caixa postal impresso no exemplar. Começou a mandar duas ou três cartas por ano a Valentina, que sempre as respondia e esclarecia dúvidas. O advogado, então, falou com um jornalista amigo, Goulart de Andrade, para que Valentina e Teruggi aparecessem no programa *Comando da Madrugada*. Como o casal teve de ir a São Paulo para a gravação, Wassef enfim os conheceu pessoalmente. A matéria acabou não indo ao ar e, a partir de então, o contato entre eles passou a ser feito por meio de fitas gravadas.

Em novembro de 1991, ainda segundo o testemunho, Wassef foi convidado por Valentina a passar um fim de semana em Londrina, quando conheceu Carlos Calvo e sua esposa, além de Elisabeth, todos hospedados na casa de Valentina. Alguns meses depois, foi convidado a ir a Guaratuba, na segunda quinzena de março, onde permaneceu quatro dias. Na ocasião, havia, além do grupo argentino, quatro brasileiros de Tatuí. Foi convidado novamente, na segunda quinzena de abril, e dessa vez ficou de quinze a dezoito dias, sempre hospedado com argentinos. Em maio, foi conhecer a sede do LUS em Buenos Aires. Ia todas as noites à sede, onde eram ministrados cursos abertos ao público sobre as normas do grupo: sob pena de expulsão, eram proibidos o uso de drogas, a prostituição, o abuso de confiança e a falta de respeito. O advogado também corroborou a versão de Valentina e Teruggi sobre as atividades do grupo no balneário. Segundo ele, acordavam cedo e iam à praia. Wassef negou ter pagado despesas do casal ou qualquer tipo de mensalidade.

Durante o período em que Valentina, Teruggi, Meluso e Wassef foram considerados suspeitos, a polícia e o Ministério Público não obtiveram qualquer indício de autoria ou prova convincente contra eles – e não faltava disposição das autoridades para investigá-los. Analisando agora, é seguro dizer que toda a suspeita sobre Valentina e seu grupo foi causada por um misto de precipitação dos policiais, paranoias, preconceito e sensacionalismo da imprensa.

O promotor e a juíza de Guaratuba foram muito mais cautelosos nesse caso do que na investigação do desaparecimento de Evandro. Tivessem tido a mesma dose de ceticismo e rigor técnico, muitas vidas teriam sido poupadas. Hoje, o delegado Oliveira admite que errou na condução do caso, já tendo pedido desculpas publicamente a Valentina e seus parceiros.

Vale lembrar que tudo começou com as supostas confissões de De Paula, Davi e Osvaldo no presídio, dadas sob tortura. Ou seja, tudo partiu de informações falsas.

No depoimento de Wassef, um detalhe chama a atenção: ele chama o LUS de "seita". Os membros do LUS sempre rejeitaram essa denominação e, em 1993, um ano após o ocorrido, o advogado de defesa Luiz Fernando Maria Sobrinho ressaltou em ofício que o Lineamento não era uma seita, e sim uma associação civil. Seita é um conceito complicado, que gera discussões. Sociólogos como Peter Berger e Rodney Stark definem seita como um grupo sectário dentro de um corpo religioso maior – como um grupo de pessoas que, dentro de uma igreja, passa a rejeitar parte da doutrina dominante e desenvolve visões próprias. O próprio cristianismo seria um exemplo, tendo começado como uma seita entre judeus que acreditavam que o Messias havia chegado, até se tornar uma religião dominante. Esse é o conceito acadêmico. Contudo, no senso comum, seita tem conotação negativa, associada a fanatismo e entendida como perigosa. Na ocasião em que escreveu tal ofício, o advogado de Valentina buscava afastar suspeitas sobre sua cliente em outro caso de morte de crianças em supostos rituais satânicos. Só que, dessa vez, na cidade de Altamira, no estado do Pará.

O caso dos emasculados de Altamira renderia um livro à parte, tão longo e complexo quanto este, e estou apenas iniciando a pesquisa sobre o tema no momento em que escrevo estas linhas, mas posso fornecer um resumo do que levantei até o momento.

Em 1993, Valentina era suspeita de participação na emasculação e no assassinato de ao menos cinco crianças em Altamira, de 1989 até aquele ano. Outras seis pessoas foram acusadas de supostos rituais, dos quais ao menos um emasculado conseguiu fugir. A pergunta de ouro é: como Valentina foi envolvida em crimes tão parecidos do sul ao norte do país?

É sabido que Valentina esteve em Altamira duas vezes na vida. Nos anos 1970, foi com seu então marido, que era da região. Em certo momento, ele se mudou para lá em definitivo e, com a distância, o casal se separou. Em 1986, Valentina estaria a caminho de Manaus, com Teruggi e outros membros do LUS, quando decidiu parar em Altamira para ver o ex-companheiro, o que fez num rápido encontro. Fora isso, até onde sei, nunca foi provado que Valentina esteve em Altamira no período em que as crianças foram emasculadas.

Contudo, em 28 de julho de 1993, um homem chamado Edmilson da Silva Frazão prestou um depoimento na delegacia do DOPS em Altamira, reafirmando informações que já dera em depoimento anterior e supostamente trazendo novos dados. Na época, o delegado responsável era Éder Mauro Cardoso Barra, e já havia homens presos sob suspeita de terem matado os garotos em rituais macabros. Um deles era o médico Anísio Ferreira de Souza e outro, Amailton Madeira Gomes, um homem de posses e família poderosa na região.

O caso enfrentava um impasse: a suspeita de atuação de uma seita satânica tinha peças que não se encaixavam. Faltava especialmente a figura de um líder. As declarações de Edmilson para os investigadores amarraram as pontas soltas. Em depoimento, ele alegou que dois anos antes, em 1991, Anísio o convidara a um culto em sua chácara e que, pensando ser um culto protestante, Edmilson aceitara, tendo conhecido no local uma "mulher do Paraná", que disse estar lá para fundar uma seita. Ainda segundo Edmilson, nesse mesmo evento Anísio "louvou os deuses das trevas". Quando lhe foi mostrada a *Veja* de 1992 em que Valentina aparecia, o depoente disse ser ela a mulher do Paraná.

Em geral, causa espanto saber que Valentina esteve envolvida tanto no caso do Paraná quanto no do Pará, suspeita de crimes tão violentos e específicos. Contudo, é evidente que Edmilson só a citou em 1993 depois que lhe mostraram a matéria da *Veja* do ano anterior. Até onde sei, Edmilson nunca provou que Valentina tenha estado em Altamira na tal data. Para a defesa, não foi coincidência o fato de ela ter sido acusada nos dois casos, pois o de Guaratuba teria influenciado o de Altamira. A impressão que eu tenho, ao menos por ora, é que, se não fosse a repercussão nacional dos pedidos de prisão do delegado Oliveira e o apelo midiático em torno do LUS, seria improvável que ela fosse citada no caso de Altamira. Para a acusação, porém, a matéria da *Veja* apenas ajudara a testemunha a reconhecê-la. Qual é a versão certa? No momento, não sou capaz de responder. O que posso citar são outros fatos e desdobramentos relevantes.

Em primeiro lugar, as defesas de todos os acusados alegavam que não havia provas contra os réus, sendo todo o caso baseado em depoimentos. Faltaria, assim, materialidade para comprovar a atuação de tais pessoas nos crimes dos quais eram acusadas. Em segundo lugar, dos sete réus, quatro foram considerados culpados pelos jurados, um nunca foi encontrado e outro teve as acusações retiradas. Só Valentina foi absolvida, em dezembro de 2003, num competente trabalho de defesa de Arnaldo Faivro Busato Filho e Cláudio Dalledone Júnior. Este último, como citado neste livro, por coincidência, foi o advogado de Valdir Copetti Neves na Operação Março Branco, de 2005, e de Diógenes Caetano dos Santos Filho em 2000, no caso do incêndio na serraria em 1993. Por fim, e talvez o mais importante: parte da estratégia de defesa de Valentina foi fazer uma investigação própria, buscando casos similares em outras regiões. Após uma longa procura, encontraram no Maranhão casos de garotos emasculados e mortos, como em Altamira.

Àquela altura, os crimes no Maranhão já tinham autor confesso: o mecânico Francisco das Chagas Rodrigues de Brito. Chagas é considerado o maior *serial killer* já preso no Brasil, com mais de quarenta vítimas - entre elas, as crianças de Altamira, cidade onde morou no período em que os casos ocorreram. Os advogados Dalledone Júnior e Busato usaram na defesa de sua cliente o fato de, pouco antes do julgamento, Chagas ter admitido ser também o responsável pelos casos de Altamira. Ilana Casoy, famosa criminóloga e autora brasileira especialista em *serial killers*, auxiliou nas investigações da Polícia Federal na época. Em entrevistas, ela diz não ter dúvidas de que Chagas é o autor de todos os crimes. Como nesta, publicada no portal G1, de 5 de maio de 2016:

> Eu estava na sala quando ele confessou. Ele falou com riqueza de detalhes, contou conversas que teve com os meninos. Ele falava que ele tinha cortado o dedo médio da mão direita de um menino, aí eu olhava no laudo cadavérico da vítima e lá constava que faltava o dedo médio da mão direita.

Na mesma reportagem, assinada pelos repórteres Natalia Bourguignon e Wing Costa, consta a seguinte passagem:

> Em setembro de 2004, cerca de seis meses após confessar as 42 mortes, o assassino concedeu entrevista à revista *Carta Capital*. À reportagem, ele também afirmou ser o autor das mortes imputadas a Césio e ao colega. "Eles não têm nada a ver com esses casos de Altamira que eu falei. Se esse pessoal está preso por causa disso, eles estão presos em vão. Estão presos inocentes", contou o assassino.

Apesar dessas confissões, o estado do Pará não aceitou a confissão de Chagas, e os quatro condenados no caso dos emasculados de Altamira tiveram de cumprir suas penas, que variaram de trinta e cinco a setenta e sete anos de prisão: Amailton Madeira Gomes,

Anísio Ferreira, Carlos Alberto dos Santos Lima e Césio Flávio Caldas Brandão. Além deles e de Valentina, que foi absolvida, a acusação do Ministério Público elencava o nome de Aldenor Ferreira Cardoso, que nunca foi encontrado. Muitos acreditam que ele já estaria morto.

Duas últimas observações podem ser relevantes. Uma é que, em 1995, a testemunha Edmilson prestou declaração ao Ministério Público negando tudo o que dissera nos depoimentos anteriores e alegando ter sido pressionado pela Polícia Federal na época. Depois voltou atrás novamente, agora afirmando que fora subornado para desmentir os depoimentos. A outra observação é que Chagas é considerado esquizofrênico. Tempos depois de ter assumido a autoria dos casos de Altamira, passou a negá-los. Para os que creem em sua culpa, isso seria um sintoma de sua condição mental.

Para o Ministério Público do Pará, a seita era real, e pessoas poderosas envolvidas nela usaram seu dinheiro e sua força política para libertar a líder. Nessa linha especulativa, Chagas poderia ter recebido algo para assumir os crimes. Para as defesas dos acusados, tudo foi um grande absurdo. Minha pesquisa sobre Altamira está apenas começando, e pretendo descobrir no meu próximo projeto, com o máximo de detalhes, o que aconteceu. Mas, antes, preciso encerrar meu trabalho no caso Evandro. E, sobre ele, posso afirmar o seguinte sem medo: não há nada que ligue Valentina de Andrade aos casos Leandro Bossi e Evandro Ramos Caetano.

Epílogo

Em um país em que menos de 20% dos homicídios são solucionados por ano, a ausência de respostas é mais regra que exceção. Mesmo assim, tratando-se de um fato polêmico como o caso Evandro, que envolveu tantos policiais, promotores, advogados, juízes, jornalistas e técnicos, como pode a investigação ter virado o que virou? Como explicar que as autoridades que deveriam proteger os cidadãos não tenham percebido ou levado a sério os sinais de tortura, só confirmados ao grande público graças às fitas encontradas em 2019 e divulgadas em 2020 no podcast sobre o caso, quase trinta anos depois de tudo acontecer?

Sabemos que, no Brasil, a violência policial vitima especialmente os mais fragilizados: negros e moradores de bairros periféricos. Nesse sentido, o caso Evandro é uma exceção. Embora a maioria dos sete acusados se encaixasse num perfil, em geral, desassistido pelo sistema judiciário, as figuras centrais do caso eram Beatriz e Celina Abagge, filha e mulher do prefeito de Guaratuba, próximas de Aníbal Khury, um dos homens mais poderosos do Paraná na época. Isso torna a história mais difícil de entender, mas algumas peças ajudam a explicar por que as coisas tomaram os rumos que tomaram.

Um detalhe fundamental nesse caso é que os policiais, promotores, juízes e demais agentes públicos envolvidos se formaram nos anos da ditadura militar, quando a truculência era a regra. É importante lembrar que o caso Evandro teve início em 1992, apenas sete anos depois de os militares deixarem o poder e quatro anos depois da promulgação da Constituição de 1988, que ainda estava sendo entendida e aplicada. Os conflitos entre a Polícia Civil e a Militar e até a falta de um entendimento exato de qual seria a função de um promotor de Justiça eram sinais de que nem sempre novas leis conseguem mudar velhos hábitos em curto prazo. É um processo que leva tempo, às vezes gerações. Mesmo a imprensa, após décadas de censura – extinta oficialmente apenas com a nova Constituição –, pecou, no geral, por uma falta de rigor na apuração, especialmente no que dizia respeito a ir além das declarações oficiais. O caso Evandro se tornou um daqueles espetáculos em que a corrida pelo furo jornalístico se sobrepunha ao interesse por um olhar mais atento para o cenário completo. O fato de ser um caso envolvendo uma criança desaparecida numa época de crescente preocupação com situações do tipo não ajudou em nada nesse aspecto.

Outro detalhe é uma interpretação particular minha. Ouvi diversas testemunhas de acusação, promotores e policiais afirmarem que os acusados eram poderosos, com laços políticos que poderiam influenciar o caso. Essa lógica servia a diversas narrativas, como a de que teria havido tentativas de alterar o exame de DNA, de plantar a ossada de uma criança no matagal onde se encontrou o corpo de Evandro, de subornar testemunhas, policiais, promotores, técnicos, juízes, jurados.

Com uma exceção, nada disso jamais foi comprovado. De fato, João Carlos Anderson, sobrinho dos Abagge, tentou coagir Edésio, a testemunha que afirmou ter visto Celina e Beatriz num carro com Evandro. Jamais foi comprovado que isso tenha acontecido a mando de Aldo, Celina ou Beatriz, mas o estrago fora feito. Se a família era capaz disso, talvez pudesse também influenciar o processo sem deixar rastros. E assim, em meio a incontáveis boatos, mentiras contadas por policiais e reportagens sensacionalistas, a falta de provas virou a prova principal de que os sete eram culpados. Mesmo a fita que provaria as torturas, com os cortes que deturparam seu conteúdo e da forma como foi divulgada, serviu de forma contrária, para montar a culpa dos réus. Para uma população que sofre com sucessivos escândalos de corrupção, é difícil pensar numa história que combine melhor com o arquétipo do mau político do que uma família de prefeito envolvida em uma seita satânica que assassina crianças.

É a alegação da existência de uma seita satânica, aliás, o que mais espanta que tenha sido levado a sério pelas autoridades. Enquanto pesquisava para este livro, descobri, surpreso, que essa alegação não é tão rara assim. Em casos como o de Evandro, ela tem até nome.

Pânico satânico

Em janeiro de 1992, o então agente especial Kenneth V. Lanning entregava ao FBI, nos Estados Unidos, o relatório "Guia do Investigador para Alegações de Abuso 'Ritual' em Crianças".[19] Em suas quarenta e seis páginas, Lanning apontava as conclusões do estudo de denúncias de casos ocorridos no país, especialmente durante a década de 1980. Tal período foi marcado, nos EUA, por histórias do tipo. Geralmente, a narrativa era a seguinte: em uma pequena cidade do interior de algum estado, há uma seita satânica em operação. Seus integrantes são policiais, políticos, empresários e até membros da igreja local. Eles são responsáveis pelo abuso sexual sistemático de crianças. Em outros casos, sacrificam os menores, tudo em nome de satã. Há variações disso, mas a estrutura é sempre a mesma: uma seita satânica secreta com membros poderosos fazendo mal às crianças da comunidade.

O trecho a seguir é a introdução ao relatório de Lanning. Em vários pontos, ele traz ressonâncias com o caso Evandro e situações vividas por diversos personagens que apresentei.

> Em 1983 e 1984, quando pela primeira vez eu comecei a ouvir histórias do que soava como atividades ocultistas ou satânicas em conexões com alegações de vitimização sexual de crianças (alegações que vieram a ser referenciadas mais comumente como "abuso ritual de crianças"), eu tendia a acreditar nelas. Eu já vinha lidando com comportamentos bizarros e desviantes por muitos anos, e já havia há muito tempo concluído que quase qualquer coisa é possível. Quando você pensa que já viu de tudo, um caso mais estranho aparece. A ideia de que havia alguns poucos indivíduos astutos e secretos em posições de poder, em algum lugar desse país, regularmente matando algumas pessoas como parte de algum ritual satânico ou cerimônia e conseguindo se safar, certamente estava no meu espectro de possibilidades. Mas os números de alegações de casos começaram a crescer e crescer. *Agora, nós temos centenas de vítimas alegando que milhares de criminosos estão abusando e mesmo assassinando dezenas de milhares de pessoas como parte de cultos satânicos organizados, e há pouca ou nenhuma evidência que corrobore.* O próprio fato de muitos ditos "especialistas" acreditarem nessas alegações (isto é, de muitas vítimas, que nunca conheceram umas às outras, descrevendo os mesmos eventos) é a principal razão pela qual eu comecei a questionar pelo menos alguns aspectos dessas alegações.
>
> Eu dediquei mais de sete anos em tempo parcial, e onze anos em tempo integral, da minha vida profissional a pesquisas, treinamentos

19 No original, "Investigator's Guide to Allegations of 'Ritual' Child Abuse". O relatório completo está em domínio público pelo Departamento de Justiça dos Estados Unidos e pode ser facilmente encontrado na internet para download.

> e consultorias na área de vitimização sexual de crianças. Os problemas de exploração e abuso sexual infantil são uma grande parte do meu trabalho de vida. Eu não tenho nenhum motivo para negar sua existência ou natureza. Na realidade, eu fiz tudo o que pude para tornar as pessoas mais conscientes do problema. [...] Eu falo publicamente e escrevo sobre este assunto porque estou preocupado com a credibilidade do problema de abuso infantil sexual e enfurecido porque, em alguns casos, *indivíduos estão saindo ilesos de abusarem de crianças porque nós não conseguimos provar que eles são adoradores do diabo que fazem lavagem cerebral, sacrifício humano e canibalismo como parte de uma enorme conspiração.*

Com as alegações de abuso sexual envolvendo ritual satânico, como essas mencionadas por Lanning, um termo foi cunhado por investigadores americanos da época: "Satanic Ritual Abuse", sob a sigla SRA. Em português, "abuso de ritual satânico". Casos do tipo foram uma sensação na mídia norte-americana no final da década de 1980.

O caso mais famoso de SRA é o do livro *Michelle Remembers* (Michelle se lembra). Ele conta a história de Michelle Smith, mulher que, após sessões de hipnose com o terapeuta Lawrence Pazder, passa a relatar que aos 5 anos sofreu abusos de sua mãe, que faria parte de um culto satânico no Canadá. Smith e Pazder escreveram o livro em conjunto em 1980, e a obra foi um sucesso de vendas. Chegaram a aparecer no popular programa de televisão de Oprah Winfrey, no qual Michelle relatava os abusos sofridos. Eles teriam acontecido nos anos 1950, e apenas nos anos 1970, após o tratamento com Pazder, ela teria começado a se lembrar de tudo.

Para os estudiosos do fenômeno de SRA, o livro de Smith e Pazder foi o pontapé inicial para o pânico satânico dos anos 1980. Pazder chegou a afirmar que já havia conseguido reunir mais de mil casos de SRA. Nenhum deles foi comprovado. O livro é controverso e rejeitado pela comunidade científica. A avaliação geral é que se constitui de memórias fabricadas por Smith com a interferência de Pazder. A mãe de Michelle morrera em 1964, mas o pai negava que tais fatos tivessem ocorrido, apontando que Michelle tinha duas irmãs e que nenhuma delas corroborava as declarações. Michelle citava eventos nunca comprovados, como um acidente de carro do qual ninguém tinha notícia ou cicatrizes em seu corpo, na infância, que teriam sido retiradas por interferência de Jesus Cristo durante um ritual em que satã fora invocado. Como se pode imaginar, o livro foi um sucesso especialmente em círculos fundamentalistas e até hoje é referenciado como prova de que seitas satânicas existem.

Os casos relatados por crianças foram tão significativos durante a década de 1980 e o início dos anos 1990 que um lema surgiu: *We Believe the Children* ("Nós acreditamos nas crianças"). Nesses casos, não apenas nunca se comprovou a existência de seitas satânicas como frequentemente descobria-se que toda a investigação policial estava contaminada por más condutas, como abuso de força ou erros em interrogatórios. Os relatos não condiziam com provas materiais ou exames de corpo delito, e havia álibis para boa parte dos acusados. Conscientemente ou não, as crianças inventavam relatos. Ainda assim, a teoria de que "havia gente poderosa envolvida", como policiais e políticos, fez com que muitos inocentes fossem presos. Em outras palavras, histeria coletiva, da qual jornalistas e agentes de estado frequentemente sofriam junto com a população. Quando as crianças dizem que estão sendo abusadas e que seus abusadores são membros de uma seita satânica, dificilmente alguém fica do lado dos acusados. Era mais fácil acreditar que satanistas infiltrados estavam atrapalhando a investigação da polícia do que em crianças mentindo ou induzidas a inventar histórias.

Havia também cidades que sofriam com o desaparecimento ou o assassinato de crianças, e, em alguns desses casos, as forças policiais se convenceram de que os responsáveis eram grupos satanistas. Um bom apanhado de eventos do tipo está no livro *Satanic Panic – The Creation of a Contemporary Legend* (Pânico satânico – A criação de uma lenda contemporânea), escrito em 1993 por Jeffrey S. Victor. O autor busca entender as motivações de tantos fenômenos de pânico satânico nos anos 1980 nos EUA, e para isso elenca vários desses eventos. Entre eles, há famosas alegações de que grupos de rock eram satanistas e de que certos livros e jogos tinham inspiração diabólica. Como sempre, nenhuma dessas alegações foi comprovada. Seguindo a lógica de que "as seitas satânicas são supersecretas e seus membros, superpoderosos", valia a máxima de que a falta de provas era a maior prova.

Em um apêndice do livro, o autor traz uma lista de cinquenta e cinco rumores de cultos satânicos nos Estados Unidos e no Canadá entre 1982 e 1992, entre eles, o abuso sexual e o assassinato de uma garota loira de olhos azuis, de 8 anos, no estado de Indiana, com alegações que se intensificaram após o suicídio de uma adolescente na mesma região – o chefe da polícia local chegou a dar palestras sobre sequestros satânicos e sacrifícios de crianças, dizendo que um assassinato local fora encoberto pela polícia. Em outro caso, no estado de Idaho, após a descoberta de um corpo de bebê mutilado e queimado em um aterro, proliferaram boatos sobre pessoas usando robes pretos e sacrificando cães na floresta. Clérigos locais organizaram uma vigília contra o "abuso ritual" que atraiu mais de quinhentas pessoas.

Cada caso possui suas particularidades, mas alguns elementos se repetem: rumores de culto secreto, crianças em perigo, suspeita de policiais acobertando crimes. No compilado, chama a atenção a quantidade de vezes em que aparecem referências a potenciais vítimas "loiras de olhos claros", como se representassem a pureza que os satanistas imaginários pretenderiam destruir. Coincidência ou não, Evandro e Leandro eram crianças loiras de olhos claros.

Apesar das semelhanças, até onde sei, nunca foi realizado no Brasil um levantamento de casos criminais que pudessem ser caracterizados como típicos do fenômeno de pânico satânico. Uma busca rápida no Google por "assassinato ritual satânico" traz uma série de resultados sobre crimes cometidos no país e que foram reportados dessa forma. Caberia uma análise mais aprofundada de cada um desses eventos, com a leitura dos inquéritos e autos processuais. Essa tarefa cabe a pesquisadores do futuro que, torço, sintam-se motivados a investigar a presença ou não de tal fenômeno em terras brasileiras. Minha impressão é que é mais frequente do que gostaríamos de imaginar, e que muitos inocentes podem ter tido suas vidas destruídas por acusações infundadas.

Gostaria de relembrar duas afirmações que me foram feitas e que gravei durante a produção do podcast e da série de TV do caso Evandro, mas que nunca foram registradas oficialmente nem investigadas pelo Ministério Público. A primeira vem de Diógenes Caetano, que, no final de 2016, me concedeu uma entrevista para o podcast, afirmando que Celina era responsável por matar dezenas de crianças e que seu trabalho na creche de Guaratuba era uma forma de dar sumiço a elas sem levantar suspeitas. A segunda vem de Markowicz, último promotor responsável pelo caso, que, durante as gravações da série de TV, chegou a afirmar que várias crianças foram vítimas da suposta seita de Guaratuba. O promotor citou De Paula, que faria trabalhos envolvendo sacrifícios de crianças para políticos.[20] Não havia prova alguma dessas alegações, mas elas refletem no que acreditam o promotor do caso e o principal articulador da acusação. O único indício seria o fato de Vicente de Paula e Osvaldo Marcineiro realizarem sacrifícios de animais em ritos religiosos.

De acordo com o ex-agente do FBI Kenneth Lanning, esse fenômeno produz ao menos dois grandes problemas. O primeiro é que acaba por atrapalhar investigações sérias. O segundo, derivado do primeiro, é o fato de revelar que às vezes é mais fácil acreditar que crianças estão sendo abusadas por um culto secreto de satanistas do que sendo vítimas de familiares ou pessoas próximas.

Passado tanto tempo desse caso contaminado de elementos prejudiciais à sua solução, resta a pergunta: quem matou Evandro?

A minha hipótese

Durante todos os anos em que pesquisei, escrevi e falei sobre o caso Evandro, a pergunta que mais ouvi foi: "O que você acha que aconteceu?". Apesar de acreditar que o caso nunca será solucionado, tomarei a liberdade de criar uma linha que, até onde sei, nunca foi explorada. Espero que seja útil ao menos como exercício mental – ou até para jornalistas e pesquisadores e, quem sabe, investigadores.

No início do capítulo 13, citei nove pontos que considero essenciais para tratar o caso Evandro com seriedade. Caso eles não estejam mais frescos na sua memória, recomendo que dê uma nova olhada antes de avançar nesta etapa. Feito isto, avancemos.

Para começar: acredito que os casos Leandro Bossi e Evandro Ramos Caetano estão conectados. Acredito nisso por serem crianças muito parecidas fisicamente, quase da mesma idade e que desapare-

20 Markowicz não foi o único promotor do caso a fazer essas afirmações. Em 1998, o promotor Celso Ribas, após derrota no júri em São José dos Pinhais, afirmou no programa policial *Grito da Cidade* que, após as prisões dos acusados, teriam cessado os casos de desaparecimento de crianças no Paraná – uma inverdade, mas que gerou impacto na audiência.

ceram numa pequena cidade em datas próximas. São coincidências demais para serem descartadas. A juíza Anésia acreditava que os casos não estavam relacionados, mas partia do princípio de que o caso Evandro estava solucionado. Como sabemos hoje que isso não é verdade, seria importante olhar os dois de perto para averiguar semelhanças e diferenças. Quando faço isso, encontro muitas semelhanças e uma diferença fundamental: o corpo de Evandro foi encontrado; o do Leandro, não.

Por isso, quero me concentrar em um elemento pouco explorado: a ossada de menina encontrada em Guaratuba com as roupas de Leandro Bossi. Esse episódio foi afogado por teorias conspiratórias: de um lado, a defesa dizendo que a cena foi montada para implicar seus clientes no caso Leandro; do outro, a acusação sugerindo que aliados dos Abagge teriam plantado o corpo para atrapalhar a investigação. Apesar dessa disputa de narrativas, até onde pude apurar, nunca foi aberto um inquérito para descobrir a identidade daquela ossada.

Defesa e acusação concordam em um aspecto: o corpo fora montado, mas a pessoa que fez isso não contava que seria feito um teste de DNA. Aqui, minha discordância com ambos os lados se torna mais forte. Se foi montado, o trabalho era no mínimo incompetente. Afinal, já era de conhecimento público que fora realizado um exame de DNA no corpo de Evandro e, portanto, a ossada também poderia passar pelo teste de identificação genética.

Ainda assim, vamos supor que tenha sido um trabalho malfeito. A pergunta necessária é a seguinte: qual seria a chance de aquela ossada ser encontrada? Por que defesa ou acusação teriam o trabalho de plantar o corpo se não podiam garantir que ele seria encontrado no momento ideal? Aliás, qual seria o momento ideal? Lembremos as circunstâncias que levaram à descoberta da ossada. É difícil acreditar que os garotos tivessem participado de algum acordo ou que o cachorro tenha sido levado lá de propósito. Acho improvável que as crianças tenham mentido em seus depoimentos, e tudo me leva a crer que a descoberta foi por acidente.

Porém, como foi bem exposto pela imprensa, a ossada foi encontrada com as roupas de Leandro Bossi. E Paulina reconheceu, após alguma hesitação, que a ossada podia ser de seu filho porque a cueca encontrada era da mesma marca e com as mesmas estampas de outra que tinha em casa. Há uma pergunta simples que foi ignorada durante todo o processo: quando foi encontrada, a ossada vestia as roupas de Bossi? Ou as roupas do garoto estavam ao lado da ossada? Na primeira hipótese, não haveria dúvidas de que foi de fato um corpo montado.

Essa questão só poderia ser respondida pelo "laudo de exame de levantamento de local de achado de cadáver", realizado pelo Instituto de Criminalística, que deveria descrever o local, a ossada e os objetos encontrados, acompanhado de fotos. Mas esse documento não existe. Ele deveria constar no inquérito de Leandro Bossi e foi requisitado de maneira bem explícita pelo delegado Agenor, de Guaratuba, nos dias 5 e 9 de março de 1993. Um novo pedido foi feito no dia 17 de junho, dessa vez por Cioffi. Esses pedidos nunca foram atendidos. Pouco depois, foi feito o teste de DNA da ossada e, como descobriu-se ser de uma menina, o laudo de exame do local foi simplesmente esquecido. Para tornar o quadro ainda mais estranho (ou desorganizado), o laudo do exame cadavérico da ossada não constava no inquérito de Leandro Bossi, mas nos autos do caso Evandro.

Apesar de tudo isso, quando a ossada era mencionada na imprensa, sempre se dizia que ela estava vestindo as roupas do menino. Minha suspeita é que aqueles que acompanhavam o caso tiraram uma conclusão apressada. Passei meses procurando o laudo de exame do local, contando com a ajuda da delegada Patrícia Conceição Nobre Paz, atual responsável pelo caso Leandro Bossi. Ela entrou em contato com quase todos os Institutos de Criminalística do litoral do Paraná e com o de Curitiba, enquanto eu tentava descobrir o perito que analisou o local. Nenhum desses esforços trouxe frutos.

A ausência do laudo de exame do local traz, ainda, outro problema: não sabemos em que ponto do matagal a ossada foi encontrada. Foi realmente perto do local onde o corpo de Evandro foi encontrado? A dois metros? Cem metros? Um quilômetro? Não sabemos.

Tendo isso em mente, podemos montar o seguinte quadro, atendo-nos aos fatos:

- Leandro Bossi era loiro, de olhos claros, e desapareceu no dia 15 de fevereiro de 1992, oito dias antes de completar 8 anos.

- Evandro Ramos Caetano era loiro, de olhos claros, e tinha 6 anos e quase 7 meses quando foi sequestrado, no dia 6 de abril de 1992.
- O corpo de Evandro foi encontrado mutilado, com o ventre aberto e sem os órgãos internos, escalpelado, sem as mãos, sem alguns dedos dos pés e em avançado estado de putrefação, no dia 11 de abril de 1992.
- Em março de 1993, uma ossada de menina foi encontrada no mesmo matagal em que havia sido encontrado o corpo de Evandro.
- De acordo com o laudo cadavérico do exame da ossada, produzido pelo IML de Curitiba, aquela criança teria entre 7 e 8 anos, de acordo com a medição óssea.
- Junto à ossada, foram encontradas peças de roupa de Leandro Bossi, mas, por ausência de documentação, não é possível afirmar se a ossada estava vestindo as roupas do garoto ou se as roupas estavam por perto.
- Também de acordo com o laudo cadavérico da ossada, a esqueletização sugeria que a morte teria ocorrido mais de um ano antes.
- A ossada estava incompleta, em avançado estado de decomposição, e não foi possível aos legistas determinar a causa da morte.

A partir desses fatos, acredito – embora espere, do fundo do coração, estar errado – que os três casos estão relacionados e que a menina seria outra vítima. Afinal, não apenas ela tinha idade próxima às de Leandro e Evandro como foi encontrada no mesmo matagal que o corpo de Evandro. E há outro detalhe que me chama a atenção: a ossada não tinha mãos nem dedos dos pés. É claro que isso poderia ser fruto da deterioração avançada do cadáver, de modo que os ossos menores já tivessem sido decompostos. Essa é outra dúvida que o laudo de exame do local poderia ajudar a solucionar ao responder como estava a ossada quando encontrada. Os ossos estavam amontoados, como se tivessem sido jogados de uma só vez? Ou o esqueleto estava "montado", o que indicaria que o corpo de fato tinha sido enterrado no terreno? Além disso, há as roupas de Leandro Bossi, e é nesse ponto que eu realmente torço para estar equivocado. Se a ossada não estava vestida com as roupas, isso talvez signifique que Leandro foi morto e enterrado no mesmo matagal que Evandro e a menina misteriosa.

Tentei por muito tempo resistir à tentação da tese fácil de um *assassino em série* atuando em Guaratuba na época. Mas é a hipótese que acredito ser mais viável. A menina teria sido, provavelmente, a primeira vítima, ou pelo menos a primeira enterrada em Guaratuba. Podia ser de uma cidade vizinha e ter sido desovada lá, em um local afastado e com poucas casas ao redor. Lembremos que o terreno margeia um riacho. Caso os dois corpos - de Leandro e da menina - tenham sido enterrados perto da margem, uma chuva forte ou o próprio movimento das águas poderia ter carregado uma das ossadas de lá, restando apenas as roupas.

Nessa linha de raciocínio, creio que o estado em que o corpo de Evandro foi encontrado também pode fornecer pistas importantes sobre o *modus operandi* desse hipotético assassino em série. A principal pista encontra-se em matérias publicadas logo após o corpo ter sido encontrado. Em várias entrevistas que concedeu na época, o diretor do IML, José Cassio Albuquerque, afirmou que lhe chamava a atenção o fato de o corpo estar "oco", ou seja, sem os órgãos internos, embora refutasse a tese de tráfico de órgãos. Em uma matéria de Mônica Santanna publicada na *Folha de Londrina* em 15 de abril de 1992 - o mesmo texto que diz que Celina Abagge teria tentado impedir uma passeata organizada por funcionários, pais e alunos da escola onde Evandro estudava -, há uma passagem na qual Albuquerque faz suposições bem parecidas com as minhas. Mônica diz: "Para o diretor do IML de Curitiba, José Cassio Albuquerque, o menino foi vítima de um psicopata que fez o corte de 14 centímetros com o objetivo de acelerar o processo de putrefação do corpo para que nada fosse encontrado". Ou seja, nada a ver com ritual satânico.

O tempo que um corpo enterrado leva para se tornar um mero esqueleto depende de vários fatores, como características do solo, temperatura, umidade, quantidade de chuva. Mas uma coisa é certa: um corpo que é enterrado com os órgãos internos demora mais tempo para chegar à fase de esqueletização, já que as entranhas soltam gases que incham o corpo, retardando o processo. Se os órgãos são retirados, essa etapa é "pulada". Além disso, uma hipótese forte da época era que a ausência das mãos, dos dedos dos pés e do escalpo teria como finalidade impedir uma identificação rápida caso o corpo fosse encontrado.

O cenário que desenho é o seguinte: havia um *serial killer* em Guaratuba, que, por qualquer motivo, matava crianças. Suas vítimas teriam em torno de 7 a 8 anos, e aquele matagal na cidade seria seu local de despejo dos cadáveres. Apesar da localização remota, com o intuito de dificultar os trabalhos da polícia caso os corpos fossem achados, ele tirava as mãos, os dedos dos pés e o couro cabeludo de suas vítimas. Por fim, retirava os órgãos internos para que o processo de esqueletização fosse acelerado. É sempre bom lembrar: a tecnologia de identificação por DNA ainda era pouco conhecida. Logo, ele devia acreditar que, se as crianças fossem encontradas com seus cadáveres reduzidos a ossadas, seria impossível identificá-las. Com "sorte", o corpo jamais seria encontrado.

Não há como saber se houve outras vítimas, mas podemos supor que a primeira foi a menina não identificada, e a segunda, Leandro Bossi. Mas o caso de Evandro foi diferente. Seu corpo foi encontrado facilmente, pois estava à mostra. O que teria acontecido?

Minha hipótese é: o que aconteceu foi o Grupo TIGRE. Nos casos anteriores, a resposta da polícia não havia sido tão rápida. Além disso, houve uma reação popular. Nos primeiros dias desde o desaparecimento, foram vários os mutirões de busca, dos quais participaram até mesmo pessoas que seriam depois acusadas pelo assassinato – esforços que não ocorreram no caso de Leandro Bossi. O hipotético assassino talvez tenha se desesperado e guardado o corpo de Evandro em algum lugar fechado, como um freezer desligado ou, ainda, um porta-malas de carro. Vale lembrar que, de acordo com o médico-legista Moraes e Silva, um dos responsáveis pela necropsia de Evandro, o avançado estado de putrefação do corpo do garoto correspondia às características de alguém que morre num local fechado e só é encontrado dias depois. Em ambientes fechados, os gases que o cadáver solta aceleram o processo – enquanto, como vimos, em um lugar aberto, eles o retardam. Quanto menor o ambiente, mais rápido é o processo de deterioração.

E então, na sexta ou no sábado daquela semana de abril, o assassino de Evandro jogou o corpo no mato. Teve medo de ser visto, já que havia muita gente circulando à procura do garoto, e preferiu não o enterrar. Seria um descuido motivado pelo medo. Se eu estiver certo, fica a dúvida: houve outras vítimas? Para descobrir a resposta, seria necessária uma investigação que levantasse corpos de crianças encontrados em condições similares em cidades próximas. Isso se esses corpos tiverem sido achados, já que esse hipotético *serial killer* pode não ter cometido mais erros assim. De qualquer forma, tal tarefa beira o impossível devido à pouca integração dos bancos de dados das delegacias no Brasil. Se esse assassino imaginado fez vítimas em outro estado, a dificuldade aumenta ainda mais.

Esse é um dos motivos de termos tão poucos casos de *serial killers* capturados pela polícia no Brasil. Como costuma afirmar Ilana Casoy, assassinos em série existem. E com certeza existem aqui, mas nossos métodos de investigação ainda não são integrados o suficiente para que esse tipo específico de criminoso seja localizado de forma eficiente. Diante de nossos muitos problemas de segurança pública, parece que a busca de criminosos em série não é prioridade.

Para concluir, se eu estiver certo, talvez esse assassino tenha ido para outra cidade. Talvez tenha feito outras vítimas. Talvez tenha sido preso por outros crimes. Talvez já esteja morto. Talvez os relatos de Rachel, Eli e dos irmãos França tivessem sido úteis para encontrar esse suspeito. Talvez não. Exceto quanto às torturas, é difícil ter absoluta certeza em relação a muita coisa no caso Evandro.

Quanto a mim, após tantos anos pesquisando sobre esse tema, o que mais me assusta não é apenas a suspeita de haver um *serial killer* de crianças à solta por aí, muito menos a possível existência de seitas satânicas. O que mais me assusta, de longe, é como pessoas que deveriam nos proteger podem causar desgraça em tantas vidas. Esse inferno material, físico, me assusta mais do que qualquer ideia de punição divina no pós-vida – ou do que lendas sobre bruxas e bruxos.

Quando criança, na mesma época em que eu achava que a lua estava caindo, como toda criança que estudou numa escola católica, eu tinha medo do diabo.

Um dia, meu pai, vendo meu terror, disse-me que a gente tem que ter medo é dos vivos.

E por isso, ainda criança, eu comecei a decorar todos os telefones e endereços das casas em que moramos.

Meu pai provavelmente não sabia o quanto estava certo.

Eu também não.

Agora acho que entendo um pouco mais.

Não sei se isso é bom.

Sobre este livro

No final de 2018, a quarta temporada do podcast *Projeto Humanos*, intitulada *O caso Evandro*, estava no ar fazia poucas semanas e tinha uma boa repercussão na internet quando recebi o convite da HarperCollins para escrever este livro. Esta obra não existiria sem o podcast.

Produzo podcasts desde 2011. Foi o ano em que comecei o *AntiCast*, um programa que era para ser sobre design, minha área de formação, ao lado dos meus colegas Rafael de Castro Andrade (o "Ancara") e Marcos Beccari e de uma série de convidados. Aos poucos, o *AntiCast* foi abordando outros assuntos, e lá por 2015 ele acabou virando um podcast de política.

Em outros âmbitos profissionais, esse também foi um período importante para mim. Foi em 2011 que entrei no doutorado do Programa de Pós-Graduação em Tecnologia da Universidade Tecnológica do Paraná para pesquisar a relação do design moderno brasileiro com as fases de industrialização do país. Além da paixão pelo tema, foi a forma que encontrei de voltar à minha área de formação após um rápido "desvio" no mestrado em ciências da religião da PUC-SP, de 2007 a 2010. Afinal, quem em sã consciência procura um designer com mestrado em ciências da religião?

Nessa época, comecei a dar aulas, primeiro como professor substituto no curso de design gráfico da Universidade Estadual de Londrina, entre 2008 e 2009, e depois contratado por uma faculdade privada de Curitiba, a cidade onde vivi minha vida toda. Quando concluí o doutorado, em 2015, dava aulas em duas universidades, em cursos de design, publicidade, jornalismo, arquitetura e, ocasionalmente, relações públicas e design de moda. Também nesse meio-tempo, publiquei dois livros, um de teoria do design, em 2013, em coautoria com meus amigos Marcos Beccari e Daniel Portugal, e outro de terror/suspense, em 2014, *Até o fim da queda* (editora Draco). Nele, eu me inspirava, em parte, na história das "bruxas de Guaratuba" – apesar de à época conhecer apenas superficialmente o caso.

Foi ainda em 2015 que comecei um segundo podcast, o *Projeto Humanos*, inspirado em produções em formato narrativo dos Estados Unidos (os chamados "podcasts de *storytelling*"), tais como *Serial*, *This American Life* e *Radiolab*. A ideia, em resumo, era criar "filmes para ouvir". Desde o princípio, tinha o sonho de contar a história do caso Evandro. O sonho se concretizou em 31 de outubro de 2018 (Dia das Bruxas), quando publiquei o primeiro episódio de *O caso Evandro*.

Como se vê, não sou formado em jornalismo nem em direito, nem sou policial. Mas sempre gostei de contar histórias e pesquisar. Como sou professor universitário, e aproveitando o que aprendi de metodologia durante o doutorado, pude aplicar no caso Evandro meu conhecimento de método e rigor científico de pesquisa, mesmo que em algo distante da minha área de formação. Como costumo dizer em entrevistas, especialmente para estudantes de jornalismo, nunca tive uma aula que me ensinasse a importância de apurar uma informação. Foi na vida acadêmica que aprendi que não se faz uma afirmação sem citar fontes, que se deve sempre verificar se a informação encontra eco em outros autores e quais são seus contra-argumentos.

Muitos jornalistas já me acompanhavam desde o início do *AntiCast* e do *Projeto Humanos*, mas *O caso Evandro* começou a me abrir portas que eu nem sabia que existiam. Apesar de ser reconhecido como igual por alguns desses agentes de imprensa, muitos dos quais admiro profundamente, ainda acho estranho me apresentar como "jornalista". Sinto que sou o penetra numa festa cheia de gente interessante; no fundo, só um cara que posta umas coisas na internet. Ao mesmo tempo, tento me enganar dizendo que me chamar de "jornalista" é mais fácil do que de "produtor de histórias em formato de podcast". Costumo brincar que é comum ver jornalistas se metendo a designers e estou me vingando em nome de uma classe: o designer que se mete a jornalista. Mas juro que ainda me sinto culpado.

Tendo plena consciência de que minha trajetória não é das mais comuns e que muita gente boa me ajudou no meio do caminho, nada mais justo do que aproveitar esse espaço final para contar um pouco do meu processo de pesquisa e trabalho e, ao mesmo tempo, agradecer a todos que me auxiliaram. Quem sabe assim ajudo os mais jovens que querem produzir conteúdo de forma independente e não sabem ainda o caminho das pedras. Eu não sei se o meu caminho é o melhor, mas foi o que funcionou para mim. Talvez funcione para alguns de vocês.

Além disso, também é uma forma de expor minha metodologia. Minha pesquisa pode conter erros. Numa história tão complexa, é difícil responder a todas as questões de forma justa a todos. Por isso, creio ser minha responsabilidade como pesquisador deixar claras as escolhas que fiz para que novas gerações revisem o que posso ter errado.

Quando publiquei o primeiro episódio de *O caso Evandro*, já pesquisava o assunto havia cerca de dois anos. Comecei a ir a campo em 2016 e, no final daquele ano, já havia feito algumas entrevistas com personagens importantes, até que, no início de 2017, consegui acessar os autos do processo.

Minha casa estava lotada de caixas e mais caixas que abrigavam os cinquenta e três volumes do caso, totalizando cerca de 20 mil páginas, às quais eu pretendia dedicar os meses seguintes. Thiago Flôres Carvalho, juiz substituto da 2ª Vara do Tribunal do Júri de Curitiba, permitira que eu ficasse com os volumes originais por dez dias. Consegui digitalizar as fitas VHS e cassete anexadas, mas sabia que não daria tempo de fazer cópias dos autos. Por sorte, o advogado de Beatriz Abagge no júri de 2011, Adel El Tasse, tinha a maioria dos autos digitalizados e gentilmente os cedeu para mim. Eu precisaria fazer cópias dos últimos volumes, mais recentes, o que fiz tirando fotos com o celular.

Eu mal sabia como funcionavam autos de processos. Por isso, já aproveito para agradecer aos funcionários da 2ª Vara do Tribunal do Júri, que me auxiliaram na época, a Luciano Borges e Samir Mattar Assad, advogados de Beatriz Abagge na época e, é claro, a El Tasse. Eles me ajudaram a dar os primeiros passos nesse mundo feito em camadas burocráticas e fascinantes.

Outra pessoa fundamental em minha busca por documentos foi Paulo Markowicz, o último promotor do caso Evandro. Serei sempre grato por todos os e-mails, conversas e esclarecimentos. Da mesma forma, agradeço a Raimundo Nogueira Soares, que me deu detalhes do júri de 1998 e da pessoa fascinante que foi Celso Ribas, promotor daquele julgamento em São José dos Pinhais.

Os cinquenta e três volumes do processo do caso Evandro eram a parte principal, mas com o passar dos meses – que viraram anos – percebi que outros documentos seriam necessários. Tive, então, acesso a outros inquéritos, processos, incontáveis horas de matérias de TV

– muitas resgatadas dos arquivos pessoais dos Abagge – e páginas e páginas de jornais da época que não entraram nos autos judiciais. O livro que você tem em mãos é o resultado desse processo de coleta, leitura, análise e apuração.

Mesmo após as primeiras dicas, eu não entendia bem como aqueles autos deviam ser lidos. Busquei ajuda de jornalistas e percebi que muitos dos profissionais que cobrem casos judiciais não têm intimidade com autos processuais. Num mundo ideal, todos teriam tempo para estudar, ler e interpretar com calma. Infelizmente, a dinâmica frenética das redações raramente permite trabalhos mais lentos e aprofundados. Eu tinha que achar outros meios, com pouco dinheiro e quase nenhuma estrutura. Ao mesmo tempo, minha inexperiência em redações pode ter sido uma vantagem. Eu não tinha vícios. Segui o lema que aprendi como produtor de conteúdo na internet: uma história é boa enquanto é boa. E assim se passaram anos de produção de *O caso Evandro*. Era o que a história exigia.

Sempre produzi podcasts no tempo livre entre uma aula e outra, gravando via Skype com amigos do Brasil todo em um quarto que virou biblioteca e escritório. Em 2017, a maior parte da minha renda ainda vinha das aulas em duas universidades particulares de Curitiba. Já começava a receber algum dinheiro com podcasts, graças a contribuições mensais de ouvintes do *AntiCast* e do *Projeto Humanos*. Quase nunca tive anunciantes. A lógica sempre foi buscar o máximo de qualidade com o mínimo de estrutura possível. Hoje, graças aos meus ouvintes e apoiadores, tenho equipamentos que causariam enorme inveja no Ivan de 2011 – mas ainda gravo tudo em casa.

Embora não tivesse equipe, tinha algo tão bom quanto: ouvintes que gostavam do que eu fazia e se engajavam. Fiz uma chamada nas minhas redes sociais avisando que precisava de voluntários para catalogar os autos do processo e outros materiais. Também precisava de ajuda para transcrever vídeos e fitas cassete. Em poucos dias, eu tinha um grupo no Facebook com mais de sessenta voluntários. Nem todos puderam ajudar, e alguns puderam mais do que outros. A todos, eu agradeço pelo tanto que me ajudaram e ensinaram.

Àqueles que vinham do direito, pedi que se dedicassem à catalogação dos autos. Íamos preenchendo uma grande tabela compartilhada, em que cada aba correspondia a um volume e cada linha continha células com o número da folha, o número da página do PDF, uma descrição resumida do conteúdo da folha e uma descrição mais aprofundada com comentários (se necessário). Ao mesmo tempo, eu ia fazendo perguntas que devem ser óbvias para qualquer aluno de primeiro período de direito, como: "O que é uma acareação?", "Qual a diferença entre prisão temporária e preventiva?" e por aí vai. Esse processo me permitiu criar uma espécie de "mapa" do caso, em formato de tabela. Sem esse mapa, seria impossível navegar pelos autos de forma lógica e compreensível.

Depois de estruturadas as informações, eu precisava achar o jeito mais didático e envolvente para contar essa história tão complexa. Grande parte do trabalho de decupar entrevistas, escrever roteiros e editar foi baseada nessa organização preliminar. Porém, à medida que eu produzia os episódios, o caso ia ficando mais claro para mim.

Por isso, este livro é a versão mais madura possível do trabalho de pesquisa.

Antes de o podcast ir ao ar, em 2017, Mayra Lucas, CEO da produtora Glaz, entrou em contato comigo por e-mail. Em algum episódio do *AntiCast* eu mencionara que estava produzindo uma temporada sobre o caso Evandro. Ela ficou interessada e perguntou o que eu achava de adaptar o trabalho para uma série de TV. Após três horas de conversa, tínhamos um acordo. Quatro anos depois, a série, dirigida por Aly Muritiba e Michelle Chevrand, estrearia no Globoplay, em 2021.

A toda a equipe de gravação, que tive o prazer de acompanhar de dezembro de 2019 a março de 2020: eu jamais imaginaria que um trabalho que começou como obsessão de infância resultaria na reunião de tanta gente bacana. Obrigado por me ensinarem. E obrigado à equipe de roteiro: Arthur Warren, Angelo Defanti, Ludmila Naves, Tainá Mühringer e Márcio Novaes (que não pôde ficar até o fim, infelizmente). Aquele mês de julho de 2019 foi uma das épocas mais excitantes da minha vida. Exceto pelo roubo do meu carro, só tenho saudades. A toda a equipe da Glaz, Marina Bouças, Juliana Novello e Luiza Favale: vocês são incríveis. E Mayra: obrigado por acreditar em mim.

Já que entramos nos agradecimentos, é hora de agradecer àqueles que me ajudaram no trajeto.

A toda a equipe do grupo 2004.5421-3, do Facebook, meus eternos agradecimentos.

Responsáveis pela catalogação dos autos: Diego Ricardo, Felipe Freitas, Jéllyda Brenda, Sarah Lara Hial, Lucas França, Barbara Pires, Samuel Borges Gomes (que fez um trabalho insano e até participou de alguns episódios do podcast) e Renata de Souza.

Transcrições de áudio e vídeo: Filipe Silva, Augusto Jardim, Eduardo Borges, Natália Farago, Felipe Nobre, Leila Salgueiro, Diego Altieres, Waine Junior, Charles Alexandre, Janaina Alves, Edgard R. Jr., Thiago Rufino, David Cesar, Rogério Arantes, Lucas Baumgartner, Estela Cruz, Patrícia G., Vinicius Curvelo, Fernanda Santos, Ramon Artur e Fernanda Arantes.

Por causa da quantidade enorme de acontecimentos, documentos e personagens, eu precisava organizar tudo da maneira mais facilmente compreensível. Desse esforço surgiu a chamada Enciclopédia do Caso Evandro. Para essa tarefa, contei com a ajuda de Clarice Garcia Borges Ribeiro (resumo dos episódios), Ravi Macario (revisão dos textos) e Anielle Casagrande (design e programação do site), também conhecida como minha esposa, que foi incrivelmente compreensiva nas noites em que passei trancado no escritório escrevendo, gravando e editando.

Em diversas ocasiões, também precisei de gente para me ajudar na pesquisa de campo, especialmente para conversar com fontes e fazer pesquisas em jornais antigos. Por isso, agradeço a Hannah Cliton (obrigado por ir atrás do SICRIDE!), Luis Izalberti (que fez um incrível trabalho vasculhando as edições do *Hora H* de 1996), Giovanna Tortato e Gabriela Giannini.

Cinquenta por cento da personalidade do podcast *O caso Evandro* vem da sua trilha sonora. Ela foi composta pelo brilhante Felipe Ayres e está disponível para ser ouvida nos principais serviços de streaming. Agradeço também pelos conselhos e pelas ideias trocadas com Pedro Ferrari, Joviana Marques, Isabela Cabral, Diogo Braga, Pablo de Assis e Gustavo Di Lorenzo, os produtores das histórias que compõem a terceira temporada do *Projeto Humanos*. Seus *insights* foram supervaliosos naquele início do meu trabalho.

Obrigado também ao amigo e brilhante designer Saulo Mileti, que usou sua belíssima máquina de escrever Valentine para a produção das fotos que acompanhavam as artes do podcast.

Às jornalistas Mônica Santanna, Mara Cornelsen, Katia Brembatti e Vania Mara Welte e ao jornalista Álvaro Borba: nossas horas de conversas e reflexões foram melhores do que qualquer curso de graduação que eu poderia ter feito.

Apesar de nossas divergências, agradeço também a Diógenes Caetano dos Santos Filho por ter aceitado conversar comigo naquela noite chuvosa em Guaratuba.

À medida que fui me aprofundando nos detalhes do processo, dúvidas sobre procedimentos processuais continuaram a aparecer. Foi um privilégio contar com a assistência, as leituras e os comentários de Elisa Cruz, professora e defensora pública do estado do Rio de Janeiro; Guilherme Madeira, juiz da 44ª Vara Cível de São Paulo e professor de direito e processo penal; e Guilherme Lucchesi, advogado criminal e professor da Faculdade de Direito da UFPR.

Agradeço aos geneticistas e peritos Mariana Galvão Ferrarini, Gabriel Gaspar e Bruno Zagonel por me tirarem dúvidas sobre os exames de DNA, e a Bruno Acioli e Orlando Calheiros por gentilmente me sugerirem caminhos para a pesquisa envolvendo religiões de matriz africana.

Agradeço também a Raquel Cozer e Diana Szylit, da editora HarperCollins, que ajudaram no processo de dar forma a este livro. Desculpem-me pelos atrasos. O acompanhamento de vocês tornou tudo muito mais fácil. Obrigado a Aline Hack e Elisa Costa Cruz pela cuidadosa revisão jurídica. Obrigado a Rosiane Correia de Freitas e a Renata Sturm, que tiveram participação nesse trabalho, e à designer Giovanna Cianelli, pela capa.

Rubens Pena Jr. foi quem me ajudou a ter acesso aos autos do caso de Altamira. A parte final deste livro não existiria sem a ajuda dele.

Caio Corraini é provavelmente o maior editor de podcasts do Brasil. Obrigado por me ajudar naquela reta final. Agradeço a Felipe Ayres, o técnico de áudio do podcast *Projeto Humanos*, que me ajudou na tentativa de recuperar trechos das fitas novas citadas no capítulo 12.

Por falar em podcasts, agradeço à equipe da Half Deaf, que me auxiliou durante o processo de produção de *O caso Evandro*. A gente não ganhou aquele prêmio, mas a jornada valeu a pena.

Obrigado aos especialistas que me auxiliaram na verificação de dados técnicos: Mariana Galvão Ferrarini (minha irmã, que tentou algumas vezes me explicar os processos envolvendo RNA como se eu fosse uma criança de 6 anos), Bruno Zagonel e Gabriel Gaspar.

Aos delegados (e ex-delegados) Leandro Albuquerque, Luiz Carlos de Oliveira, Patrícia Conceição Nobre Paz, João Ricardo Kepes Noronha, José Maria de Paula Correia e Carlos R. Bacila, por aguentarem meus – às vezes impertinentes – pedidos de ajuda, muito obrigado.

A todos os ouvintes que acompanharam o meu trabalho e acreditaram nele: sem vocês, o podcast, este livro e a série de TV não existiriam.

A Beatriz e Celina Abagge, obrigado por confiarem em mim.

E um agradecimento especial à Fonte. Obrigado por me ajudar a trazer a verdade à tona.

Por fim, gostaria de agradecer à família Bossi por ter conversado comigo. Aproveito para relembrar que o caso Leandro Bossi ainda está em aberto no Serviço de Investigação de Crianças Desaparecidas, o SICRIDE. Se você tiver qualquer informação sobre o paradeiro de Leandro, por favor, entre em contato com eles pelo site www.sicride.pr.gov.br. Há ali uma simulação gráfica de como Leandro pode estar hoje, com 36 anos.

Torço para que um dia todas as famílias de crianças desaparecidas consigam encontrar algum conforto e para que os verdadeiros responsáveis sejam punidos de acordo com a lei.

No que eu puder ajudar, estarei à disposição.

Curitiba, 7 de julho de 2020

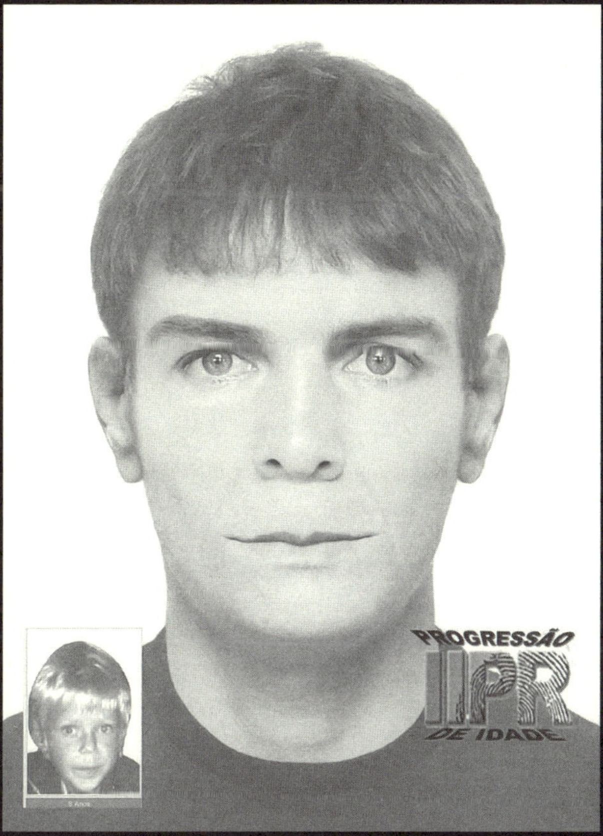

Desaparecido desde: 15/02/1992

Município: Guaratuba

Idade estimada (desaparecimento): 7 anos

Idade estimada (atual): 36 anos

Cabelos: loiros

Olhos: azuis

SICRIDE: (41) 3270-3350

sicride@pc.pr.gov.br

Linha do tempo

Principais acontecimentos de 1991 a 2021

1991

17 DE JUNHO | Guilherme Caramês Tiburtius, de 8 anos, desaparece em Curitiba, tornando-se o caso mais lembrado de criança desaparecida no Paraná naquele período.

1992

15 DE FEVEREIRO | Leandro Bossi, de 7 anos, desaparece em Guaratuba.
15 A 18 DE FEVEREIRO | O argentino José Teruggi e a brasileira Valentina de Andrade, do Lineamento Universal Superior (LUS), hospedam-se pela primeira vez em Guaratuba.
11 A 29 DE MARÇO | Teruggi e Valentina voltam a se hospedar em Guaratuba.
30 DE MARÇO | Último registro de diligência do caso Leandro Bossi antes de o delegado Luiz Carlos de Oliveira assumir o caso, em julho.
6 DE ABRIL | Evandro Ramos Caetano, de 6 anos, desaparece em Guaratuba.
7 DE ABRIL | Grupo TIGRE chega a Guaratuba à noite.
7 A 20 DE ABRIL | Terceira estadia de Teruggi e Valentina em Guaratuba.
8 DE ABRIL | Grupo TIGRE assume a investigação.
11 DE ABRIL | Corpo de Evandro é encontrado. Roupas, objetos e uma marca em suas costas são reconhecidos por familiares.
12 DE ABRIL | Laudo de necropsia e exame da arcada dentária confirmam identidade do corpo.
14 DE ABRIL | Corpo de Evandro é enterrado. Estudantes de Guaratuba fazem passeata por mais segurança nas escolas. Eli Gonçalves da Silva, de 16 anos, presta depoimento sobre encontro com menino que lhe dissera ter fugido da casa de um carroceiro, onde estaria outra criança. No mesmo dia, irmãos França contam ter sido perseguidos por homem barbudo, dando origem a um retrato falado. Promotor Alcides Bittencourt Neto é designado para o caso.
19 DE ABRIL | Relatório do Grupo TIGRE cita testemunha Rachel Machado Duarte, de 17 anos, que teria visto Evandro com duas crianças na manhã do dia 6 de abril.
24 DE ABRIL | Chinelos de Evandro são localizados.
30 DE ABRIL | Polícia Civil do Paraná pede que sejam analisados objetos e roupas encontrados no matagal em busca de indícios de sangue e sêmen.
18 DE MAIO | Relatório do IML aponta que material estava degradado demais para analisar a presença de sangue. Em nenhuma das peças examinadas havia sêmen.
29 DE MAIO | Diógenes Caetano dos Santos Filho, primo de Evandro, presta declaração ao Ministério Público apontando pessoas e

situações que considera suspeitas no caso.

JUNHO | Delegado Oliveira é designado em caráter especial a Guaratuba, assumindo o caso Leandro Bossi no mês seguinte.

12 DE JUNHO | Grupo ÁGUIA, da Polícia Civil, é chamado pelo Ministério Público para fazer investigação paralela sem o conhecimento do Grupo TIGRE.

19 DE JUNHO | Davina Correia Ramos Pikcius, tia de Evandro, presta declaração ao Ministério Público na qual cita uma busca pelo garoto, com Osvaldo e De Paula, na noite de 7 de abril.

24 DE JUNHO | Testemunha Rachel presta depoimento oficial sobre a manhã do dia 6 de abril, em que teria visto Evandro com outros dois garotos.

1 DE JULHO | Osvaldo Marcineiro e Davi dos Santos Soares são presos pelo Grupo ÁGUIA.

2 DE JULHO | Celina Abagge, Beatriz Abagge e Vicente de Paula Ferreira são presos. Osvaldo e as Abagge confessam o crime em gravações do Grupo ÁGUIA. Entre a noite do dia 2 e a madrugada do dia 3, todos prestam depoimentos. Celina e Beatriz, com advogados, dizem ter sido torturadas e alegam inocência. Os outros três, sem advogado, assumem o crime.

3 DE JULHO | Airton Bardelli dos Santos e Francisco Sérgio Cristofolini são presos e prestam depoimento, alegando inocência. Entrevista coletiva de Osvaldo, Davi e De Paula. Primeira busca e apreensão na casa de Osvaldo e na serraria Abagge. Primeiro depoimento do guardião Irineu Wenceslau de Oliveira, em que ele cita um trabalho feito em 17 de abril na serraria.

6 DE JULHO | Primeira busca e apreensão na casa das Abagge.

7 DE JULHO | Delegado João Ricardo Kepes Noronha, da Polícia Civil, requisita ao Grupo ÁGUIA todo o material referente ao caso, o que dará origem ao relatório "Operação Magia Negra".

8 DE JULHO | Exame confirma sangue em objetos apreendidos, entre eles, um alguidar e facões, mas não confirma se o sangue é humano.

9-10 DE JULHO | Novas apreensões na casa de Osvaldo e na casa e na serraria dos Abagge; novos materiais encaminhados para análise. No dia 10, Noronha recebe dossiê "Operação Magia Negra", incluindo a primeira degravação da fita cassete com as confissões das Abagge. Andrea Barros, companheira de Osvaldo, presta depoimento.

11 DE JULHO | Acareações entre Bardelli, Cristofolini, Davi, Osvaldo e De Paula. Os três últimos mantêm as confissões sobre o caso Evandro, e Osvaldo e De Paula confessam envolvimento no caso Leandro Bossi.

12 DE JULHO | Osvaldo diz ao delegado Oliveira que foi torturado e é inocente nos dois casos.

13 DE JULHO | Acareações entre Osvaldo, Davi, De Paula e as Abagge. Osvaldo passa a negar os dois crimes e afirma ter confessado sob tortura. Têm início as conversas para encaminhar os materiais apreendidos para exame de DNA.

14 DE JULHO | Envio do inquérito do caso Evandro, pelo delegado Noronha, ao Ministério Público, que passa a elaborar a denúncia contra os sete suspeitos.

15 DE JULHO | Delegado Oliveira interroga gerente do Hotel VillaReal, que lhe fala que o grupo de Valentina estivera hospedado ali. Oliveira requisita prisões de Valentina, Teruggi, Antonio Salvador Meluso e Frederick Wassef, mas juíza Anésia decreta só as de Valentina e Meluso.

Polícia Civil faz apreensões na casa de Valentina em Londrina. Ela é considerada foragida.

16 DE JULHO | Meluso, do grupo de Valentina, é detido. IML informa que mancha encontrada em pedaço de parede da serraria Abagge era sangue humano. Davi e De Paula ainda afirmam que sabiam ou participaram do rapto de Leandro, enquanto Osvaldo nega tudo.

20 DE JULHO | Segunda degravação da fita cassete com as confissões das Abagge, feita pela Polícia Civil.

21 DE JULHO | Segundo depoimento de Irineu Wenceslau de Oliveira, agora citando outro ritual na serraria no início de abril. Meluso é liberado.

23 DE JULHO | Delegado José Maria de Paula Correa, da Polícia Civil, convoca entrevista coletiva para exibir fita VHS apreendida na casa de Valentina em Londrina.

24 DE JULHO | Delegado Oliveira volta a pedir mandados de prisão temporária para Teruggi e Wassef

28 DE JULHO | Os sete suspeitos no caso Evandro prestam depoimento à juíza Anésia Edith Kowalski e todos passam a negar participação e a afirmar que estavam sendo coagidos.

29 DE JULHO | Noronha pergunta ao IML de Curitiba sobre a possibilidade de um teste de DNA no corpo, por haver questionamentos sobre a identidade.

30 DE JULHO | IML de Curitiba entra em contato com o Laboratório Gene pedindo exames de DNA nos objetos apreendidos. Wassef viaja de São Paulo a Curitiba e presta depoimento ao promotor Cioffi.

12 DE AGOSTO | Delegado Oliveira pede exame de DNA para checar se o corpo encontrado em 11 de abril é de Leandro.

13 DE AGOSTO | Testemunhas de acusação prestam depoimento à juíza Anésia. Irineu volta a falar do ritual no dia 7 de abril e agora cita nominalmente os sete acusados. Primeiro depoimento de Edésio da Silva, que diz ter visto Celina e Beatriz em carro com Evandro no dia 6 de abril. Diógenes informa que material relevante ao caso pode ter sido enterrado em frente à Loja Berimbau. Promotor Cioffi faz um pedido de busca e apreensão no local.

13-14 DE AGOSTO | Durante escavação na madrugada, pote de barro com sangue é encontrado na calçada em frente à Loja Berimbau, de Antonio Costa.

21 DE AGOSTO | Segundo depoimento de Andrea Barros.

24 DE AGOSTO | Laboratório Gene recebe materiais enviados pelo IML de Curitiba.

27 DE AGOSTO | Advogados das Abagge pedem abertura de inquérito para investigar as torturas.

28 DE AGOSTO | Degravação da fita VHS apreendida na casa de Valentina apontando equívoco que levou casal a ser considerado suspeito é anexada ao inquérito.

9 DE SETEMBRO | Anésia revoga prisão temporária de Valentina, que não chegou a ser detida.

28 DE SETEMBRO | Delegado Oliveira pede desligamento do caso Leandro Bossi, alegando divergências com o promotor Cioffi.

14 DE OUTUBRO | Relatório do IML de Curitiba registra presença de sangue no líquido do pote de barro, mas não confirma que seja humano, e informa que teste de DNA poderia tirar a dúvida.

29-30 DE OUTUBRO | Advogados das Abagge pedem cópias das fitas cassete e VHS com as confissões, mas o Instituto de Criminalística do Paraná afirma não possuir equipamentos para fazer as cópias.

6 DE NOVEMBRO | Abertura de inquérito de investigação de torturas, solicitado pelos advogados das Abagge em 27 de agosto.

7 DE NOVEMBRO | Primeira parte do laudo do exame de DNA realizado pelo Laboratório Gene.

9 DE NOVEMBRO | Conclusão da segunda parte do laudo do exame de DNA, indicando a correspondência entre o sangue dos pais de Evandro e o material analisado do cadáver.

23 DE NOVEMBRO | Advogada Isabel Kugler Mendes produz dossiê "Caso Evandro de Guaratuba".

DEZEMBRO | Um primo de Edésio procura-o e oferece dinheiro para que mude o depoimento em que dizia ter visto Celina e Beatriz em carro com Evandro.

1993

FEVEREIRO | Isabel Kugler Mendes inicia entrevistas com os presos do caso Evandro.

3 DE FEVEREIRO | Juíza Anésia registra em ofício que Polícia Federal concorda em fazer cópias das fitas e que poderia fazer uma degravação (que não é uma perícia).

13 DE FEVEREIRO | Alípio dos Santos, vigia da serraria, presta depoimento sobre incêndio ocorrido na madrugada anterior.

15 DE FEVEREIRO | Os advogados das Abagge solicitam à juíza Anésia que a fita cassete com as confissões passe por perícia.

25 DE FEVEREIRO | Delegado Agenor Salgado Filho é designado responsável pelo caso Leandro Bossi, que estava sob responsabilidade do delegado Noronha desde a saída de Oliveira.

27 DE FEVEREIRO | Meninos encontram crânio no matagal onde o corpo de Evandro fora localizado no ano anterior, mas só relatam o fato a adultos no dia 3 de março.

5 DE MARÇO | João e Paulina Bossi são chamados a prestar depoimento e reconhecer peças de roupa que estavam com ossada.

8-9 DE MARÇO | Leila Bertolini e Blaqueney Murilo Iglesias, do TIGRE, prestam depoimento.

10 DE MARÇO | Em depoimento à Polícia Civil, João Bossi apresenta catorze nomes, entre possíveis suspeitos e testemunhas, e diz que Diógenes Caetano o ajudou.

16 DE MARÇO | Edésio grava primo que lhe ofereceu dinheiro para mudar depoimento e é apresentado a João Carlos Anderson, sobrinho de Celina e responsável pela tentativa de coagi-lo.

21 DE MARÇO | Laboratório Gene finaliza laudo, que confirma a identidade de Evandro, mas não consegue estipular se sangue encontrado no alguidar, na parede da serraria e no líquido do pote da Berimbau é compatível com o dele.

25 DE MARÇO | Anésia defere o pedido de perícia da fita cassete feito pela defesa das Abagge.

20 DE ABRIL | Instituto de Criminalística alega não ter o equipamento necessário para a perícia da fita.

10 DE MAIO | Laboratório Gene recebe para análise material da ossada encontrada com as roupas de Leandro Bossi.

10 DE JULHO | *Folha de Londrina* publica entrevista em que as Abagge descrevem pela primeira vez em detalhes como foram as torturas.

21 DE JULHO | Segundo dossiê da advogada Isabel Kugler Mendes, "Tortura Nunca Mais?".

13 DE AGOSTO | Promotor Cioffi entrega alegações finais em documento de vinte e seis páginas.

9 DE NOVEMBRO | Defesa das Abagge entrega alegações finais em quase trezentas páginas. No mesmo mês, Anésia conclui que o processo possui elementos suficientes para o julgamento.

1994

17 DE JANEIRO | Laudo conclusivo do Laboratório Gene indica que ossada encontrada com roupas de Leandro Bossi não tem parentesco com a família Bossi e que é de menina.

11 DE FEVEREIRO | Cioffi pede extensão de prazo para concluir inquérito de investigação de torturas para ouvir médicos-legistas que fizeram exames de lesões corporais nas Abagge.

ABRIL | Médicos Raul de Moura Rezende e Manabu Jojima, que fizeram o laudo de Celina e Beatriz, testemunham.

25 DE MAIO | Cioffi é substituído pela promotora Elaine Sanches no acompanhamento do inquérito que investiga alegações de tortura.

24 DE AGOSTO | Promotora Elaine pede o arquivamento do inquérito, acatado pela Justiça.

1995

3 DE FEVEREIRO | Guardião Irineu registra em cartório declaração segundo a qual, como já havia afirmado em entrevistas à imprensa no fim de 2014, fora coagido três anos antes a prestar testemunhos que ajudaram a incriminar os acusados.

2 DE MARÇO | Euclídio Soares dos Reis é preso em flagrante após denúncia de que vendia drogas em seu bar.

9 DE MARÇO | Euclídio é levado irregularmente à Delegacia de Antitóxicos de Curitiba, onde é interrogado por Oliveira, e assina depoimento envolvendo Diógenes no crime contra Evandro.

10 DE MARÇO | Após ser liberado, Euclídio presta novo depoimento afirmando ter sido coagido para prestar o depoimento anterior e nega seu teor.

31 DE JULHO | É criado o Serviço de Investigação de Crianças Desaparecidas (SICRIDE), em Curitiba.

1996

FEVEREIRO | Início do desaforamento do processo do caso Evandro do Fórum da Comarca de Guaratuba para o Foro Regional da Comarca da Região Metropolitana de Curitiba, em São José dos Pinhais.

2 DE MARÇO | Celina e Beatriz obtêm direito de cumprir pena em prisão domiciliar, após mais de dois anos e meio em regime fechado.

21 DE JULHO | PM do Paraná recebe informação de que menino muito parecido com Leandro Bossi, conhecido como Diogo, foi encontrado em Manaus.

AGOSTO | Aceito o pedido de desaforamento do processo para São José dos Pinhais.

8 DE AGOSTO | João Bossi é informado de que seu filho está vivo.

15 DE AGOSTO | João Bossi recebe termo de guarda e responsabilidade para que o menino encontrado fique sob seus cuidados enquanto os exames para averiguar parentesco são feitos.

16 DE AGOSTO | Menino que pode ser Leandro é levado de Manaus a Curitiba.

19 A 25 DE AGOSTO | Em entrevista ao jornal semanal *Hora H*, Diógenes diz que Diogo não é Leandro e que Leandro está no fundo do mar.

2 SETEMBRO | Vinda do Amazonas, Angela Regina Moreira, mãe de Diogo, dá seu primeiro depoimento ao SICRIDE, em Curitiba.

3 DE SETEMBRO | Exame de DNA prova que Diogo não é Leandro.

1997

JUNHO | Juíza Anésia envia autos do processo para São José dos Pinhais sob os cuidados da juíza Marcelise Weber Lorite. Nesse mesmo ano, Cioffi é promovido e substituído pelos promotores Rosana Lima e Celso Ribas.
30 DE OUTUBRO | Em petição, Figueiredo Basto, advogado de Osvaldo, Davi e De Paula, reitera a necessidade de ter acesso à fita cassete que em algum momento sumira dos autos e exige que a comarca de Guaratuba informe seu paradeiro.

1998

3 DE MARÇO | Jornalista Ari Soares dos Santos entrega a Figueiredo Basto fita que, segundo alega, reproduz fielmente o conteúdo da fita original.
9 DE MARÇO | Tem início julgamento de Osvaldo, De Paula e Davi, mas a sessão do júri é dissolvida no segundo dia, depois que uma jurada passa mal.
23 DE MARÇO | Tem início o julgamento de Celina e Beatriz Abagge, que dura pouco mais de um mês. Ambas são consideradas inocentes pelo júri, e a promotoria entra com recurso.
6 DE MAIO | Delegado do SICRIDE percebe que inquérito de Leandro Bossi tem quatro depoimentos sobre o incêndio na serraria.
15 DE JULHO | Euclídio é condenado a três anos de prisão por venda de cocaína, mas é solto em 18 de junho de 1999 por bom comportamento.

1999

31 DE AGOSTO | Réu pelo incêndio na serraria, Diógenes Caetano é interrogado.
29 DE SETEMBRO | Mais uma vez, o júri de Osvaldo, Davi e De Paula é iniciado e interrompido poucos dias depois, em 5 de outubro. A promotoria, a essa altura, conta com, entre outros, Paulo Sérgio Markowicz de Lima, que já auxiliara Celso Ribas em 1998. Ainda no dia 29, em depoimento ao SICRIDE, Diógenes menciona fita cassete em que Osvaldo confessaria envolvimento no desaparecimento de Leandro Bossi, que teria sido exibida na TV.

2000

9 DE FEVEREIRO | SICRIDE requisita informações de Valdir Copetti Neves sobre a fita em que Osvaldo confessaria a morte de Leandro. Neves diz que ela foi encaminhada ao secretário Moacir Favetti.
3 DE MAIO | Em depoimento ao SICRIDE, Favetti diz que todas as fitas foram entregues à Polícia Civil e que não tem certeza de que chegou a ter em mãos a tal fita com a confissão de Osvaldo.

2002

2 DE MAIO | Promotor pede a absolvição de Diógenes e Euclídio no caso do incêndio na serraria.
6 DE AGOSTO | Denúncia contra Diógenes e Euclídio é julgada improcedente.

2003

3 DE SETEMBRO | Tribunal de Justiça do Estado do Paraná anula júri que absolveu as Abagge por considerar que os votos foram contrários às provas dos autos.

2004

19 DE ABRIL | Começa o julgamento de Osvaldo, Davi e De Paula. Depois de seis dias, os três são considerados culpados. Osvaldo e De Paula são sentenciados a vinte anos e dois meses de prisão, e Davi a dezoito anos e quatro meses.

2005

15 DE JUNHO | Começa julgamento de Bardelli e Cristofolini, absolvidos cinco dias depois.

2011

27 DE MAIO | Começa o segundo julgamento de Beatriz Abagge (Celina não é julgada porque tem mais de 70 anos, o que reduz pela metade o tempo para prescrição de crimes). Depois de apenas dois dias, Beatriz é condenada a vinte e um anos e quatro meses de prisão. Ela pode recorrer em liberdade.

2012

3 DE MAIO | Recurso de Beatriz é recusado em segunda instância pelo TJ-PR.

2013

9 DE ABRIL | STJ aceita recurso da promotoria para anular resultado do júri de 2005 que absolveu Bardelli e Cristofolini depois de um dos advogados da defesa, Haroldo César Nater, ler, durante o júri, uma matéria que não estava anexada aos autos. Mas o crime é prescrito e não há novo julgamento.

2016

17 DE FEVEREIRO | STF decide que juízes podem determinar que pessoas condenadas em segunda instância comecem a cumprir suas penas antes do trânsito em julgado.
8 DE ABRIL | Por conta da decisão de fevereiro do STF, é expedido mandado de prisão para Beatriz. Beatriz e advogados entram com pedido de perdão de pena com base no indulto assinado pela presidente Dilma Rousseff no final de 2015.
3 DE JUNHO | Com a demora da análise do pedido de indulto, novo mandado de prisão é expedido. Dias depois, Beatriz é dada como foragida, mas diz que sempre esteve em casa.
16 DE JUNHO | Indulto a Beatriz é concedido.

2018

24 DE AGOSTO | STJ recusa o recurso de 2017 do MP do Paraná, que tentava reverter o indulto de Beatriz.

2020

10 DE MARÇO | Episódio de *O caso Evandro* em que são mostradas e analisadas as fitas novas que comprovam as torturas a Osvaldo, Celina e Beatriz.

2021

FEVEREIRO | Figueiredo Basto diz que em breve vai entrar com o pedido de revisão criminal em nome das Abagge, após um ano analisando as fitas novas.

Personagens

Acemar Silva: médico que atendeu as Abagge logo após suas prisões.

Adaira Kessin Elias: dentista que atendia Evandro Ramos Caetano e Leandro Bossi no INAMPS.

Adauto Abreu: delegado do Grupo TIGRE, da Polícia Civil do Paraná, encarregado da investigação do caso Evandro entre abril e julho de 1992.

Adel El Tasse: advogado de Beatriz Abagge no julgamento de 2011, em Curitiba.

Ademir Batista Caetano: pai de Evandro Ramos Caetano, era servidor na prefeitura de Guaratuba.

Ademir Bossi: irmão mais velho de Leandro Bossi.

Adriano Franzoi: padre responsável pela paróquia de Guaratuba, amigo da família Abagge, nunca quis depor para confirmar o álibi de Celina na noite de 7 de abril de 1992.

Agenor Salgado Filho: delegado de Guaratuba em fevereiro de 1993, na época em que foi encontrada, no mesmo matagal em que havia sido localizado o corpo de Evandro, a ossada com roupas de Leandro Bossi.

Aguinaldo José Santana: companheiro de Angela Moreira, mãe de Diogo Rodrigo Moreira, o qual se passou por Leandro Bossi ao ser confundido com ele em 1996.

Airton Bardelli dos Santos: gerente da serraria Abagge, funcionário de confiança da família do prefeito Aldo Abagge e um dos sete acusados no caso Evandro.

Alceu Antonio Bacil: morador da região do matagal em que Evandro foi encontrado.

Alcides Bittencourt Neto: promotor de Paranaguá designado para o caso Evandro antes das prisões dos sete acusados.

Aldenor Ferreira Cardoso: acusado pelo Ministério Público do Pará no caso dos emasculados de Altamira, mas nunca localizado.

Aldo Abagge: prefeito de Guaratuba entre 1989 e agosto de 1992. Casado com Celina Abagge e pai de cinco filhos, entre eles Beatriz Abagge. Morreu em 1995.

Aldo Abagge Júnior: filho de Aldo e Celina Abagge.

Alecsandro de Andrade Cavalcante: médico parecerista que, no julgamento de Beatriz em 2011, apontou falhas na necropsia e no exame de arcada dentária do corpo de Evandro.

Alfredo Marcel Fonseca Tavares dos Santos: policial militar do Grupo ÁGUIA, participou da operação que resultou nas prisões dos acusados.

Alfredo Stroessner: ex-ditador do Paraguai, tinha uma casa em Guaratuba que seria o QG da Polícia Federal.

Algaci Túlio: famoso jornalista paranaense. Chegou a ser deputado, vereador e vice-prefeito de Curitiba, além de líder do PDT no Paraná.

Alípio dos Santos: vigia da serraria Abagge desde maio de 1992, foi testemunha do incêndio na serraria em fevereiro de 1993.

Álvaro Borges Júnior: advogado que trabalhou nas defesas de Osvaldo, De Paula e Davi em 1999, durante o primeiro julgamento deles, que acabou interrompido quando ele abandonou o fórum alegando cerceamento de defesa, e em 2004, quando os três homens foram julgados novamente.

Alvaro Dias: governador do Paraná entre 1987 e 1991 pelo PST, partido cujo diretório em Guaratuba tinha Celina Abagge como vice-presidente.

Amailton Madeira Gomes: condenado pela morte de garotos no caso dos emasculados de Altamira, foi preso em 1993.

Anderson: terceiro filho do casal Angela e Aguinaldo e irmão de Diogo Rodrigo Moreira, menino que em 1996 disse ser Leandro Bossi.

Anderson Correia Santiago: rapaz que teria fornecido drogas pra Euclídio vender em seu bar em 1995.

Andrea Pereira Barros: artesã, companheira e ajudante de Osvaldo Marcineiro.

Anésia Edith Kowalski: juíza da comarca de Guaratuba entre 1992 e 1997.

Angela Regina Moreira: cozinheira, mãe de Diogo Rodrigo Moreira, menino que em 1996 disse ser Leandro Bossi.

Aníbal Khury: político de família poderosa no Paraná, foi deputado estadual e presidente da Assembleia Legislativa. Era muito próximo de Aldo Abagge.

Anísio Ferreira de Souza: acusado e condenado pela morte de garotos no caso dos emasculados de Altamira.

Anita Alves de Guita: esposa de Davi dos Santos Soares em 1992.

Antônio A. F. Lobo: escrivão que acompanhou os depoimentos no quartel da Polícia Militar de Matinhos, na madrugada de 2 para 3 de julho de 1992.

Antonio Augusto Figueiredo Basto: advogado de defesa de Osvaldo, De Paula e Davi a partir de janeiro de 1994 e das Abagge no júri de 1998.

Antônio Carlos Lipinski: perito localista que analisou pessoalmente e realizou o registro fotográfico e documental do corpo encontrado em Guaratuba no dia 11 de abril de 1992.

Antônio Carlos Teixeira Coelho: policial federal que participou das prisões dos acusados na operação comandada por Valdir Copetti Neves. É dele a voz que faz perguntas para Beatriz Abagge na travessia de ferryboat.

Antonio Celso da Silva Gioia: juiz da comarca de Manaus que autorizou que João Bossi recebesse um termo de guarda e responsabilidade para que

Diogo Rodrigo Moreira ficasse sob seus cuidados enquanto eram feitos exames para averiguar o parentesco entre eles.

Antonio Cesar Cioffi de Moura: promotor de Curitiba designado para o caso Evandro após as prisões dos sete acusados, ficou responsável por ele até pouco antes do júri de Celina e Beatriz, em 1998.

Antônio César Morant Braid: perito criminal responsável pelo laudo de fonética da fita cassete requisitado pelo Ministério Público (MP) e concluído em 1999.

Antonio Costa: empresário, dono da Loja Berimbau, frequentador dos círculos espíritas e umbandistas de Guaratuba, frequentemente acompanhado de Osvaldo Marcineiro. Era casado com Malgarete Costa.

Antonio Maia ("Aniz"): parente de Antonio Costa e amigo do grupo de Osvaldo. Chega a ser citado por De Paula como participante do crime e depois tem seu nome removido da lista.

Antonio Salvador Meluso: membro do Lineamento Universal Superior (LUS), chamado também de "caseiro" de Valentina de Andrade e José Teruggi.

Ari Ferreira Fontana: advogado de Beatriz e Celina Abagge no julgamento de 1998. Era também perito criminal e auxiliou na análise da fita cassete.

Ari Soares dos Santos: jornalista policial que entregou a fita cassete para a defesa pouco antes do júri de 1998. Teria recebido a fita de fonte anônima.

Arildo da Silva: primo de Edésio da Silva. É ouvido no início da fita que Edésio gravou escondido.

Arlete Caramês Tiburtius: mãe de Guilherme Tiburtius, fundou a ONG Movimento Nacional da Criança Desaparecida do Paraná (CRIDESPAR).

Arlete Hilu: considerada a principal responsável pelo desaparecimento de diversas crianças, inclusive na região Sul, chegou a ser presa na década de 1980.

Arlindo Blume: perito que redigiu o "Trabalho Pericial" de 6 de setembro de 1993, no qual questionava a forma como o corpo encontrado em 11 de abril de 1992 fora identificado como o de Evandro.

Arnaldo Batista: funcionário da serraria Abagge que teria recebido ordens de Bardelli em junho de 1992 para realizar uma reforma no escritório.

Arnaldo Faivro Busato Filho: advogado de Valentina de Andrade a partir de 1992, representando-a desde os casos de Guaratuba até os emasculados de Altamira.

Arthur Conrado Drischel: perito localista que auxiliou Antonio Carlos Lipinski na produção do laudo de levantamento do corpo encontrado em 11 de abril de 1992.

Aurea Célia Burcoski: uma das escrivãs do Fórum de Guaratuba em 1992.

Beatriz Cordeiro Abagge: filha de Aldo Abagge e Celina Abagge, terapeuta ocupacional e frequentadora da tenda de búzios de Osvaldo em 1992. Um dos sete acusados no caso Evandro.

Beatriz Helena Sottile França: odontolegista, responsável pelos exames de arcada dentária do corpo encontrado em 11 de abril de 1992.

Benjamin Custódio da Silva: policial federal que auxiliou o Grupo ÁGUIA, participando das prisões dos acusados na operação comandada por Valdir Copetti Neves.

Blaqueney Murilo Iglesias: um dos policiais do Grupo TIGRE, comandado pelos delegados Adauto Abreu e Leila Bertolini nos meses iniciais de investigação do caso Evandro.

Bruno Stuelp: contador da serraria Abagge, prestou depoimento no dia 3 de julho de 1992, logo após as prisões.

Cândido Manoel Martins de Oliveira ("Candinho"): secretário de Segurança Pública do Paraná em 1995.

Carlos Airton A. Costa: assistente de acusação da família Caetano nos primeiros meses do caso, após as prisões dos sete suspeitos.

Carlos Alberto dos Santos Lima: um dos acusados e condenados pela morte de garotos no caso dos emasculados de Altamira.

Carlos Calvo: veterinário residente em Buenos Aires, era presidente do grupo LUS.

Carlos Cunha Neto: ex-noivo de Beatriz Abagge, disse ter visitado Celina e Aldo em seu apartamento em Curitiba no dia 6 de abril de 1992.

Carlos Roberto Bacila: um dos fundadores do SICRIDE, criado em 1995, para onde foram os casos abertos de várias crianças desaparecidas no Paraná, tais como Guilherme Tiburtius e Leandro Bossi.

Carlos Roberto Ballin: médico-legista responsável pela necropsia do corpo encontrado em Guaratuba no dia 11 de abril de 1992.

Carlos Roberto Dal'Col: promotor público de Paranaguá, foi uma testemunha de acusação presente em todos os júris.

Carmela Abagge: filha de Aldo e Celina Abagge.

Carmelita Cristofolini: empresária e dona de imóveis na cidade de Guaratuba, inclusive aquele no qual Osvaldo Marcineiro residia. Mãe de Francisco Sérgio Cristofolini.

Celina Cordeiro Abagge: esposa do prefeito Aldo Abagge e mãe de cinco filhos, incluindo Beatriz Abagge. Um dos sete acusados no caso Evandro.

Celso Carneiro Amaral: procurador de Justiça do Paraná, foi para ele que Diógenes Caetano prestou depoimento no dia 29 de maio de 1992, em Curitiba.

Celso Luiz Peixoto Ribas: principal promotor encarregado do júri de 1998.

Cesar Joarez Faria Branco: médico-legista que, de acordo com entrevista de Antonio Augusto Figueiredo Basto, foi o primeiro a receber o cadáver de Evandro.

Cesar Samuel Ruppel: motorista da funerária Medianeira, responsável pelo transporte do corpo encontrado no dia 11 de abril de 1992 para Paranaguá e para Curitiba.

Césio Flávio Caldas Brandão: um dos acusados e condenados pela morte de garotos no caso dos emasculados de Altamira.

Cláudio Dalledone Júnior: advogado de Diógenes em 1999, no inquérito sobre o incêndio da serraria Abagge ocorrido em 1993; assistente de acusação da família Caetano no júri interrompido de 1999; defensor de Valentina de Andrade em 2003; defensor de Valdir Copetti Neves em 2005.

Cleyton Everson Ferreira da França: garoto de Guaratuba que tinha 10 anos em 1992 e que, com o irmão Fernando, teria sido seguido por um homem em data próxima ao desaparecimento de Evandro.

Dálio Zippin Filho: advogado de defesa de Beatriz e Celina Abagge nos primeiros dias após suas prisões, em julho de 1992. Menos de um mês depois, foi substituído por Ronaldo Albizú Drummond de Carvalho e Moacyr Corrêa Filho.

Daniel Miranda: lenhador que, com o colega Lázaro Marchetti, foi o primeiro a avistar o corpo de Evandro no matagal em Guaratuba.

Daniel Ribeiro Surdi de Avelar: juiz que presidiu o júri no julgamento de Beatriz em 2011.

Davi dos Santos Soares: vice-presidente da Associação de Artesãos de Guaratuba em 1992, era próximo a Osvaldo Marcineiro e genro da vidente Stier. Um dos sete acusados no caso Evandro.

Davina Correia Ramos Pikcius: tia de Evandro por parte de mãe. A declaração que prestou ao Ministério Público em 19 de junho de 1992 ajudou a mudar os rumos das investigações do caso Evandro.

Denise Rangel: secretária de Turismo e Esportes da prefeitura de Guaratuba, responsável pela organização da feira de artesanato da cidade.

Dicesar Augusto Krepsky: um dos promotores no julgamento interrompido de Osvaldo, Davi e De Paula em 1999.

Diógenes Caetano (pai): pai de Diógenes Caetano dos Santos Filho, foi prefeito de Guaratuba de 1973 a 1976.

Diógenes Caetano dos Santos Filho ("Dioginho"): primo de Evandro. Foi policial militar por um ano, quando jovem, e policial civil por cerca de dez anos. Largou a polícia civil após formar-se em engenharia civil, atuando nessa área desde então. Passou muitas informações sem provas aos investigadores, e, em 29 de maio de 1992, fez a denúncia ao Ministério Público que mudou os rumos das investigações do caso Evandro.

Diogo Rodrigo Moreira: menino encontrado em Manaus em 1996 que se passou por Leandro Bossi ao ser confundido com ele.

Diorli José Beza: homem que nos anos 1990 dividiu cela com Leandro Facco, da quadrilha de Arlete Hilu, e disse ter ouvido dele a confissão de que fora responsável pelo rapto de Leandro e Evandro.

Dirceu Silvestre Matias: policial militar da P2, participou da operação que resultou nas prisões dos acusados e de um dos PMs.

Djalma Pires: perito que assinou o laudo da segunda degravação da fita cassete no Instituto de Criminalística (IC) do Paraná.

Douglas Carlos Possebon e Freitas: delegado de Guaratuba em março de 1995, foi o responsável pela custódia de Euclídio Soares dos Reis por tráfico de drogas.

Dulcinéia Novaes: jornalista que atuava na afiliada paranaense da Rede Globo e fez parte da cobertura do caso.

Éder Mauro Cardoso Barra: um dos delegados responsáveis pelo caso dos emasculados de Altamira em 1993.

Edésio da Silva: um dos homens de Guaratuba que tinha o apelido de "Chero", de acordo com Diógenes Caetano. Marceneiro naval, foi uma das principais testemunhas de acusação no caso.

Edílio da Silva: irmão de Edésio, vereador e líder da bancada de Aldo Abagge, além de cliente de Osvaldo Marcineiro.

Edmilson da Silva Frazão: depoente importante no caso dos emasculados de Altamira, cita uma "mulher do Paraná", que poderia ser Valentina.

Edson Cristofolini: irmão de Sérgio Cristofolini.

Edson Fonseca: jornalista que participou da cobertura do caso Evandro.

Edson Rodrigo Batista da Silva: garoto desaparecido em 5 de abril de 1992, aos 6 anos, em Londrina.

Eduardo Marcineiro: pai de Osvaldo Marcineiro.

Elaine Sanches: promotora do MP do Paraná, responsável pelo pedido de arquivamento do inquérito de investigação das alegações de tortura.

Elcio Jorge Celestino: testemunha citada em depoimento de Juarez José da Silva, primeiro suspeito no caso Evandro.

Eli Gonçalves da Silva: garoto que, em 1992, aos 16 anos, prestou depoimento afirmando ter conversado com um menino misterioso que dizia ter sido preso com outros garotos, um deles parecido com Evandro.

Eliane Borba Matos: amiga de Beatriz Abagge, desmentiu em depoimento a versão desta sobre terem se encontrado no dia 6 de abril de 1992.

Eliane Maria Penteado de Carvalho: promotora que tomou o depoimento das crianças que encontraram um crânio humano no matagal em fevereiro de 1993.

Elidalva de Mattos Marques: policial militar que presenciou os exames de lesões corporais de Celina e Beatriz Abagge em 1992.

Elisabeth Weigert: caseira de Valentina de Andrade e apontada como responsável por tentar guardar na rodoviária de Londrina pertences do casal Valentina e Teruggi.

Emílio Mattos de Souza: presidente da Câmara Municipal de Guaratuba em 1992.

Euclídio Soares dos Reis ("Barba"): também conhecido como Euclides, morava perto de onde o corpo de Evandro foi encontrado. Era um dos principais suspeitos nas investigações iniciais do caso.

Evandro Ramos Caetano: garoto de 6 anos e quase 7 meses que desapareceu em 6 de abril de 1992 e cujo corpo foi encontrado em 11 de abril do mesmo ano.

Evani Cordeiro: cunhada do político Nelson Justus e prefeita de Guaratuba de 2009 a 2016.

Fabrício Queiroz: ex-policial militar, próximo da família Bolsonaro, preso em 2020 na casa do advogado Frederick Wassef. Em 1992, apareceu no noticiário envolvendo o caso Leandro Bossi.

Fernando Cruz: jornalista policial, colega de Valter Viapiana na Rádio Clube.

Fernando Ferreira França: garoto de Guaratuba que, aos 11 anos, teria sido seguido, com o irmão Cleyton, por um homem em data próxima ao desaparecimento de Evandro.

Fernando Francisco de Souza Pirath: funcionário do IML de Paranaguá que acompanhou a chegada do corpo de Evandro ao instituto.

Francisco das Chagas Rodrigues de Brito: réu confesso dos crimes dos emasculados de Altamira e outras vítimas. Considerado o maior *serial killer* já preso no Brasil.

Francisco Kapfenberger Filho: policial militar do Grupo ÁGUIA. Participou da operação comandada por Valdir Copetti Neves que resultou nas prisões dos acusados.

Francisco Moraes e Silva: chefe do IML de Curitiba durante a década de 1990. Foi um dos que assinaram o laudo de necropsia do corpo de Evandro em 11 de abril de 1992. Teve papel importante no julgamento das Abagge em 1998.

Francisco Sérgio Cristofolini: um dos acusados no caso Evandro, era vizinho de Osvaldo Marcineiro e filho de Carmelita Cristofolini, empresária local e dona do imóvel no qual Osvaldo residia.

Frederick Wassef: advogado, ficou nacionalmente conhecido em 2018 pela proximidade com Jair Bolsonaro. Em 1992, era membro do Lineamento Universal Superior (LUS), grupo liderado por Valentina de Andrade, e apareceu no noticiário do caso Leandro Bossi.

Gerson Luiz Laux: médico-legista que assinou o laudo de exame cadavérico da ossada encontrada em fevereiro de 1993.

Gerson Ricardo Rocha: um dos policiais do Grupo TIGRE, comandado pelos delegados Adauto Abreu e Leila Bertolini nas investigações iniciais do caso Evandro.

Gilberto Pereira da Silva: delegado de Guaratuba que iniciou as investigações do desaparecimento de Evandro e que, até julho de 1992, foi responsável pelo caso Leandro Bossi.

Gladimir Nascimento: repórter da antiga Rede OM, citado por Diógenes Caetano como o repórter que veiculou no ar fita com confissão de Osvaldo Marcineiro no caso Leandro Bossi.

Glodoaldo Padilha: dono do bar Samburá, onde Davi Soares afirmou ter estado na noite de 7 de abril com Osvaldo Marcineiro.

Guilherme Caramês Tiburtius: garoto desaparecido em 17 de junho de 1991 em Curitiba, tornou-se o "símbolo" das crianças desaparecidas no Paraná no início da década de 1990.

Hamilton Soares Canfield: corregedor da Polícia Civil do Paraná em março de 1995.

Haroldo César Nater: advogado que trabalhou nas equipes de defesa do júri de 2004, quando foram julgados Osvaldo, De Paula e Davi, e de 2005, na vez de Francisco Sérgio Cristofolini e Airton Bardelli.

Harry Carlos Herbert: delegado do SICRIDE entre 1999 e 2001. Foi o delegado que mais buscou investigar sobre a fita em que Osvaldo Marcineiro cita Leandro Bossi.

Hilda Ruppel: mãe de Cesar Samuel Ruppel, motorista da funerária Medianeira.

Hortência Margarida Flora: dona de um centro espírita em Guaratuba que a família Abagge frequentava.

Idalício: caçador que afirmou ter estado com cães de caça, em 9 de abril, no terreno onde o corpo de Evandro viria a ser encontrado.

Irineu Wenceslau de Oliveira: guardião da serraria Abagge e principal testemunha de acusação citada no relatório Operação Magia Negra.

Isabel Kugler Mendes: advogada que chefiava o Conselho da Condição Feminina e elaborou os dossiês "Caso Evandro de Guaratuba", de 1992, e "Tortura Nunca Mais?", de 1993.

Isac Nunes Cordeiro: tradutor juramentado que transcreveu e traduziu o vídeo de fevereiro de 1992 no qual aparecem Teruggi e Valentina.

Ismael Amorim Carneiro: garoto de 14 anos que foi o primeiro a ver o crânio humano no matagal, em 1993.

Ivan T. Duarte: escrivão da delegacia de Guaratuba em abril de 1993.

Ivo: suposto andarilho que teria participado do trabalho no roçado próximo à casa de Evandro na semana em que o garoto desapareceu.

Ivo Faccenda: juiz substituto de Guaratuba em maio de 1994, responsável pelo arquivamento do inquérito de investigação de torturas a pedido de Elaine Sanches.

Izildo: responsável pelo trabalho feito no roçado próximo à casa de Evandro na semana em que o garoto desapareceu.

Jaime Lerner: prefeito de Curitiba nas gestões 1971-1974, 1979-1983 e 1989-1992. Governador do Paraná entre 1995 e 2002.

Jayme Luiz Wendhausen: gerente do Hotel VillaReal em 1992.

João Batista Pessoa dos Santos Filho ("Joca"): dizia-se capanga/assassino de aluguel em Guaratuba. Aparece na fita que Edésio da Silva gravou escondido.

João Bossi: pescador e pai de Leandro Bossi, menino desaparecido em 15 de fevereiro de 1992.

João Carlos Anderson: sobrinho de Celina Abagge, aparece na gravação realizada por Edésio da Silva como mentor da tentativa de coação para que Edésio alterasse depoimento que prejudicava as Abagge.

João Gomes dos Santos Filho: advogado que atuou como assistente de acusação no júri de 1998.

João Marcelo Queiroz Soares: um dos advogados da equipe de defesa de Beatriz e Celina Abagge no julgamento de 1998.

João Passos ("Baio"): carregador de areia e um dos principais suspeitos do Grupo TIGRE no início das investigações.

João Pedro Gebran Neto: desembargador federal responsável pela condenação em segunda instância de Valdir Copetti Neves, em maio de 2018.

João Ricardo Kepes Noronha: delegado da Polícia Civil que passou a presidir o inquérito e as investigações do caso Evandro após as prisões realizadas pelo Grupo ÁGUIA.

Jorge Juliano Peres ("Jorge Banana"): pescador e pedreiro de Guaratuba, amigo de Diógenes Caetano e uma das últimas testemunhas de acusação do processo.

Jorge Paulete Vanrell: especialista em medicina legal que assinou o laudo médico de Beatriz apresentado no julgamento de 2011.

José Ananias dos Santos: prefeito de Guaratuba de 1993 a 1996.

José Antônio Lucchesi: delegado de Guaratuba em março de 1999, colheu um dos depoimentos de Euclídio Soares dos Reis.

José Augusto de Mello Chueire: delegado da Polícia Federal de Paranaguá em 1992, depôs nos julgamentos de Beatriz e Celina Abagge em 1998 e de Osvaldo, Davi e De Paula em 1999.

José Carlos de Miranda: candidato derrotado à prefeitura de Guaratuba em 1992 pelo mesmo Partido Democrata Cristão ao qual Diógenes Caetano era filiado.

José Carlos de Oliveira: delegado da Polícia Civil de Guaratuba em 1992.

José Carlos dos Santos: menino desaparecido em Maringá no dia 3 de março de 1992, aos 11 anos.

José Carlos Martinez: político e dono da emissora OM, candidato derrotado ao governo do estado do Paraná em 1990, após ter seu nome envolvido no falso "caso Ferreirinha".

José Cassio Albuquerque: diretor do IML de Curitiba em 1992.

José Geraldo Gonçalves: um dos promotores no julgamento interrompido de Osvaldo, Davi e De Paula em 1999.

José Henrique Rocha: detetive designado pelo delegado João Ricardo Kepes Noronha em abril de 1992 para verificar, em Guaratuba, os relatos dos irmãos França.

José Louzeiro: jornalista, escreveu reportagem na revista *Manchete* em 1992 sobre a "seita" LUS.

José Luiz Tavares Pacheco: ex-cunhado de Davi Soares, era um dos três homens que tinham o apelido de "Chero" em Guaratuba.

José Marcos Parreira: diretor do IML de Curitiba em 1992, recebeu pedido do delegado Luiz Carlos de Oliveira para realização de teste de DNA no corpo encontrado no dia 11 de abril.

José Maria de Paula Correia: delegado-geral da Polícia Civil em 1992, atendeu ao chamado de Aldo Abagge para envolver o Grupo TIGRE na investigação do desaparecimento de Evandro.

José Nicolau Abagge: pai de Aldo Abagge, conhecido como uma das pessoas que construíram Guaratuba.

José Richa: governador do Paraná entre 1983 e 1986, candidato derrotado ao governo do estado no pleito de 1990.

José Romálio Machado ("Romário"): policial militar do Grupo ÁGUIA, participou da operação que resultou nas prisões dos acusados.

José Teruggi: marido de Valentina de Andrade, era uma das figuras principais do Lineamento Universal Superior (LUS).

José Travasso: vereador de Guaratuba, possuía uma procuração de Aldo Abagge para administrar a Serraria após as prisões dos sete acusados.

Juarez José da Silva: primeiro suspeito preso pelo Grupo TIGRE, em 16 de abril de 1992. Funcionário e amigo de Edésio da Silva, era também conhecido como "Chero".

Júnior: filho de Ademir e Maria Caetano, irmão de Evandro.

Kiyoshi Hattanda: delegado da Antitóxicos em março de 1995, em Curitiba.

Laércio Mattos de Souza: morador da região do Cubatão que relatou ter visto, em frente à casa de Diógenes Caetano pai, cinco veículos estacionados, um deles com música alta tocando, e cerca de doze homens, em 2 de julho de 1992, quando os suspeitos estariam sendo torturados.

Lafayette Queirolo: morador de Curitiba que seria responsável pela equipe de palhaços que pode ter chamado Leandro Bossi ao palco no evento de 15 de fevereiro de 1992.

Lauri Ramos ("Filho da Tereza"): primo de Evandro que teria sido visto com Euclídio em um bar na noite do incêndio na serraria Abagge.

Lázaro Marchetti: lenhador, trabalhava no matagal no dia 11 de abril de 1992 com Daniel Miranda e foi um dos primeiros a avistar o corpo de Evandro.

Leandro Bossi: garoto que desapareceu em Guaratuba em 15 de fevereiro de 1992. O caso permanece aberto até hoje.

Leandro Facco: membro da quadrilha de Arlete Hilu que, segundo testemunha, teria confessado ser responsável pelo rapto de Leandro e Evandro e pela morte de Evandro por "chorar demais".

Leila Bertolini: delegada da Polícia Civil vinculada ao Grupo TIGRE, foi encarregada da investigação do caso Evandro entre abril e julho de 1992.

Leila Maria Ferreira Bello: uma das escrivãs do Fórum de Guaratuba em 1992, foi gravada em conversa com a advogada Stela Maris Doubek Motta, da defesa de Davi e Osvaldo.

Leocádio Miranda: primeiro adulto informado do crânio humano encontrado pelos garotos no matagal em 27 de fevereiro de 1993.

Leopoldina Martins Marcineiro: mãe de Osvaldo Marcineiro.

Letícia: irmã de Diogo, o menino que se passou por Leandro Bossi ao ser confundido com ele.

Lidia Kirilov Folmann: dona de uma loja de artigos religiosos frequentada por Osvaldo e seu grupo.

Lourival Cordeiro: presidente da Federação Espírita do Paraná em 1992, ajudou Osvaldo em um trabalho.

Lúcia Inez Giacomitti Andrich: promotora do MP do Paraná, atuou principalmente nos júris de 2004 (Osvaldo, Davi e De Paula), 2005 (Bardelli e Cristofolini) e 2011 (Beatriz).

Luciano Borges: advogado de Beatriz Abagge em abril de 2016.

Luciano Clarinda: um dos garotos que encontraram a ossada no matagal em fevereiro de 1993.

Lucinéia Silvária da Silva: garota desaparecida no dia 20 de abril de 1992 em Araucária, aos 4 anos.

Luís Amilton Oliveira da Costa: delegado de Guaratuba que tomou depoimento das crianças que encontraram um crânio humano no matagal em fevereiro de 1993.

Luis Carlos Nunes Meister: um dos advogados das Abagge no julgamento de 1998.

Luis Sérgio dos Santos Marques: médico de Guaratuba. Firmou o atestado de óbito do motorista Cesar Samuel Ruppel.

Luiz Carlos de Oliveira: delegado da Polícia Civil em Curitiba, foi designado para o caso Leandro Bossi em julho e pediu afastamento em setembro de 1992.

Luiz Carlos Delazari: procurador-geral de Justiça do Paraná em abril de 1992. Foi ele quem registrou o termo de declaração prestado por Diógenes Caetano acusando as Abagge e outros supostos envolvidos.

Luiz Cláudio Cordeiro Biscaia: primo de Beatriz, foi um dos advogados que acompanharam as Abagge nos depoimentos na noite de 2 de julho de 1992 no quartel de Matinhos.

Luiz Diegues: jornalista que entrevistou a juíza Anésia Edith Kowalski para o jornal argentino *Clarín* em agosto de 1992

Luiz Fernando Maria Sobrinho: advogado de Frederick Wassef em 1993.

Luiz José Martins Ricci: delegado da Polícia Civil que presidiu os depoimentos de Celina, Beatriz, Osvaldo, Davi e De Paula na noite de 2 de julho de 1992, no quartel da Polícia Militar em Matinhos.

Magnus Victor Kaminski: advogado de defesa de De Paula pouco após sua prisão, em julho de 1992.

Malgarete Costa: esposa de Antonio Costa.

Manabu Jojima: um dos médicos-legistas responsáveis pelos exames de lesões corporais de Celina, Beatriz, Osvaldo, Davi e De Paula.

Manoel Correa: um dos primeiros adultos informados a respeito do crânio humano encontrado pelos garotos no matagal em 27 de fevereiro de 1993.

Marcelise Weber Lorite: juíza da comarca de São José dos Pinhais, presidiu o júri de 1998.

Márcio Bezerra de Souza: esposo de Socorro Auxiliadora, vendedora de Manaus que encontrou o menino Diogo Rodrigo Moreira na rua e o acolheu em sua casa.

Marco Antonio Antoniassi: juiz responsável pelo julgamento interrompido de Osvaldo, Davi e De Paula em 1999.

Marcos Basso do Nascimento: escrivão da Polícia Civil em julho de 1992.

Maria Aparecida Ferreira de França Albuquerque: mãe dos meninos Fernando Ferreira França e Cleyton Everson Ferreira da França.

Maria Carmen Padilha: proprietária do bar Samburá junto ao esposo Glodoaldo Padilha.

Maria Cristina Sawaya Novak: uma das químicas que assinaram o laudo do batedor de carne, do punhal, dos fios de cobre e do alguidar apreendidos na casa de Osvaldo Marcineiro.

Maria da Luz Machado: companheira de Euclídio Soares dos Reis na época em que ele foi preso por tráfico de drogas, em 1995, e que na ocasião deu à polícia o nome falso Angela Machado dos Reis.

Maria Eloina Stuelp: amiga de Celina que a visitou em casa no dia 7 de abril de 1992.

Maria Helena Moro Martins: casada com Paulo Brasil, o assessor de imprensa da prefeitura em 1992, separou-se dele em abril daquele ano.

Maria José da Conceição: amiga e secretária de Celina Abagge, esteve em sua casa no dia 7 de abril de 1992 com Maria Eloina Stuelp.

Maria Ramos Caetano: mãe de Evandro Ramos Caetano, casada com Ademir Caetano. Trabalhava na escola municipal Olga Silveira, onde Evandro estudava.

Maria Regina Sawaya Rolim: uma das químicas que assinaram o laudo do batedor de carne, do punhal, dos fios de cobre e do alguidar apreendidos na casa de Osvaldo.

Mariel Sanchez: argentina que foi chamada por Andrea para preparar as comidas que serviriam de oferenda em um trabalho feito na serraria em 1992.

Marilan Teresinha Reinostre: perita que assinou o laudo da segunda degravação da fita cassete no Instituto de Criminalística (IC) do Paraná.

Marilda Cunha: testemunha de acusação no caso do incêndio na serraria, depôs em maio de 2000.

Mário Luiz da Silva: um dos pintores que trabalharam na reforma do escritório da serraria Abagge.

Mario Pikcius: marido de Davina Correia Ramos Pikcius.

Marta Aparecida Bonardi: amiga e colega de trabalho de Celina numa das creches de Guaratuba.

Martinha: mãe de Silas, mulher que abrigou o menino Diogo Moreira em Manaus.

Matheus Gabriel Rodrigues de Almeida: advogado de defesa de Airton Bardelli no júri de 2005, em Curitiba.

Messias dos Santos Oliveira: policial civil de Guaratuba, foi um dos responsáveis por levar Euclídio de Guaratuba para Curitiba em 9 de março de 1995.

Miguel Arcanjo Capriotti: comandante da Polícia Militar do Paraná em 1992, teria falado com Celina no quartel de Matinhos na noite de 2 de julho.

Moacir Favetti: secretário de Segurança Pública do Paraná na primeira gestão de Roberto Requião como governador (1991-1994). Foi um os responsáveis pela presença do Grupo ÁGUIA em Guaratuba.

Moacyr Correa Filho: advogado de Celina e Beatriz de 27 de julho de 1992 a 7 de novembro de 1995.

Mônica Santanna: uma das jornalistas mais atuantes na cobertura do caso Evandro, trabalhou na *Folha de Londrina* e na *Folha de S.Paulo*.

Natalia Bourguignon: repórter que cobriu o caso dos emasculados de Altamira para o *G1*.

Nelson Cordeiro ("Nelson Bode"): amigo da família Abagge. Celina e Aldo Abagge teriam ido a uma festa em sua casa na noite de 7 de abril de 1992.

Nelson de Souza: dono da locadora de filmes Happy, depôs em setembro de 1992.

Nelson Justus: deputado estadual do Paraná desde 1991.

Nelson Rubens Mazanek: dono de uma lanchonete em Guaratuba, depôs sobre o incêndio na serraria Abagge.

Nelson Sabbagh: delegado que chefiava a Divisão de Crimes contra o Patrimônio em março de 1995, em Curitiba. Luiz Carlos de Oliveira era então seu subordinado.

Odete Ribeiro: companheira de Euclídio Soares dos Reis em 1993.

Omar Elias Geha: um dos advogados de Beatriz e Celina Abagge no julgamento de 1998.

Osmann de Oliveira: um dos advogados de Beatriz e Celina Abagge no julgamento de 1998.

Osmiro Nunes: escrivão de Guaratuba em 1992.

Osvaldo Marcineiro: conhecido como pai de santo, chegou a Guaratuba poucos meses antes do desaparecimento de Evandro e jogava búzios na feira de artesanato. Vivia com Andrea Barros num imóvel de Carmelita Cristofolini. Um dos sete acusados no caso Evandro.

Osvaldo Zioli Júnior: homem que depôs, em outubro de 1998, alegando ser usuário de cocaína e já ter comprado com Euclídio Soares dos Reis.

Otacílio Bovolin: delegado da Polícia Civil de Paranaguá em dezembro de 1992.

Patrícia Conceição Nobre Paz: delegada do SICRIDE responsável, em 2020, pelo caso Leandro Bossi.

Paulina Bossi: mãe de Leandro Bossi, desaparecido em 15 de fevereiro de 1992, e Ademir Bossi. Trabalhava como camareira no Hotel VillaReal.

Paulo Antonio Fidalgo: juiz de Guaratuba em julho de 1998, emitiu o mandado de prisão de Euclídio Soares dos Reis por posse de drogas.

Paulo Brasil: assessor de imprensa da prefeitura de Guaratuba durante a gestão de Aldo Abagge (1989-1992).

Paulo Chaves: vice-prefeito de Guaratuba de 1989 a 1992, assumiu a prefeitura após o impeachment de Aldo, em agosto de 1992.

Paulo de Tarso Waldrigues: advogado de defesa de Osvaldo e Davi logo após as prisões de 1992.

Paulo Roberto da Silveira: delegado de Guaratuba em 1992.

Paulo Roberto Molenda Amazonas ("Paulinho do Atabaque"): teria estado com os acusados na noite do dia 7 de abril no bar Samburá, mas negava.

Paulo Sérgio Markowicz de Lima: promotor do MP do Paraná, atuou principalmente nos júris de 2004 (Osvaldo, Davi e De Paula), 2005 (Bardelli e Cristofolini) e 2011 (Beatriz).

Pedro Fedalto, dom: arcebisbo, maior autoridade da Igreja Católica do Paraná, afirmava publicamente acreditar na inocência dos sete réus.

Pedro Ivo Machado: advogado de Euclídio Soares dos Reis em março de 1995, quando ele foi preso por tráfico de drogas.

Petrucio J. Santana: delegado de Guaratuba em julho de 1996, tomou depoimento de Diógenes relacionando os casos Evandro e Leandro.

Rachel Machado Duarte: adolescente que trabalhava perto da escola Olga Silveira e teria visto Evandro andando com mais dois garotos no dia em que ele desapareceu.

Raimundo Nogueira Soares: um dos promotores do julgamento das Abagge em 1998.

Raul de Moura Rezende: um dos médicos-legistas responsáveis pelos exames de lesões corporais de Celina, Beatriz, Osvaldo, Davi e De Paula.

Ricardo Cezar Bahl: taxista que depôs sobre Paulinho do Atabaque em 1993.

Ricardo Chab: famoso jornalista e apresentador de programas policiais na década de 1990.

Ricardo Pascoal França: deu o que parece ter sido o último depoimento para o Grupo TIGRE, sobre o carroceiro suspeito e Leandro Bossi.

Roberto Justus: prefeito de Guaratuba de 2017 a 2020, reeleito em 2021.

Roberto Machado: advogado de Curitiba, representou Celina e Beatriz no dia da prisão, com Silvio Bonone e Luiz Cláudio Cordeiro Biscaia.

Roberto Olivera: ex-marido de Valentina de Andrade, considerado o primeiro médium do LUS.

Roberto Pontes ("Filho do Maloca"): carroceiro em Guaratuba, ajudou Baio na coleta das varas no matagal onde Evandro foi encontrado.

Roberto Requião de Mello e Silva: importante nome na política nacional, era governador do Paraná em 1992. Moacir Favetti era seu secretário de Segurança Pública. Requião tivera atritos políticos com Aldo Abagge antes dos acontecimentos de 1992.

Rogério Etzel: juiz que presidiu os julgamentos de 2004 (Osvaldo, De Paula e Davi) e de 2005 (Bardelli e Cristofolini).

Rogério Podolak Pencai: um dos policiais do Grupo TIGRE, comandado pelos delegados Adauto Abreu e Leila Bertolini.

Ronaldo Albizú Drummond de Carvalho: advogado de Celina e Beatriz, com Moacyr Corrêa Filho, de 27 de julho de 1992 a 7 de novembro de 1995.

Ronaldo Antônio Botelho: ex-procurador do MP do Paraná, atuou como um dos advogados de Beatriz e Celina no julgamento de 1998.

Rosa Leite Flora: funcionária da serraria Abagge desde 1988, morava numa casa de madeira dentro da própria serraria e depôs no júri de 1998.

Rosana Maria Longo de Paula Santos Lima: promotora de Justiça que atuou com Celso Ribas no julgamento de 1998.

Rubens Serafim: secretário da Associação de Artesãos, teria pedido a Diógenes que publicasse um panfleto denunciando Osvaldo Marcineiro por "ler búzios" na feira.

Rui Pilotto: um dos geneticistas responsáveis pela elaboração do laudo de DNA de Diogo Rodrigo Moreira.

Ruth de Souza Corrêa: perita responsável pela degravação de fita microcassete contendo uma conversa de Leila Maria Ferreira Bello e Stela Maris Doubek Motta.

Salmo Raskin: um dos geneticistas responsáveis pela elaboração do laudo de DNA de Diogo Rodrigo Moreira.

Salvador Meluso: um dos seguidores do casal Valentina e Teruggi, foi detido em 16 de julho de 1992.

Samir Barouk: promotor substituto que assumiu o caso Evandro por conta das férias do promotor designado, Alcides Bittencourt Neto, quando ocorreram as prisões.

Samir Mattar Assad: advogado de Beatriz Abagge em 2016, ano em que foi expedido um mandado de prisão contra ela.

Samuel C. Martinez: responsável por informar a estimativa de preço do teste de DNA pelo laboratório do FBI em 1992.

Sérgio Antonio de Souza: capitão do Batalhão da Polícia Militar de Matinhos, foi citado pela escrivã Leila na conversa gravada com a advogada Stella Maris Motta.

Sérgio Danilo Pena: geneticista e diretor do Laboratório Gene, que, em 1992, era um dos únicos laboratórios no Brasil capaz de realizar laudos de DNA e testes de paternidade.

Sheila Cordeiro Abagge: psicóloga, filha de Celina e Aldo Abagge. Lecionava em escolas municipais.

Sidney Bueno Silva: policial federal do Grupo ÁGUIA que participou das prisões dos acusados na operação comandada por Valdir Copetti Neves.

Sigmar Batista: funcionário da serraria Abagge. É citado no dossiê "Operação Magia Negra" por ter participado de uma reforma no escritório da serraria.

Silas: mulher que abrigou Diogo Moreira em Manaus e o tratava muito mal, segundo ele.

Silmari: esposa de Edson Cristofolini em 1992 e dona da casa onde a testemunha Rachel Machado Duarte trabalhava como empregada doméstica.

Silvio Bonone: advogado da prefeitura de Guaratuba, representou as Abagge no dia da prisão delas. Após isso, tornou-se uma das testemunhas de defesa.

Silvio Martins: policial militar do Grupo ÁGUIA, participou da operação que resultou nas prisões dos acusados, comandada por Valdir Copetti Neves.

Socorro Auxiliadora: vendedora de Manaus que encontrou Diogo Rodrigo Moreira na rua e o acolheu em sua casa.

Stela Maris Doubek Motta: advogada de defesa de Osvaldo e Davi logo após as prisões de 1992. Era colega de Paulo de Tarso Waldrigues.

Stier: vidente, sogra de Davi dos Santos Soares.

Toleb Baleche: delegado-geral da Polícia Civil do Paraná em 1995, quando Euclídio Soares dos Reis prestou depoimento à Delegacia de Antitóxicos.

Tristão da Silva Miranda: professor de Guaratuba cujo depoimento derrubava parte dos álibis de Davi, Osvaldo e De Paula.

Ubaldo Domingo Miguel Nunez: supostamente, um ex-policial federal argentino que teria repassado informações contra Valentina para a polícia. Valentina e Teruggi negavam conhecê-lo.

Vagner Renato Levek: irmão do menino que teria sido visto por Rachel Duarte andando com Evandro no dia de seu desaparecimento. O menino não confirmou estar em companhia de Evandro.

Valcenir Jean Bernardino: jurada que passou mal durante o julgamento de 1998, o que o levou a ser interrompido.

Valdir Copetti Neves: capitão da Polícia Militar que chefiava o Grupo ÁGUIA em 1992. Assinou o dossiê "Operação Magia Negra", no qual explicava como a operação acontecera.

Valentina de Andrade: brasileira considerada líder e principal figura do Lineamento Universal Superior (LUS). Em 1992, era casada com José Teruggi.

Valmir Soccio: delegado da Polícia Civil de Paranaguá, foi o encarregado pelo inquérito de investigações das alegações de tortura.

Valter Viapiana: repórter policial da Rádio Clube que acompanhava Mônica Santanna em algumas de suas coberturas. Era colega de Fernando Cruz.

Vania Mara Welte: jornalista do jornal curitibano *Hora H*. Sua série de reportagens intitulada "As bruxas de Guaratuba" lhe rendeu o Prêmio Esso de jornalismo em 1996.

Vicente de Paula Ferreira: pai de santo, era amigo de Osvaldo Marcineiro e costumava ficar na casa dele quando ia a Guaratuba. Um dos sete acusados no caso Evandro.

Vilmar Arruda Garcia: dentista de Celina Abagge em Curitiba.

Waldir Sales: dono de um bar em Guaratuba, foi ele que pediu a Baio que coletasse varas.

Walmir Battu: detetive do Inter Bureau, escritório internacional de busca de crianças desaparecidas.

Wesley Domingos Cury: corregedor da Polícia Civil em 1992, foi o responsável por negar o pedido da juíza Anésia para mudança de delegado em Guaratuba.

Wing Costa: repórter que cobriu o caso dos emasculados de Altamira para o *G1*.

Wolny Furtado de Andrade: juiz que atuava em Guaratuba em abril de 1992.

Zulmar Vieira Coutinho: perito forense de Santa Catarina. No júri de 2011, assinou um laudo que questionava o cálculo da variação genética de Guaratuba.

Este livro foi impresso pela Lis Gráfica, em 2021, para a HarperCollins Brasil. A fonte do miolo é Clarendon Text Pro. O papel do miolo é pólen soft 70g/m^2, e o da capa é cartão 250g/m^2.